133791

STRICKERIA

Techniken, Tipps, Designgrundlagen

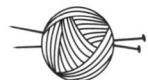

STRICKERIA

Techniken, Tipps, Designgrundlagen

DEBBIE BLISS

Illustrationen von Cathy Brear
Fotos von Kim Lightbody

INHALT

VORWORT 8

1 GARNE, NADELN & ZUBEHÖR 10

GARNE 12
Garntypen 12 • Garnstärken 14 •
Der Aufbau von Garn 15 • Fasern 16 •
Ein Knäuel wickeln 18 • Garnbanderolen 19

WERKZEUG 20
Stricknadeln 20 • Sonstiges Zubehör 23

2 ERSTE SCHRITTE 28

GARN & NADELN HALTEN 30
Die Garnhaltung 30 • Die Nadelhaltung 32

ANSCHLAGEN 34
Die Anfangsschlinge 34 • Anschlag ohne Anfangsschlinge 35 • Daumenmethode 36 • Kordelanschlag 37 • Einfacher Kreuzanschlag 38 • Aufschlingen 39 • Anschlag für Lace 39 • Anschlag für Einerrippen 40 • Picot-Anschlag 41 • Anschlag für Picot-Saum 42 • Provisorischer Anschlag 43

DIE MASCHEN 44
Rechte Masche: UK/US 44 • Linke Masche: UK/US 45 • Rechte Masche: Kontinental 46 • Linke Masche: Kontinental 47 • Rechte Masche (UK/US): Linkshänder 48 • Linke Masche (UK/US): Linkshänder 49

ABKETTEN 50
Rechts abketten 50 • Links abketten 51 • Im Muster abketten 51 • Elastisch abketten 52 • Abketten mit drei Nadeln 53 • Genähte Kante 54 • Picotkante 55 • Kordelkante 56 • Abhäkeln 57 • Maschen stilllegen 57

3 STRICKLATEIN 58

Einfache Strickmuster 60 • Strickanleitungen verstehen 62 • Zählmuster und Strickschriften 65 • Maschenprobe 68 • Garn ersetzen 70 • Neues Garn ansetzen 71 • Maschen und Reihen zählen 72 • Markierungen anbringen 73 • Rettungsfaden 73 • Maschen aufnehmen 74 • Maschen abheben 77 • Verschränkt stricken 77

4 FORMGEBUNG 78

ZUNEHMEN 80
Zwei Maschen aus einer: rechts 80 • Zwei Maschen aus einer: links 81 • Rechtszunahme aus dem Querfaden 82 • Linkszunahme aus dem Querfaden 83 • Links hochgezogene Zunahme in einer Rechtsreihe 84 • Rechts hochgezogene Zunahme in einer Rechtsreihe 85 • Links/rechts hochgezogene Zunahme in einer Linksreihe 86 • Doppelte hochgezogene Zunahme 87 • Zunahme mit Umschlag 87 • Zunahme am Rand 88 • Doppelte Zunahme in einer Rechts-/Linksreihe 89

ABNEHMEN 90
Rechts zusammenstricken 90 • Links zusammenstricken 91 • Rechts/links verschränkt zusammenstricken 92 • Rechts/links überzogen zusammenstricken 93 • Rechts/links abgehoben zusammenstricken 94 • Doppelte Abnahme: rechts 95 • Doppelter Überzug: rechts 96 • Doppelter Überzug: links 97 • Fully Fashioned 97

VERKÜRZTE REIHEN 98
Wenden mit Wicklung: rechts 98 • Wenden mit Wicklung: links 99 • Mitstricken der Wicklung: rechts/links 100 • Verkürzte Reihen: Variante 101 • Schulterabnahmen 102

FORMVARIANTEN 103
Ecken 103 • Kräuselungen und Rüschen 104 • Gestrickte Formteile 105

5 RUND STRICKEN 106

VERSCHIEDENE TECHNIKEN 108
Rund(strick)nadel 108 • Nadelspiel 109 • Zauberschlinge 110

SAUBERE ÜBERGÄNGE 111
Garn ansetzen 111 • Glatte Anschlag-/Abkettkante 112 • Glatter Farbwechsel 113

MEHR ALS SCHLÄUCHE 114
Medaillons 114 • Kordeln 115 • Socken 116

6 STRUKTURMUSTER 118

ZOPFMUSTER 120
Hintergründe für Zöpfe 120 • Anschlag für Zöpfe/Zopfmuster abketten 121 • Zopf nach rechts verkreuzt 122 • Zopf nach links verkreuzt 123 • Verkreuzte Maschen: rechts 124 • Verkreuzte Maschen: links 125 • Rechts/links verkreuzen in einer Rechtsreihe 126 • Rechts/links verkreuzen in einer Linksreihe 127 • Nach rechts/links verdrehen 128

NOPPEN 129
Popcorn 129 • Große Noppe 130 • Noppe mit Umschlag 131 • Kordelnoppe 132 • Gehäkelte Noppe 133 • Noppe mit anderer Struktur 134 • Noppe in Kontrastfarbe 135

LOCHMUSTER 136
Umschlag zwischen rechten/linken Maschen 136–137 • Umschlag am Anfang einer Rechts-/Linksreihe 138 • Doppelter Umschlag 139 • Formgebung in Lochmustern 140

STRUKTURMASCHEN 141
Leitermaschen: glatt rechts/kraus rechts 141 • Tief gestochene Maschen 142 • Laufmaschen 143 • Umschlungene Maschen 144 • Wickelnoppe 145 • Gestricktes Smokmuster 146 • Genähtes Smokmuster 147 • Einzelne Schlaufen 148 • Mehrfachschlaufen 149

STRICK MIT 3-D-EFFEKT 150
Falten 150 • Biesen 152 • Picots 153 • Flechttechnik 154

7 MEHRFARBIG STRICKEN 156

EIN BISSCHEN FARBTHEORIE 158
Welche Farben? 158 • Der Farbkreis 159 • Farbfamilien 160 • Kühle und warme Farben 161 • Komplementärfarben und analoge Farben 162 • Graustufen und Tonwerte 163

ERSTE SCHRITTE 164
Stricken nach Zählmuster 164 • Welche Technik? 166 • Muster mit Hebemaschen 167 • Clever gewickelt 168 • Garne getrennt halten 169

STREIFEN 170
Neue Farbe ansetzen 170 • Garn seitlich mitlaufen lassen 171 • Einreihige Streifen 172 • Strukturstreifen 172 • Weiche Übergänge 172 • Senkrechte Streifen 173 • Zickzackstreifen 173

HEBEMASCHEN 174
Links/rechts abheben 174 • Abheben, Faden vorn/Faden hinten 175

INTARSIENTECHNIK 176
Neue Farbe ansetzen 176 • Farbwechsel in einer Schrägung nach rechts/links 177 • Senkrechter Farbwechsel 178 • Fäden nachträglich verkreuzen 179

NORWEGERMUSTER 180
Neue Farbe ansetzen 180 • Die Fäden einzeln halten 181 • Beide Fäden in der rechten Hand 182 • Beide Fäden in der linken Hand 183 • Ein Faden in jeder Hand 184 • Verkreuzen mit einer Hand 185 • Verkreuzen mit beiden Händen 186 • Fortlaufend verkreuzen 187 • Stricken mit zwei Enden 188 • Maschenstich für Details 189 • Randmaschen in farbigem Strick 189

8 STRICK VERZIEREN 190

STICKEREI 192
Maschenstich 192 • Dekorative Stiche 194

PERLENSTRICKEREI 198
Welche Perlen? 198 • Perlen auffädeln 199 • Perlenstrickerei mit abgehobenen Maschen 200 • Perlen einstricken 201 • Beilaufgarn mit Perlen 202 • Perlen zwischen den Maschen 202 • Perle einfügen oder entfernen 202 • Anschlagen/Abketten mit Perlen 203 • Pailletten einarbeiten 204

EXTRAS 205
Quasten 205 • Einfache Fransen 206 • Geknotete Fransen 206 • Perlenfransen 207 • Schlaufenfransen 207 • Gedrehte Kordel 208 • Geflochtene Kordel 208 • Strickliesel 209 • Traditioneller Pompon 210 • Pompon-Werkzeug 211 • Zierkanten 212

HÄKELN AUF STRICK 213
Häkeln auf der Oberfläche 213 • Umhäkeln mit Kettmaschen 214 • Umhäkeln mit festen Maschen 215

9 FERTIGSTELLUNG 216

SPANNEN 218
Eine Spannplatte bauen 218 • Feststecken vor dem Spannen 219 • Richtig spannen 219

NÄHTE 220
Matratzenstich auf glatt rechts: Maschen an Maschen 220 • Matratzenstich auf glatt rechts: Reihen an Reihen 221 • Matratzenstich auf glatt rechts: Maschen an Reihen 222 • Matratzenstich auf kraus links 223 • Matratzenstich auf Einer-/Zweierrippen 223 • Matratzenstich auf Perlmuster/kraus rechts 224 • Rückstich 225 • Naht auf Stoß 225 • Überwendlicher Stich 225 • Blindstich 226 • Nahtband 226 • Fäden vernähen an Anschlag- und Abkettkante 227 • Fäden vernähen bei Streifen und Intarsien 227 • Offene Maschen glatt rechts: Maschen an Maschen 228 •

Offene Maschen glatt rechts: Maschen an Reihen 229 • Offene Maschen kraus rechts: Maschen an Maschen 229 • Offene Maschen in Rippen: Maschen an Maschen 230 • Gehäkelte Naht 231 • Zusammenhäkeln von den Nadeln 232 • Zwei Teile zusammen abketten 233 • Anstricken an Reihenenden 234

TASCHEN 235
Aufgesetzte Tasche 235 • Aufnähen mit Maschenstich 235 • Angestrickte Tasche 236 • Taschen mit Kanten 237 • Eingesetzte Tasche: waagerecht 238 • Eingesetzte Tasche: senkrecht 239

KANTEN, SÄUME UND BELEGE 240
Seitenränder 240 • Saum, Bruchkante kraus rechts/mit Hebemaschen 242 • Schräger Saumstich/Hexenstich 243 • Angestrickter Saum 244 • Saum mit Maschenstich 245 • Beleg, Bruchkante kraus rechts/mit Hebemaschen 246 • Beleg mit Briefecke 247 • Quer angestrickte Knopfleiste 248 • Längs angestrickte Knopfleiste 249 • Angenähte Knopfleiste 250 • Verstärkte Knopfleiste 250

VERSCHLÜSSE 251
Knopflöcher anordnen 251 • Knopfloch mit Umschlag 252 • Waagerechtes Knopfloch über eine Reihe 253 • Waagerechtes Knopfloch über zwei Reihen 254 • Senkrechtes Knopfloch 255 • Knopflöcher verstärken 256 • Knopfschlaufen 256 • Gummiband und Gummifaden 257 • Reißverschluss einsetzen 258 • Reißverschluss mit Häkelkante 259 • Strick und Stoff zusammennähen 259

10 EIGENE ENTWÜRFE 260
Ideensuche 262 • Fotos 262 • Moodboards, Scrapbooks und Skizzenbücher 263 • Eine Kollektion entwerfen 263

GUTE PASSFORM 264
Größe 264 • Grundformen 265 • Richtig messen 266 • Ein Kleidungsstück vermessen 267 • Maßnehmen am Körper 268 • Genauere Skizze 269

AUSARBEITUNG DES ENTWURFS 270
Farben 270 • Muster 271 • Überlegungen zur Machbarkeit 272 • Farbeffektgarne 273 • Strukturmuster 274 • Struktur und Modell 275 • Praktische Aspekte 276 • Welches Muster? 276 • Garne für Strukturmuster 277 • Dekorationen 278 • Perlen 278 • Stickerei 279 • Borten & Co. 279 • Das richtige Garn 280 • Die Entwurfszeichnung 281 • Zeichnen auf Strickmusterpapier 282 • Abmessungen in Maschen und Reihen umrechnen 283 • Die Anleitung 284 • Den Garnbedarf berechnen 285

MODELLE ENTWERFEN 286
Entwerfen für Erwachsene 286 • Entwerfen für Babys 288 • Entwerfen für Kinder 289 • Schals entwerfen 290 • Andere Accessoires 291 • Wohnaccessoires 292 • Decken 292 • Kissen 293

11 PANNENHILFE 294
Masche verloren: eine Rechtsreihe tiefer 296 • Masche verloren: eine Linksreihe tiefer 297 • Laufmasche auf der rechten/linken Seite 298 • Heruntergefallene Randmasche 299 • Masche für Masche auflösen 300 • Mehrere Reihen aufribbeln 300 • Aufribbeln mit Hilfsfaden 301 • Verdrehte Masche in einer Rechtsreihe/Linksreihe 302 • Masche zu viel: Rechtsreihe/Linksreihe 303 • Unvollständige Masche: Rechtsreihe/Linksreihe 304 • Zu lockere Maschen 305 • Unregelmäßiges Maschenbild 306 • Strick kürzen/verlängern 307 • Fehler in farbigen Mustern 308 • Fehler in Zopfmustern 309 • Ziehfäden 310 • Kleine Löcher 310 • Stopfen 311

ADRESSEN 312
BUCHEMPFEHLUNGEN 313
STRICKMUSTERPAPIER 314
REGISTER 316
IMPRESSUM 319
DANK 320

VORWORT

Menschen, die gern stricken, sind unglaublich großzügig, wenn es darum geht, ihr Wissen mit anderen zu teilen oder Tricks und Kniffe zu verraten. Das ist eine Eigenschaft, die ich sehr schätze. Wenn ich in meinen Kursen mit einer Teilnehmerin beschäftigt war, fand sich immer jemand in der Gruppe, der anderen half, wenn sie Schwierigkeiten hatten. Vielerorts treffen sich Menschen, um gemeinsam zu stricken und dabei Erfahrungen auszutauschen. Dabei profitieren nicht nur diejenigen, die Neues lernen. Durch den Austausch wird das Strickwissen an Gleichgesinnte sowie an die nächste Generation weitergegeben – es bleibt also lebendig und entwickelt sich immer weiter.

Gerade weil es mir wichtig ist, Wissen zu teilen, habe ich mich sehr gefreut, für dieses Buch meine gesamte Erfahrung und die vielen Techniken und Tricks zusammenzustellen, die ich in über 40 Berufsjahren als Strickdesignerin mit einem eigenen Label für Handstrickgarne sammeln konnte. So möchte ich den Lesern die Möglichkeit geben, ihr Können zu erweitern, und ihnen Lust machen, Modelle nach Anleitungen zu stricken oder vielleicht sogar eigene zu entwerfen. Aus diesem Grund gehe ich in einem Kapitel darauf ein, wie meine Modellentwürfe entstehen – von der Ideenfindung über Struktur und Farbe bis zur konkreten praktischen Umsetzung. Hier finden Sie auch Tipps zur Gestaltung schmeichelhafter Modelle für Ihre Figur und zu den Aspekten, die beim Entwerfen von Kleidung für Babys und Kinder zu bedenken sind.

Oft gibt es verschiedene Wege, die zum gleichen Ziel führen. Nachdem ich im Lauf der Jahre verschiedene Techniken ausprobiert habe, um mein Können möglichst zu perfektionieren, habe ich besondere Vorlieben entwickelt. Mir ist aber bewusst, dass dies sehr subjektiv geschah und dass andere Menschen andere Methoden bevorzugen. Darum zeige ich zu vielen Techniken auch Variationen, sodass Sie selbst ausprobieren können, womit Sie die besten Ergebnisse erzielen.

Die Arbeit an diesem Buch war eine bereichernde Erfahrung. Vor allem musste ich achtgeben, nicht immer wieder auf Methoden zurückzugreifen, die mir besonders vertraut sind. Ich hoffe, dass das Buch auch für Sie viel Interessantes – und vielleicht Überraschendes – bereithält und dass es Ihnen beim Stricken von Kleidung, Zubehör und Wohnaccessoires ein nützlicher Ratgeber sein wird.

DEBBIE BLISS

GARNE, NADELN & ZUBEHÖR

Um das Stricken zu erlernen, brauchen Sie ein Paar Stricknadeln, ein Knäuel Garn und eine kleine Schere zum Abschneiden von Fäden – nicht mehr und nicht weniger. Wenn Sie aber Freude an der Handarbeit haben und unterschiedliche Dinge stricken möchten, können Sie einige weitere Requisiten gut gebrauchen.
Die Auswahl an Garnen zum Stricken ist enorm, darum finden Sie in diesem Kapitel auch Informationen über beliebte Garnarten, Stärken und Fasern.

GARNE

Garn ist das gängige Material zum Stricken. Es besteht meist aus mehreren Fäden, die miteinander verdreht sind. Die Fäden wiederum bestehen aus versponnenen Fasern. Wer experimentierfreudig ist, kann auch andere Materialien zum Stricken benutzen, beispielsweise Draht oder Plastikstreifen.

GARNTYPEN

Handarbeitsgarne gibt es in riesiger Auswahl, darum kann hier keine vollständige Liste präsentiert werden, sondern nur eine Auswahl. Jeder Garntyp hat seine Vorzüge und Nachteile, und nicht jedes Garn eignet sich für jedes Strickmodell. In manchen Garnen ist das Maschenbild klar zu erkennen, andere ergeben einen Strick mit besonders schönem Fall. Wenn Sie das in einer Anleitung vorgeschlagene Garn durch ein anderes ersetzen wollen (siehe S. 70), berücksichtigen Sie bitte auch die Eigenschaften von Originalgarn und neuem Garn.

Hintere Reihe: Mohair, Farbverlauf, Tweedgarn, Bändchengarn (changierend)

Zweite Reihe: Tweed, glatt, mehrfarbig

Dritte Reihe: Fransen-Effektgarn, Chenille

Vierte Reihe: mehrfarbig, Metallic, Tweed

12   Garne, Nadeln & Zubehör

GLATTE GARNE

Die meistverwendeten Garne sind glatt und einfarbig. Sie können aus verschiedenen Fasern bestehen (siehe S. 16), sind in verschiedenen Stärken erhältlich (siehe S. 14) und können unterschiedlich gedreht sein (siehe S. 15). Diese Kriterien bestimmen, ob der fertige Strick fest und steif, seidig fließend oder kuschelig weich ist. Es sind nicht nur die meistverwendeten Garne, sondern auch die vielseitigsten.

FLAUSCHIGE GARNE

Diese Garne gibt es mit unterschiedlich langem Flor. Sie enthalten meist Mohair oder Angora, das für die Flauschigkeit sorgt, und Wolle oder andere Fasern, die ihnen Stabilität geben (siehe S. 16). Für Einsteiger haben sie den Vorteil, dass ungleichmäßige Maschen oder kleine Fehler in der pelzigen Oberfläche kaum zu sehen sind. Andererseits lassen sie sich nur schwer aufribbeln, falls es einmal nötig sein sollte. Weil die Härchen am Garn das Maschenbild verschwimmen lassen, eignen sich diese Garne nicht gut für Zöpfe (siehe S. 122) und andere Strukturmuster.

STRUKTURGARN

Mit solchen Garnen können, selbst wenn ausschließlich glatt rechts gestrickt wird, interessante Strukturen entstehen. Allerdings ergeben manche Garne, die auf dem Knäuel verlockend aussehen, eine verblüffend unattraktive Fläche. Kaufen Sie vorsichtshalber nur ein Knäuel und stricken Sie ein nicht zu kleines Probestück!
Chenillegarn hat einen kurzen, samtartigen Flor. Bouclégarn besteht aus relativ stark gedrehten Fäden mit kleinen Schlaufen oder Knötchen. Glattes oder rundes Bändchengarn ist in verschiedenen Breiten und Stärken erhältlich. Am anderen Ende der Skala liegen Garne mit stark strukturierter Oberfläche, die oft auch als »Effektgarne« bezeichnet werden. Dazu gehört beispielsweise Fransengarn, das einen Strick mit einem dichten, fast pelzigen Flor ergibt, oder Garn mit einer lockeren, leiterartigen Struktur, das nicht ganz leicht zu verarbeiten ist.

METALLICGARNE

Garne aus Metallfäden glänzen stark, sind aber kratzig auf der Haut. Garne aus anderen Fasern, die mit Metallfäden oder metallisch glänzenden Kunststofffäden versponnen sind, glitzern dezenter und fühlen sich weicher an.

TWEEDGARNE

Strick aus diesen Garnen ähnelt Tweedgewebe und so wie es zweierlei Tweedstoffe gibt, werden auch zweierlei Garne angeboten. Die eine Sorte hat relativ viele kleine Tupfer in Kontrastfarben, die andere ist insgesamt dezenter und oft Ton in Ton gemustert.

MELIERTE UND MEHRFARBIGE GARNE

Diese Garne bestehen aus verschiedenfarbigen Fäden, die miteinander verdreht sind. Sind die Fäden kontrastfarbig, wirkt der Strick lebhaft. Haben die Fäden ähnliche Farben, wirkt er ruhiger, changierend. Es gibt auch melierte Garne, bei denen einer oder beide Fäden die Farbe wechseln.

FARBVERLAUFSGARNE

Bei diesen Garnen ergibt sich beim Stricken wie von selbst ein mehrfarbiges Muster. Sie werden in vielen verschiedenen Farbvarianten von kontrastreich bis Ton in Ton angeboten. Die Garne sind hauptsächlich für Socken gedacht. Der Mustereffekt hängt davon ab, wie lang die einzelnen farbigen Abschnitte des Garns sind. Sind die Abschnitte lang, ergeben sich Streifen. Sind sie kurz, ergeben sich kleine Farbflächen, die entfernt an Norwegermuster erinnern. Wenn Sie etwas anderes als Socken stricken wollen, sollten Sie unbedingt ein Probestück in der vorgesehenen Breite stricken, denn die Reihenlänge hat erheblichen Einfluss auf das Muster.

GARNSTÄRKEN

Die Garnstärke bestimmt, mit welcher Stricknadelstärke gearbeitet werden soll. Normalerweise verarbeitet man dünnes Garn mit dünnen Nadeln und dickes Garn mit dicken Nadeln. Verwendet man eine zu dicke Nadel, werden die einzelnen Maschen groß und löchrig. Wird andererseits mit einer zu dünnen Nadel gestrickt, wird das Maschenwerk steif. Wenn Garn- und Nadelstärke gut aufeinander abgestimmt sind, entsteht ein dichter, aber geschmeidiger Strick. Natürlich kann von dieser Regel abgewichen werden, wenn bewusst andere Effekte gewünscht sind.

Die Namen verschiedener Garnstärken sind von Land zu Land und von Hersteller zu Hersteller unterschiedlich, also nicht ganz verbindlich. Die folgende Aufstellung gibt einen Überblick über die gängigen Handarbeitsgarne.

LACEGARN

Dünnes Garn, das hauptsächlich zum Stricken von Lace verwendet wird. Damit diese Garne dünn und dennoch stabil sind, werden sie oft aus hochwertiger Wolle hergestellt (siehe S. 16). Mit Nadelstärke 1,5–2,25 müssen Sie für 10cm Breite etwa 33–40 Maschen anschlagen.

SOCKENGARN VIERFACH

Sockengarn besteht normalerweise aus Wolle mit einer Beimischung von Synthetikfasern, die es stabiler und waschmaschinenfest machen. Mit Nadelstärke 2,25–3,25 benötigen Sie für 10cm Breite etwa 27–34 Maschen.

BABYGARN ODER DÜNNES SPORTGARN

Sie benötigen für 10cm etwa 23–26 Maschen mit Nadelstärke 3,25–3,75. Das Garn ist meist sehr weich und eignet sich für Babykleidung, aber auch für leichte Modelle für Erwachsene.

SPORTGARN

Dies ist vermutlich die beliebteste und vielseitigste Garnstärke. Sie wird aus verschiedenen Fasern angeboten (siehe S. 16) und eignet sich für Modelle in vielen Formen und Stilen. Kalkulieren Sie für 10cm etwa 21–24 Maschen mit Nadelstärke 3,75–4,5.

Im Uhrzeigersinn von oben links: Aran-, Baby-, Sockengarn vierfach, Lacegarn, Sportgarn, extradickes Garn. In der Mitte: dickes Garn.

ARAN-GARN

Gut geeignet für Wohnaccessoires und wärmere Erwachsenenkleidung. Die Arbeit geht zügig von der Hand, obwohl keine besonders dicken Nadeln verwendet werden. Für 10cm Breite müssen Sie etwa 16–20 Maschen mit Nadelstärke 4,5–5,5 anschlagen.

DICKES GARN

Beliebt bei Anfängern, weil es schnell vorangeht. Für 10cm Breite müssen 12–15 Maschen mit Nadelstärke 5,5–8 angeschlagen werden. Dicke Nadeln sind für Ungeübte schwieriger zu handhaben als dünnere.

EXTRADICKES GARN

Am besten geeignet für dicke Pullover oder Jacken und Wohnaccessoires. Kalkulieren Sie für 10cm 7–11 Maschen mit Nadelstärke 8–12.

DER AUFBAU VON GARN

Die meisten Handarbeitsgarne bestehen aus mehreren Fäden. Dreht man das abgeschnittene Ende auf, sieht man, wie viele Einzelfäden zusammengedreht wurden. Es gibt auch Garne mit anderer Struktur. Manche, aber auch nicht alle, bestehen aus Einzelfäden, die auf die eine oder andere Art miteinander verbunden sind.

Fasern unterschiedlicher Art (siehe S. 16) werden zu dünnen Fäden versponnen. Dabei werden sie nach rechts gedreht. Zur Herstellung eines Garns werden diese Fäden dann linksherum miteinander verdreht. Durch diese gegenläufigen Drehungen wird dafür gesorgt, dass sich das Garn nicht in sich verdreht.

Die Anzahl der Einzelfäden bestimmt aber nicht die Garnstärke (siehe S. 14). Dickes Garn kann aus einem einzigen Faden bestehen, dünnes Garn aus vier Fäden. Garne aus mehreren Einzelfäden sind meist strapazierfähiger als einfädige Garne wie locker gedrehte Dochtwolle.

Die meisten Garne bestehen aus Fäden gleicher Stärke. Bei Strukturgarnen können unterschiedlich starke Fäden für die spezielle Optik sorgen, etwa indem ein dünner Faden spiralförmig um einen dickeren gewunden ist. Noppengarn besteht aus zwei Fäden mit unterschiedlicher Spannung, bei Bouclégarn ist der Spannungsunterschied so groß, dass der lockere Faden Schlaufen bildet. Chenillegarn hat einen kurzflorigen Kern, der mit zwei Fäden umwickelt ist. Dochtwolle besteht aus nur einem Faden. Bändchengarn ist gewebt, Chainettegarn sieht aus wie eine locker gestrickte Kordel (siehe S. 115).

Im Uhrzeigersinn von oben links: Dochtwolle, Dochtwolle mehrfarbig, Chainette, 4-fach, Bouclé, Chenille, Strukturgarn, Bändchengarn, 3-fach, 2-fach.

FASERN

Handarbeitsgarne können aus verschiedenen Fasern bestehen. Generell unterscheidet man zwischen tierischen, pflanzlichen und synthetischen Fasern. Manche Fasern fühlen sich im Knäuel noch gut an, enttäuschen aber als gestricktes Stück. Einige eignen sich nicht sortenrein, sondern nur in Kombination mit anderen Fasern zum Stricken. Auf dieser Seite finden Sie Informationen über die gängigsten Textilfasern, die zur Herstellung von Handarbeitsgarnen verwendet werden.

(SCHUR)WOLLE

Handarbeitsgarne aus Wolle sind weltweit der Favorit, viele Menschen benutzen das Wort »Wolle« allerdings als Sammelbegriff für alle Garne. Es gibt viele Arten von echter Wolle: Lambswool beispielsweise wird bei der ersten Schur gewonnen und ist sehr weich und warm. Merino ist die Wolle einer schottischen Schafrasse.
Dass Wolle so beliebt ist, hat drei Gründe: Sie ist warm, leicht und atmungsaktiv. Allerdings kann sie sich kratzig auf der Haut anfühlen und manche Menschen reagieren sogar allergisch auf Wolle. Reine Wolle muss vorsichtig gewaschen werden, damit sie nicht einläuft und verfilzt. Es gibt allerdings auch Wollgarne, die durch eine spezielle Ausrüstung maschinenwaschbar sind.
Wolle eignet sich gut für Anfänger, denn sie ist recht elastisch. Dadurch gleichen sich unregelmäßige Maschen in gewissem Maß von selbst aus.

ANDERE TIERHAARFASERN

Außer Schafwolle können auch Haare von Ziegen, Lamas, Opossums, Alpakas, Kamelen und Kaninchen versponnen werden. Meist müssen sie aber mit Schafwolle gemischt werden, damit das Garn stabil genug zum Stricken wird. Angora stammt von Angorakaninchen, Mohair von Ziegen, Kaschmir von einer speziellen Ziegenrasse. Alpakas liefern Alpakagarn und auch die Haare ihrer Verwandten – Kamele, Lamas und Vicuñas – eignen sich zur Garnherstellung.
Garne aus diesen Fasern besitzen ähnliche Eigenschaften wie Schafwolle und zusätzlich je nach Herkunft weitere Merkmale, beispielsweise können sie besonders weich oder flauschig sein.

BAUMWOLLE

Baumwolle wird in verschiedenen Qualitäten angeboten, auch unter den Maßgaben des biologischen Anbaus. Ägyptische Baumwolle ist besonders weich. Baumwollgarne lassen sich gut einfärben und sind pflegeleicht. Der Strick ist kühl und fühlt sich angenehm auf der Haut an. Bei Strick aus reinem Baumwollgarn ist das Maschenbild sehr gut zu erkennen, das lässt Menschen, die sehr gleichmäßig stricken, besonders glänzen. Dass Baumwollgarn etwas steif ist, kann Anfängern Schwierigkeiten bereiten. Baumwollgarne mit Beimischungen anderer Fasern sind weicher und geschmeidiger.

ANDERE PFLANZENFASERN

Leinen, gewonnen aus Flachs, ist eine beliebte Faser zur Garnherstellung. Leinengarne haben ähnliche Eigenschaften wie Baumwolle. Der Strick ist anfangs etwas kratzig, wird aber nach einigen Wäschen wunderbar weich. Leinen ist sehr haltbar.
Aus Bambus werden Garne produziert, die verstrickt einen fließenden Fall haben. Garn aus Soja schimmert seidig und fühlt sich angenehm auf der Haut an.

SEIDE

Seidenfasern werden aus den Kokons der Maulbeerspinner hergestellt. Weil die Aufzucht der Falter, die Gewinnung der Fasern und das Spinnen einen hohen Aufwand erfordern, ist Seide teuer. Auch darum wird sie oft mit anderen Fasern gemischt. Seidenstrick ist weich und hat einen schönen Fall. Für Anfänger ist Seidengarn nur bedingt geeignet.

SYNTHETIKFASERN

Acryl, Nylon und Viskose sind die meistverwendeten Kunstfasern für die Garnherstellung. Sie haben individuelle Eigenschaften, aber allesamt sind gut waschbar, pflegeleicht und verhältnismäßig preiswert. Darin liegt nicht zuletzt der Grund für ihre Beliebtheit. Weil es bei Synthetikgarnen große Qualitätsunterschiede gibt, sollten Sie beim Einkauf die Wahl mit Bedacht treffen.

FASERMISCHUNGEN

In diese Kategorie fallen die verschiedensten Garne, von edler Seide-Mohair-Mischung bis zu praktischer Wolle mit Acrylbeimischung. Naturfasern werden oft mit Kunstfasern kombiniert, um leichtere, pflegeleichtere oder elastischere Garne zu produzieren, die sich ähnlich wie Naturfasergarne anfühlen. Edle Fasern wie Kaschmir werden durch Synthetikbeimischung deutlich preiswerter. Schafwolle mit einem Synthetikanteil ist auf der Haut weniger kratzig.

Im Uhrzeigersinn von oben links: Recyclinggarn (aqua), Seide, Bambus, Synthetikgarn, Alpaka, Merino, Baumwolle, Wolle/Baumwolle, Leinen, Lambswool

Mitte von oben: Shetland, Wolle mit superwash-Ausrüstung, Angora

Rechts außen: Mohair und Seidenmischung

WASCHEN

Die meisten modernen Garne sind farbecht. Sie können trotzdem zur Probe einen Faden anfeuchten, ihn dann fest um ein Stück weißes Küchenpapier wickeln, trocknen lassen und abwickeln. Wenn das Papier Farbe angenommen hat, ist das Garn leider nicht farbecht.
Reine Wollgarne mit der Bezeichnung »superwash« sind durch eine Spezialbehandlung maschinenwaschbar. Wenn Sie unsicher sind, waschen Sie Ihre Maschenprobe, bevor Sie ein fertiges Modell in die Maschine stecken.

EIN KNÄUEL WICKELN

Wenn Sie Garn im Strang gekauft haben, sollten Sie vor dem Stricken ein Knäuel daraus wickeln. Legen Sie den Strang um eine Stuhllehne oder bitten Sie einen Helfer, den Strang mit beiden Händen so auf leichter Spannung zu halten, dass Sie den Faden gut abwickeln können. Wickeln Sie das Knäuel so, dass der Arbeitsfaden später nicht von außen abgewickelt wird, sondern aus seiner Mitte herausgezogen wird. So kann das Knäuel beim Stricken nicht wegrollen: Das wäre lästig und könnte die Fadenspannung ungünstig beeinflussen. Auch bei fertig gekauften Knäueln sollten Sie den Faden vorzugsweise aus der Mitte ziehen. Greifen Sie mit den Fingern ins Knäuel, ziehen Sie das Innere heraus und suchen Sie das Fadenende.

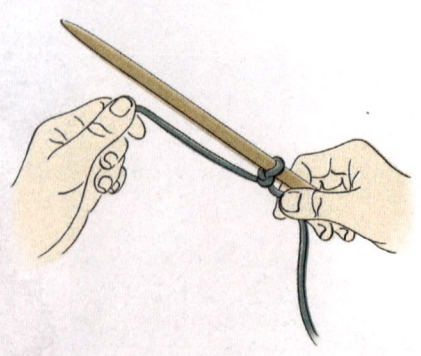

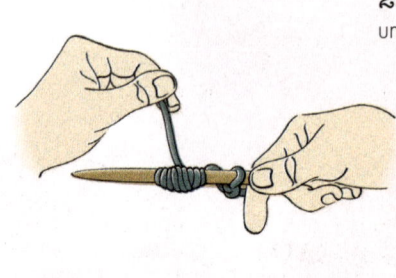

2. Nun das Garn relativ locker davor um die Stricknadel – nicht über die Anfangsschlinge – wickeln. Arbeiten Sie nicht zu schnell. Nehmen Sie den Faden langsam und gleichmäßig von der Stuhllehne oder den helfenden Händen, damit er sich nicht verheddert.

1. Ins Fadenende eine Anfangsschlinge (siehe S. 34) knüpfen und diese bis zur Mitte auf eine Stricknadel schieben.

3. Nun das Garn fester aufwickeln, aber nicht überdehnen. Die Anfangsschlinge muss weiterhin frei bleiben.

4. Zuerst das Knäuel von der Nadel nehmen, dann die Anfangsschlinge. Nun kann der Faden aus der Mitte herausgezogen werden.

WOLLWICKLER UND HASPEL

Diese Hilfsmittel sind nicht billig, aber mit ihnen geht das Abwickeln von Strängen schneller und professioneller. Eine Gebrauchsanweisung wird normalerweise beim Kauf mitgeliefert, das Grundprinzip ist aber bei allen Modellen ähnlich. Wollwickler und Haspel so an der Tischplatte befestigen, dass sie sich nicht berühren. Den Strang aufdrehen und die Knoten an beiden Enden entfernen. Die Haspel aufspannen (wie einen Regenschirm) und den Strang darumlegen. Der Strang darf nicht verdreht sein. Ein Fadenende lösen. Die Haspel so weit aufspannen, dass der Strang sicher gehalten wird, und feststellen, damit sie in dieser Position bleibt (siehe Foto auf der rechten Seite). Das Fadenende durch die Führung am Wollwickler fädeln und in den Schlitz (oben oder seitlich am Wickler) einklemmen. Dann an der Kurbel drehen und entspannt zuschauen, wie der Strang zum Knäuel wird. Nicht zu schnell kurbeln, und nicht plötzlich anhalten. Vorsicht, wenn der Strang fast abgewickelt ist: Wenn der letzte Ring des Strangs abgewickelt wird und die Speichen der Haspel nicht mehr zusammenhält, schnellen diese auseinander.
Das Fadenende aus dem Schlitz lösen und das Knäuel vom Wickler nehmen. Um das Knäuel von der Mitte aus abzuarbeiten, ziehen Sie an dem Fadenende, das verankert war.

GARNBANDEROLEN

Garnknäuel haben eine Banderole, Stränge meist ein angehängtes Schild. Auf beiden sind wichtige Informationen aufgedruckt, die sich aber von Hersteller zu Hersteller unterscheiden können. Bewahren Sie die Banderolen auf, bis das Projekt fertig ist, und nehmen Sie sie mit ins Geschäft, wenn Sie Fragen haben oder Garn nachkaufen wollen.

Herkunftsland Das Land, in dem das Garn produziert wurde; nicht zwangsläufig identisch mit dem Ursprungsland der Fasern
Maschenprobe und empfohlene Nadelstärke Diese Empfehlungen des Herstellers können von denen in der Anleitung abweichen. In diesem Fall richten Sie sich immer nach den Angaben in der Anleitung.
Name Name des Herstellers und Name des Garns
Gewicht Gewicht des Knäuels oder Strangs, meist in Gramm, bei ausländischem Garn auch in Unzen
Lauflänge Die ungefähre Länge des Garns pro Knäuel. Sie ist wichtig, wenn Sie das Garn austauschen (siehe S. 70) oder ein Modell selbst entwerfen wollen.
Zusammensetzung Die Faser(n), aus denen das Garn besteht

Oben: Haspel und Knäuelwickler

Nummern von Farbe und Farbpartie Garne werden in großen Partien gefärbt und jede Partie hat eine eigene Nummer. Achten Sie darauf, für ein Modell nur Knäuel mit gleicher Partienummer zu verwenden, denn von Partie zu Partie kann es leichte Farbabweichungen geben, die beim fertigen Modell auffallen würden. Kaufen Sie vorsichtshalber ein Knäuel in Reserve.
Pflegehinweise Wichtig für die spätere Pflege des gestrickten Modells. Ein guter Grund, die Banderole aufzubewahren.

WERKZEUG

Kaufen Sie Utensilien zum Stricken erst, kurz bevor Sie sie wirklich brauchen. Es gibt so viel Schnickschnack auf dem Markt und nicht alles, was eine hübsche Verpackung hat, ist auch praktisch. Außer den Strickutensilien im engeren Sinne benötigen Sie eine helle, verstellbare Arbeitsleuchte und einen bequemen Sessel, der den Rücken gut unterstützt.

STRICKNADELN

Stricknadeln gibt es in großer Auswahl. Die drei wichtigsten Typen sind gerade Nadeln, Rundstricknadeln und Nadelspiele. Die Wahl von Nadeltyp und Material hat viel mit eigenen Vorlieben zu tun. Manche Nadeln eignen sich aber für bestimmte Projekte besser als andere. Einige Garne lassen sich beispielsweise leichter mit relativ spitzen Nadeln stricken und für kleine Projekte sind kürzere Nadeln handlicher.

GERADE STRICKNADELN

Stricknadeln gibt es aus verschiedenen Materialien: Stahl, Aluminium, Holz, Bambus und Kunststoff. Die Wahl ist Geschmacksfrage. Holz- und Bambusnadeln eignen sich für Anfänger recht gut. Sie sind weniger glatt als Nadeln aus Metall oder Kunststoff, sodass die Maschen nicht so leicht herunterrutschen.
Die Nadelstärke wird normalerweise in Millimetern angegeben. Für Stricknadeln aus den USA und England gelten teilweise auch andere Systeme. Diese können Sie der Tabelle auf Seite 22 entnehmen.
Außerdem werden Stricknadeln in verschiedenen Längen angeboten. Auf das Strickergebnis hat die Länge wenig Einfluss, wohl aber auf die Handhabung. Die Arbeit geht am besten von der Hand, wenn die Nadellänge etwa zur Anzahl der angeschlagenen Maschen passt.

Links: Metallstricknadeln in verschiedenen Längen

Unten: Stricknadeln aus Holz, Bambus, Kunststoff und Metall

NADELSPIELE

Diese kürzeren Nadeln haben an beiden Enden eine Spitze. Sie werden benötigt, um Socken oder andere Werkstücke mit geringem Durchmesser in Runden zu stricken (siehe S. 116). Ein Nadelspiel besteht aus vier oder hierzulande in der Regel aus fünf Nadeln. Ebenso wie lange Stricknadeln werden sie aus verschiedenen Materialien angeboten. Es gibt auch Nadeln mit quadratischem Querschnitt (Foto rechts, unten). Das klingt ungewöhnlich, aber sie liegen gut in der Hand, vor allem sehr dünne Varianten, und ergeben ein sehr gleichmäßiges Maschenbild.

Rechts: Nadelspiele
Unten: Metallnadel mit Plastikkabel

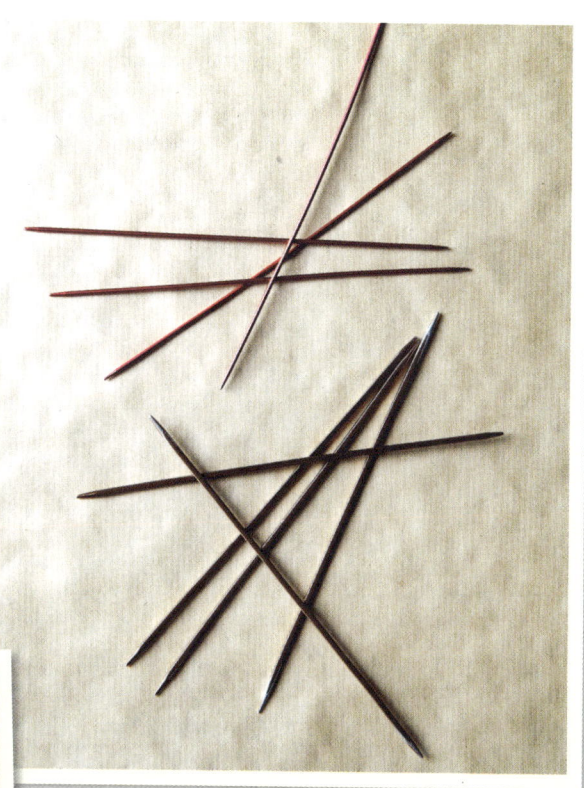

GERADE NADELN MIT PLASTIKKABEL

An eine kurze, gerade Nadelspitze schließt sich ein flexibles Plastikkabel an, auf das die Maschen gleiten. So liegt ein größeres Strickzeug bequem auf dem Schoß und braucht nicht, wie mit langen Stricknadeln, tragend gehalten zu werden. Solche Nadeln eignen sich auch für Menschen, die Beschwerden mit den Handgelenken haben.

Werkzeug 21

RUNDSTRICKNADELN

Diese Stricknadeln bestehen aus einem Nylon- oder Plastikkabel mit einer Spitze an jedem Ende. Sie werden benutzt, um größere Werkstücke in Runden zu stricken (siehe S. 108). Rundstricknadeln gibt es in verschiedenen Stärken und Längen. Es ist sinnvoll, eine für das Modell passende Länge zu verwenden. Man kann auf Rundstricknadeln aber auch in Hin- und Rückreihen stricken. Das ist besonders praktisch für Decken und andere sehr große Werkstücke, für die langen Knopfleisten an Strickmänteln etwa – und auf Reisen. Neben Rundstricknadeln mit festem Kabel gibt es auch Modelle mit austauschbaren Spitzen. Sie sind vielseitig, aber nicht immer ist bei solchen Nadeln der Übergang zwischen Nadelspitze und Kabel makellos glatt. Das kann beim zügigen Stricken sehr störend sein.

Links: Rundstricknadel mit festem (rotem) Kabel und Rundstricknadel mit Wechselspitzen (eine grüne Spitze abgeschraubt)

NADELSTÄRKEN

Die drei Systeme zur Angabe von Nadelstärken im Vergleich.

mm	USA	Kanada & England, alt	mm	USA	Kanada & England, alt
1,5	000	–	5,5	9	5
1,75	00	–	6	10	4
2	0	14	6,5	10½	3
2,25	1	13	7	10½	2
2,75	2	12	7,5	11	1
3	2–3	11	8	11	0
3,25	3	10	9	13	00
3,5	4	–	10	15	000
3,75	5	9	12	17	–
4	6	8	16	19	–
4,5	7	7	19	35	–
5	8	6	25	50	–

SONSTIGES ZUBEHÖR

Der Fachhandel bietet allerlei raffinierte Utensilien an, aber oft genügen auch simple Alternativen. Ein Garnrest zum Beispiel gibt einen guten Maschenmarkierer ab, Bleistift und Zettel ersetzen den Reihenzähler. Weil ich ein Faible für altmodisches Zubehör habe, würde ich mir ein Nadelmaß anschaffen, denn auf vielen meiner Stricknadeln ist die Nadelstärke nicht mehr lesbar. Wenn Sie alte Stricknadeln besitzen oder gelegentlich im Ausland einkaufen, könnten Sie auf die Suche nach einem Nadelprüfer für mehrere Systeme gehen.

MASCHENRAFFER

Manchmal müssen Maschen stillgelegt werden. Für zwei bis drei Maschen genügt eine herkömmliche Sicherheitsnadel, für mehr Maschen ist jedoch ein größeres Hilfsmittel erforderlich. Ein doppelseitiger Maschenraffer hat den Vorteil, dass die Maschen später von jedem Ende abgestrickt werden können. Wenn viele Maschen stillgelegt werden und ein großer Maschenraffer bei der Arbeit stören würde, ziehen Sie einfach einen Faden durch. Vergessen Sie nicht, die Enden fest zu verknoten, damit die Maschen nicht doch versehentlich herunterrutschen.

Rechts: Maschenraffer aus Metall (rot und goldfarben), alter Maschenraffer (silberfarben), Sicherheitsnadel, zweiseitiger Maschenraffer

Unten: runde Maschenmarkierer (auf die Nadel gefädelt), Maschenraffer zum Einhängen und mit Klickverschluss (grün)

MASCHENMARKIERER

Diese Markierer werden auf eine bestimmte Masche geschoben oder gehängt, um sie später wiederzufinden oder um Abschnitte eines Musters zu kennzeichnen und so leichter den Überblick zu behalten. Runde Maschenmarkierer fädelt man auf die Nadel, um den Anfang einer Runde zu kennzeichnen (siehe S. 73). Sie können auf geraden Nadeln und Rundnadeln auch zum Markieren von Zu- oder Abnahmen oder von Elementen komplizierter Muster verwendet werden. Neben simplen Plastikringen gibt es auch sehr dekorative runde Maschenmarkierer. Ersatzweise können Sie eine kleine Fadenschlaufe verwenden – aber Vorsicht, nicht versehentlich mitstricken!

ZOPFNADELN

Diese Hilfsnadeln für Zopfmuster (siehe S. 122–125) sind in verschiedenen Stärken und Ausführungen erhältlich. Generell sollte die Stärke der Zopfnadel ähnlich oder gar identisch sein wie die Stärke der Nadeln, die Sie für das Modell verwenden. U-förmige Nadeln eignen sich gut für Ungeübte, weil wenig Gefahr besteht, dass die Maschen herunterrutschen.

Rechts, von links: dicke und dünne Zopfnadeln, Zopfnadel aus Holz, u-förmige Zopfnadel

Unten, von links: Häkelnadel mit ergonomischem Griff, Häkelnadel aus Holz, dicke und dünne Häkelnadeln aus Metall

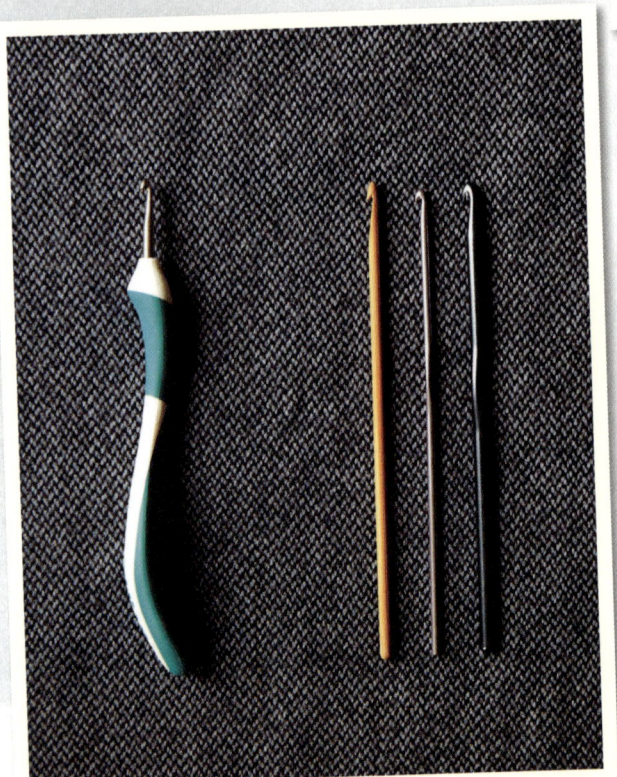

HÄKELNADELN

Sie werden benötigt, um Kanten an gestrickte Werkstücke anzuhäkeln (siehe S. 214), aber auch zum Aufnehmen von Maschen (siehe S. 75) oder zum Hochhäkeln heruntergefallener Maschen (siehe S. 298). Wie Stricknadeln sind auch sie in verschiedenen Stärken und Materialien erhältlich, außerdem gibt es unterschiedlich geformte Griffe. Am besten probieren Sie vor dem Kauf aus, welches Modell Ihnen am besten in der Hand liegt.

NADELKAPPEN

Die Kappen haben zwei Funktionen. Sie verhindern, dass Maschen von der Stricknadel rutschen und dass die Nadeln Löcher in Ihre Handarbeitstasche stechen. Wenn Sie aber ein Strickzeug länger als ein paar Tage zur Seite legen, sollten Sie die Stricknadeln ganz herausnehmen. Sie verzerren die Maschen, sodass später eine sichtbare Linie zurückbleibt. Fädeln Sie die Maschen für längere Arbeitspausen lieber auf einen Faden (siehe S. 73). Vergessen Sie nicht, die Enden fest zu verknoten, damit die Maschen nicht herunterrutschen.

REIHENZÄHLER

Das kleine Hilfsmittel wird auf die Stricknadel geschoben. Jedes Mal, wenn eine Reihe fertig ist, drehen Sie das Zählwerk weiter. So wissen Sie immer, in welcher Reihe des Musters Sie gerade sind.

Oben: Reihenzähler und Nadelkappen

Rechts: Fadenabschneider und kleine, spitze Handarbeitsschere

SCHERE

Schneiden Sie das Garn immer mit einer Schere ab. Niemals reißen (oder beißen), denn dabei besteht die Gefahr, den Faden zu überdehnen oder Maschen zu verziehen.

Werkzeug

STECKNADELN

Zum Spannen (siehe S. 219) brauchen Sie Stecknadeln, am besten mit farbigen Köpfen aus buntem Glas, die gut sichtbar sind und beim Bügeln nicht schmelzen.
Zum Fixieren von Kanten beim Zusammennähen sind Nahtclips oder gekrümmte Sicherheitsnadeln praktisch. Sie verziehen die gestrickte Kante nicht, und Sie können sich beim Nähen nicht daran stechen.

NÄHNADELN

Benutzen Sie zum Zusammennähen eine Sticknadel ohne Spitze, die den Strickfaden nicht durchsticht, sondern zwischen die Maschen gleitet. Matratzenstich gelingt gut mit einer Nadel mit abgewinkelter Spitze.

Rechts, von oben: grüne Nahtclips, Sticknadeln mit abgeknickter Spitze, Stecknadeln mit bunten Köpfen, gebogene Sicherheitsnadeln

Unten: Maßband, ein schwarzes Nähmaß sowie zwei Nadelmaße (rechts und unten links)

SPANNPLATTE

Zum Spannen (siehe S. 218–219) müssen Teile auf einer weichen Unterlage festgesteckt werden. Sie können eine gepolsterte Platte kaufen oder selbst bauen – oder das Bügelbrett benutzen.

NADELMASS

Sehr praktisch, wenn Sie alte Nadeln besitzen, deren Beschriftung nicht mehr lesbar ist, oder wenn Sie Stricknadeln mit nicht metrischen Angaben im Ausland gekauft haben.

MESSWERKZEUGE

Sie brauchen ein Maßband, um an Personen (auch an sich selbst) oder Werkstücken Maß zu nehmen. Zum Messen der Maschenprobe (siehe S. 68) ist ein Lineal oder ein Nähmaß praktischer.

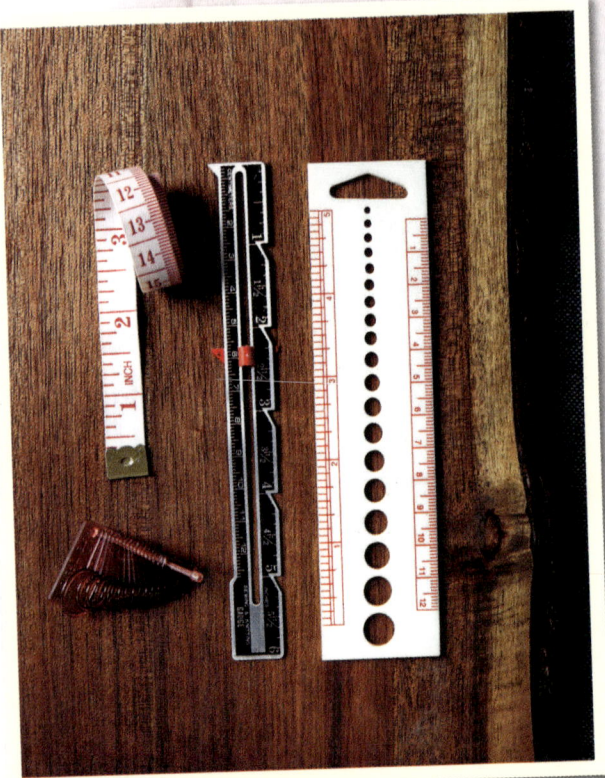

Garne, Nadeln & Zubehör

KNÄUELHALTER

Sie verhindern, dass das Knäuel beim Stricken wegrollt und sind praktisch beim Stricken mit mehreren Farben (siehe S. 156). Sie können aber ebenso gut ein Marmeladenglas verwenden und einen Deckel mit Loch häkeln oder in den Schraubdeckel eine Öse einschlagen. Ein Einwegbecher mit Deckel (und vormals Strohhalm) erfüllt denselben Zweck (alle: siehe S. 169).

GARNWICKLER

Zum mehrfarbigen Stricken können Sie kleine Garnportionen von Hand aufwickeln oder gekaufte Garnwickler verwenden (siehe S. 168), die es in verschiedenen Ausführungen gibt. Bei manchen lässt sich der Faden fixieren, sodass er nicht von selbst abrollt.

GARNRING

Ein auf den Finger gesteckter Ring, der beim Stricken von Norwegermustern die Fäden getrennt hält (siehe S. 183).

Oben: Reisschale mit Löchern (eigentlich für Essstäbchen) und Vintage-Knäuelhalter in Bienenkorbform

Unten links: von Hand gewickelt (oben) und zwei gekaufte Garnwickler

Unten rechts: Garnring

ERSTE SCHRITTE

Wenn Sie noch nie Stricknadeln und Garn in der Hand hatten, erfahren Sie im folgenden Kapitel alles, was Sie für den Anfang wissen müssen. Das Tolle am Stricken ist, dass man am Anfang gar nicht viel lernen muss. Es gibt nämlich nur zwei Arten von Maschen – linke und rechte. Sie bilden in zahlreichen Varianten die Grundlage für alle möglichen Strickwaren. Garn und Nadeln können auf verschiedene Weise gehalten werden. Probieren Sie aus, was Ihnen am angenehmsten ist.
Auch wenn Sie bereits stricken können, sollten Sie dieses Kapitel nicht überspringen. Es enthält einige pfiffige Methoden zum Anschlagen und Abketten von Maschen, die Sie vielleicht noch nicht kennen.

GARN & NADELN HALTEN

Wenn Sie noch nie gestrickt haben, sollten Sie sich zuerst etwas Zeit nehmen, um sich mit dem Werkzeug vertraut zu machen. Gleichmäßige Maschen werden Ihnen viel leichter gelingen, wenn Garn und Nadeln Ihnen nicht mehr fremd vorkommen, sondern gut in der Hand liegen.

DIE GARNHALTUNG

Beim Stricken muss das Garn gleichmäßig vom Knäuel zum Werkstück laufen, noch besser: gleiten. Es gibt verschiedene Möglichkeiten, dafür zu sorgen. Keine ist falsch oder richtig, letztlich zählt nur das Endergebnis.

IN DER RECHTEN HAND

Wenn Sie sich für die englische und amerikanische Strickmethode entscheiden (siehe S. 32), halten Sie das Garn (den Arbeitsfaden) in der rechten Hand. Schauen Sie in die Handfläche und legen Sie das Garn um die Finger. Sie können zwischen drei Garnführungen wählen.

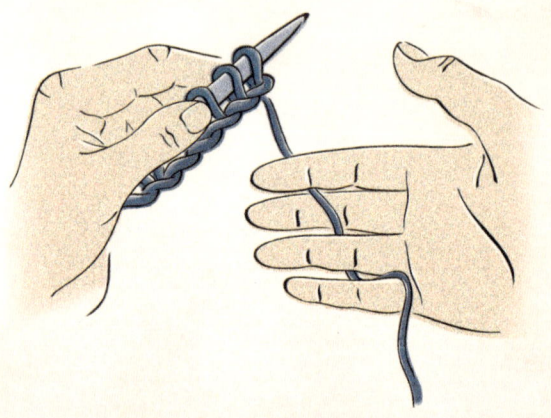

1. Das Garn über den kleinen Finger, unter den Ringfinger, über den Mittelfinger und unter den Zeigefinger legen. Mit dem Zeigefinger wird der Faden geführt und um die Nadelspitze gelegt. Bei dieser Art der Führung ist die Spannung des Garns am geringsten.

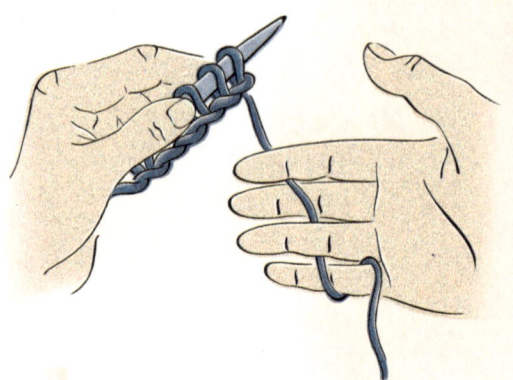

2. Das Garn einmal um den kleinen Finger wickeln, dann unter den Ringfinger, über den Mittelfinger und unter den Zeigefinger legen. Mit dem Zeigefinger wird es um die Nadelspitze gelegt. Bei dieser Art der Führung ist die Spannung des Garns am stärksten.

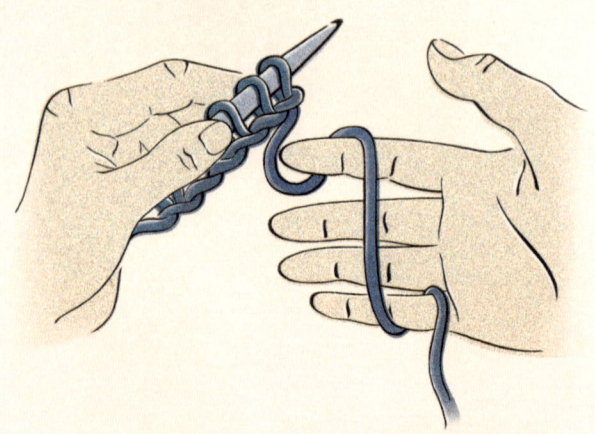

3. Das Garn um den kleinen Finger wickeln, über Ring- und Mittelfinger führen und um den Zeigefinger wickeln. Mit dem Zeigefinger wird es um die Nadelspitze gelegt. So halte ich das Garn.

IN DER LINKEN HAND

Wenn Sie sich für die kontinentaleuropäische Strickmethode (siehe S. 33) oder die Linkshändermethode (siehe S. 48) entscheiden, halten Sie das Garn mit der linken Hand.

VERSCHIEDENE GARNE

Wahrscheinlich werden Sie feststellen, dass manche Garne anders gehalten werden müssen. Glatte, mercerisierte Baumwolle beispielsweise muss, damit ein gleichmäßiges Maschenbild entsteht, mit mehr Spannung geführt werden als weiches Wollgarn. Wenn Sie neue Garne verarbeiten, probieren Sie ruhig einige Haltungsvarianten aus, bevor Sie eine Maschenprobe stricken.

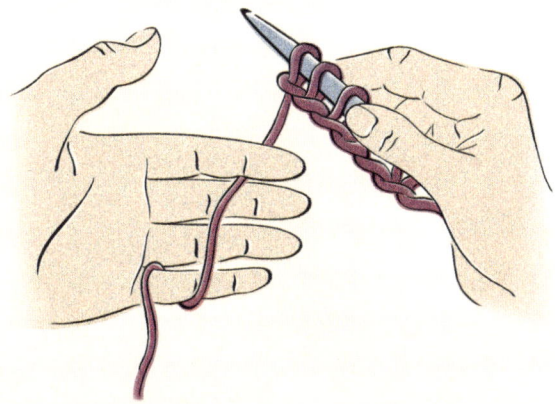

1. Das Garn um den kleinen Finger wickeln, über Ring- und Mittelfinger und unter den Zeigefinger legen. Mit dem Zeigefinger wird das Garn mehr gehalten als geführt. Diese Methode eignet sich am besten für die kontinentaleuropäische Strickmethode.

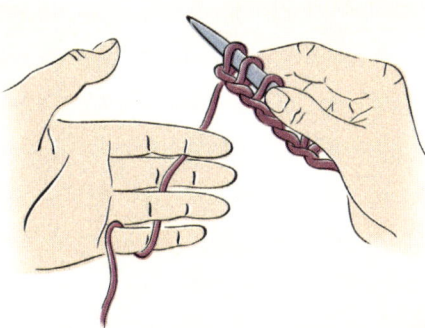

2. Das Garn um den kleinen Finger wickeln, dann unter den Ringfinger, über den Mittelfinger und unter den Zeigefinger legen. Der Zeigefinger hält und führt das Garn. Wenn die Spannung geringer sein soll, legen Sie den Faden nur über den kleinen Finger, statt ihn herumzuwickeln.

Garn & Nadeln halten 31

DIE NADELHALTUNG

Die meisten Menschen bleiben bei der Art, die Nadeln zu halten, die sie zu Beginn gelernt haben. Es kann sich aber lohnen, einmal auszuprobieren, ob die Arbeit mit einer anderen Methode schneller vorangeht oder gleichmäßiger ausfällt. Ich halte meine Nadeln wie einen Bleistift, nur bei großen Modellen mit sehr vielen Maschen auf der Nadel wähle ich manchmal die Messerhaltung, um meinen Fingern etwas Abwechslung zu gönnen und zu verhindern, dass sie verkrampfen.

WIE EIN BLEISTIFT

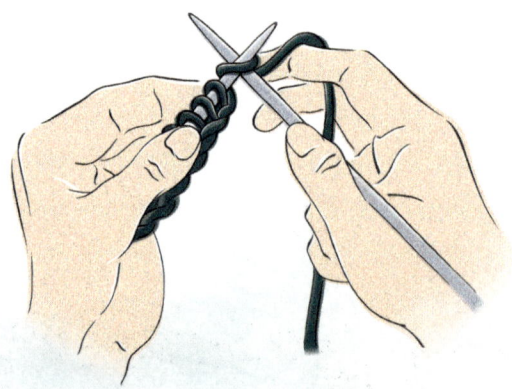

WIE EIN MESSER

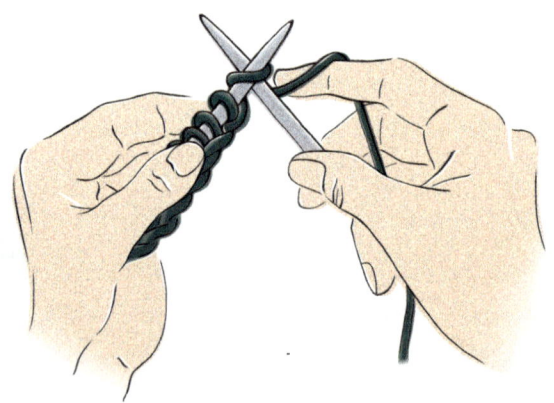

Die rechte Nadel wie einen Bleistift in die Daumenbeuge legen. Beim Anschlagen und bei den ersten Reihen gleitet der Strick zwischen Daumen und Zeigefinger durch die Hand. Wenn das Werkstück länger wird, schieben Sie den Daumen unter den Strick und halten die Nadel von unten. Der rechte Zeigefinger reguliert die Fadenspannung. Die linke Stricknadel, auf der bei Beginn einer Reihe die Maschen liegen, wird von oben gehalten. Daumen und Zeigefinger steuern die Bewegungen der Nadelspitze.

Die rechte Stricknadel wird wie ein Messer, also von oben gehalten. Dabei muss meist die rechte Nadel losgelassen werden, um den Faden um ihre Spitze zu legen. Dadurch geht die Arbeit etwas langsamer voran als bei der Bleistifthaltung. Der rechte Zeigefinger reguliert auch hier die Fadenspannung.
Die linke Stricknadel, auf der bei Beginn einer Reihe die Maschen liegen, wird von oben gehalten. Daumen und Zeigefinger steuern die Bewegungen der Nadelspitze.

KONTINENTALE METHODE

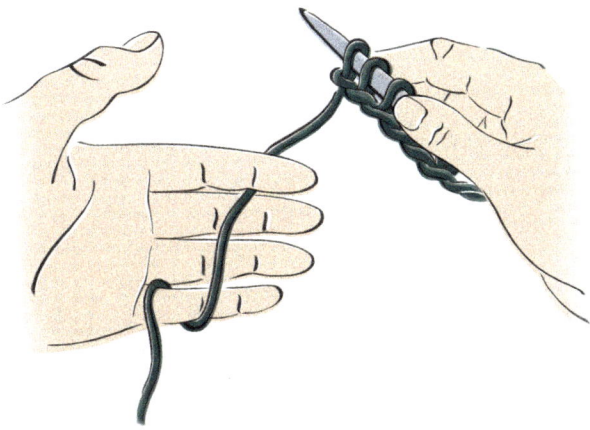

1. Nehmen Sie die Nadel mit den Maschen kurzfristig in die rechte Hand. Den Faden führen Sie in der bevorzugten Weise durch die Finger der linken Hand (siehe S. 31). Der linke Zeigefinger reguliert die Fadenspannung.

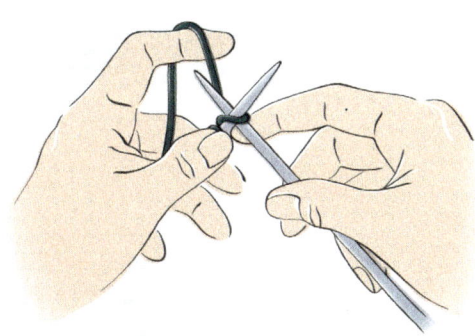

2. Nun die Nadel mit den Maschen zum Stricken in die linke Hand nehmen. Die rechte Nadel wird von oben zwischen Daumen und Mittelfinger – eventuell auch mit dem Ringfinger – gehalten.

Garn & Nadeln halten 33

ANSCHLAGEN

Jedes Strickzeug beginnt mit dem Anschlag. Je nach Art der Kante können verschiedene Techniken angewandt werden. Wahrscheinlich werden Sie aber bald herausfinden, welche Ihre Lieblingsmethode ist. Ich bevorzuge die Daumenmethode.

DIE ANFANGSSCHLINGE

Die Anfangsschlinge ist die allererste Masche des Anschlags. Fast alle Anschlagmethoden beginnen mit einer Anfangsschlinge. Das »Garnende« ist das lose Ende des Knäuels, der »Arbeitsfaden« führt zum Knäuel.

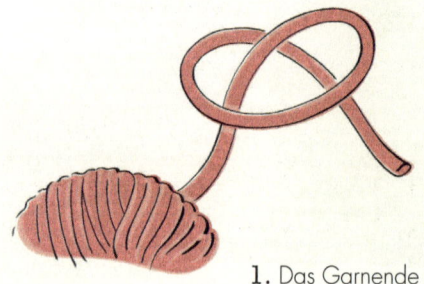

1. Das Garnende über den Arbeitsfaden und dann unter die Schlaufe legen.

2. Eine Stricknadel unter das Garnende schieben. Das Garnende sollte mindestens 10 cm lang sein. Sie können es auch länger lassen und später zum Schließen einer Naht verwenden (siehe S. 220–225).

DEN KNOTEN FESTZIEHEN

Sie können die Anfangsschlinge auch so knüpfen, dass sie durch Ziehen am Arbeitsfaden festgezogen wird, bevor Sie mit dem Anschlagen der Maschen beginnen. Dabei wird die erste Masche aber oft etwas zu groß. Das lässt sich vermeiden, wenn Sie die Anfangsschlinge so knüpfen, wie hier beschrieben, und nachträglich durch Zug am Garnende nochmals festziehen. Es gibt auch eine Anschlagmethode, bei der auf die Anfangsschlinge ganz verzichtet werden kann (siehe rechte Seite).

3. Nun beide Fäden mit einer Hand festhalten und die Nadel nach oben ziehen, um den Knoten festzuziehen. Die erforderliche Anzahl von Maschen anschlagen (siehe S. 36–43) und die erste Reihe stricken. Dann bei Bedarf nochmals vorsichtig am Garnende ziehen, um den Knoten zu festigen.

ANSCHLAG OHNE ANFANGSSCHLINGE

Normalerweise schlage ich Maschen mit der Daumenmethode an (siehe S. 36). Es ist jedoch nicht immer nötig, eine Anfangsschlinge zu arbeiten. Ohne die Schlinge sieht die Kante oft sauberer aus, was von Vorteil ist, wenn die Kante nicht zusammengenäht wird, sondern sichtbar bleibt – etwa an einem Schlitz.

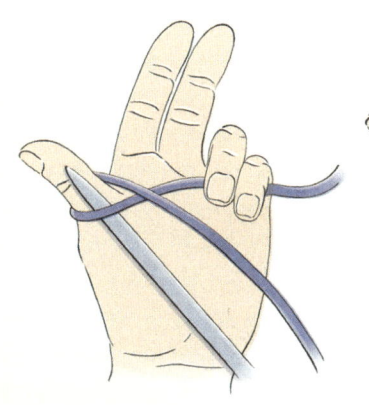

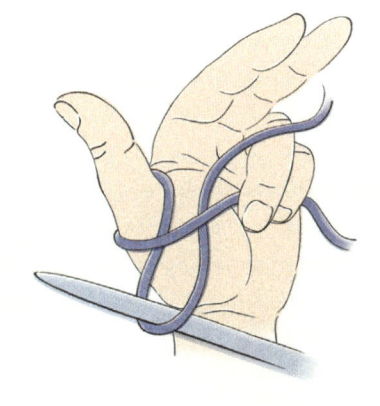

1. Zuerst die benötigte Garnlänge abmessen (siehe S. 36). Das Garnende mit den Fingern festhalten und von vorn nach hinten um den linken Daumen legen (siehe Abbildung). Mit der rechten Hand die Spitze einer Stricknadel unter die Schlinge auf dem Daumen schieben.

2. Mit dem rechten Zeigefinger den Arbeitsfaden um die Nadelspitze legen.

3. Die Nadel mit der Garnschlaufe unter der Schlaufe auf dem Daumen herausziehen.

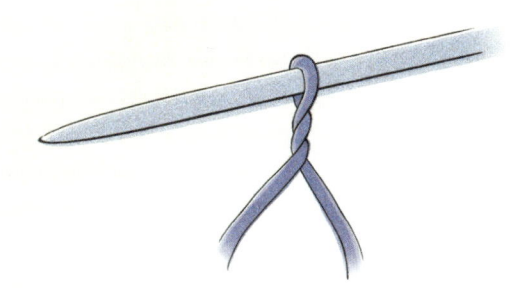

4. Nun den Daumen aus der Schlaufe ziehen. Das Garn ist einfach um die Nadel gedreht, aber wenn Sie mit der Daumenmethode (siehe S. 36) die nächste Masche anschlagen, wird die Drehung gefestigt und die Schlaufe wird zur ersten Masche.

Anschlagen

DAUMENMETHODE

Ich stricke relativ fest und habe herausgefunden, dass ich mit dieser Technik die Fadenspannung am besten regulieren kann. Weil die Daumenmethode relativ locker ist, eignet sie sich auch für elastische Kanten, etwa für Ärmelbündchen oder Mützenränder, die umgeschlagen werden sollen. An kraus rechts gestrickten Stücken sieht dieser Anschlag besonders sauber aus, weil er sich nahtlos ins Maschenbild einfügt. (Soll für ein kraus rechts gestricktes Modell der Kordelanschlag verwendet werden, muss sogar eine Extrareihe gestrickt werden.) Weil Sie zum Garnende hin arbeiten, muss die erforderliche Länge vorher abgeschätzt werden. Ich rechne meist mit 2 cm pro Masche, bei dickem Garn 2,5 cm.

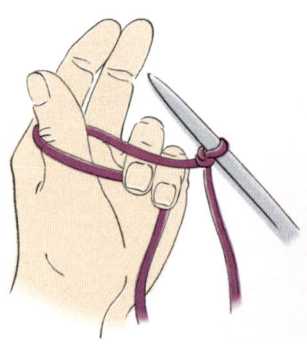

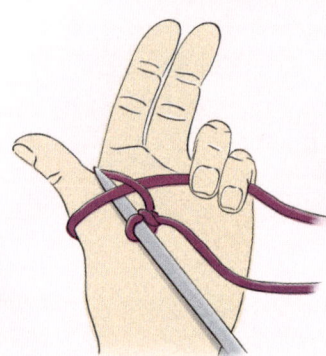

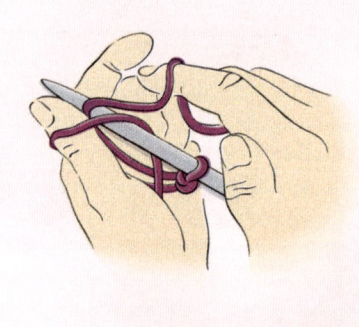

1. Die erforderliche Garnlänge abmessen und eine Anfangsschlinge (siehe S. 34) knüpfen oder ohne Anfangsschlinge beginnen (siehe S. 35). Die Stricknadel mit der rechten Hand halten. *Das Garnende von vorn nach hinten um den linken Daumen legen.

2. Mit der rechten Hand die Spitze der Stricknadel unter die Schlaufe über dem Daumen schieben.

3. Mit dem rechten Zeigefinger den Arbeitsfaden über die Nadelspitze legen.

4. Die Stricknadel mitsamt der Schlaufe unter der Schlaufe auf dem Daumen herausziehen.

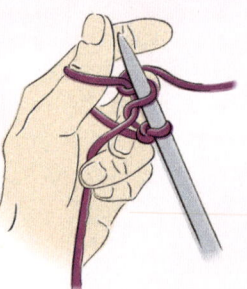

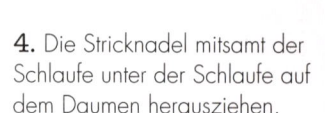

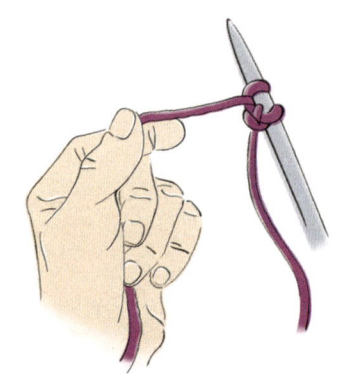

5. Den Daumen aus der Schlaufe nehmen und die Masche vorsichtig am Garnende festziehen. Ab * wiederholen, bis die gewünschte Maschenzahl angeschlagen ist.

ZU FEST?

Wenn Ihr Anschlag zu fest ist, versuchen Sie einmal, zwei Stricknadeln nebeneinanderzulegen, wie auf der Abbildung. Diese Möglichkeit besteht bei der Daumenmethode, beim einfachen Kreuzanschlag (siehe S. 38) und beim Aufschlingen (siehe S. 39).

Wenn alle Maschen angeschlagen sind, ziehen Sie eine Nadel vorsichtig heraus. Dann kann die erste Reihe gestrickt werden. Alternativ verwenden Sie zum Anschlagen eine dickere Nadel als zum Stricken.

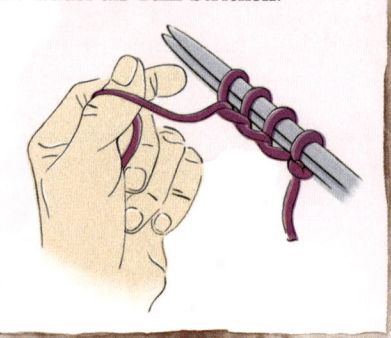

KORDELANSCHLAG

Für diese Methode verwenden Sie zwei Nadeln und gehen ähnlich vor wie beim Stricken rechter Maschen (siehe S. 44). Da Sie direkt vom Knäuel arbeiten, brauchen Sie die erforderliche Garnlänge nicht vorher abzuschätzen. Der Kordelanschlag ist recht fest und eignet sich für Bereiche, die stärker strapaziert werden, beispielsweise die Kanten von Ärmelbündchen.

1. Eine Anfangsschlinge in etwa 10 cm Abstand zum Garnende knüpfen und auf die linke Nadel legen. Die rechte Nadel von vorn in die Anfangsschlinge einstechen.

2. Den Arbeitsfaden nach oben und gegen den Uhrzeigersinn um die Spitze der rechten Nadel legen.

3. *Die rechte Nadel mitsamt dem Faden durch die Anfangsschlinge holen. Nun liegt eine neue Masche auf der rechten Nadel.

4. Diese Masche auf die linke Nadel legen (siehe Abbildung) und am Arbeitsfaden vorsichtig festziehen.

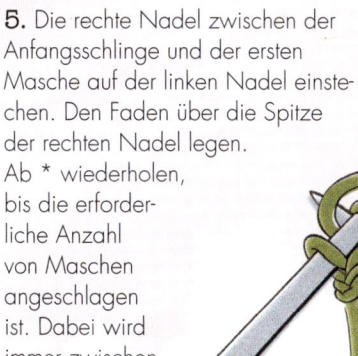

5. Die rechte Nadel zwischen der Anfangsschlinge und der ersten Masche auf der linken Nadel einstechen. Den Faden über die Spitze der rechten Nadel legen. Ab * wiederholen, bis die erforderliche Anzahl von Maschen angeschlagen ist. Dabei wird immer zwischen den beiden letzten Maschen auf der linken Nadel eingestochen.

KORDELANSCHLAG FÜR RIPPEN

Normalerweise verwendet man für Rippenmuster die Daumenmethode (siehe linke Seite), weil sie elastischer ist. Soll die Kante fester sein, können Sie auch den Kordelanschlag verwenden. Die Anfangsschlinge wird als Randmasche gezählt. Die erste Masche wie üblich anschlagen. Für die nächste Masche mit der rechten Nadel zwischen den letzten beiden Maschen einstechen, jedoch nicht von vorn, sondern von hinten. Den Faden wie für eine linke Masche um die Nadel legen (siehe S. 45), durchholen und die neue Masche auf die linke Nadel legen. Alle Maschen anschlagen, dabei abwechselnd von vorn und hinten einstechen. Zuletzt eine Randmasche anschlagen, für die von vorn eingestochen wird.

Anschlagen

EINFACHER KREUZANSCHLAG

Diese Methode ähnelt dem Daumenanschlag (siehe S. 36), aber zusätzlich zu Daumen und Stricknadel wird der Zeigefinger eingesetzt. So entsteht eine feste, aber relativ elastische Kante. Sie eignet sich gut für Kinderkleidung, die strapaziert wird, aber bequem sitzen soll.

1. Die erforderliche Garnlänge abmessen (siehe S. 36) und eine Anfangsschlinge knüpfen (siehe S. 34). Die Stricknadel in der rechten Hand halten. *Den Arbeitsfaden um den linken Zeigefinger und das Garnende um den linken Daumen legen, sodass eine V-Form entsteht (siehe Abbildung). Beide Fäden mit den freien Fingern der linken Hand festhalten.

2. Mit der rechten Hand die Spitze der Stricknadel unter den Faden über dem Daumen schieben.

3. Nun die Nadel von oben in die Schlaufe über dem Zeigefinger einstechen.

4. Die so aufgenommene Schlinge unter dem Daumenfaden hindurchziehen.

5. Den Daumen aus der Schlinge nehmen und die neue Masche auf der Nadel festziehen. Ab * wiederholen, bis die gewünschte Maschenzahl angeschlagen ist.

AUFSCHLINGEN

Diese Methode wird gern verwendet, wenn Maschen mitten in einer Reihe angeschlagen werden müssen, beispielsweise für Knopflöcher (siehe S. 253–255), oder wenn an seitlichen Kanten zugenommen werden soll (siehe S. 88). Es ist eine schnelle und einfache Methode, aber für die Kante eines Kleidungsstücks ist sie nicht stabil genug.

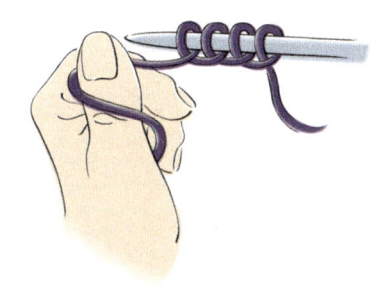

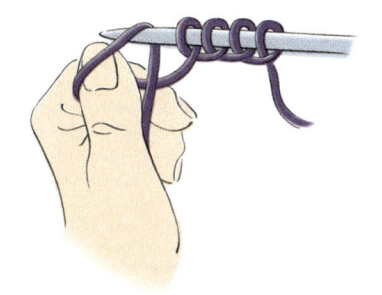

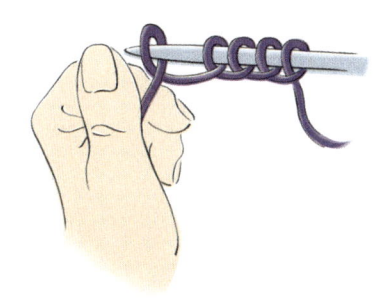

1. Die Stricknadel in der rechten Hand halten. *Den Arbeitsfaden von vorn nach hinten um den linken Daumen legen.

2. Die Nadel von vorn in die Schlaufe auf dem Daumen stecken.

3. Den Daumen aus der Schlinge nehmen, die neue Masche festziehen. Ab * wiederholen, bis die gewünschte Maschenzahl angeschlagen ist.

ANSCHLAG FÜR LACE

Diese Technik ähnelt dem Kordelanschlag (siehe S. 37), es wird aber nicht zwischen den Maschen eingestochen, sondern jeweils in die vorherige Masche. Dadurch entsteht eine dehnbare, flexible Kante, die sich besonders gut für Lacearbeiten eignet – vor allem, wenn die Breite des Werkstücks größer als die Anschlagkante wird. Die Dehnbarkeit des Anschlags sorgt beispielsweise dafür, dass sich eine Bogenkante nicht verzieht oder beulig wird.

1. Schritte 1–4 (= Anschlagmasche und erste Masche) des Kordelanschlags arbeiten, die Masche auf die linke Nadel legen und festziehen.

2. Nun mit der rechten Nadel nicht zwischen Anfangsschlinge und erster Masche einstechen, sondern direkt in die erste Masche. Den Faden wie beim Kordelanschlag um die Nadelspitze legen, die neue Masche durchholen und auf die linke Nadel legen. Alle weiteren benötigten Maschen ebenso anschlagen.

ANSCHLAG FÜR EINERRIPPEN

Diese Anschlagtechnik ergibt eine elastische Kante für Rippenstrick, die sauber aussieht und sich, weil sie ähnlich strapazierfähig wie der einfache Kreuzanschlag (siehe S. 38) ist, besonders gut für Kinderkleidung eignet. Auf den ersten Blick sieht die Methode kompliziert aus, sie ist aber verblüffend einfach. Weil sich immer eine ungerade Maschenzahl ergibt, können Sie eine Masche zu viel anschlagen und am Ende der Rippenpartie zwei Maschen zusammenstricken. Alternativ schlagen Sie eine Masche weniger an und nehmen die fehlende Masche am Ende der Rippenpartie zu.

1. Mit Garn in gleicher Stärke, aber einer anderen Farbe eine gerade Maschenzahl aufschlingen (siehe S. 39). Weil jeweils zwischen zwei Anschlagmaschen eine neue Masche entstehen wird, brauchen Sie nur halb so viele Maschen, wie für das Teil angegeben sind. Runden Sie auf die nächste ganze Zahl auf. (Wenn beispielsweise 61 Maschen benötigt werden, schlagen Sie 31 an. 30 werden aus den Zwischenräumen gestrickt.) Nun mit dem Garn für das Modell vier Reihen glatt rechts stricken (siehe S. 60), dabei mit einer Linksreihe beginnen.

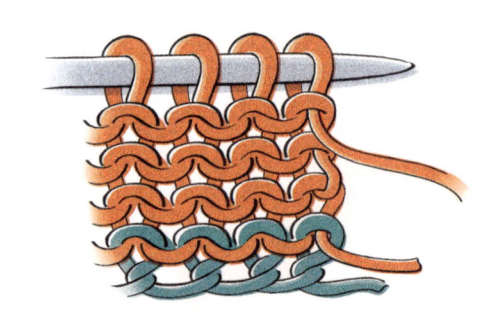

2. Zur Veranschaulichung werden die Maschen in der Abbildung nur angedeutet. Die nächste Reihe (= fünfte Reihe) ist eine Rückreihe (linke Maschen). Die erste Masche auf der linken Nadel links stricken, dann den Faden zwischen den Nadeln hinter die Arbeit legen. Mit der rechten Nadelspitze den Querfaden der ersten Reihe in Originalfarbe (unterer Pfeil) anheben, auf die linke Nadel legen und rechts verschränkt abstricken (siehe S. 77). Den Faden wieder vor die Arbeit legen und die nächste Masche auf der linken Nadel (oberer Pfeil) links stricken.

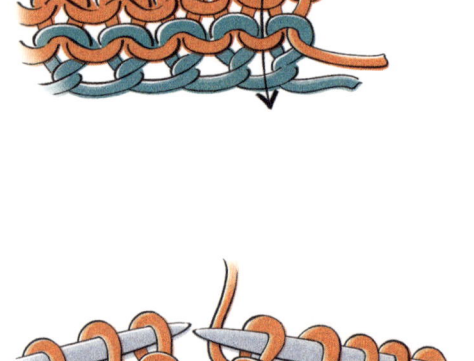

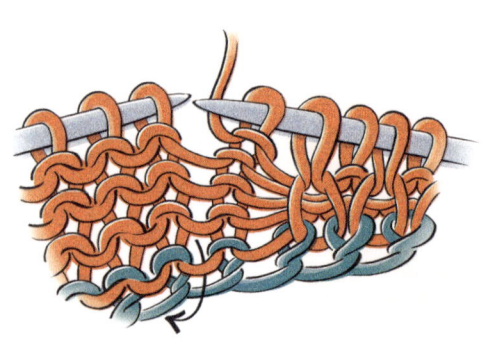

3. Fortlaufend wiederholen: Die Querfäden der unteren Reihe rechts verschränkt stricken, die Maschen von der linken Nadel links.

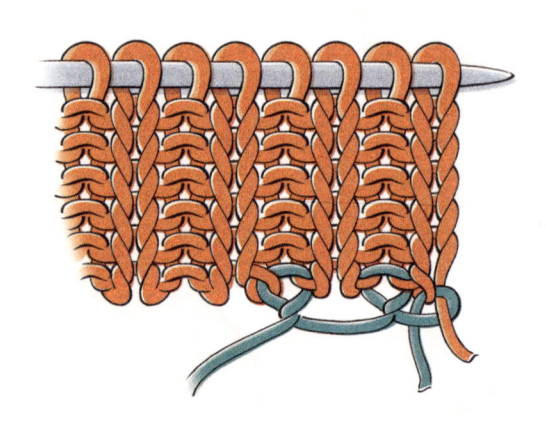

4. Einige Reihen Einerrippen stricken (siehe S. 61), dabei die Maschen in jeder Reihe so stricken, wie sie erscheinen. Danach das andersfarbige Garn des Anschlags vorsichtig entfernen.

PICOT-ANSCHLAG

Eine Picotkante ist ein hübsches Detail an einem ansonsten schlichten Strickmodell. Sie können die Anzahl der Maschen zwischen den Picots variieren, ebenso auch deren Größe. Wichtig ist nur, sich die jeweiligen Maschenzahlen zu merken, damit die Kantenverzierung gleichmäßig ausfällt.

1. Im Kordelanschlag (siehe S. 37) die gewünschte Maschenzahl vor dem ersten Picot sowie die Maschen für das Picot selbst (hier 3 Maschen) anschlagen.

2. *Die ersten beiden Maschen des Picots rechts stricken.

3. Eine Masche rechts abketten (siehe S. 50).

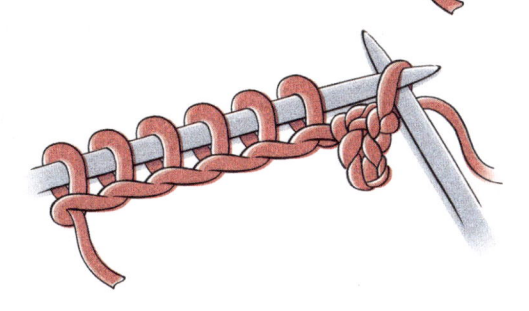

4. Die nächste Masche rechts stricken und abketten, ebenso die übernächste. Diese drei abgeketteten Maschen bilden das erste Picot. Die Masche, die noch auf der rechten Nadel liegt, ist die erste der Kante. Sie wird wie zum Rechtsstricken auf die linke Nadel abgehoben (siehe S. 77).

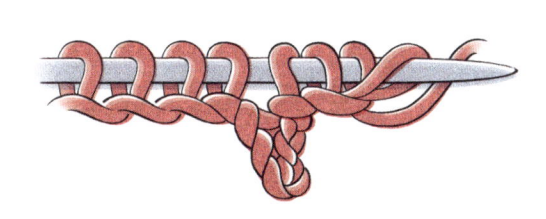

5. Jetzt wieder im Kordelanschlag die gewünschte Maschenzahl bis zum nächsten Picot und die Maschen für das Picot selbst anschlagen. Ab * wiederholen, bis die gewünschte Maschenzahl auf der linken Nadel liegt.

Anschlagen 41

ANSCHLAG FÜR PICOT-SAUM

Hier wird ein Lochmuster gestrickt, das beim Einschlagen des Saums die Picots bildet. Um das Stricken des Lochmusters zu verdeutlichen, werden die ersten beiden Arbeitsschritte in einer Rechtsreihe gezeigt.

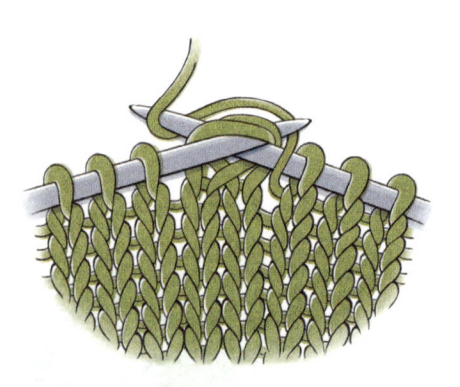

1. Die benötigte Maschenzahl anschlagen (siehe S. 36–39). Für die Picots ist eine ungerade Maschenzahl zuzüglich der Maschen für die Nähte erforderlich (siehe S. 221). Glatt rechts stricken (siehe S. 60), bis die gewünschte Saumbreite erreicht ist, mit einer Linksreihe enden. In der nächsten Reihe die Nahtmaschen rechts stricken. Dann *1 Umschlag arbeiten (siehe S. 136) und die nächsten beiden Maschen rechts zusammenstricken (siehe S. 90).

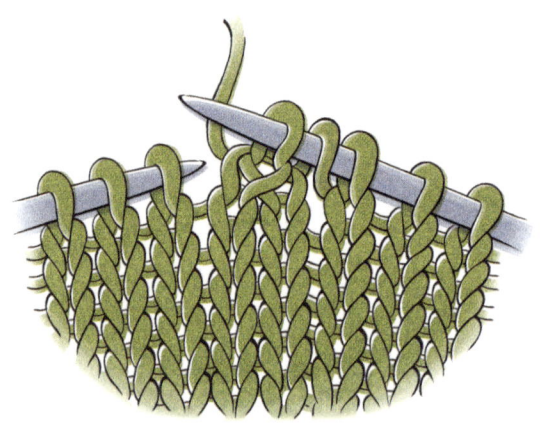

2. Damit ist das erste Loch fertig. Ab * wiederholen bis zum Reihenende oder bis die Nahtmaschen erreicht sind. Für jedes Loch einen Umschlag arbeiten und gleich danach zwei Maschen rechts zusammenstricken.

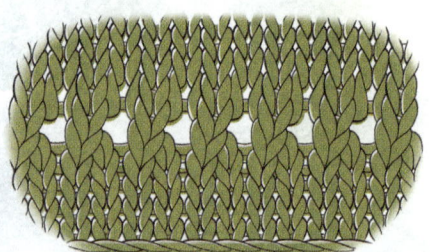

3. Die nächste Reihe links stricken, dabei jeden Umschlag wie eine normale Masche abstricken. Das Strickteil fertigstellen. Oberhalb der Anschlagkante hat es eine Reihe von Löchern in regelmäßigen Abständen.

4. Den Saum an der Lochreihe einschlagen und mit Hexenstich (siehe S. 243) oder Maschenstich (siehe S. 245) annähen. Er kann auch angestrickt werden (siehe S. 244).

PROVISORISCHER ANSCHLAG

Diese Technik ist praktisch, wenn Sie noch unsicher sind, wie Sie die Abschlusskante gestalten wollen, oder wenn es wichtig ist, an dieser Kante abzuketten. Auch für Säume, die mit Maschenstich festgenäht werden sollen (siehe S. 245), ist ein provisorischer Anschlag vorteilhaft. Wenn die Maschen später wieder aufgenommen werden, ist auf diese Weise kein Ansatz zu sehen. Sie brauchen dafür eine Häkelnadel und einen Garnrest, am besten in einer Kontrastfarbe.

1. In einen Garnrest in gleicher Stärke wie das Garn des Modells eine Anfangsschlinge knüpfen (siehe S. 34) und auf eine Häkelnadel legen. Den Arbeitsfaden mit der Häkelnadel erfassen und durch die Anfangsschlinge ziehen. Das ist die erste Luftmasche.

2. So viele Luftmaschen häkeln, wie für den Anschlag benötigt werden. Am Ende noch einige Luftmaschen häkeln und das Garnende durch die letzte Masche ziehen, damit sie sich nicht löst.

3. Das Garn, mit dem das Modell gestrickt wird, an das Fadenende knoten, das an der Anfangsschlinge am Anfang der Luftmaschenkette hängt. Eine Stricknadel auf der Rückseite der Luftmaschenkette in den Buckel der ersten Luftmasche einstechen. Den Arbeitsfaden um die Stricknadelspitze legen und eine Masche durchholen. Ebenso aus jedem weiteren Buckel der Luftmaschenkette eine Masche herausstricken, bis die erforderliche Anzahl erreicht ist. Nun das eigentliche Teil stricken.

4. Wenn das Teil fertig ist, vorsichtig die letzte Masche der Luftmaschenkette öffnen. Behutsam am Faden ziehen und die Luftmaschen einzeln aufribbeln. Gleichzeitig eine Stricknadel in die Maschen der ersten Reihe schieben, die nun frei werden. Die endgültige Kante anstricken.

Anschlagen 43

DIE MASCHEN

Sie müssen nur zwei Maschen lernen: rechte und linke. Es gibt aber verschiedene Arten, diese zu stricken. Welche Sie wählen, hängt davon ab, wie Sie die Nadeln halten und welches Ihre bevorzugte Arbeitshand ist.

RECHTE MASCHE: UK/US

Rechte Maschen sind einfach zu stricken, darum lernen Anfänger sie meist zuerst. Wenn die Maschen angeschlagen sind, kann es losgehen. Der Arbeitsfaden liegt immer hinter der Arbeit. Strickt man in allen Hin- und Rückreihen nur rechte Maschen, entsteht ein Muster, das kraus rechts heißt (siehe S. 60).

1. Die Stricknadel mit den Maschen in die linke Hand nehmen, der Arbeitsfaden liegt hinten und wird über die rechte Hand geführt (siehe S. 30). *Die rechte Stricknadel von links nach rechts in die erste Masche auf der linken Nadel einstechen.

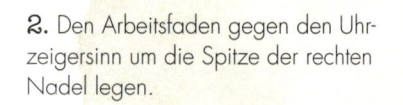

2. Den Arbeitsfaden gegen den Uhrzeigersinn um die Spitze der rechten Nadel legen.

3. Den Faden unter Spannung halten und die rechte Nadel mit Garn durch die erste Masche auf der linken Nadel zurückziehen.

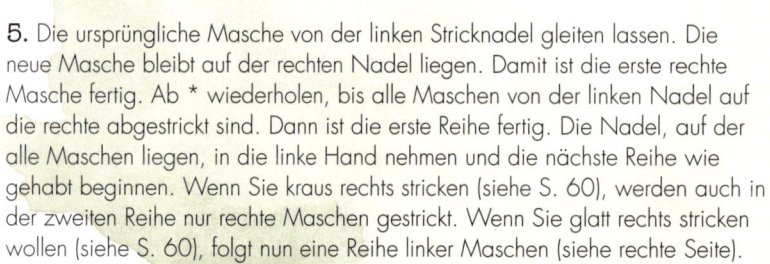

4. Die rechte Nadel ganz durchziehen und dabei die Garnschlaufe, die um ihre Spitze liegt, mitnehmen. Die neue Masche liegt nun auf der rechten Nadel.

5. Die ursprüngliche Masche von der linken Stricknadel gleiten lassen. Die neue Masche bleibt auf der rechten Nadel liegen. Damit ist die erste rechte Masche fertig. Ab * wiederholen, bis alle Maschen von der linken Nadel auf die rechte abgestrickt sind. Dann ist die erste Reihe fertig. Die Nadel, auf der alle Maschen liegen, in die linke Hand nehmen und die nächste Reihe wie gehabt beginnen. Wenn Sie kraus rechts stricken (siehe S. 60), werden auch in der zweiten Reihe nur rechte Maschen gestrickt. Wenn Sie glatt rechts stricken wollen (siehe S. 60), folgt nun eine Reihe linker Maschen (siehe rechte Seite).

Erste Schritte

LINKE MASCHE: UK/US

Die linke Masche ist der zweite Grundbaustein des Strickens. Anfänger finden linke Maschen oft etwas schwieriger als rechte, aber mit etwas Übung gehen auch sie flink von der Hand. Beim Linksstricken liegt der Arbeitsfaden immer vor der Arbeit.

1. Die Stricknadel mit den Maschen in die linke Hand nehmen, der Arbeitsfaden liegt vorn und wird mit der rechten Hand geführt (siehe S. 30). *Die rechte Stricknadel von rechts nach links in die erste Masche auf der linken Nadel einstechen.

2. Den Arbeitsfaden gegen den Uhrzeigersinn um die Spitze der rechten Nadel legen.

3. Nun die rechte Nadel nach hinten durch die Masche auf der linken Nadel führen, dabei den herumgelegten Faden mitnehmen.

4. Die rechte Nadel mitsamt dem Faden ganz durchziehen. Nun liegt eine neue Masche auf der rechten Nadel.

5. Die ursprüngliche Masche von der linken Stricknadel gleiten lassen. Die neue Masche bleibt auf der rechten Nadel. Damit ist die erste linke Masche fertig. Ab * wiederholen, bis alle Maschen von der linken Nadel auf die rechte abgestrickt sind. Dann ist die erste Reihe fertig. Die Nadel, auf der alle Maschen liegen, in die linke Hand nehmen und die nächste Reihe beginnen. Wenn Sie glatt rechts stricken wollen (siehe S. 60), folgt nun eine Reihe rechter Maschen (siehe linke Seite).

RECHTE MASCHE: KONTINENTAL

Bei dieser Methode wird der Arbeitsfaden von der linken Hand geführt. Das Stricken geht mit dieser Technik zügig voran, aber das Maschenbild kann etwas ungleichmäßig ausfallen.

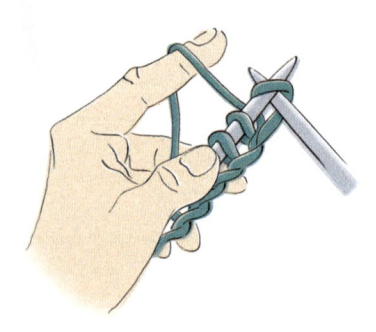

1. Das Garn und die Nadel mit den angeschlagenen Maschen mit der linken Hand halten (siehe S. 33). Der Arbeitsfaden liegt hinten. *Die Spitze der rechten Nadel von links nach rechts in die erste Masche auf der linken Nadel einstechen.

2. Den Arbeitsfaden mit der Spitze der rechten Nadel »greifen«.

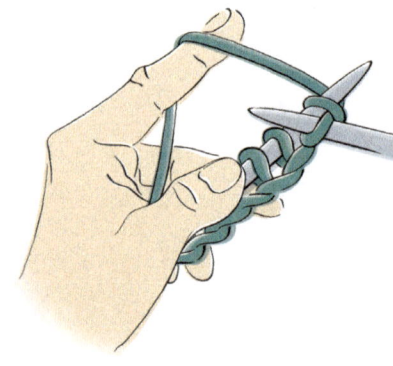

3. Den linken Zeigefinger etwas senken, ohne dabei die Spannung des Arbeitsfadens zu lockern. Die rechte Nadel durch die Masche nach vorn ziehen, dabei die Fadenschlaufe mitnehmen. Auf der rechten Nadel liegt eine neue Masche.

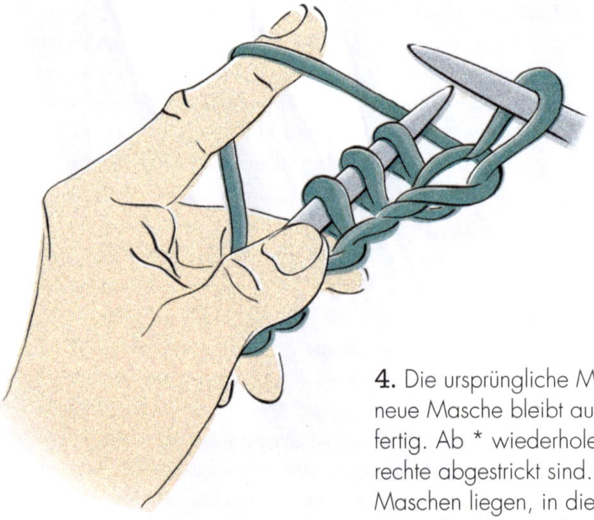

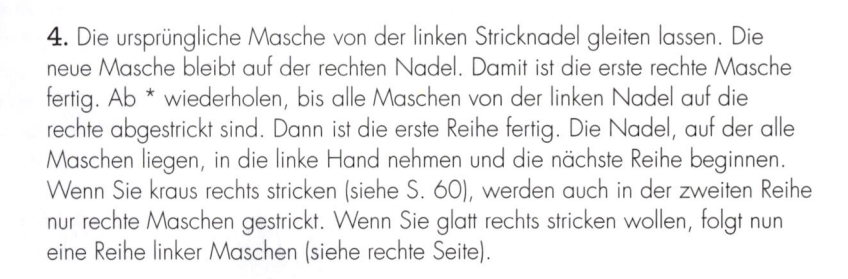

4. Die ursprüngliche Masche von der linken Stricknadel gleiten lassen. Die neue Masche bleibt auf der rechten Nadel. Damit ist die erste rechte Masche fertig. Ab * wiederholen, bis alle Maschen von der linken Nadel auf die rechte abgestrickt sind. Dann ist die erste Reihe fertig. Die Nadel, auf der alle Maschen liegen, in die linke Hand nehmen und die nächste Reihe beginnen. Wenn Sie kraus rechts stricken (siehe S. 60), werden auch in der zweiten Reihe nur rechte Maschen gestrickt. Wenn Sie glatt rechts stricken wollen, folgt nun eine Reihe linker Maschen (siehe rechte Seite).

LINKE MASCHE: KONTINENTAL

Linke Maschen sind etwas schwieriger, weil der Faden entgegen dem Uhrzeigersinn um die rechte Nadelspitze gelegt wird. Muster aus rechten und linken Maschen, die im Wechsel gestrickt werden – beispielsweise Rippenmuster oder Perlmuster (siehe S. 61) – wachsen mit dieser Methode jedoch besonders schnell.

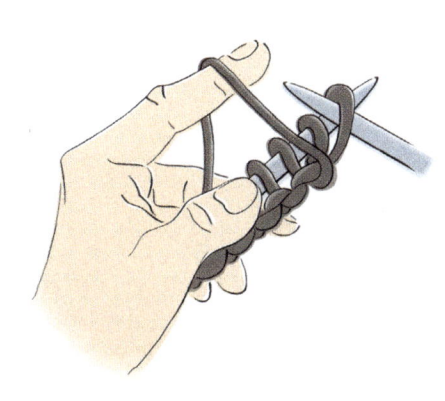

1. Das Garn und die Nadel mit den angeschlagenen Maschen mit der linken Hand halten (siehe S. 33). Der Arbeitsfaden liegt vorn. *Mit der rechten Nadelspitze von rechts nach links in die erste Masche auf der linken Nadel einstechen.

2. Den Arbeitsfaden gegen den Uhrzeigersinn über die Spitze der rechten Nadel legen und mit dem Zeigefinger herabdrücken, um ihn gespannt zu halten.

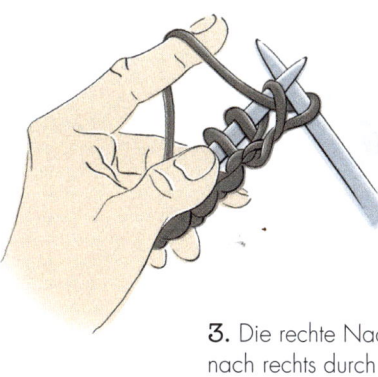

3. Die rechte Nadelspitze mitsamt dem Faden nach rechts durch die Masche auf der linken Nadel führen. Auf der rechten Nadel liegt nun die neue Masche.

4. Die ursprüngliche Masche von der linken Stricknadel gleiten lassen. Die neue Masche bleibt auf der rechten Nadel. Damit ist die erste linke Masche fertig. Ab * wiederholen, bis alle Maschen von der linken Nadel auf die rechte abgestrickt sind. Dann ist die erste Reihe fertig. Die Nadel, auf der alle Maschen liegen, in die linke Hand nehmen und die nächste Reihe beginnen. Wenn Sie glatt rechts stricken wollen (siehe S. 60), folgt nun eine Reihe rechter Maschen (siehe linke Seite).

RECHTE MASCHE (UK/US): LINKSHÄNDER

Beim Stricken müssen immer beide Hände arbeiten, darum kommen Linkshänder mit der »rechtshändigen« Methode meist gut zurecht. Weil auch Anleitungen normalerweise für Rechtshänder geschrieben sind, empfehle ich Linkshändern, zuerst eine Rechtshändermethode auszuprobieren. Dafür eignet sich vor allem die kontinentale Methode, bei der die linke Hand den Arbeitsfaden führt. Es gibt aber auch eine Linkshändermethode, die hier gezeigt wird. Hilfreich ist außerdem, Anleitungen für Rechtshänder im Spiegel zu betrachten.

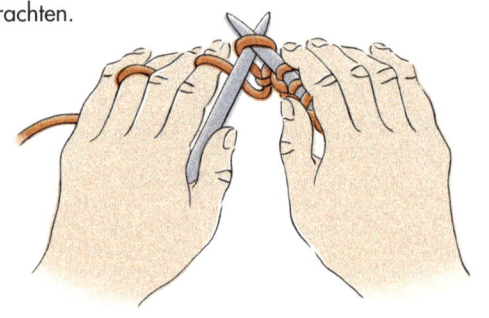

1. Die Stricknadel mit den angeschlagenen Maschen in der rechten Hand halten und den Arbeitsfaden mit der linken Hand führen (siehe S. 31). Der Arbeitsfaden liegt hinten. *Die Spitze der linken Nadel von links nach rechts in die erste Masche auf der rechten Nadel einstechen.

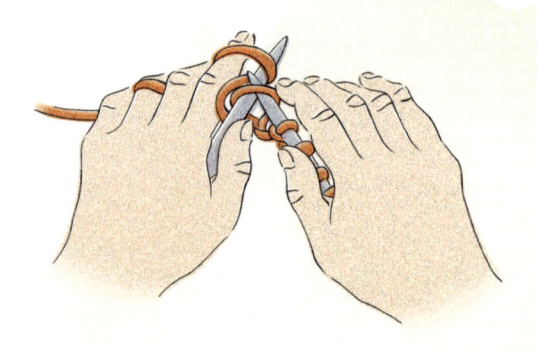

2. Den Arbeitsfaden unter die linke Nadel legen und um ihre Spitze führen.

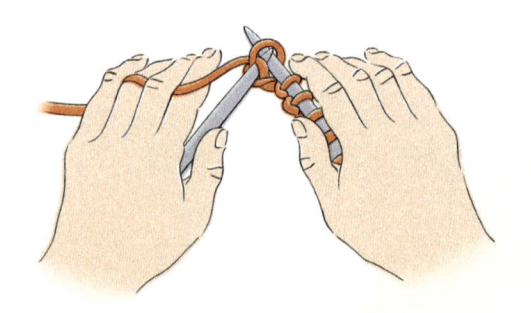

3. Die Spitze der linken Nadel durch die Masche zurückziehen, dabei die Fadenschlaufe mitnehmen. Sie bildet die neue Masche auf der linken Nadel.

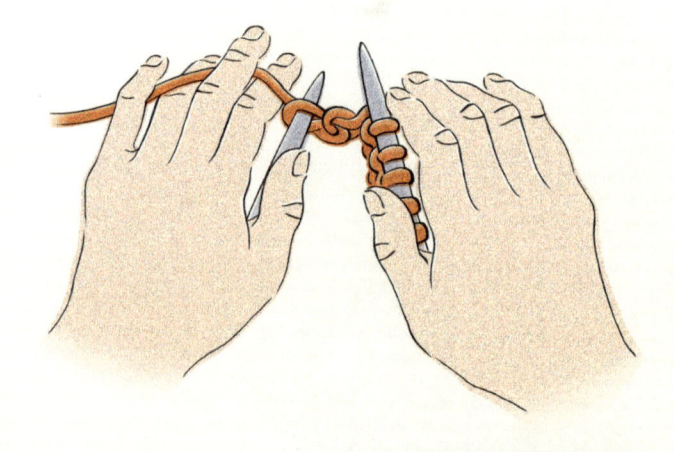

4. Die ursprüngliche Masche von der rechten Stricknadel gleiten lassen. Die neue Masche bleibt auf der linken Nadel. Damit ist die erste rechte Masche fertig. Ab * wiederholen, bis alle Maschen von der rechten Nadel auf die linke abgestrickt sind. Dann ist die erste Reihe fertig. Die Nadel, auf der alle Maschen liegen, in die rechte Hand nehmen und die nächste Reihe beginnen. Wenn Sie kraus rechts stricken (siehe S. 60), werden auch in der zweiten Reihe nur rechte Maschen gestrickt. Wenn Sie glatt rechts stricken wollen (siehe S. 60), folgt nun eine Reihe linker Maschen (siehe rechte Seite).

LINKE MASCHE (UK/US): LINKSHÄNDER

Linkshänder, die bei herkömmlichen Stricktechniken Schwierigkeiten mit linken Maschen haben, sollten es einmal auf diese Weise versuchen.

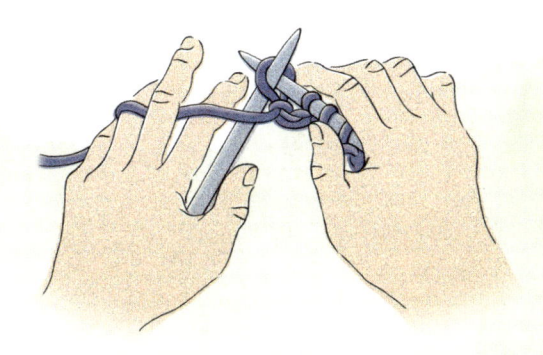

1. Die Stricknadel mit den angeschlagenen Maschen in der rechten Hand halten und den Arbeitsfaden mit der linken Hand führen (siehe S. 31). Der Arbeitsfaden liegt vorn. *Die linke Nadelspitze von links nach rechts in die erste Masche auf der rechten Nadel stechen.

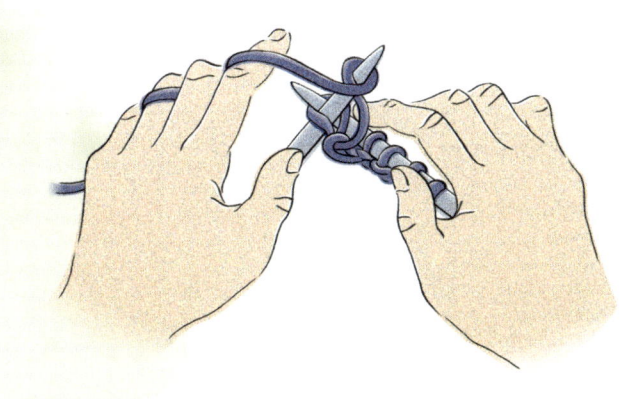

2. Den Arbeitsfaden im Uhrzeigersinn um die Spitze der linken Nadel legen.

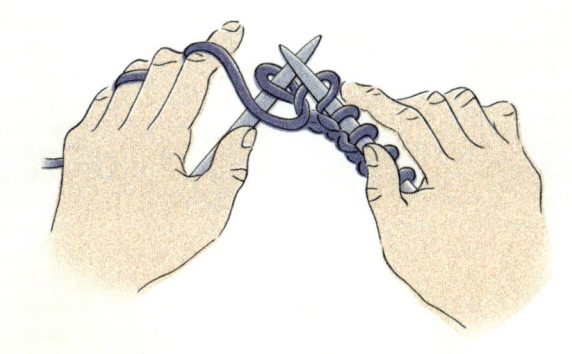

3. Die linke Nadel nach hinten durch die Masche auf der rechten Nadel führen, dabei die Fadenschlaufe mitnehmen. Sie bildet die neue Masche auf der linken Nadel.

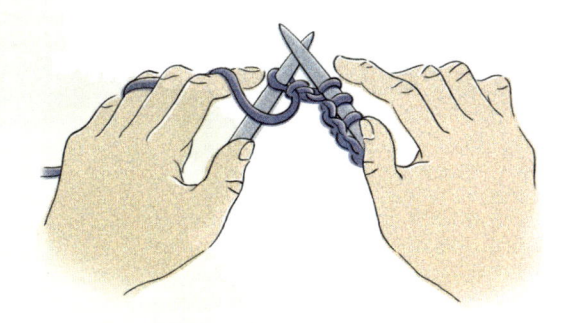

4. Die ursprüngliche Masche von der rechten Stricknadel gleiten lassen. Die neue Masche bleibt auf der linken Nadel. Damit ist die erste linke Masche fertig. Ab * wiederholen, bis alle Maschen von der rechten Nadel auf die linke abgestrickt sind. Dann ist die erste Reihe fertig. Die Nadel, auf der alle Maschen liegen, in die rechte Hand nehmen und die nächste Reihe beginnen. Wenn Sie glatt rechts stricken wollen (siehe S. 60), folgt nun eine Reihe rechter Maschen (siehe linke Seite).

Die Maschen

ABKETTEN

Wenn ein Stück fertig gestrickt ist, müssen die Maschen abgekettet werden, damit sie nicht aufribbeln. Ob die Kante schlicht oder dekorativ aussieht, hängt von der Methode des Abkettens ab.

RECHTS ABKETTEN

Dies ist die meistverwendete Methode. An glatt rechts gestrickten Halsabschlüssen ist es wichtig, die Maschen nicht zu fest abzuketten. Eine gute Alternative ist das elastische Abketten (siehe S. 52).

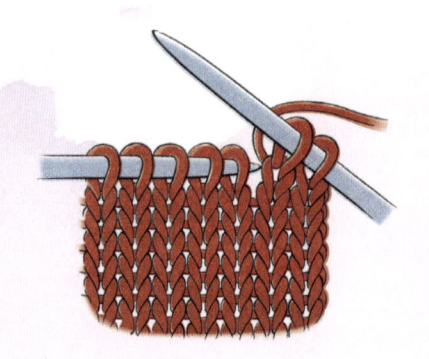

1. Die ersten beiden Maschen von der linken Stricknadel rechts abstricken (siehe S. 44).

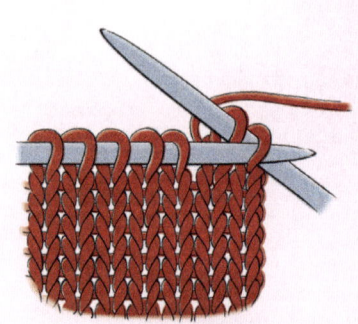

2. *Mit der Spitze der linken Stricknadel von vorn in die erste Masche auf der rechten Nadel einstechen.

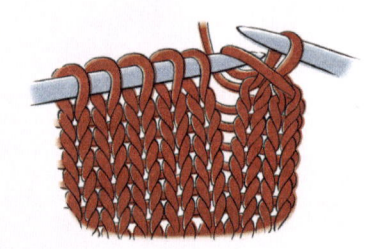

3. Die Masche über die zweite heben, dann von der linken Nadel gleiten lassen. Damit ist eine Masche abgekettet.

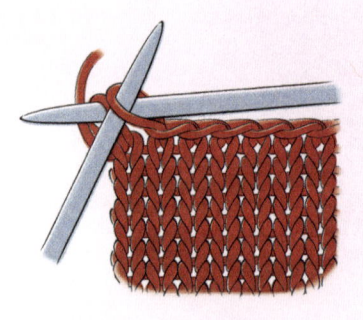

4. Die nächste Masche von der linken Nadel rechts abstricken. Ab * wiederholen, bis alle Maschen der linken Nadel abgekettet sind und nur noch eine Masche auf der rechten Nadel liegt.

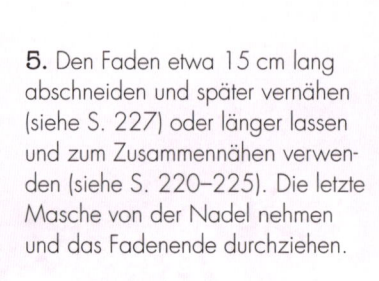

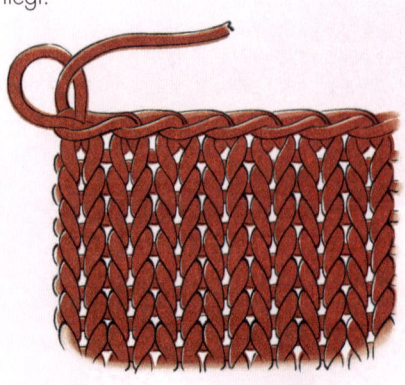

5. Den Faden etwa 15 cm lang abschneiden und später vernähen (siehe S. 227) oder länger lassen und zum Zusammennähen verwenden (siehe S. 220–225). Die letzte Masche von der Nadel nehmen und das Fadenende durchziehen.

MASCHEN ZÄHLEN

Wenn Sie innerhalb einer Reihe Maschen abketten (beispielsweise für ein Knopfloch, siehe S. 254), bleibt eine Masche auf der rechten Nadel liegen. Wie diese später gezählt wird, wird in Anleitungen unterschiedlich gehandhabt und kann verwirren. Liegen beispielsweise neun Maschen auf der linken Nadel und eine auf der rechten, wird in manchen Anleitungen gefordert, zehn Maschen zu stricken – obwohl die Masche auf der rechten Nadel ja gar nicht gestrickt wird. Andere Anleitungen geben an, neun Maschen zu stricken – das kann beim Zählen der Gesamtmaschenzahl unklar sein. Hilfreich sind Anweisungen wie »10 M re inkl. Abk-M«, wobei Abk-M als Abkürzung für Abkettmasche die Masche bezeichnet, die nach dem Abketten auf der rechten Nadel liegt.

LINKS ABKETTEN

Weil hier linke Maschen gestrickt und abgekettet werden, liegt die Abkettkante etwas anders. Das Grundprinzip ist aber gleich. Eine links abgekettete Kante sieht an kraus rechts gestrickten Stücken besonders gut aus, weil sie einer links gestrickten Reihe ähnelt.

1. Zwei Maschen links stricken. *Die Spitze der linken Stricknadel von hinten in die erste Masche auf der rechten Nadel einstechen.

2. Diese Masche über die zweite heben, dann von der linken Nadel gleiten lassen. Damit ist eine Masche abgekettet. Die nächste Masche links stricken. Ab * wiederholen, bis alle Maschen abgekettet sind. Am Ende den Faden abschneiden und durch die letzte Masche ziehen.

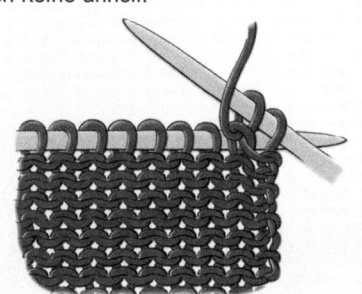

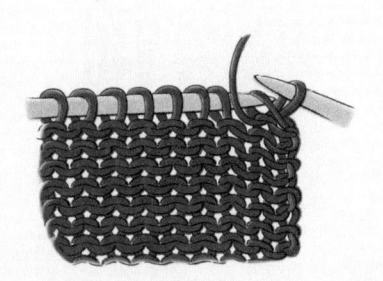

FADEN VORN ODER FADEN HINTEN?

Auf diesen Abbildungen liegt der Faden beim Überheben der ersten Masche über die zweite vorn, also auf der Ihnen zugewandten Seite. Ebenso ist es möglich, den Faden nach dem Abstricken der Masche und vor dem Überheben hinter die Arbeit zu legen. Zum Stricken der folgenden Masche muss er dann wieder nach vorn gelegt werden. Probieren Sie aus, welche Arbeitsweise Ihnen am besten zusagt.

IM MUSTER ABKETTEN

Diese Technik wird hier an Einerrippen gezeigt. Kettet man sie mustergemäß ab, entsteht eine etwas elastischere Kante. Das ist vor allem für Halsabschlüsse sinnvoll, die nicht zu stramm sein dürfen. Das Prinzip gilt jedoch für alle Strickmuster: Die Maschen werden so gestrickt, wie sie erscheinen.

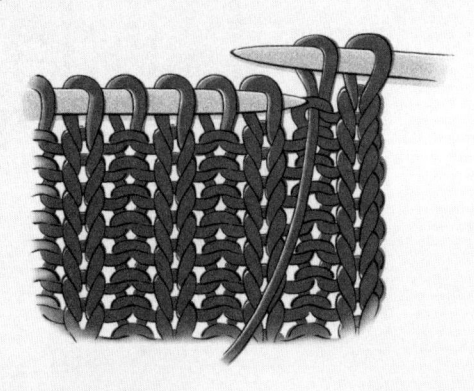

1. Wie im Rippenmuster der vorherigen Reihen eine Masche rechts und eine Masche links stricken.

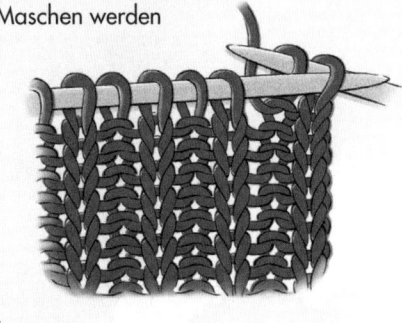

2. Den Faden für die nächste rechte Masche nach hinten legen. Mit der Spitze der linken Stricknadel die erste Masche auf der rechten Nadel über die zweite heben. Bis zum Reihenende fortfahren, dabei die Maschen entsprechend dem Muster abwechselnd rechts und links stricken. Am Ende den Faden abschneiden und durch die letzte Masche ziehen.

Abketten 51

ELASTISCH ABKETTEN

Bei dieser Methode entsteht eine elastische Kante, wie sie zum Beispiel an Halsabschlüssen wünschenswert ist. Wenn Ihre Abkettkanten generell sehr fest ausfallen, könnten Sie es auch einmal mit dieser Arbeitsweise versuchen. Kettet man in einer Rechtsreihe ab, ist die Kante von einer einfach rechts abgeketteten (siehe S. 50) kaum zu unterscheiden.

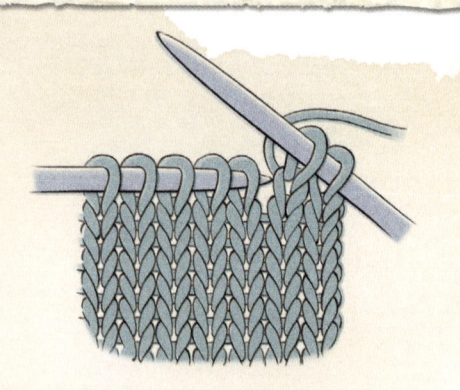

1. Wie zum normalen Abketten die ersten beiden Maschen rechts stricken.

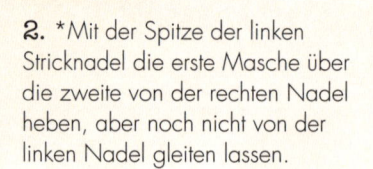

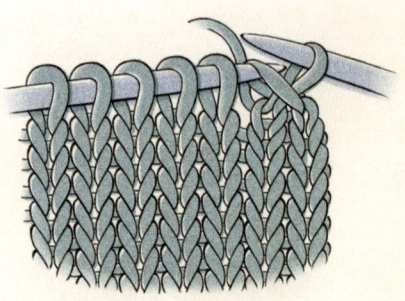

2. *Mit der Spitze der linken Stricknadel die erste Masche über die zweite von der rechten Nadel heben, aber noch nicht von der linken Nadel gleiten lassen.

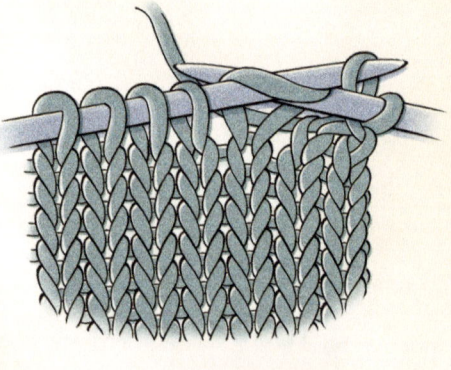

3. Die rechte Nadel von vorn in die nächste Masche auf der linken Stricknadel einstechen und diese rechts stricken.

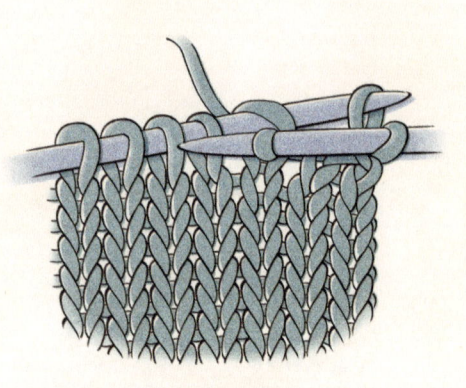

4. Die beiden Schlaufen auf der rechten Nadel sind beim Stricken der zweiten und dritten Masche entstanden. Die erste gestrickte Masche und die Masche, in die zuletzt eingestochen wurde, von der linken Nadel gleiten lassen: Drei Maschen wurden abgestrickt, eine Masche wurde abgekettet.

5. Ab * wiederholen, bis alle Maschen von der linken Nadel abgestrickt sind. Die erste Masche auf der rechten Nadel über die zweite heben, dann den Faden abschneiden und durch die letzte Masche ziehen (siehe S. 50).

ABKETTEN MIT DREI NADELN

Hier werden zwei Kanten in einem Arbeitsgang abgekettet, beispielsweise an den Schultern eines Oberteils. Dabei entsteht eine saubere, stabile Naht, die nicht aufträgt. Die beiden Teile liegen rechts auf rechts und der Arbeitsfaden hängt am vorderen Teil – also dem Teil, auf dessen Rückseite Sie beim Abketten schauen.

1. Die Teile rechts auf rechts legen und beide Nadeln mit der linken Hand halten. Die Spitzen zeigen in dieselbe Richtung. Die Nadeln sind hier nur zur Veranschaulichung mit etwas Abstand dargestellt. Tatsächlich sollten sie direkt nebeneinander gehalten werden.

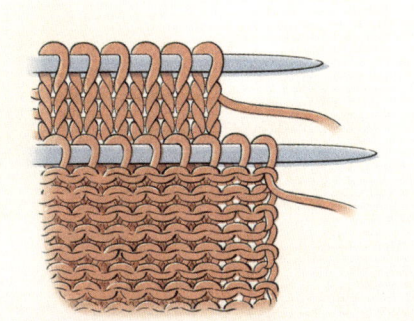

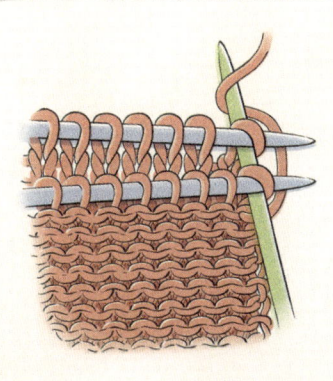

2. Eine dritte, gleich dicke Nadel in die rechte Hand nehmen. Mit ihrer Spitze erst in die erste Masche auf der vorderen linken Nadel, dann in die erste Masche auf der hinteren linken Nadel einstechen.

3. Den Arbeitsfaden, der am vorderen Teil hängt, um die Spitze der rechten Nadel legen. Die Nadel mit der Fadenschlaufe durch beide Maschen ziehen. Beide Maschen von den linken Nadeln gleiten lassen. Auf der rechten Nadel liegt eine Masche. Die zweite Masche auf der vorderen und der hinteren linken Nadel ebenso zusammenstricken. Danach liegen zwei Maschen auf der rechten Nadel.

4. Nun mit der Spitze der linken Nadel wie beim einfachen Rechtsabketten (siehe S. 50) die erste Masche auf der rechten Nadel über die zweite heben und von der Nadel gleiten lassen.

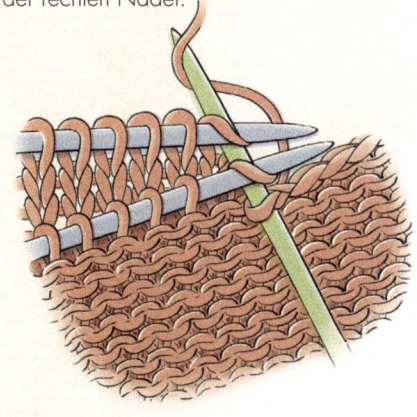

5. Je eine Masche der beiden linken Nadeln zusammenstricken, dann Schritt 4 wiederholen. Fortlaufend wiederholen, bis alle Maschen der linken Nadeln zusammen abgekettet sind. Den Faden abschneiden und durch die letzte Masche ziehen.

GENÄHTE KANTE

Mit der Sticknadel entsteht eine sehr flache Kante, die das Werkstück nicht zusammenzieht. Sie eignet sich gut für zarte Lacearbeiten und bildet an kraus rechts gestrickten Stücken eine Kante, die dem einfachen Kreuzanschlag (siehe S. 38) ähnlich sieht.

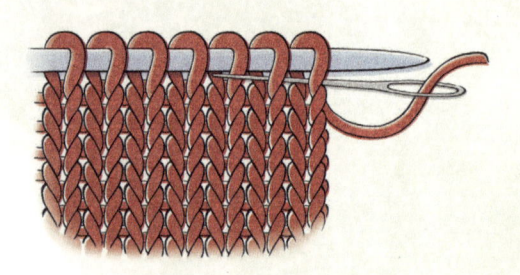

1. Einen Faden abschneiden, der fünfmal so lang wie die abzukettende Kante ist. In eine Sticknadel ohne Spitze einfädeln. Von rechts nach links (wie zum Linksstricken, siehe S. 64) durch die ersten beiden Maschen auf der Stricknadel ziehen.

2. Nun die Nadel von links nach rechts durch die erste Masche ziehen. Diese erste Masche von der Stricknadel gleiten lassen.

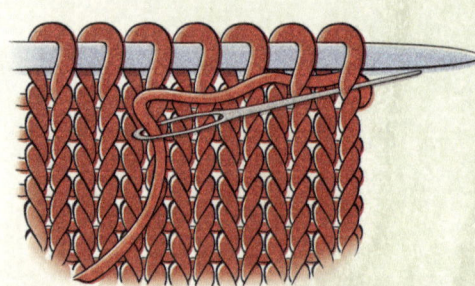

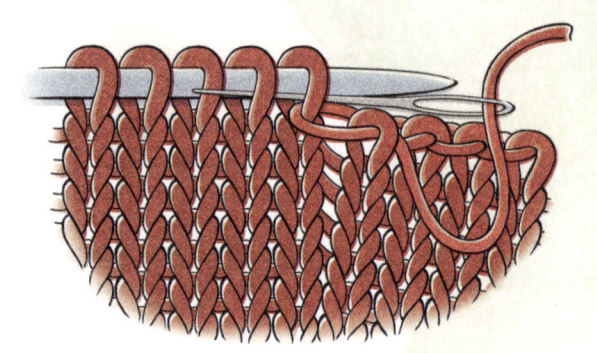

3. Bis zum Reihenende fortlaufend wiederholen: von rechts nach links durch zwei Maschen, …

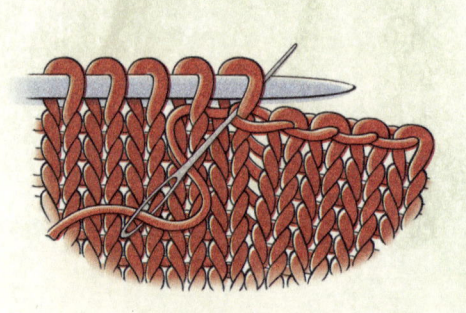

4. … dann von links nach rechts durch die erste dieser beiden Maschen und eine Masche von der Stricknadel gleiten lassen.

PICOTKANTE

Für diese Kante brauchen Sie etwas mehr Zeit, aber das ist gerechtfertigt, denn sie sieht sehr hübsch aus. An einem Werkstück aus Einerrippen wirkt sie besonders dekorativ, weil sie wellig fällt. Sie brauchen mehr Garn als für andere Kanten, weil zusätzlich zum Abketten auch Maschen angeschlagen werden.

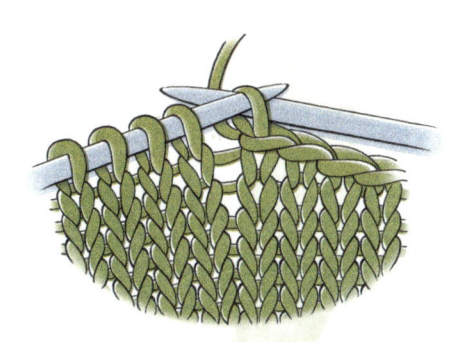

1. Die gewünschte Anzahl von Maschen vor dem ersten Picot rechts abketten. *Die Masche auf der rechten Nadel auf die linke heben, ohne sie zu verdrehen.

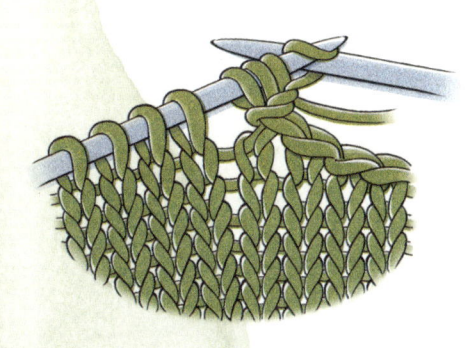

2. Im Kordelanschlag (siehe S. 37) so viele Maschen anschlagen, wie für das Picot gewünscht werden.

3. Die Maschen des Picots rechts stricken und abketten, bis noch eine Masche auf der rechten Nadel liegt.

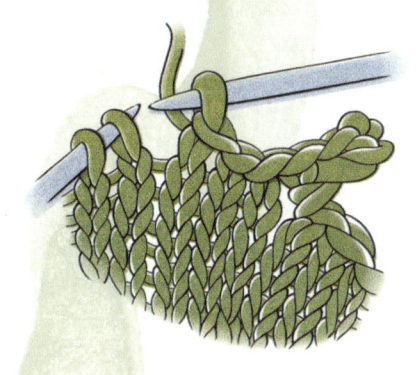

4. Die gewünschte Anzahl von Maschen bis zum nächsten Picot rechts abketten. Ab * wiederholen, bis alle Maschen abgekettet sind.

Abketten 55

KORDELKANTE

Eine Kordel bildet einen festen, strapazierfähigen Abschluss und sieht dabei interessant aus. Der Kordelabschluss eignet sich gut für Kanten, die stabil sein sollen, beispielsweise die Öffnungen von Taschen oder die Ränder von Decken. Sie können die Kordel auch in einer Kontrastfarbe arbeiten.

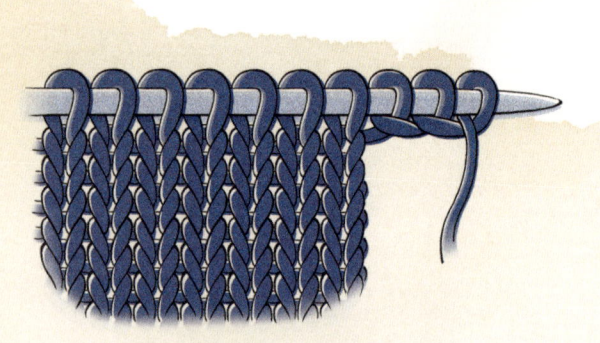

1. Die gewünschte Anzahl von Maschen für die Kordel aufschlingen (siehe S. 39). Hier besteht die Kordel aus drei Maschen.

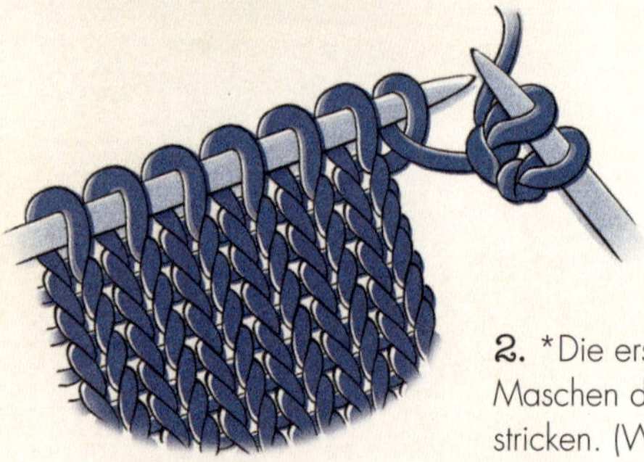

2. *Die ersten beiden Maschen der Kordel rechts stricken. (Wenn Sie mehr als drei Maschen aufgeschlungen haben: alle bis auf die letzte stricken.)

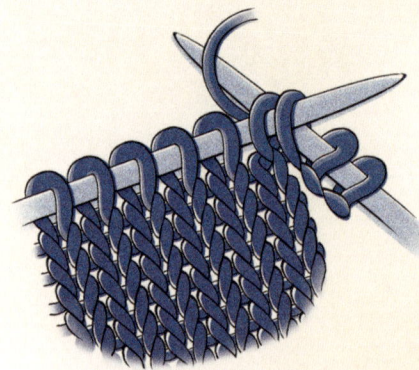

3. Die dritte (bzw. letzte) Masche der Kordel (siehe S. 90) mit der ersten Masche der Werkstückkante rechts verschränkt zusammenstricken (siehe S. 92). Damit ist eine Masche abgekettet.

4. Die drei Maschen von der rechten Nadel auf die linke heben, ohne sie zu verdrehen.

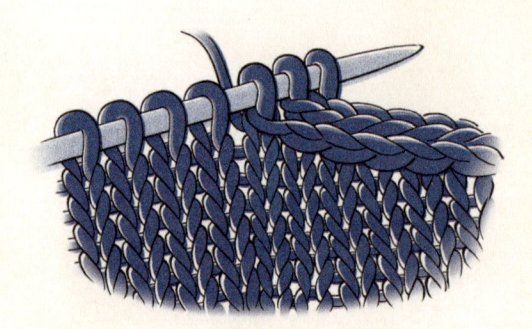

5. Ab * bis zum Reihenende wiederholen. Wenn alle Maschen der linken Nadel abgestrickt sind, die drei Maschen von der rechten Nadel auf die linke heben und verschränkt zusammenstricken (siehe S. 92). Den Faden abschneiden und durch die letzte Masche ziehen.

ABHÄKELN

Bei dieser Methode entsteht eine Kante, die ähnlich aussieht wie rechts abgekettet (siehe S. 50). Verwenden Sie eine Häkelnadel in ähnlicher Stärke wie die Stricknadeln, mit denen Sie gearbeitet haben oder – wenn die Kante locker und dehnbar sein soll – eine dickere Häkelnadel. Wenn Sie im Häkeln geübt sind, wird Ihnen diese Methode leicht von der Hand gehen.

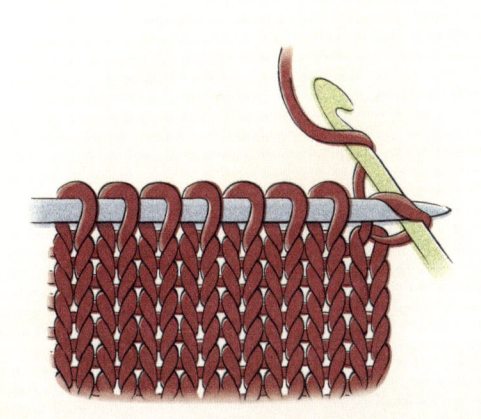

1. Mit der Häkelnadel von vorn in die erste Masche auf der Stricknadel einstechen. Faden durchholen, dann die Masche von der Stricknadel gleiten lassen.

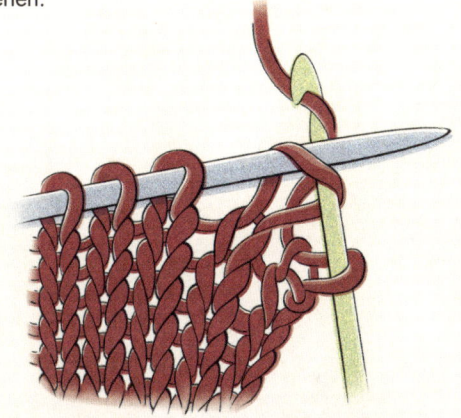

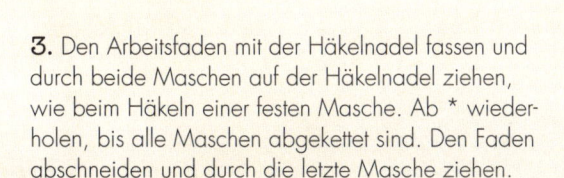

2. *Ebenso mit der zweiten Masche auf der Stricknadel verfahren. Nun liegen zwei Maschen auf der Häkelnadel.

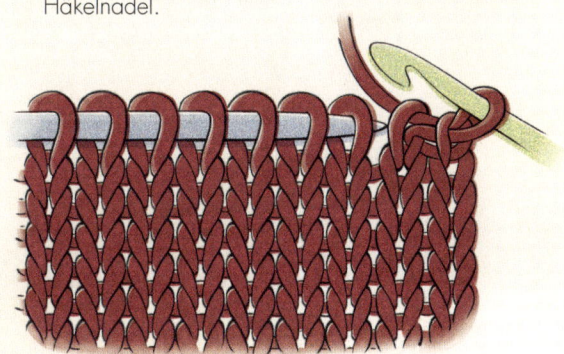

3. Den Arbeitsfaden mit der Häkelnadel fassen und durch beide Maschen auf der Häkelnadel ziehen, wie beim Häkeln einer festen Masche. Ab * wiederholen, bis alle Maschen abgekettet sind. Den Faden abschneiden und durch die letzte Masche ziehen.

MASCHEN STILLLEGEN

Manchmal ist es erforderlich, Maschen vorübergehend stillzulegen, die später wieder in Arbeit genommen werden, beispielsweise einen Teil der Maschen eines Vorderteils, um es zunächst nur auf einer Seite des Ausschnitts hochzustricken. Sie können dafür eine freie Stricknadel verwenden, einfacher ist es aber mit einem Faden.

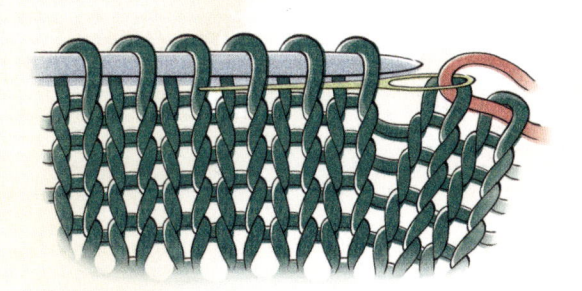

1. Einen Faden in doppelter Länge der stillzulegenden Kante in eine Sticknadel ohne Spitze einfädeln und durch die Maschen fädeln. Dabei ist wichtig, niemals die Fäden der Maschen zu durchstechen. Die Maschen nach und nach von der Stricknadel gleiten lassen. Die Enden des Fadens fest verknoten, damit die Maschen nicht herunterrutschen können.

Abketten

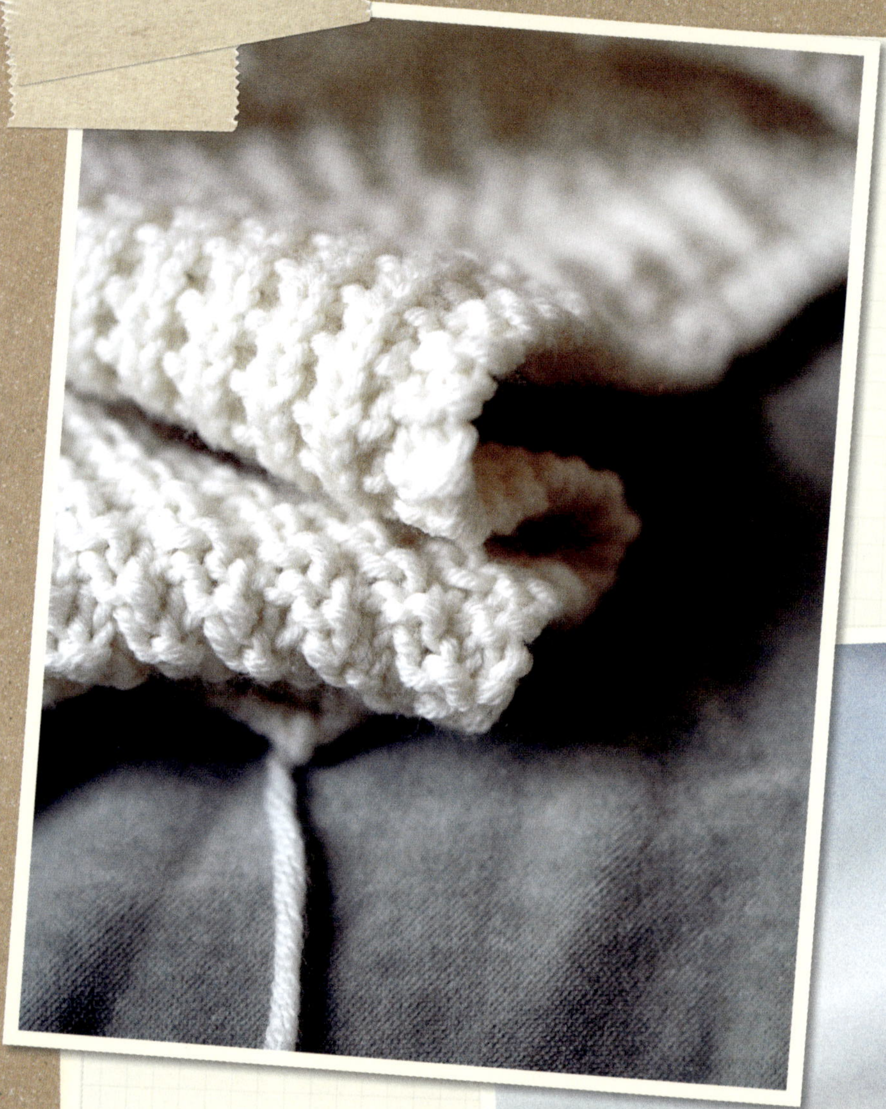
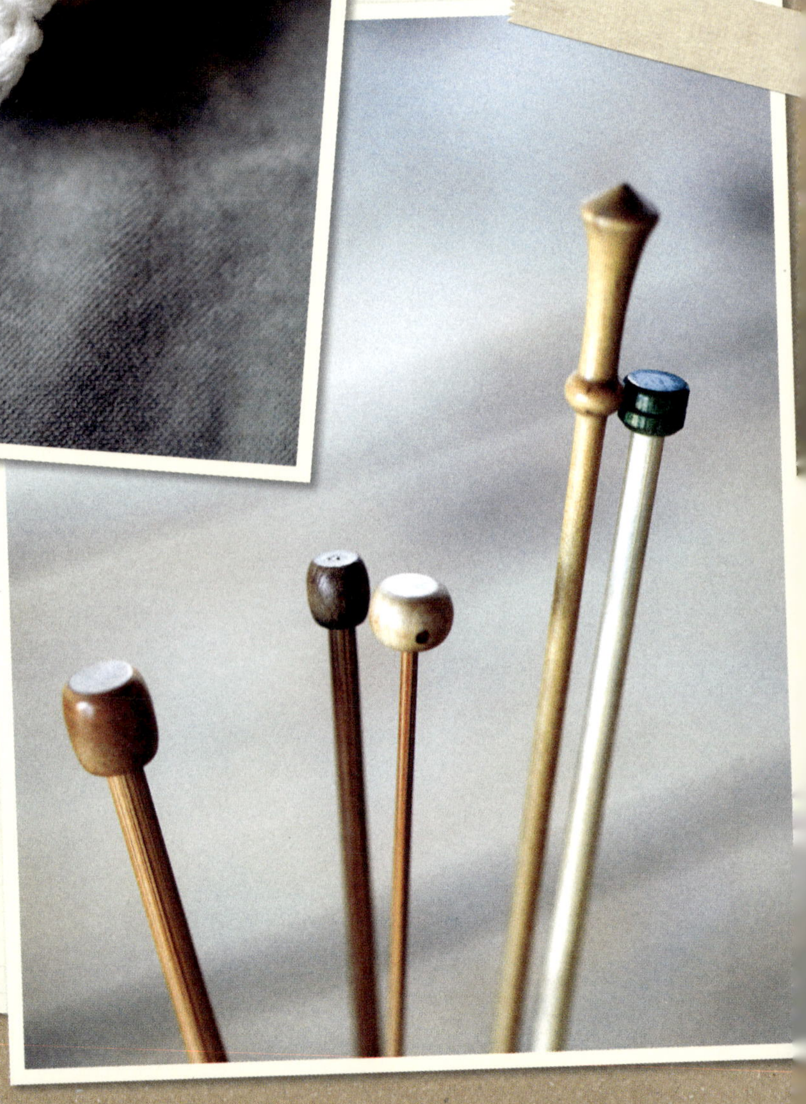

3

STRICKLATEIN

Nachdem Sie nun mit den grundlegenden Maschen vertraut sind, ist es Zeit, sich mit einigen technischen Aspekten zu beschäftigen. Die Sprache und vor allem die Abkürzungen von Strickanleitungen kommen Anfängern oft unverständlich vor, Zählmuster sehen verwirrend aus und dann sind da noch geheimnisvolle Dinge wie die Maschenprobe. Nichts davon ist so kompliziert, wie es auf den ersten Blick scheinen mag. Im folgenden Kapitel wird Schritt für Schritt alles erklärt, was Sie wissen müssen, um nach gängigen Anleitungen zu stricken – und noch ein paar pfiffige Techniken, die man nicht früh genug lernen kann.

EINFACHE STRICKMUSTER

Durch Kombinationen rechter und linker Maschen können viele ganz unterschiedliche Muster entstehen. Eines der meistverwendeten Muster heißt glatt rechts. Es zeigt auf der Vorderseite rechte und auf der Rückseite linke Maschen. Mir gefällt das Perlmuster, das sich auch für Kanten und Bündchen eignet. Je schlichter das Muster, desto wichtiger ist ein hochwertiges, glattes Garn, in dem das Maschenbild gut zum Ausdruck kommt.

DER AUFBAU VON STRICK

Unabhängig davon, welche Maschen verwendet werden und wie kompliziert das Muster ist: Jede Art von Strick besteht lediglich aus Schlingen, die miteinander verbunden sind. Bei Zopfmustern (siehe S. 120–128) oder Lace- und Lochmustern (siehe S. 136–140) können diese Verbindungen gekreuzt oder unterbrochen sein, aber bei einfachen Mustern ist auch der Aufbau einfach. Jede Schlinge ist eine Masche in einer Reihe, und jede Masche ist mit ihren Nachbarmaschen in der Reihe sowie mit den Maschen in den Reihen über und unter ihr verbunden.

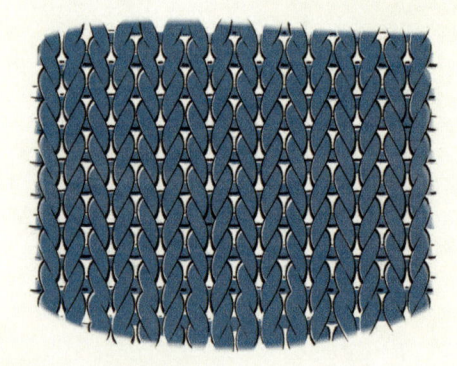

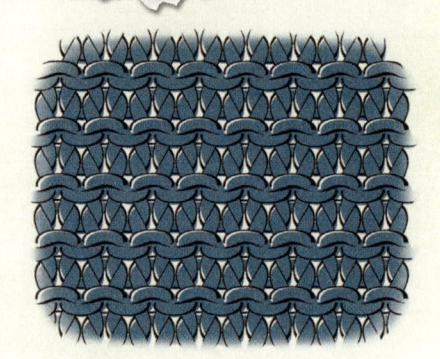

KRAUS RECHTS

Dies ist das einfachste aller Muster: In Hin- und Rückreihen werden alle Maschen rechts gestrickt. Die meisten Anfänger stricken ihr erstes Projekt kraus rechts, aber das formstabile Muster, das auf beiden Seiten gleich aussieht, ist auch bei Geübten beliebt. Es hat den Vorteil, dass sich die Seitenkanten des Stricks nicht einrollen.

GLATT RECHTS

Dies ist das meistverwendete Strickmuster. Es besteht aus alternierenden Reihen rechter und linker Maschen. Die glatte Oberfläche mit den v-förmig ineinandergreifenden Maschen bildet einen guten Hintergrund für Strukturmuster und bringt auch den Charakter von Strukturgarnen gut zur Geltung.

KRAUS LINKS

Als »Rückseite« von glatt rechts wird dieses Muster oft unterschätzt, es hat aber seine ganz eigenen Qualitäten. Es wird genauso gestrickt wie glatt rechts und wegen seiner feinen Struktur gern als Hintergrund für Zopfmuster verwendet (siehe S. 120).

EINERRIPPEN

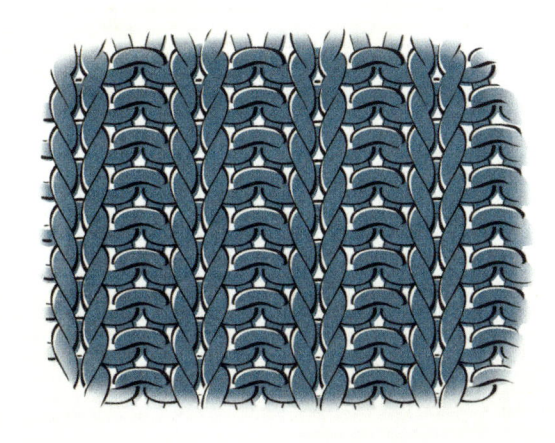

Dieses Rippenmuster wird wegen seiner Dehnbarkeit gern für Bündchen von Pullovern und Strickjacken verwendet. In jeder Reihe werden rechte und linke Maschen im Wechsel gestrickt. Maschen, die in der Hinreihe rechts gestrickt wurden, werden in der Rückreihe links gestrickt und umgekehrt. Das Muster kann über eine gerade oder ungerade Maschenzahl gearbeitet werden (siehe auch Tipps zum Lesen von Strickanleitungen, S. 62).

Für eine gerade Maschenzahl
Reihe 1: [1 M re, 1 M li] stets wdh.
Reihe 1 so oft wdh wie nötig.
Für eine ungerade Maschenzahl
Reihe 1: [1 M re, 1 M li] stets wdh, enden mit 1 M re.
Reihe 2: [1 M li, 1 M re] stets wdh, enden mit 1 M li.
Reihe 1–2 so oft wdh wie nötig.

ZWEIERRIPPEN

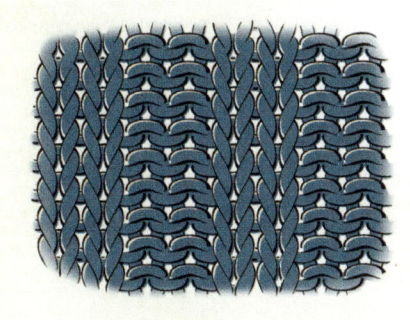

Dieses breitere Rippenmuster ist nicht ganz so dehnbar wie Einerrippen. Gearbeitet wird über eine gerade Maschenzahl, die durch 4 teilbar ist (eventuell plus 2 Maschen).

Maschenzahl teilbar durch 4
Reihe 1: [2 M re, 2 M li] stets wdh.
Reihe 1 so oft wdh wie nötig.
Maschenzahl teilbar durch 4 + 2
Reihe 1: [2 M re, 2 M li] stets wdh, enden mit 2 M re.
Reihe 2: [2 M li, 2 M re] stets wdh, enden mit 2 M li.
Reihe 1–2 so oft wdh wie nötig.

RIPPEN STRICKEN

Weil der Faden zwischen rechten und linken Maschen abwechselnd nach vorn und hinten gelegt werden muss, kann der Strick locker und lappig werden, wenn der Arbeitsfaden nicht unter gleichmäßiger Spannung gehalten wird. Das lässt sich vermeiden, indem man Rippen mit geringfügig dünneren Nadeln strickt. So werden die Rippen schön elastisch.

PERLMUSTER

Dieses Muster eignet sich für Kanten und Kragen, weil es sich nicht einrollt und eine hübsche Struktur hat. Rechte und linke Maschen werden im Wechsel gestrickt wie bei Einerrippen, aber versetzt: Maschen, die in der Vorreihe links gestrickt wurden, werden auch in der Folgereihe links gestrickt und umgekehrt.
Das Muster kann über eine gerade oder ungerade Maschenzahl gearbeitet werden.

Für eine gerade Maschenzahl
Reihe 1: [1 M re, 1 M li] stets wdh.
Reihe 2: [1 M li, 1 M re] stets wdh.
Reihe 1–2 so oft wdh wie nötig.
Für eine ungerade Maschenzahl
Reihe 1: [1 M re, 1 M li] stets wdh, enden mit 1 M re.
Reihe 1 so oft wdh wie nötig.

Einfache Strickmuster

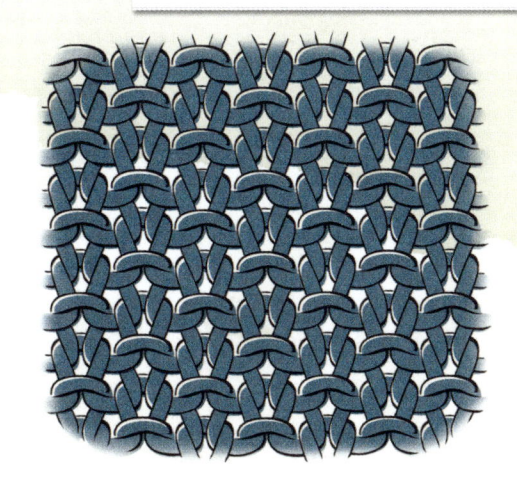

STRICKANLEITUNGEN VERSTEHEN

Je nach Designer, Hersteller oder Verlag unterscheiden sich Strickanleitungen in einigen Aspekten, aber alle haben eine gemeinsame Sprache, und in ihren Grundzügen sind sie sich auch ähnlich. Die folgenden Erklärungen orientieren sich an meinen Strickanleitungen. Ich empfehle, bei jeder neuen Anleitung zuerst zu prüfen, ob Sie alle Abkürzungen und Fachbegriffe kennen. Wenn Sie das Stricken erst lernen, werden Sie vielleicht zunächst etwas Mühe haben, die spezielle »Geheimsprache« von Strickanleitungen zu entschlüsseln, aber wenn Ihnen die Begriffe einmal vertraut sind, werden Sie mit Anleitungen aller Art gut zurechtkommen.

BEVOR SIE BEGINNEN

Besorgen Sie alles, was Sie für das gewünschte Modell brauchen. Es ist mehr als ärgerlich, wenn man zu wenig Garn kauft und auf halbem Weg feststellen muss, dass die Farbpartie (siehe S. 19) nicht mehr erhältlich ist. Lesen Sie die gesamte Anleitung vorher durch, aber lassen Sie sich nicht abschrecken, wenn Sie etwas nicht ganz verstehen. Selbst komplizierte Anleitungen erklären sich während des Strickens oft von allein. Sinnvoll ist, die benötigten Größen oder Maße in der Anleitung zu markieren, falls mehrere angegeben sind. Wenn Sie die Arbeit unterbrechen – vor allem bei längeren Pausen – sollten Sie unbedingt in der Anleitung markieren, wo Sie sind.

GRÖSSEN UND MASSE

Bezieht sich eine Anleitung auf mehrere Größen, steht die kleinste immer vorn und die anderen folgen – meist von Doppelpunkten getrennt – dahinter in Klammern, zum Beispiel »Größe 36 (38:40:42:)«. Ebenso werden auch Anweisungen für die verschiedenen Größen angegeben, zum Beispiel »4 (6:8:10) M re«. Wenn Sie also das Modell in Größe 40 arbeiten, müssen Sie an dieser Stelle der Anleitung 8 Maschen rechts stricken. Es empfiehlt sich, zuerst die gesamte Anleitung durchzugehen und überall die Größe/Anweisung zu markieren, die für Ihre Größe gilt. So lassen sich Fehler reduzieren. Noch besser ist es, die Anleitung zu fotokopieren und dann erst die Markierungen vorzunehmen. Dann können Sie das Modell später noch einmal in einer anderen Größe stricken, ohne durch die erste Markierung verwirrt zu werden.
Eine Null bedeutet, dass für die betreffende Größe keine Maschen gestrickt werden. »0(2:4) M re, li M str bis R-Ende« heißt, dass Sie für die kleinste Größe keine rechte, sondern nur linke Maschen bis zum Reihenende stricken. Für die zweite Größe müssen Sie zwei Maschen rechts stricken und dann mit linken Maschen bis zum Reihenende fortfahren.

In Anleitungen sind oft auch Maße angegeben, etwa Brustumfang oder Ärmellänge. Sie sollten also Ihre Körpermaße kennen, um die richtige Größe zu wählen. Achtung: Wenn Sie Maße verändern, beispielsweise einen Pullover länger stricken als in der Anleitung vorgesehen, ändert sich auch der Garnbedarf.
Die Maße eines Kleidungsstücks entsprechen nicht zwangsläufig den Körpermaßen. Die Brustweite eines lässigen Pullis kann beispielsweise mehrere Zentimeter vom am Körper gemessenen Brustumfang abweichen. Am besten messen Sie gut passende vorhandene Kleidungsstücke, um eine Vorstellung vom Sitz des Modells zu bekommen und die richtige Größe zu wählen.

MATERIAL

In der Materialliste ist neben Garnmenge und Stricknadeln (inkl. Nadelstärke) auch Zubehör wie Knöpfe oder Reißverschlüsse angegeben. Die Garnmenge basiert immer auf den Angaben zur Maschenprobe (siehe S. 68).

ABKÜRZUNGEN

Um Platz zu sparen, werden in Strickanleitungen fast immer Abkürzungen verwendet. Handarbeitsbücher und -hefte enthalten normalerweise eine Liste der am häufigsten benutzten Abkürzungen, während seltene Abkürzungen direkt bei der betreffenden Anleitung erklärt werden. Da nicht alle Designer dieselben Abkürzungen verwenden, sollten Sie sich vergewissern, dass Ihnen alle Angaben in der jeweiligen Anleitung klar sind. Die folgende Liste enthält eine Auswahl der gängigen Abkürzungen.

[ ]	Anweisung in Klammern so oft ausführen wie angegeben	2 M re zus-str	2 (oder andere angegebene Zahl) Maschen rechts zusammenstricken	lvdr	nach links verdrehen
*	Anweisung nach dem Stern so oft ausführen wie angegeben			lvkr	links verkreuzt/nach links verkreuzen
		2 M li zus-str	2 (oder angegebene Zahl) Maschen links zusammenstricken	M	Masche(n)
				MM	Maschenmarkierer (anbringen)
1 M li lt	1 Masche links, 1 Reihe tiefer eingestochen			m	Meter
		2 M überg	nächste 2 M übergehen	mm	Millimeter
1 M re lt	1 Masche rechts, 1 Reihe tiefer eingestochen	A, B, C	Garnfarben wie in der Materialliste angegeben	MS	Mustersatz (Rapport)
				N	Noppe
1 M li hz zun	1 M links hochgezogen zunehmen	abgeh M überz	abgehobene Masche(n) überziehen	Nd-Spiel	Nadelspiel
				Nr	Nummer
1 M re hz zun	1 M rechts hochgezogen zunehmen	abh	abheben	P einf	Perle einfügen
		abk	abketten	Rd	Runde(n)
1 M zun	1 M zun (meist: aus dem Querfaden)	abn	abnehmen/Abnahme	re	rechts
		abw	abwechselnd	re abh	rechts abheben
2 M re aus 1 M herausstr	2 Maschen rechts aus einer Masche herausstricken, dafür zuerst von vorn, dann von hinten einstechen	Anf	Anfang	restl	restlich(e)
		anschl	anschlagen	RH	rechte Hand
		aufn	aufnehmen (Maschen)	RS	rechte Seite (= Vorderseite)
		ca	circa		
		cm	Zentimeter	rvdr	nach rechts verdrehen/verdreht
2 M li aus 1 M herausstr	2 Maschen links aus 1 Masche herausstricken, dabei erst von vorn, dann von hinten einstechen	dopp Übz li	doppelter Überzug links		
		dopp Übz re	doppelter Überzug rechts	rvkr	rechts verkreuzt/nach rechts verkreuzen
		dopp	doppelt		
		Fb	Farbe	str	stricken
		Fh	Faden (nach) hinten	U	Umschlag/Umschläge
2 M re abgeh zus-str	2 Maschen rechts abgehoben zusammenstricken	folg	folgende	überg	übergehen
		fortf	fortfahren	übz	überziehen
		fortl	fortlaufend	verschr	verschränkt/verschränken
2 M li abgeh zus-str	2 Maschen links abgehoben zusammenstricken	Fv	Faden (nach) vorn	vkr	verkreuzen (2 Maschen)
		g	Gramm	wdh	wiederholen/Wiederholung
		glatt re	glatt rechts		
2 M re überz zus-str	2 Maschen rechts überzogen zusammenstricken	HF	Hauptfarbe	Z4L	Zopf über 4 Maschen, nach links verkreuzt
		inkl	inklusive/einschließlich		
		KF	Kontrastfarbe	Z4R	Zopf über 4 Maschen, nach rechts verkreuzt
		kraus li	kraus links		
2 M li überz zus-str	2 Maschen links überzogen zusammenstricken	kraus re	kraus rechts	ZN	Zopfnadel
		LH	linke Hand	zun	zunehmen, Zunahme
		li	links	zus	zusammen
3 M re überz zus-str	3 Maschen rechts überzogen zusammenstricken	li abh	links abheben	zus-str	zusammenstricken
		li verschr	links verschränken/links verschränkt stricken	zw	zwischen
		LS	linke Seite (= Rückseite)		

Strickanleitungen verstehen

FACHAUSDRÜCKE

Neben den eigentlichen Abkürzungen (siehe S. 63) gibt es noch einige häufig vorkommende Formulierungen:

Nur 1. und 3. Größe Die folgende Anweisung gilt nur, wenn Sie das Modell in der 1. oder 3. Größe stricken. Für andere Größen gilt die Anweisung *nicht*.
Über MM Die Anweisung ist direkt über einer Reihe auszuführen, in der sich Maschenmarkierer befinden.
Abw R Abwechselnde Reihen. Die Anweisung ist nur in jeder zweiten Reihe auszuführen. Gelegentlich lautet die Anweisung auch »in jeder 2. Reihe« oder »in jeder Hinreihe (bzw. Rückreihe)«.
Vorderkante Die Kante, die am fertigen Stück in der vorderen Mitte sitzt.
Seitenkante Die Kante, die beim fertigen Stück an der Seite sitzt und oft – aber nicht immer – mit einem anderen Teil zusammengenäht wird.
Gleichzeitig Manchmal sind zwei Anweisungen gleichzeitig auszuführen, beispielsweise Abnahmen für einen Halsausschnitt in jeder zweiten Reihe und Abnahmen für einen Armausschnitt in jeder vierten Reihe.
Mit einer R re M beg (oder enden) Die erste (oder letzte) Reihe, die Sie stricken, muss eine Reihe rechter Maschen sein.
Mit einer R li M beg (oder enden) Die erste (oder letzte) Reihe, die Sie stricken, muss eine Reihe linker Maschen sein.
Im Muster fortf Entweder ist ein separates Zählmuster zu befolgen, oder es wird das Muster fortgesetzt, das sich aus den vorherigen Reihen ergibt (z. B. Rippen). Manchmal sind gleichzeitig weitere Anweisungen (z. B. Abnahmen) auszuführen.
Mit einer Hin-R enden Die letzte gestrickte Reihe muss auf der Vorderseite (rechten Seite) der Arbeit liegen.
Mit einer Rück-R enden Die letzte gestrickte Reihe muss auf der Rückseite (linken Seite) der Arbeit liegen.
Ab Anf »Ab Anfang«, womit der Anfang des gesamten Teils oder eines bestimmten Bereichs (z. B. Armausschnitt) gemeint sein kann. Wenn »ab Anfang« gemessen werden soll, legen Sie das Teil glatt hin, ohne es zu dehnen.
Wie zum Rechtsstricken Die Nadel so in die Masche stecken, als ob Sie rechts stricken wollten (siehe S. 44).
In der 2. und jeder folg 6. R Eine Reihe stricken, in der nächsten Reihe die Anweisung für die 2. Reihe ausführen. Danach 5 Reihen stricken und in der nächsten Reihe die Anweisung für die 6. Reihe ausführen. Wieder 5 Reihen stricken und in der nächsten die Anweisung für die 6. Reihe ausführen. So oft wie angegeben wiederholen.
Aufnehmen Maschen am Rand eines gestrickten Teils auffassen (siehe S. 74).
Wie zum Linksstricken Die Nadel so in eine Masche einstechen, als ob sie links gestrickt werden soll (siehe S. 45).
Gegengleich Ein Teil, für das eine komplette Anleitung vorliegt, soll nochmals gestrickt werden – jedoch spiegelverkehrt. Wenn zum Beispiel die Anleitung für ein linkes Jackenvorderteil ausführlich formuliert ist, heißt es im Anschluss »das rechte Vorderteil gegengleich stricken«. Wenn Sie unsicher sind, schreiben Sie die Anleitung für das linke Vorderteil ab, und kehren Sie dabei die Anweisungen für jede Reihe um.
Bis 10 M verbl Eine Anweisung ist so oft auszuführen, bis noch die angegebene Maschenzahl (hier 10) auf der linken Nadel übrig ist.
Rechts auf rechts Zwei Teile liegen mit ihren rechten Seiten (Außen- bzw. Vorderseiten beim Tragen) aufeinander. Analog links auf links.
Rechte Seite oben Sie sehen auf die rechte Seite (Vorderseite) der Arbeit. Analog linke Seite oben.
Stillgelegte M in Arbeit nehmen Wurden Maschen auf einem Faden stillgelegt, müssen sie zunächst auf eine Stricknadel genommen werden. Von einem Maschenraffer können sie direkt abgestrickt werden.
Gerade hochstricken Ohne Zu- oder Abnahmen stricken, bis eine bestimmte Reihenzahl oder ein bestimmtes Maß erreicht ist.
Bis zu den letzten 2 M Die Reihe stricken, bis noch 2 Maschen übrig sind.
[ ] Was innerhalb der eckigen Klammern steht, gehört zusammen. Manchmal werden runde Klammern verwendet. Das kann verwirren, weil auch Anweisungen für mehrere Größen in runden Klammern stehen.
* Das Sternchen zeigt an, ab wann eine Folge von Arbeitsschritten wiederholt werden muss.
Hinweis: In manchen Anleitungen werden Wiederholungen mit [ ] gekennzeichnet, in anderen mit *, in einigen sogar mit beidem.
»[1 M re, 1 M li] bis R-Ende« heißt, dass bis zum Reihenende eine rechte und eine linke Masche im Wechsel gestrickt werden sollen. »*1 M re, 1 M li; ab * wdh bis R-Ende« bedeutet dasselbe. »*3 M re, [1 M li, 1 M re] 6×, 1 M li; ab * wdh bis R-Ende« heißt, Sie müssen 3 Maschen rechts stricken, dann 12 Maschen abwechselnd links und rechts, dann 1 Masche links. Danach wiederholen Sie die ganze 16er-Folge vom Sternchen an, bis das Ende der Reihe erreicht ist.
Achten Sie auch auf die Anzahl der geforderten Wiederholungen. »[3 M re, 1 M li] 2×« umfasst 8 Maschen, aber »*3 M re, 1 M li, ab * 2× wdh« umfasst 12 Maschen.

ZÄHLMUSTER UND STRICKSCHRIFTEN

Für farbige Motive oder Strukturmuster sind in Anleitungen oft grafische Darstellungen abgedruckt. Im Anleitungstext wird angegeben, wo das Muster ansetzt oder wie oft es zu wiederholen ist. Zählmuster haben den Vorteil, dass man sofort einen optischen Eindruck des Motivs bekommt und es sich leicht einprägen kann. Strickschriften für Strukturmuster können kompliziert aussehen und sind etwas schwieriger zu entziffern.

STRICKSCHRIFTEN LESEN

In Zählmustern und Strickschriften steht jedes Kästchen für eine Masche, jede Kästchenzeile steht für eine Reihe. Farben werden entweder durch farbige Kästchen oder durch Symbole dargestellt, Strukturmuster immer durch Symbole. Was die einzelnen Symbole bedeuten, wird in einer Legende erklärt.

Strickschriften und Zählmuster werden von unten nach oben abgearbeitet und normalerweise rechts begonnen. Die erste Masche, die Sie stricken, entspricht also dem unteren rechten Kästchen.

Wenn Sie in Reihen stricken, lesen Sie Hinreihen von rechts nach links und Rückreihen von links nach rechts. Beim Stricken in Runden (siehe S. 108–109) werden alle Reihen von rechts nach links gelesen. Weitere Informationen über das Rundstricken farbiger Muster finden Sie auf Seite 166.

Viele Strickschriften sind durch dickere Linien in Zehnerblöcke unterteilt. Das erleichtert das Zählen und man behält beim Stricken besser den Überblick. Es ist sinnvoll, fertig gestrickte Reihen in der Strickschrift durchzustreichen. Allerdings empfiehlt es sich, in diesem Fall eine Fotokopie zu verwenden, damit das Original noch einmal verwendet werden kann. Alternativ können Sie einen nicht zu kleinen Haftnotizzettel verwenden und jeweils so anbringen, dass er die zuletzt fertiggestellte Reihe verdeckt.

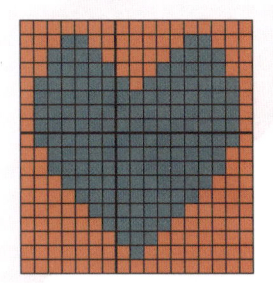

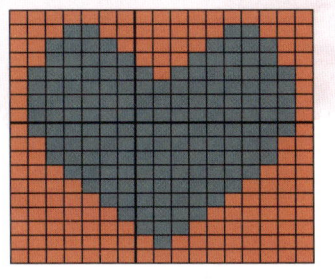

Zählmuster auf normalem Karopapier erscheinen etwas verzerrt, weil eine gestrickte Masche breiter als hoch ist. Die beiden Abbildungen links zeigen das gleiche Motiv, einmal in normalem Karoraster und einmal in einem Raster, das den Proportionen der Maschen ungefähr entspricht. Die Zählmuster auf den folgenden Seiten sind ebenfalls im proportionalen Raster abgedruckt. Weitere Informationen zur Verwendung von Strickmusterpapier mit proportionalem Raster finden Sie auf Seite 282.

ZÄHLMUSTER

In farbigen Zählmustern entspricht jedes farbige Kästchen einer Masche in der jeweiligen Farbe. In schwarz-weißen Zählmustern werden die Farben durch Symbole dargestellt. Eine Legende gibt an, was die einzelnen Farben oder Symbole bedeuten.

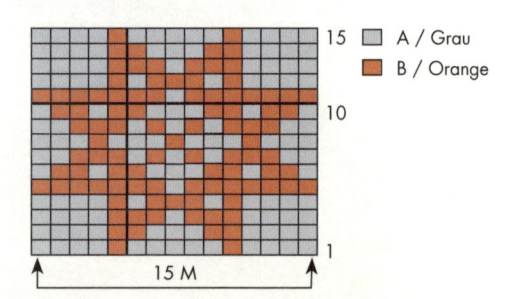

In Textform würde das obige Zählmuster, in dem Grau als Farbe A und Orange als Farbe B definiert ist, folgendermaßen aussehen:

Reihe 1 (Hin-R): 4 M re A, 1 M re B, 5 M re A, 1 M re B, 4 M re A.
Reihe 2: 4 M li A, 2 M li B, 3 M li A, 2 M li B, 4 M li A.
Reihe 3: 4 M re A, 3 M re B, 1 M re A, 3 M re B, 4 M re A.
Reihe 4: 4 M li A, 1 M li B, 1 M li A, 3 M li B, 1 M li A, 1 M li B, 4 M li A.
Reihe 5: 7 M re B, 1 M re A, 7 M re B.
Reihe 6: [1 M li A, 2 M li B] 2×, 3 M li A, [2 M li B, 1 M li A] 2×.
Reihe 7: 2 M re A, 3 M re B, [1 M re A, 1 M re B] 3×, 2 M re B, 2 M re A.
Reihe 8: [3 M li A, 1 M li B] 3×, 3 M li A.
Reihe 9: 2 M re A, 3 M re B, [1 M re A, 1 M re B] 3×, 2 M re B, 2 M re A.
Reihe 10: [1 M li A, 2 M li B] 2×, 3 M li A, [2 M li B, 1 M li A] 2×.
Reihe 11: 7 M re B, 1 M re A, 7 M re B.
Reihe 12: 4 M li A, 1 M li B, 1 M li A, 3 M li B, 1 M li A, 1 M li B, 4 M li A.
Reihe 13: 4 M re A, 3 M re B, 1 M re A, 3 M re B, 4 M re A.
Reihe 14: 4 M li A, 2 M li B, 3 M li A, 2 M li B, 4 M li A.
Reihe 15: 4 M re A, 1 M re B, 5 M re A, 1 M re B, 4 M re A.

Die Textanleitung sieht kompliziert aus und verrät nicht, wie das Motiv aussehen wird. Das Zählmuster ist anschaulicher und Sie sehen schnell, wenn Ihnen ein Fehler unterlaufen ist: Dann sieht Ihre Arbeit anders aus als das abgebildete Motiv.

STRICKSCHRIFTEN

Maschen oder Maschengruppen werden durch Symbole dargestellt. Designer und Verlage verwenden leider keine einheitlichen Symbole. Schauen Sie sich darum die Legende zu jeder neuen Strickschrift genau an, bevor Sie das Modell beginnen.

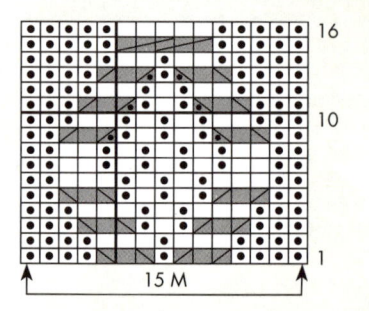

- • 1 M li in Hin-R, 1 M re in Rück-R
- ☐ 1 M re in Hin-R, 1 M li in Rück-R
- Z3H: nächste Masche auf eine Zopf-Nd nehmen und hinter die Arbeit legen, 2 M re, 1 M re von der Zopf-Nd
- Z3V: nächste 2 Maschen auf eine Zopf-Nd nehmen und vor die Arbeit legen, 1 M re, 2 M re von der Zopf-Nd
- Z3L: nächste 2 Maschen auf eine Zopf-Nd nehmen und vor die Arbeit legen, 1 M li, 2 M re von der Zopf-Nd
- Z3R: nächste Masche auf eine Zopf-Nd nehmen und hinter die Arbeit legen, 2 M re, 1 M li von der Zopf-Nd
- Z5R: nächste 3 Maschen auf eine Zopf-Nd nehmen und hinter die Arbeit legen, 2 M re, 3 M re von der Zopf-Nd

Je nach Art der Symbole und des Musters können Strickschriften kompliziert aussehen, die Anmutung des Musters ist aber meist gut zu erkennen. Manchmal werden die Anweisungen alternativ oder zusätzlich in Textform gegeben, sodass Sie die Wahl haben.
In Textform würde die Strickschrift für einen rautenförmigen Zopf mit Perlmusterfüllung und kraus links gestricktem Grund so aussehen:

Reihe 1 (Hin-R): 4 M li, Z3H, 1 M li, Z3V, 4 M li.
Reihe 2: 4 M re, 3 M li, 1 M re, 3 M li, 4 M re.
Reihe 3: 3 M li, Z3H, 1 M li, 1 M re, 1 M li, Z3V, 3 M li.
Reihe 4: 3 M re, 3 M li, [1 M re, 1 M li] 2×, 2 M li, 3 M re.
Reihe 5: 2 M li, Z3H, [1 M li, 1 M re] 2×, 1 M li, Z3V, 2 M li.
Reihe 6: 2 M re, 3 M li, [1 M re, 1 M li] 3×, 2 M li, 2 M re.
Reihe 7: 2 M li, 2 M re, [1 M li, 1 M re] 4×, 1 M re, 2 M li.
Reihe 8: 2 M re, 2 M li, [1 M re, 1 M li] 4×, 1 M li, 2 M re.
Reihe 9: 2 M li, Z3L, [1 M li, 1 M re] 2×, 1 M li, Z3R, 2 M li.

Reihe 10: 3 M re, 2 M li, [1 M re, 1 M li] 3×, 1 M li, 3 M re.
Reihe 11: 3 M li, Z3L, 1 M li, 1 M re, 1 M li, Z3R, 3 M li.
Reihe 12: 4 M re, 2 M li, [1 M re, 1 M li] 2×, 1 M li, 4 M re.
Reihe 13: 4 M li, Z3L, 1 M li, Z3R, 4 M li.
Reihe 14: 5 M re, [2 M li, 1 M re] 2×, 4 M re.
Reihe 15: 4 M li, Z5R, 5 M li.
Reihe 16: 5 M re, 5 M li, 5 M re.

MUSTERSÄTZE

Wenn ein Muster innerhalb einer Reihe mehrmals wiederholt wird, ist es im Zählmuster oft nur einmal dargestellt. Zusätzlich sind aber die Maschen am Anfang und Ende der Reihe abgebildet. Normalerweise sind die ersten und letzten Reihen vom Muster ausgenommen, sodass die Muster beim Zusammennähen nicht teilweise in der Naht verschwinden (siehe S. 220–225).
Diese Darstellungsweise ist normalerweise sehr anschaulich und einfach nachzuarbeiten.

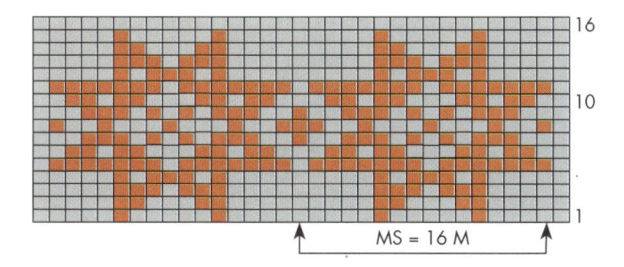

MS = 16 M

Dieses Zählmuster zeigt die erste Randmasche, dann den Mustersatz (MS, oder Rapport) mit 16 Maschen, danach die 15 Maschen für den letzten Mustersatz der Reihe und zuletzt die Randmasche am Ende.
In der Anleitung ist angegeben, wie viele Reihen vor Beginn des Zählmusters zu stricken sind, wie oft es in der Höhe wiederholt wird und wie danach fortzufahren ist. Hat Ihr Werkstück eine Breite von 97 Maschen, stricken Sie eine Randmasche, dann fünfmal den Mustersatz mit 16 Maschen, einmal den letzten Mustersatz mit 15 Maschen und danach die letzte Randmasche.
Das Motiv hat eine Höhe von 16 Reihen. Soll es über 64 Reihen gearbeitet werden, müssen Sie es viermal wiederholen.

In Textform würde dieses Muster mit vier einfarbigen Reihen vorher und fünf einfarbigen Reihen danach folgendermaßen aussehen:
Reihe 1 (Hin-R): Re M A str.
Reihe 2: Li M A str.
Reihe 1–2 noch 1× wdh.
Reihe 5: Mit Zählmuster Reihe 1 beginnen: 1 M re A, *4 M re A, 1 M re B, 5 M re A, 1 M re B, 5 M re A; ab * noch 5× wdh.
Alle 16 Reihen des Zählmusters stricken. ZM noch 3× wdh.
Reihe 69: Re M A str.
Reihe 70: Li M A str.
Reihe 69–70 noch 1× wdh, dann Reihe 69 noch 1× wdh.
Abketten.

Die Anleitung ist relativ einfach nachzuvollziehen und es ist leicht, den Überblick zu behalten, weil das Muster, das beim Stricken entsteht, mit dem Zählmuster jederzeit verglichen werden kann.

Zählmuster und Strickschriften

MASCHENPROBE

Vor lauter Lust, ein Modell in Arbeit zu nehmen, ist man allzu leicht versucht, auf die Maschenprobe zu verzichten. Aber selbst wenn exakt nach Anleitung gestrickt wurde, besteht dann die Gefahr, dass das fertige Modell nach dem Zusammennähen zu groß oder zu klein ist. Ersparen Sie sich solche Enttäuschungen. Eine kleine Maschenprobe ist doch schnell gestrickt. Viel länger dauert es, ein misslungenes Modell aufzuribbeln und noch einmal ganz von vorn zu beginnen. Außerdem ist das ein Motivationskiller.

Zu Beginn jeder Strickanleitung finden sich Angaben zur Maschenprobe, die beispielsweise so lauten können: »22 M und 28 R glatt re mit Nd-Stärke 4 = 10×10 cm«. Das heißt, dass beim waagerechten Messen auf dem Strick 22 Maschen 10 cm entsprechen, beim senkrechten Messen kommen auf 10 cm 28 Reihen. Der Sinn einer Maschenprobe besteht darin, dass die Anzahl der Maschen und Reihen den vorgesehenen Abmessungen des Teils entspricht.
Auch auf der Garnbanderole (siehe S. 19) finden Sie Angaben zur Maschenprobe. Diese stammen vom Garnhersteller und können sich von denen des Designers, von denen Ihre Anleitung stammt, und natürlich von jedem Stricker unterscheiden. Orientieren Sie sich darum immer an den Angaben, die Sie in Ihrer Anleitung finden, und vergleichen sie mit Ihrer persönlichen Maschenprobe.

EINE MASCHENPROBE STRICKEN

Schlagen Sie mit den Nadeln und dem Garn, die in der Anleitung angegeben sind, mindestens 10 Maschen mehr an, als für die Maschenprobe gemessen werden sollen. Wenn 22 Maschen 10 cm ergeben sollen, schlagen Sie also mindestens 32 Maschen an. Stricken Sie im vorgegebenen Muster mindestens 10 Reihen mehr als benötigt. Danach locker abketten. Das Probestück auf einer Arbeitsfläche glatt streichen, aber nicht dehnen. Am besten ein Weilchen liegen lassen, damit es sich »entspannt«. Zum Messen brauchen Sie zwei Stecknadeln und ein Lineal – bitte kein Maßband, denn es liegt auf dem Strick eventuell nicht ganz glatt.

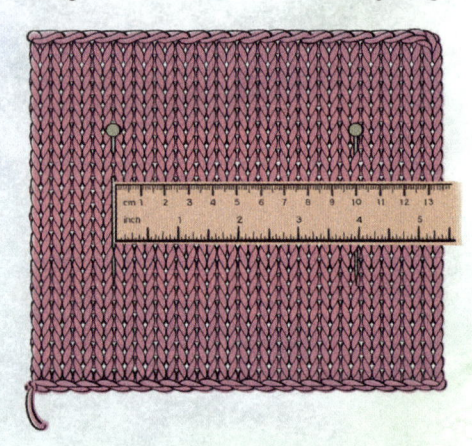

Zum Ermitteln der Maschen das Lineal waagerecht auf das Probestück legen, das Ende mit etwas Abstand zur Strickkante. Eine Nadel bei der 0-Markierung in den Strick stechen, eine zweite bei der 10-cm-Markierung. Dann die Maschen zwischen den Nadeln zählen.

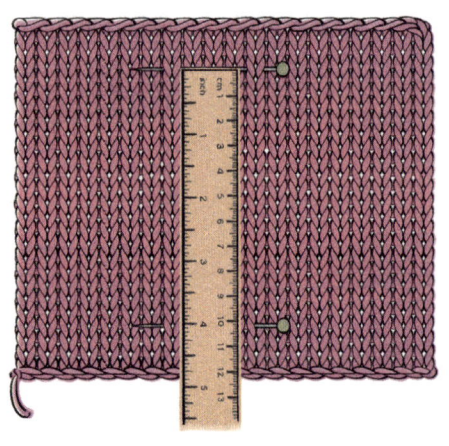

Zum Ermitteln der Reihen das Lineal senkrecht legen, das Ende wieder mit etwas Abstand zur Strickkante. Eine Nadel bei der 0-Markierung in den Strick stechen, eine zweite bei der 10-cm-Markierung. Dann die Reihen zwischen den Nadeln zählen.

DIE MASCHENPROBE ANPASSEN

Manche Menschen stricken sehr fest, andere sehr locker. Beeinflusst wird dies auch durch die Art, wie der Arbeitsfaden um die Finger geführt wird (siehe S. 30), durch das Garn und sogar das Material der Stricknadeln. Bei Anfängern dauert es meist ein Weilchen, bis sich die individuelle Festigkeit herauskristallisiert, und sie kann sich verändern, wenn man eine andere Art der Fadenführung lernt.

Die drei abgebildeten Probestücke (links) wurden aus Garn derselben Marke und Stärke gestrickt, mit derselben Nadelstärke und mit der gleichen Maschen- und Reihenzahl – aber von drei verschiedenen Personen, die jeweils unterschiedlich fest stricken. Die Größenunterschiede sind deutlich zu erkennen!

Wenn Sie eine Maschenprobe gestrickt haben, deren Maschen- und/oder Reihenzahl nicht mit den Vorgaben der Anleitung übereinstimmt, müssen Sie eine Anpassung vornehmen. Eine Fadenspannung, die nicht Ihrer Gewohnheit entspricht, werden Sie nicht durchhalten können. Dabei riskieren Sie nur, dass das Maschenbild ungleichmäßig wird.

Verwenden Sie stattdessen eine andere Nadelstärke. Als Faustregel kann man annehmen, dass eine viertel bis halbe Nadelstärke die Maschenprobe in der Breite um eine Masche verändert. Wenn Sie also 22 Maschen benötigen, mit Nadelstärke 4 aber 23 Maschen erreicht haben, ist die Garnspannung zu hoch. Versuchen Sie es noch einmal mit Nadelstärke 4,5. Haben Sie nur 19 Maschen auf 10 cm erreicht, stricken Sie ein zweites Probestück mit Nadelstärke 3,75.

Wenn die Maschenzahl stimmt, aber die Höhe um eine Reihe zu gering ist, verringern Sie die Reihenzahl im Modell. Haben Sie statt 28 vorgegebenen Reihen 29 erreicht, stricken Sie jeweils für 28 Reihen der Anleitung nur 27 Reihen. Das ist allerdings kompliziert, wenn Sie mit einer Strickschrift arbeiten oder wenn viele Ab- oder Zunahmen zu beachten sind. Bei den meisten Modellen werden Höhen aber oft nur in Zentimetern und nicht in Reihen angegeben, sodass es dem fertigen Modell nicht anzusehen ist, wenn Ihre Maschenprobe um eine Reihe von der Vorgabe abweicht.

Wenn die Anleitung 22 Maschen auf 10 cm vorgibt, die Zählung aber 23 ergibt, ist die Versuchung groß, diesen kleinen Unterschied zu ignorieren. Sind aber beispielsweise für den Rand einer Mütze 110 Maschen anzuschlagen, um eine Breite von 50 cm zu erhalten, wird der Rand bei 23 Maschen auf 10 cm nur knapp 48 cm weit und sitzt unbequem eng. Ergibt Ihre Zählung 21 Maschen, wird der Mützenrand etwas über 52 cm weit und rutscht Ihnen über die Augen. Soll die Mütze optimal sitzen, spielt der Unterschied von 2 cm also durchaus eine Rolle.

Handelt es sich bei dem Modell um einen figurbetont sitzenden Pullover, summieren sich bei nur einer Masche Differenz in der Maschenprobe die Abweichungen von Vorder- und Rückenteil und der Pullover wird insgesamt 4 cm zu eng oder zu weit.

Hinzu kommt, dass die Maschenprobe im Zusammenhang mit dem Garnverbrauch steht. Wenn Sie ein Modell zu groß stricken, werden Sie mehr Garn brauchen, als für die Anleitung berechnet wurde.

Für Taschen, Spielzeug und manche anderen Projekte ist eine Maschenprobe nicht unbedingt nötig. Trotzdem kann es sinnvoll sein, ein Probestück zu stricken, um zu beurteilen, wie das Garn im Strick wirkt. Wenn Sie beispielsweise sehr locker stricken, kann bei einem Teddybären die Wattierung zwischen den Maschen zu sehen sein oder schlimmstenfalls hervorquellen.

Maschenprobe

GARN ERSETZEN

In Strickanleitungen sind Marke und Name des verwendeten Garns sowie Anzahl der nötigen Knäuel fast immer genau angegeben. Wenn Sie das angegebene Garn aber nicht vertragen oder wenn die Anleitung älter und das Garn darum nicht mehr im Handel oder online erhältlich ist, können Sie es durch ein ähnliches ersetzen. Dabei sind allerdings einige Grundregeln zu beachten.

Machen Sie sich bewusst, dass der Designer des Modells das vorgegebene Garn aus gutem Grund ausgewählt hat. Mit einem anderen Garn wirkt das Modell möglicherweise ganz anders. Ein Strukturmuster, das in glattem Baumwollgarn gut zum Ausdruck kommt, würde beispielsweise in flauschigem Wollgarn kaum zu erkennen sein. Ein Tuch aus einer Seide-Alpaka-Mischung schmiegt sich schön weich an, könnte aus einem Synthetikgarn aber unangenehm steif über der Schulter liegen.

Das neue Garn muss auf jeden Fall die gleiche Stärke haben wie das vorgegebene, bzw. die Maschenprobe muss identisch ausfallen. Verwenden Sie ein deutlich dünneres Garn, wird auch das fertige Modell deutlich kleiner ausfallen. Um das zu vermeiden, müssten Sie viele Änderungen vornehmen, und das wiederum erfordert eine Menge Erfahrung.

Wenn das vorgegebene Garn nicht in Ihrer Lieblingsfarbe erhältlich ist oder wenn Sie das Originalgarn wegen seiner Faserzusammensetzung nicht vertragen, können Sie es austauschen. Kaufen Sie in diesem Fall zunächst nur ein Knäuel und stricken Sie eine Maschenprobe (siehe S. 68), denn selbst bei gleicher Stärke und Faserzusammensetzung können sich Abweichungen zum Originalgarn ergeben. Wenn die Angaben des Herstellers auf der Banderole (siehe S. 19) um nicht mehr als eine Masche von den Angaben in Ihrer Anleitung abweichen, lässt sich diese Differenz normalerweise durch eine andere Nadelstärke ausgleichen (siehe S. 69).

Wenn Sie Garn austauschen, müssen Sie die Anzahl der benötigten Knäuel neu berechnen, denn der Garnverbrauch wird nicht anhand des Gewichts kalkuliert, sondern anhand der Lauflänge – also der Meter pro Knäuel. Diese Berechnung ist zum Glück recht einfach.

Zuerst müssen Sie die Lauflänge des Originalgarns mit der angegebenen Anzahl von Knäueln multiplizieren, um die Gesamtlänge für das Modell zu ermitteln.

Dann dividieren Sie die Gesamtlänge durch die Lauflänge eines Knäuels Ihres Austauschgarns, um zu berechnen, wie viele Knäuel Sie kaufen müssen.

Rechenbeispiel

Das Originalgarn hat eine Lauflänge von 117 Metern pro Knäuel und es werden 16 Knäuel benötigt.
117×16 = 1872 Meter Gesamtlänge für das Modell

Ihr Austauschgarn hat eine Lauflänge von 103 Metern pro Knäuel.
1872 ÷ 103 = 18,17

Sie müssen also 19 Knäuel kaufen. Wichtig ist, immer auf die nächste ganze Zahl aufzurunden, und es kann auch nicht schaden, ein zusätzliches Knäuel als Reserve zu kaufen – für alle Fälle. Viele Geschäfte nehmen Knäuel mit Banderole auch wieder zurück. Fragen Sie danach.

NEUES GARN ANSETZEN

Wenn Sie ein neues Knäuel ansetzen müssen, tun Sie dies immer am Rand. Ein Ansatz mitten in der Reihe fällt auf und könnte den Gesamteindruck des Modells abwerten. Beim Ansatz am Rand können Sie die Fäden in der Nahtzugabe vernähen oder sogar zum Zusammennähen verwenden. Wird eine Kante angesetzt, beispielsweise eine Knopfleiste an einer Jacke, müssen die Fäden besonders sorgfältig vernäht werden.

Ob Sie Garn in derselben oder einer anderen Farbe ansetzen oder stillgelegte Maschen wieder in Arbeit nehmen: Die Vorgehensweise ist immer gleich. Beim Ansetzen von Garn in derselben Farbe sollten Sie aber rechtzeitig ermitteln, wie viele vollständige Reihen mit dem restlichen Knäuel noch gestrickt werden können, bevor Sie ein neues Knäuel beginnen müssen.

Wenn Sie glatt rechts, kraus rechts oder kraus links stricken, nehmen Sie alle Maschen auf eine Stricknadel und breiten das Teil flach aus. Legen Sie das restliche Garn locker hin und her. Um eine Reihe zu stricken, brauchen Sie Garn in etwa der dreifachen Reihenlänge.
Ist das Teil zu breit, um es flach hinzulegen, messen Sie seine Breite und die Länge des restlichen Garns.

Bei anderen Mustern lässt sich der Verbrauch nicht anhand der Breite ermitteln. Falten Sie dann das restliche Garn in der Hälfte und binden Sie in der Mitte einen lockeren Überhandknoten. Nun die nächste Reihe stricken. Wenn Sie dabei *nicht* den Knoten erreichen, reicht das Garn noch für eine weitere Reihe.

1. Zum Ansetzen das neue Garn mit einem einfachen Knoten ans Ende des alten binden.

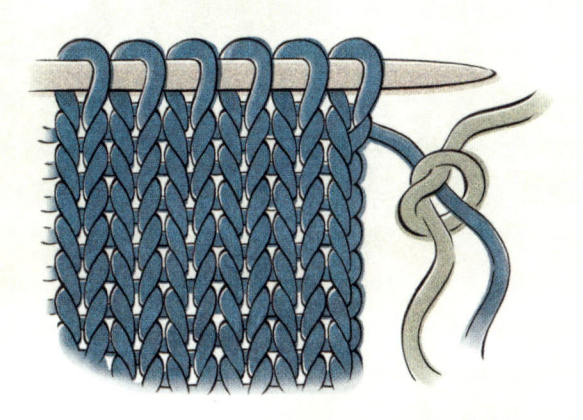

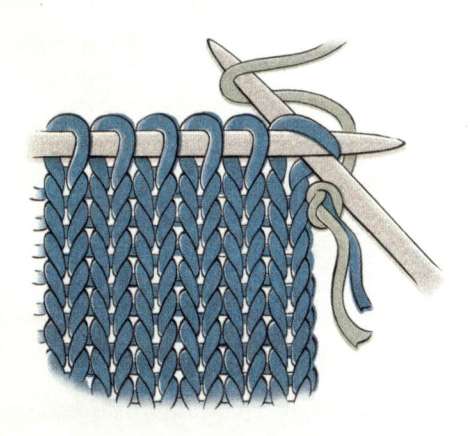

2. Den Knoten bis an die Randmasche schieben, dann mit dem neuen Garn die nächste Reihe beginnen. Wenn das Teil fertig gestrickt ist, können Sie den Knoten bei Bedarf lösen und die Fäden vernähen (siehe S. 229).

Garn ersetzen und ansetzen

MASCHEN UND REIHEN ZÄHLEN

Für die Maschenprobe werden die Maschen und Reihen auf 10 cm gezählt. Das kann mitten auf der Fläche der Probestücks erledigt werden. Später ist es aber eventuell nötig, die Maschen und Reihen ab Anschlagkante zu zählen, beispielsweise wenn Sie die Orientierung im Muster verloren haben. Glatt rechts ist einfach zu zählen, bei kraus rechts und Perlmuster wird es schon etwas schwieriger.

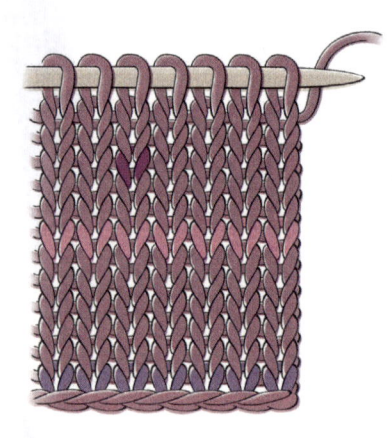

GLATT RECHTS

Ein häufiger Fehler besteht darin, die Anschlagreihe mitzuzählen. Dadurch ergibt sich eine Reihe mehr als korrekt wäre. Mitgezählt werden muss aber die Reihe, die auf der Nadel liegt. In der Abbildung ist die Anschlagreihe violett. Zählt man ab der ersten gestrickten Reihe, die über der Anschlagreihe liegt, ergeben sich zwölf Reihen. Eine einzelne Reihe, hier hellrosa, besteht aus sieben sichtbaren Maschen. Eine einzelne Masche ist lila eingefärbt. Wird kraus links (siehe S. 60) gestrickt, ist es am einfachsten, die Maschen auf der Rückseite zu zählen, denn dort ist das Maschenbild ja glatt rechts.

KRAUS RECHTS

Auch in diesem Fall wird die Anschlagreihe, die wieder violett eingefärbt ist, nicht mitgezählt. Jede Querrippe, hier einmal hellrosa, steht für zwei Reihen. Hier sind vier Querrippen zu sehen, also wurden acht Reihen gestrickt. Weil ausschließlich rechte Maschen gestrickt werden, sehen die Maschen von Hin- und Rückreihen verschieden aus. Aus diesem Grund sind in der Abbildung zwei einzelne Maschen exemplarisch lila gefärbt.

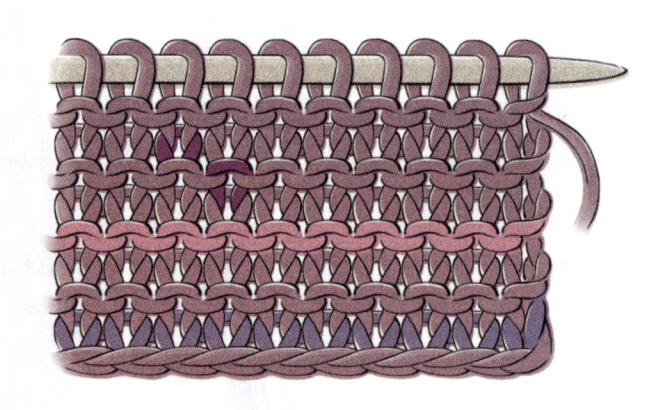

ANDERE MUSTER

Bei komplizierteren Mustern ist es ratsam, in regelmäßigen Abständen Maschenmarkierer anzubringen (siehe rechte Seite), um sich das Zählen zu erleichtern. Beim Perlmuster (links) und anderen einfachen Mustern kann man sich an klar erkennbaren Elementen orientieren. Jeder hellrosa Buckel ist der obere Teil einer einzelnen Masche, also kann man im Zickzack von unten nach oben die Reihen zählen. Wie immer wird die Anschlagreihe ausgelassen. Hier sind acht Reihen zu sehen: sieben Buckel und die Maschenreihe auf der Nadel. Beim Perlmuster werden abwechselnd rechte und linke Maschen gestrickt. Je eine ist hier lila gefärbt.

MARKIERUNGEN ANBRINGEN

Maschenmarkierer erleichtern es, bei komplexeren Mustern sowie Zu- oder Abnahmen den Überblick zu behalten. Vor allem bei Lace- und Aranmustern, bei denen die Reihen schwierig zu zählen sind, tun sie gute Dienste. Zum Markieren einer Masche genügt ein kontrastfarbiger Faden. Er wird locker verknotet, damit er sich später leicht entfernen lässt.

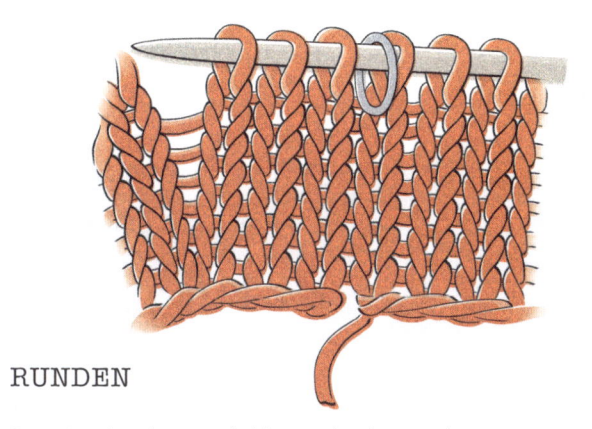

RUNDEN

Beim Rundstricken empfiehlt es sich, den Rundenbeginn mit einem Maschenmarkierer zu kennzeichnen. Es gibt sie in verschiedenen Ausführungen (siehe S. 23). Abgebildet ist ein einfacher Metallring, der sich beim Rundenwechsel leicht von einer Stricknadel auf die andere schieben lässt.

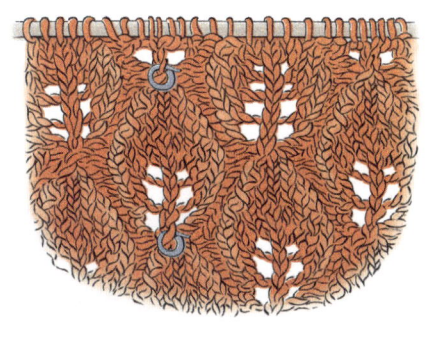

REIHEN UND MUSTERSÄTZE

Auch in komplizierten Mustern, in denen die Reihen schwierig zu zählen sind, können Markierer hilfreich sein. Hier sind kleine Plastikringe abgebildet, die in eine Masche eingehängt werden. Bringen Sie jeweils einen in einer Masche der ersten Reihe Ihres Mustersatzes an (siehe Abbildung) oder in jeder zehnten oder zwanzigsten Reihe, je nach Muster und Bedarf.

RETTUNGSFADEN

Es gibt zwei Gründe, einen Rettungsfaden einzuziehen: Entweder, Sie haben einen Fehler gemacht und müssen ein Stück aufribbeln. Oder das Muster ist sehr kompliziert und Sie rechnen bereits damit, einen Fehler zu machen.

Wenn Sie wegen eines Fehlers mehrere Reihen aufribbeln müssen (siehe S. 300), können Sie vorher einen Rettungsfaden einziehen, damit sich die Maschen später leicht wieder aufnehmen lassen. Fädeln Sie einen kontrastfarbigen Faden, der länger als eine Reihe ist, in eine Sticknadel ohne Spitze ein. Die Nadel unter dem rechten Glied jeder Masche der Reihe durchschieben, dabei nicht das Strickgarn durchstechen. Wenn Sie nun aufribbeln, sichert der Faden alle Maschen dieser Reihe und Sie können sie leicht wieder auf eine Stricknadel nehmen, um ab hier neu zu stricken.

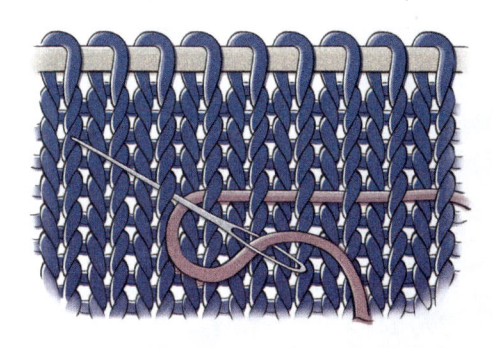

Wenn Sie einen komplizierten Abschnitt beginnen, können Sie auch *vorsorglich* einen Faden einziehen. Er muss länger sein als die Reihe und wird mit einer Stricknadel ohne Spitze einfach durch die Maschen auf der Nadel gefädelt. Gerade bei Lacemustern, deren Maschen sich nach dem Aufribbeln nur schwer fehlerlos wieder aufnehmen lassen, ist es sinnvoll, in regelmäßigen Abständen solche Sicherheitsfäden einzuziehen.

MASCHEN AUFNEHMEN

Zum Anstricken von Halsabschlüssen, Knopfleisten oder Ärmeln, die von der Schulter abwärts gearbeitet werden, müssen an der Kante eines gestrickten Teils Maschen aufgenommen werden. Dabei arbeitet man auf der rechten Seite des bereits fertigen Teils von rechts nach links.

MIT EINER STRICKNADEL

1. Hier wird die Technik an der Abkettkante gezeigt, das Prinzip ist aber an allen Kanten gleich (siehe auch S. 76). Auf der rechten Seite der Arbeit, dort, wo eine Masche aufgenommen werden soll, mit einer Stricknadel von vorn nach hinten einstechen. Den Faden um die Nadelspitze legen.

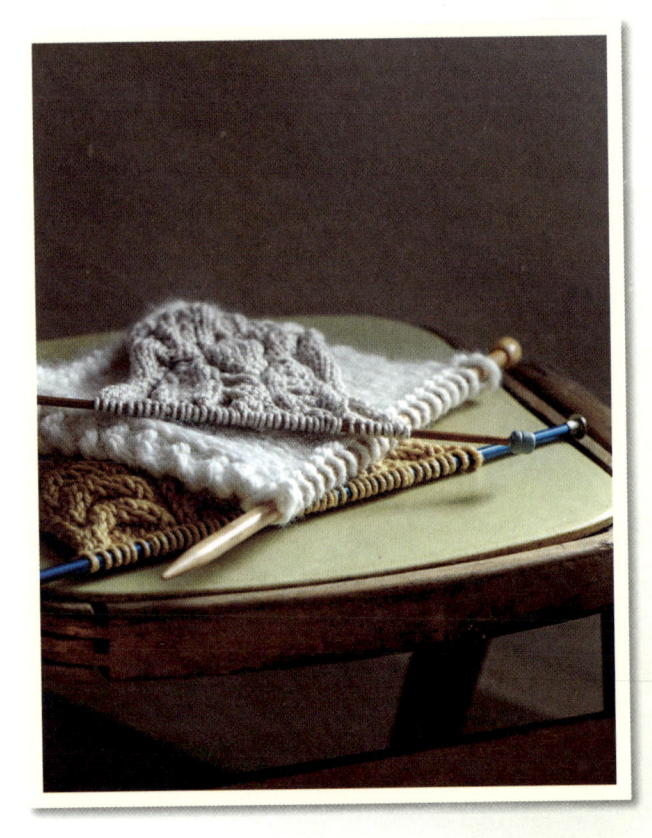

2. Die Schlaufe durchholen: Auf der Nadel liegt eine neue Masche. Da Sie am rechten Ende der Kante mit dem Aufnehmen beginnen, ist die erste Reihe des angestrickten Bereichs eine Rückreihe.

3. Entlang der Kante die gewünschte Zahl von Maschen ebenso aufnehmen. Jede Masche sorgfältig auf der Nadel festziehen.

Stricklatein

MIT EINER HÄKELNADEL

Wenn Sie das Aufnehmen mit einer Stricknadel schwierig finden, versuchen Sie es mit einer Häkelnadel.

Das Prinzip ist das gleiche wie beim Aufnehmen mit der Stricknadel, nur werden jetzt die Maschen mit einer Häkelnadel durch die gestrickte Kante gezogen und dann auf eine Stricknadel gelegt. Wenn Sie damit am linken Ende der Kante beginnen, ist die erste Reihe des angestrickten Bereichs eine Hinreihe.

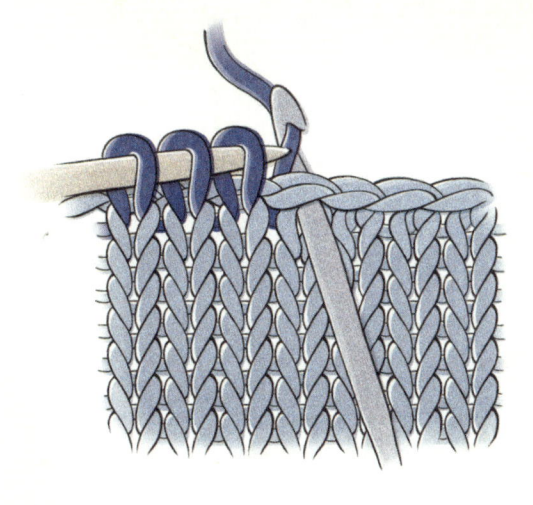

Müssen Maschen nicht an der Kante, sondern auf der Fläche aufgenommen werden (etwa für eine Brusttasche), sollten Sie ebenfalls eine Häkelnadel verwenden. Auf der rechten Seite der Arbeit das Häkchen unter dem oberen Querfaden der ersten Masche durchschieben, den Arbeitsfaden erfassen, eine Masche durchholen und auf eine Stricknadel legen. Die Masche behutsam festziehen. Aus jedem Maschenquerfaden der Reihe eine Masche aufnehmen, bis die gewünschte Anzahl erreicht ist. Dann das lose Garnende links zur Rückseite durchziehen und vernähen (siehe S. 227).

Maschen aufnehmen 75

AUFNEHMEN AN ANSCHLAG- ODER ABKETTKANTE

Rechts wird das Aufnehmen an der Abkettkante gezeigt. An der Anschlagkante gehen Sie ebenso vor. Mit Strick- oder Häkelnadel in die Masche unmittelbar unter der Abkettkante einstechen und eine neue Masche durchholen. So wird aus jeder Masche des fertigen Teils eine neue aufgenommen. Beim Aufnehmen an der Anschlagkante wird mit Strick- oder Häkelnadel in die Maschen der Anschlagreihe eingestochen.

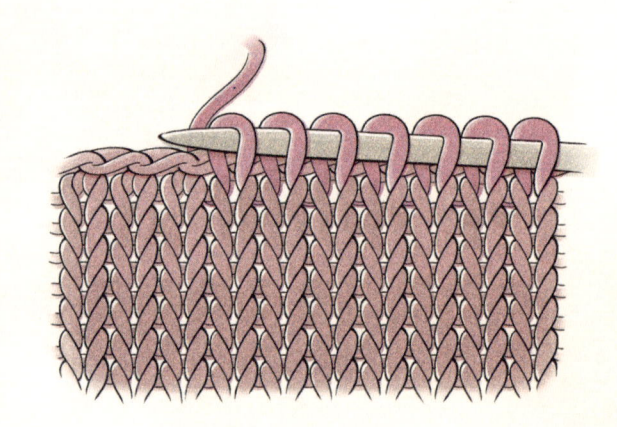

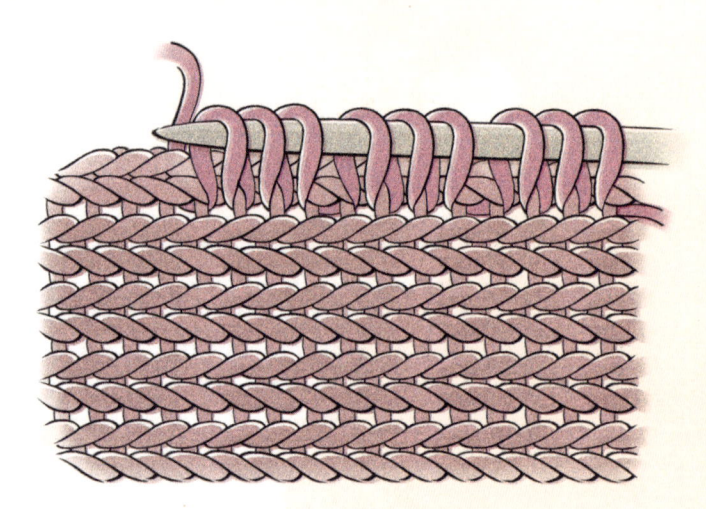

AUFNEHMEN AN DER SEITENKANTE

In diesem Fall ist zu bedenken, dass eine gestrickte Masche breiter als hoch ist. Mit Strick- oder Häkelnadel in den Zwischenraum zwischen Randmasche und erster Masche einstechen und eine Schlaufe durchholen. Dabei darf aber nicht aus *jedem* Reihenende eine Masche aufgenommen werden, sonst wird das angestrickte Stück zu breit, also rüschig. Übergehen Sie nach jeweils drei aufgenommenen Maschen eine Reihe.

AUFNEHMEN AN GERUNDETEN KANTEN

Diese Technik wird eingesetzt, um an einem Halsausschnitt Maschen für das Halsbündchen aufzunehmen.
Mit der Strick- oder Häkelnadel *in* die Maschen der Reihe unter der Abkettkante einstechen – nicht zwischen die Maschen, denn dadurch können Löcher entstehen. Eine Schlaufe durchholen. Beim Übergang zu stillgelegten Maschen in der vorderen oder hinteren Mitte lässt sich ein Loch vermeiden, indem man nur aus den Maschen an den seitlichen Ausschnittpartien einmal rechte Maschen herausstrickt, um sie auf gleiche Höhe mit den Maschen auf dem Maschenraffer zu bringen.

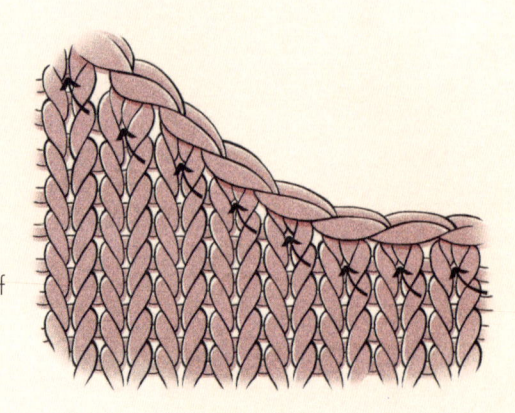

MASCHEN ABHEBEN

Beim Abheben werden Maschen von einer Nadel auf die andere geschoben, ohne sie dabei zu stricken. Normalerweise wird beim Abheben so eingestochen, als wolle man die Masche links stricken. Wenn anders eingestochen werden soll, ist dies in der Anleitung ausdrücklich angegeben. Abgehobene Maschen kommen bei der Formgebung (siehe S. 78–105), bei der Perlenstrickerei (siehe S. 98) und bei Mustern mit Hebemaschen (siehe S. 174–175) zum Einsatz.

RECHTS ABHEBEN

In einer Rechtsreihe mit der rechten Nadel in das rechte Maschenglied der nächsten Masche auf der linken Stricknadel einstechen und die Masche auf die rechte Nadel heben, ohne sie zu stricken.
Auch in einer Linksreihe können Maschen rechts abgehoben werden (siehe S. 174).

LINKS ABHEBEN

In einer Linksreihe mit der rechten Nadel von hinten nach vorn in die nächste Masche auf der linken Stricknadel einstechen und die Masche auf die rechte Nadel heben, ohne sie zu stricken. Auch in einer Rechtsreihe können Maschen links abgehoben werden (siehe S. 174).

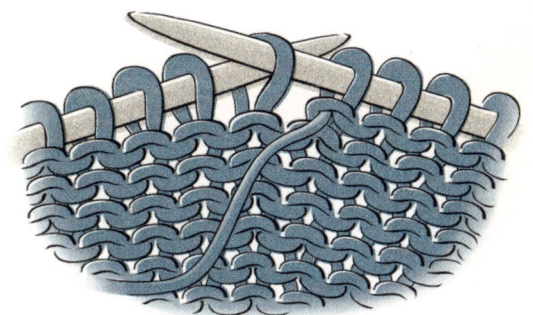

VERSCHRÄNKT STRICKEN

Durch verschränktes Abstricken werden Maschen rotiert. Dadurch kann das Maschenbild interessanter aussehen. Beim Abnehmen (siehe S. 90–97) erhalten Maschen durch verschränktes Abstricken eine leichte Schrägstellung.

RECHTS VERSCHRÄNKT

Soll eine Masche rechts verschränkt gestrickt werden, stechen Sie mit der rechten Nadel von hinten in das linke Maschenglied der nächsten Masche auf der linken Nadel ein. Dann den Faden wie gewohnt durchholen. Zwei Reihen unter der aktuellen Reihe ist schon eine verschränkte Masche zu sehen. Die gekreuzten Fäden im unteren Bereich dieser Masche sind gut zu erkennen.

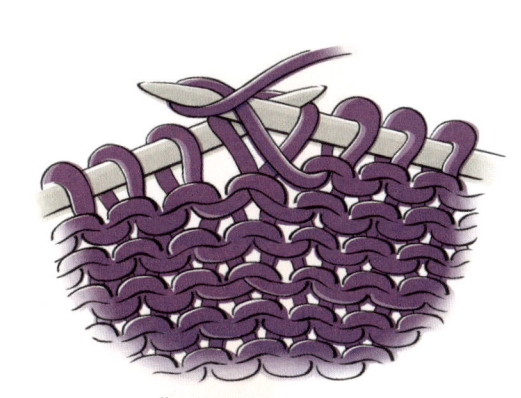

LINKS VERSCHRÄNKT

Mit der rechten Nadel ins linke Maschenglied der nächsten Masche auf der linken Nadel einstechen. Den Faden wie gewohnt durchholen. Zwei Reihen unter der aktuellen Reihe ist bereits eine verschränkte Masche zu sehen. Die gekreuzten Fäden liegen direkt unter dem Buckel der Masche der Vorreihe.

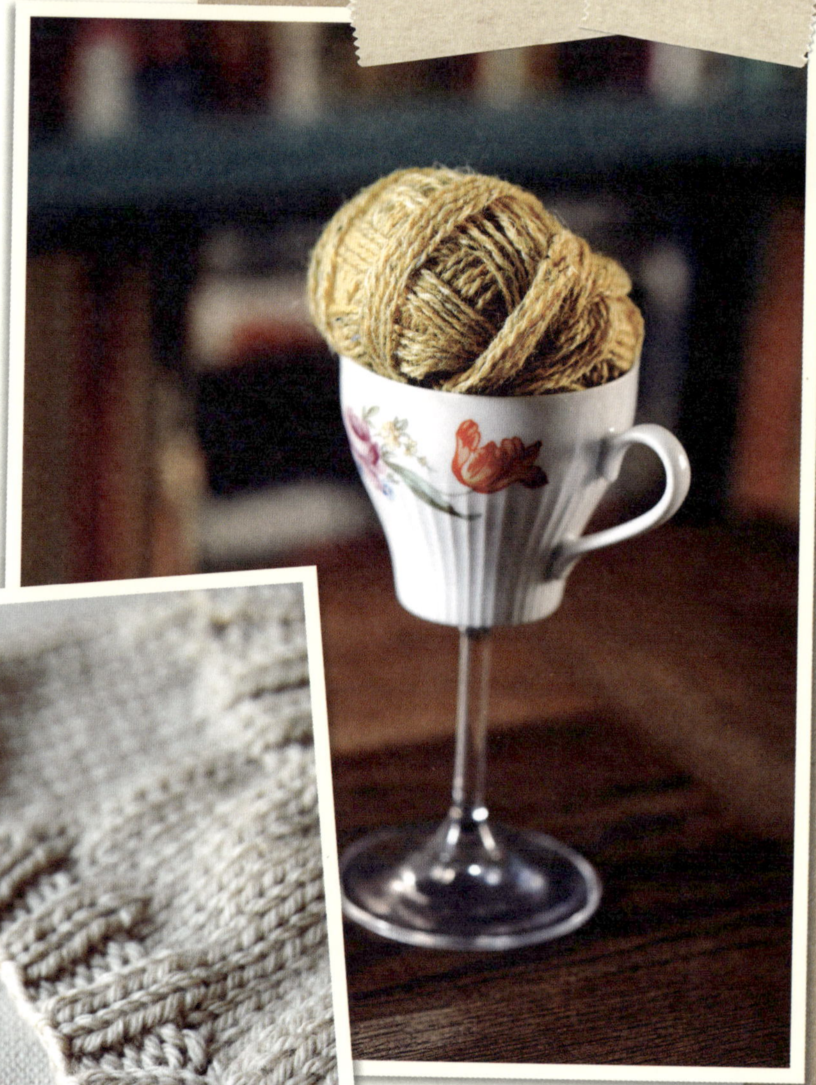

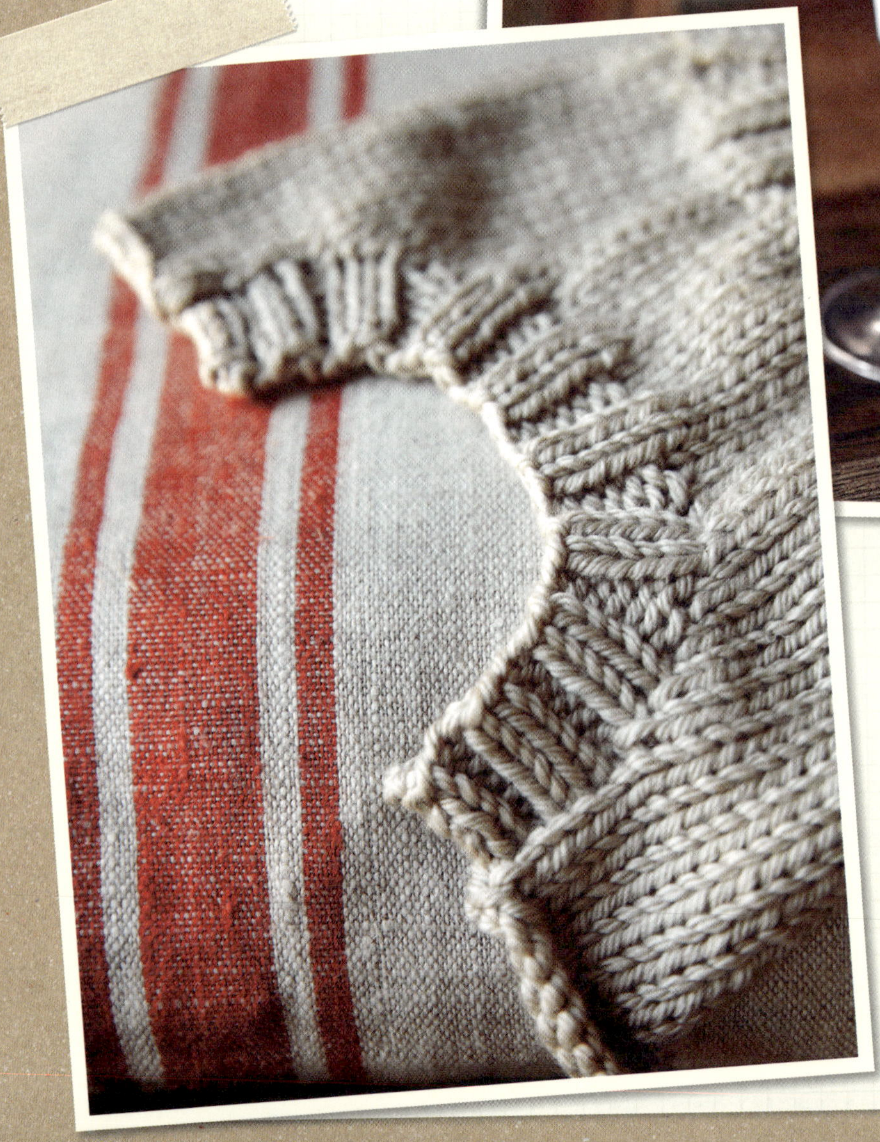

FORMGEBUNG
Damit Teile gestrickter Modelle breiter oder schmaler werden, muss normalerweise die Maschenzahl vergrößert oder verkleinert werden. Es gibt verschiedene Methoden, das zu tun. Manche sind einfach, andere etwas schwieriger. Manche bewirken eine ganz unauffällige Veränderung der Form, bei anderen fällt sie stärker ins Auge und kann als dekoratives Element eingesetzt werden. Für welche Methode Sie sich entscheiden, hängt also vom gewünschten Effekt ab.
Zum Stricken von schalenförmigen Partien, beispielsweise der Ferse einer Socke, wird meist mit verkürzten Reihen gearbeitet. Diese Art der Formgebung sieht so professionell aus, dass sie für besonders schwierig gehalten wird. Tatsächlich ist sie aber recht einfach.

ZUNEHMEN

Durch Zunehmen von Maschen wird ein Werkstück breiter. Sollen die zugenommenen Maschen als dekoratives Detail sichtbar sein, arbeitet man sie in etwas Abstand zur Kante des Werkstücks (siehe S. 97). Die übliche Abkürzung für Zunahmen lautet »zun«.

ZWEI MASCHEN AUS EINER: RECHTS

Auf einem glatt rechts gestrickten Werkstück hat diese Zunahme eine Neigung nach links und am Fuß der neuen Masche ist ein kleiner Querfaden sichtbar. Meist entsteht bei dieser Methode auch ein kleines Loch, darum arbeitet man solche Zunahmen am besten an Kanten, die später in der Naht verschwinden. Der kleine Querfaden erleichtert andererseits das Zählen von Reihen. In kraus rechts gestrickten Werkstücken fällt er weniger auf.

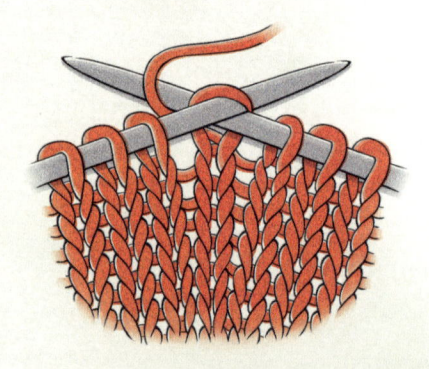

1. Wie zum Rechtsstricken in die nächste Masche auf der linken Nadel einstechen und den Faden durchholen (siehe S. 44), die Masche aber nicht von der linken Nadel gleiten lassen.

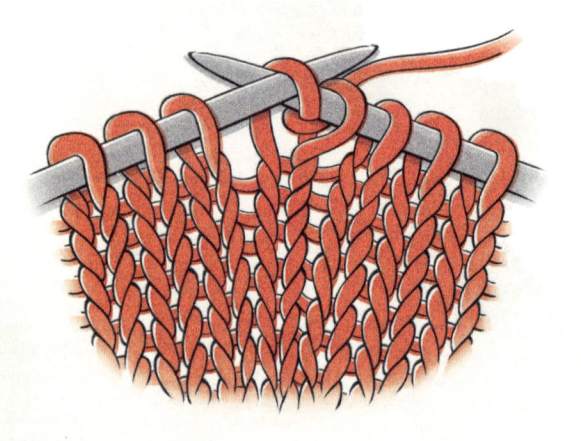

2. Mit der rechten Nadel nochmals in dieselbe Masche einstechen, nun aber von hinten (ins linke Maschenglied), wie um sie verschränkt zu stricken (siehe S. 77).

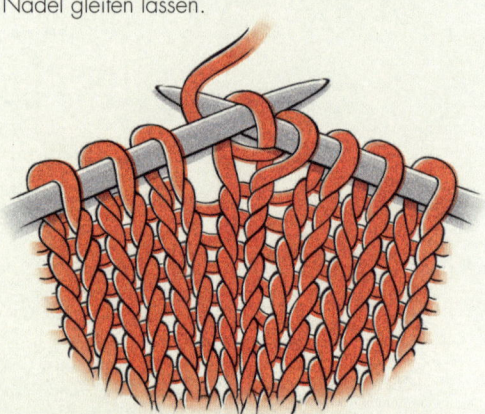

3. Den Faden nochmals durchholen. So werden aus ursprünglich einer Masche zwei Maschen herausgestrick.

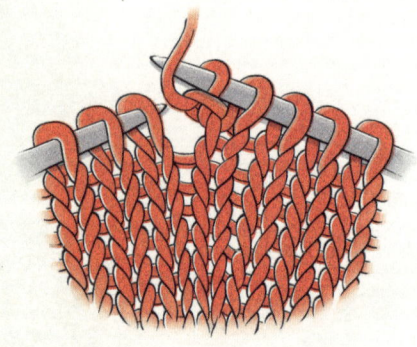

4. Die ursprüngliche Masche von der linken Nadel gleiten lassen. Eine Masche wurde zugenommen.

80 Formgebung

ZWEI MASCHEN AUS EINER: LINKS

Auf kraus links gestricktem Grund hat diese Zunahme eine Neigung nach links. Auch hier ist am Grund der neuen Masche ein kleiner Querfaden zu sehen und ein Loch kann entstehen. Darum empfiehlt sich, diese Art der Zunahme an einer Kante zu arbeiten, die später in der Naht verschwindet.

1. Wie zum Linksstricken in die nächste Masche auf der linken Nadel einstechen und den Faden durchholen (siehe S. 45), die Masche aber nicht von der linken Nadel gleiten lassen.

2. Mit der rechten Nadel nochmals in dieselbe Masche einstechen, nun aber von hinten ins linke Maschenglied, wie um sie verschränkt zu stricken (siehe S. 77). Das ist einfacher, wenn man die rechte Nadel etwas dreht.

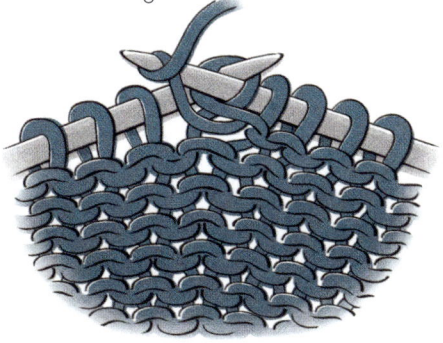

3. Den Faden nochmals durchholen. So werden aus ursprünglich einer Masche zwei Maschen herausgestrickt.

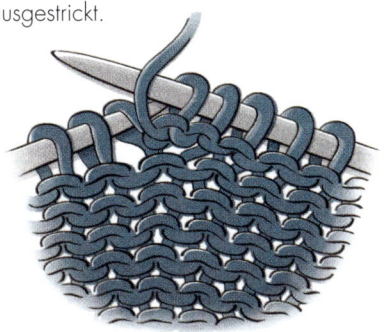

4. Die ursprüngliche Masche von der linken Nadel gleiten lassen. Eine Masche wurde zugenommen.

Zunehmen

RECHTSZUNAHME AUS DEM QUERFADEN

Diese Zunahmen sind recht unauffällig, sodass sie auch mitten in einer Reihe gearbeitet werden können. Um eine neue Masche zu erzeugen, wird der Querfaden zwischen zwei Maschen der vorherigen Reihe hochgezogen. Damit kein Loch entsteht, muss der hochgezogene Querfaden verdreht werden. Auf glatt rechts gestricktem Grund hat die folgende Zunahme eine leichte Neigung nach links.

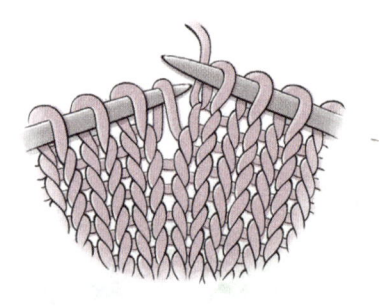

1. Mit der linken Nadelspitze von vorn unter dem Querfaden zwischen den Maschen auf beiden Nadeln einstechen.

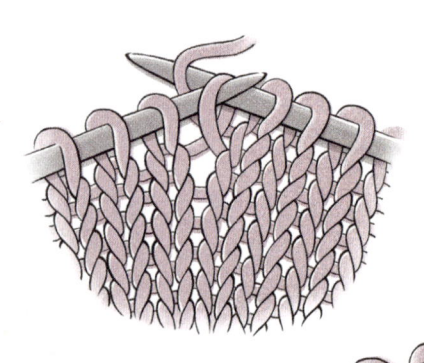

2. Mit der rechten Nadel wie zum Rechtsstricken von hinten in diese neue Schlaufe einstechen.

3. Den Faden durchholen. Dadurch wird die neue Schlaufe verschränkt gestrickt (siehe S. 77). Eine Masche wurde zugenommen.

NEIGUNG NACH RECHTS

Manchmal ist es wünschenswert, dass die zugenommene Masche eine Neigung nach rechts erhält. In diesem Fall wird beim Anheben des Querfadens etwas anders vorgegangen.

1. Mit der linken Nadelspitze von hinten unter dem Querfaden zwischen den Maschen auf beiden Nadeln einstechen.

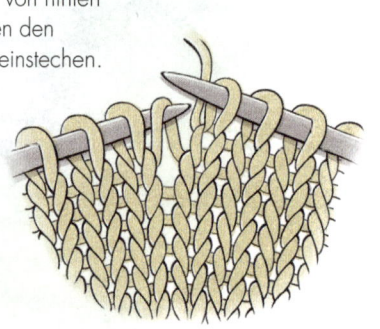

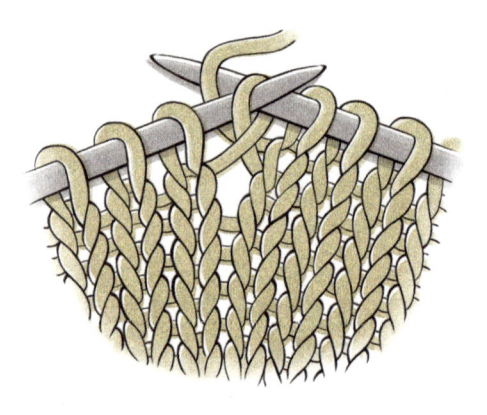

2. Mit der rechten Nadel wie zum Rechtsstricken von vorn in die neue Schlaufe einstechen und diese normal rechts abstricken (siehe S. 44). Eine Masche wurde zugenommen.

LINKSZUNAHME AUS DEM QUERFADEN

Natürlich kann auch in einer Linksreihe aus dem Querfaden zugenommen werden. Wenn Sie diese Technik beherrschen, sind Sie für alle Eventualitäten gewappnet. Die zuerst gezeigte Zunahme hat auf glatt rechts gestricktem Grund eine Neigung nach links und auf der kraus links erscheinenden Rückseite nach rechts. Damit kein Loch entsteht, wird auch hier der hochgezogene Querfaden verdreht.

1. Mit der linken Nadelspitze von vorn unter dem Querfaden zwischen den Maschen auf beiden Nadeln einstechen.

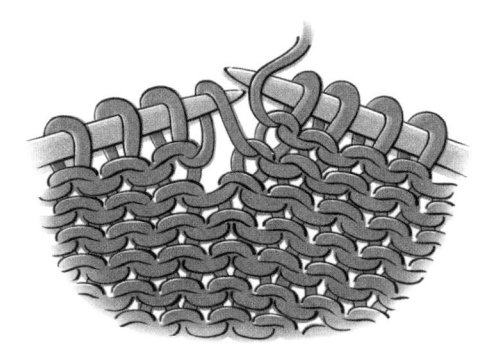

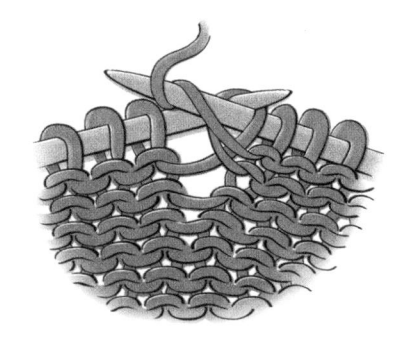

2. Mit der rechten Nadel wie zum Linksstricken von hinten in die neue Schlaufe einstechen.

3. Den Faden durchholen. Dadurch wird die neue Schlaufe verschränkt gestrickt (siehe S. 77). Eine Masche wurde zugenommen.

NEIGUNG NACH RECHTS

Wenn die zugenommene Masche auf der glatt rechten Außenseite eine Neigung nach rechts erhalten soll, wird der Querfaden auf der Rückseite schon beim Anheben gedreht – nicht erst beim Abstricken.

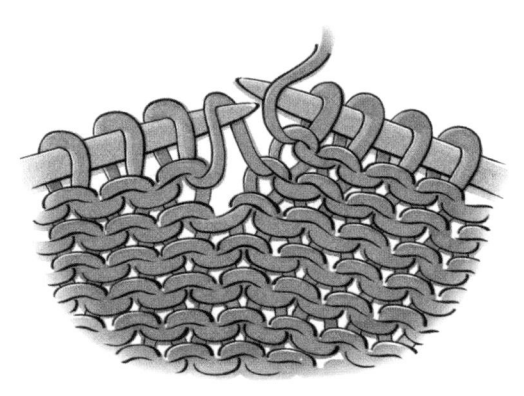

1. Mit der linken Nadelspitze von hinten unter dem Querfaden zwischen den Maschen auf beiden Nadeln einstechen.

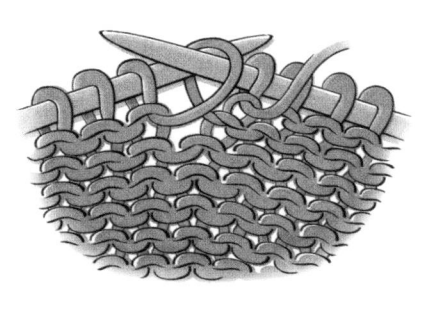

2. Mit der rechten Nadel wie zum Linksstricken von vorn in die neue Schlaufe einstechen und diese normal links abstricken (siehe S. 44). Eine Masche wurde zugenommen.

Zunehmen

LINKS HOCHGEZOGENE ZUNAHME IN EINER RECHTSREIHE

Auch diese Zunahmen fallen kaum ins Auge. Sie sollten aber in Abständen von mindestens zwei bis drei Reihen gearbeitet werden, sonst kann der Strick Wellen oder Beulen bilden. Bei der folgenden Arbeitsweise neigt sich auf glatt rechts gestricktem Grund die zugenommene Masche nach links.

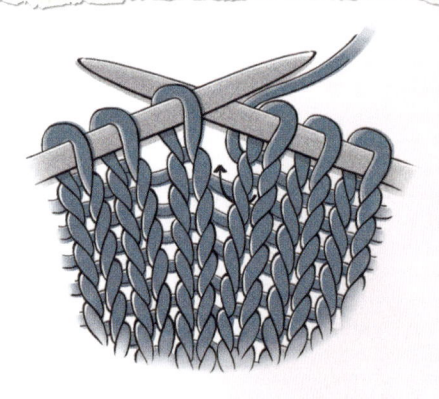

1. Mit der linken Nadel von rechts in die Masche zwei Reihen unter der letzten Masche auf der rechten Nadel einstechen (siehe Pfeil) und hochziehen.

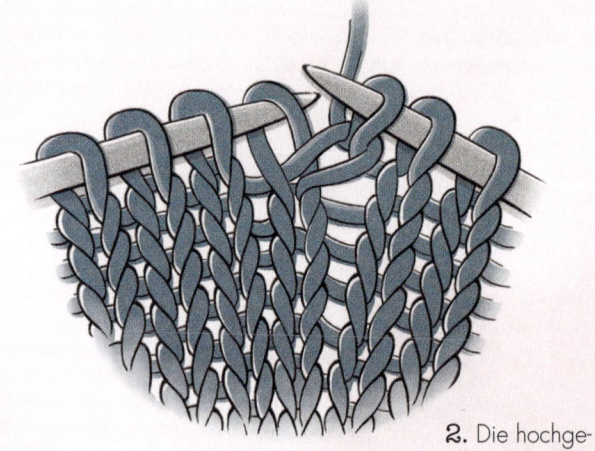

2. Die hochgezogene Masche liegt auf der linke Nadel.

3. Die (hochgezogene) Masche rechts abstricken.

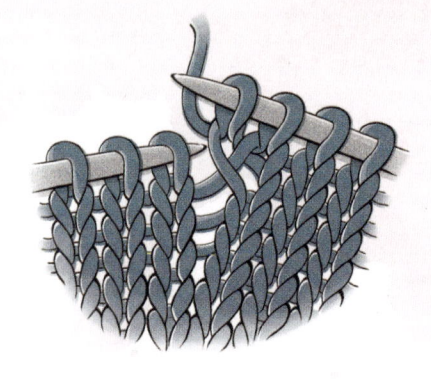

4. Eine Masche wurde zugenommen. Normal weiterstricken.

RECHTS HOCHGEZOGENE ZUNAHME IN EINER RECHTSREIHE

Bei dieser Arbeitsweise hat die neue Masche auf glatt rechts gestricktem Grund eine leichte Neigung nach rechts. Das Vorgehen ist etwas anders als bei der links hochgezogenen Zunahme, aber das Ergebnis ist ähnlich unauffällig.

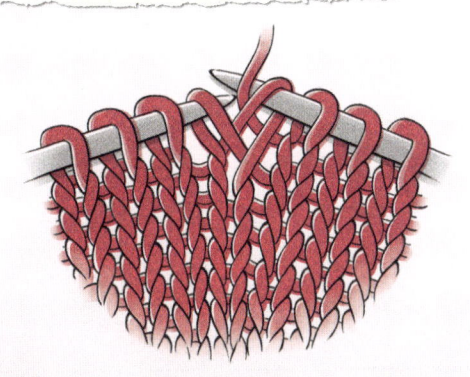

1. Mit der rechten Nadel von vorn in die Masche unter der ersten Masche auf der linken Nadel einstechen und hochziehen.

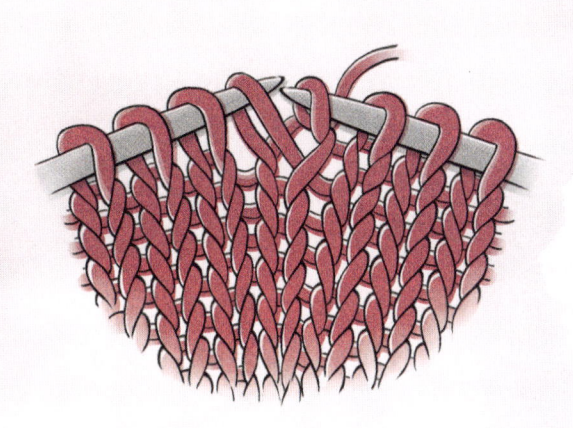

2. Auf die linke Nadel heben und abstricken.

3. Dann in die nächste Masche (also über der hochgezogenen Masche) wie zum Rechtsstricken einstechen.

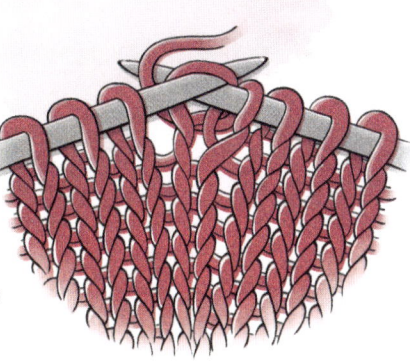

4. Faden durchholen. Eine Masche wurde zugenommen.

Zunehmen

LINKS HOCHGEZOGENE ZUNAHME IN EINER LINKSREIHE

Selbstverständlich können hochgezogene Zunahmen auch in Linksreihen gearbeitet werden. Bei dieser Arbeitsweise erhält die zugenommene Masche auf der kraus linken Seite eine Neigung nach rechts.

1. Mit der rechten Nadel von hinten in die Masche direkt unter der nächsten Masche auf der linken Nadel einstechen.

2. Mit der linken Nadel in diese Masche von vorn einstechen und links abstricken (siehe S. 45). Die nächste Masche auf der linken Stricknadel wie gewohnt links stricken. Eine Masche wurde zugenommen.

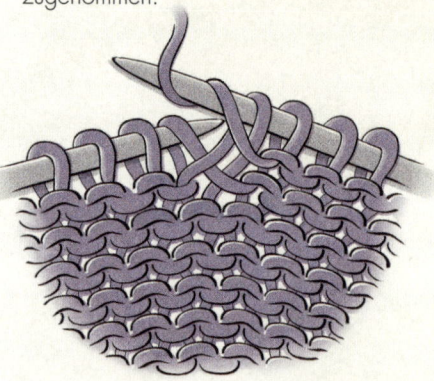

RECHTS HOCHGEZOGENE ZUNAHME IN EINER LINKSREIHE

Soll die zugenommene Masche auf der kraus linken Seite nach links geneigt sein, gehen Sie folgendermaßen vor:

1. Mit der linken Nadel von vorn in die Masche einstechen, die zwei Reihen unter der ersten Masche auf der rechten Nadel liegt.

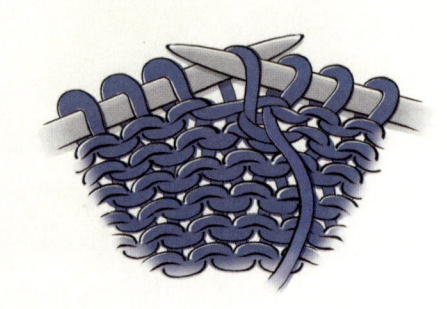

2. Diese Masche wie gewohnt links stricken (siehe S. 45). Eine Masche wurde zugenommen.

86 Formgebung

DOPPELTE HOCHGEZOGENE ZUNAHME

Bei dieser Variante der hochgezogenen Zunahme werden gleich zwei Maschen zugenommen. So können Sie nur in Rechtsreihen zunehmen und dennoch die Maschenzahl so vergrößern, als ob Sie in jeder Reihe einfach zunehmen würden. Alle hier gezeigten Techniken können rechts oder links von einer Masche gearbeitet werden, sodass sich an gegenüberliegenden Kanten ein symmetrisches Maschenbild ergibt.

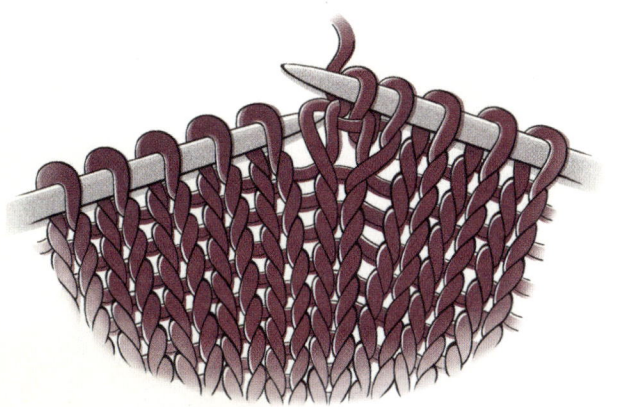

1. Die Masche aus der vorherigen Reihe auf die linke Stricknadel nehmen und rechts stricken, wie für eine rechts hochgezogene Zunahme (siehe S. 85). Die nächste Masche rechts stricken. Dann das hintere Glied der zuvor gestrickten Masche auf die linke Nadel nehmen (siehe Abbildung) und rechts stricken. Dadurch werden zwei Maschen zugenommen.

ZUNAHME MIT UMSCHLAG

Bei dieser Zunahme wird ein Umschlag um die Nadel gelegt und in der nächsten Reihe normal abgestrickt. Dabei entsteht ein kleines Loch, darum eignet sich diese Methode vor allem für Lochmuster (siehe S. 252). Umschläge werden in Strickanleitungen normalerweise mit U abgekürzt.

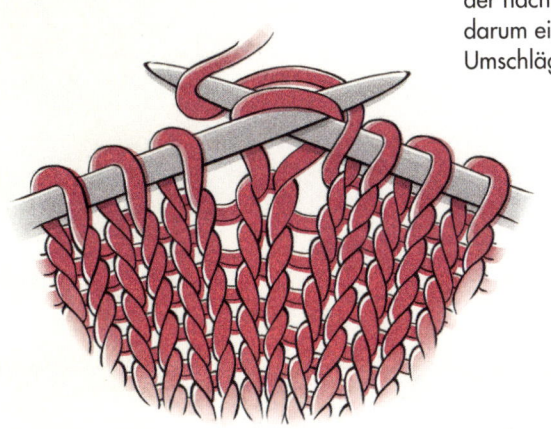

1. Den Faden zwischen den Nadeln vor die Arbeit legen. Mit der rechten Nadel wie gewohnt in die nächste Masche auf der linken Stricknadel einstechen. Den Faden über die rechte Nadel und um ihre Spitze legen.

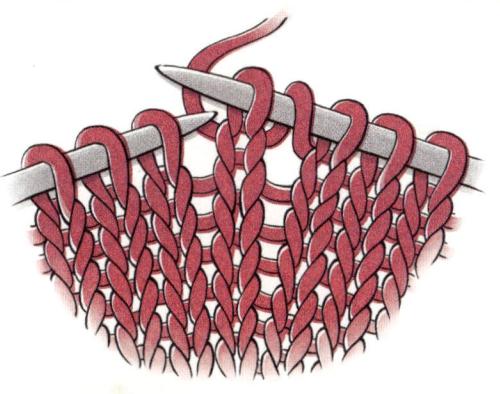

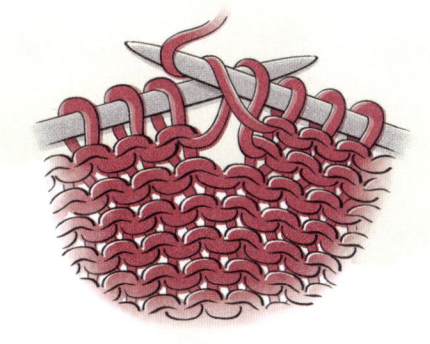

2. Die Masche stricken, dann die Reihe fortsetzen.

3. In der nächsten Reihe (hier eine Linksreihe) wird der Umschlag wie eine Masche abgestrickt. So entsteht aus dem Umschlag eine neue Masche.

Zunehmen 87

ZUNAHME AM RAND

Diese Art der Zunahme kommt zum Einsatz, wenn am Anfang oder Ende einer Reihe Maschen hinzugefügt werden müssen. Sie haben die Wahl zwischen zwei Methoden. Wenn es schnell gehen muss und die Kante elastisch sein soll, schlinge ich die neuen Maschen auf (siehe auch S. 39). Ist eine festere Kante erwünscht, empfiehlt sich der Kordelanschlag (siehe auch S. 37).

AUFSCHLINGEN AM REIHENENDE

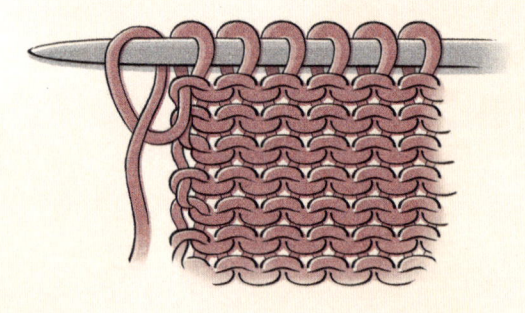

1. Die Nadel mit den Maschen in der rechten Hand halten. Mit dem Arbeitsfaden von vorn nach hinten eine Schlaufe um den Daumen legen. Die Stricknadel in die Schlaufe schieben, den Daumen herausziehen und die neue Masche festziehen.

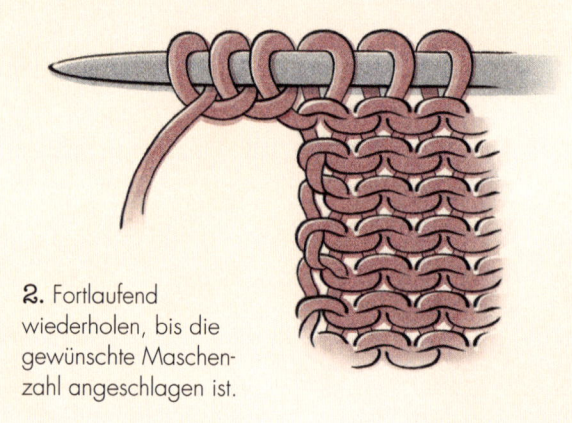

2. Fortlaufend wiederholen, bis die gewünschte Maschenzahl angeschlagen ist.

KORDELANSCHLAG AM REIHENENDE

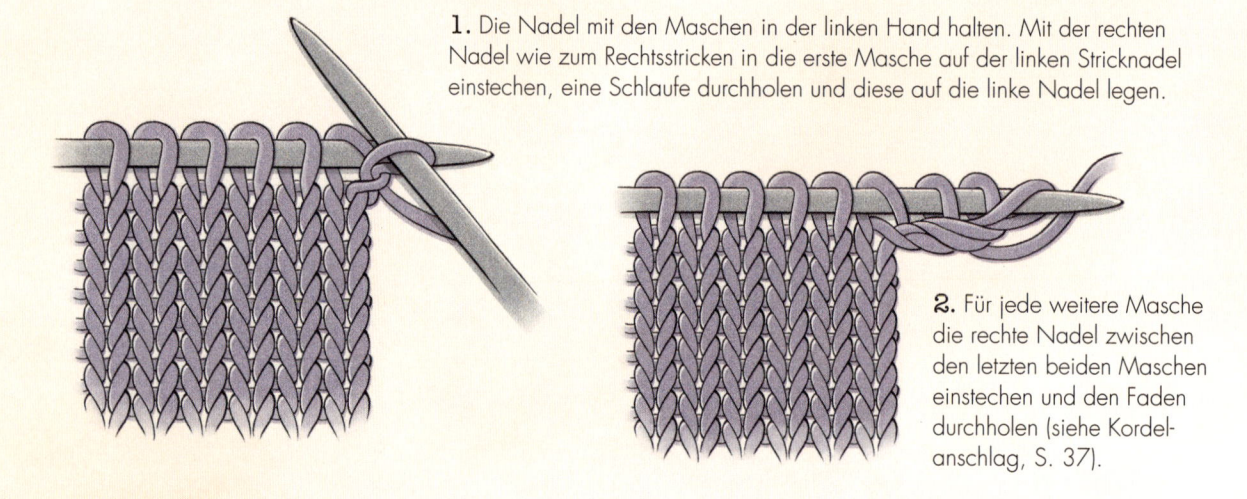

1. Die Nadel mit den Maschen in der linken Hand halten. Mit der rechten Nadel wie zum Rechtsstricken in die erste Masche auf der linken Stricknadel einstechen, eine Schlaufe durchholen und diese auf die linke Nadel legen.

2. Für jede weitere Masche die rechte Nadel zwischen den letzten beiden Maschen einstechen und den Faden durchholen (siehe Kordelanschlag, S. 37).

DOPPELTE ZUNAHME IN EINER RECHTSREIHE

Mit dieser Methode können zwei Maschen gleichzeitig zugenommen werden, allerdings sieht man einen Querfaden am Grund der ersten zugenommenen Masche und ein kleines Loch unter der Maschen-Dreiergruppe. Weniger auffällig ist die doppelte Zunahme mit hochgezogenen Maschen (siehe S. 87).

1. Zuerst aus einer Masche zwei rechte Maschen herausstricken (siehe S. 80). Die ursprüngliche Masche noch nicht von der linken Nadel gleiten lassen.

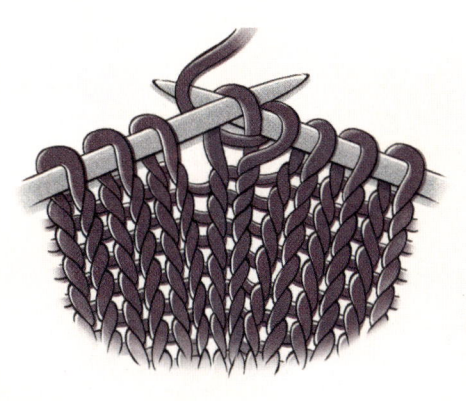

2. Die rechte Nadel vor die linke Nadel legen, von vorn in dieselbe Masche einstechen und diese nochmals rechts abstricken. Jetzt die ursprüngliche Masche von der linken Nadel gleiten lassen. Es wurden zwei Maschen zugenommen.

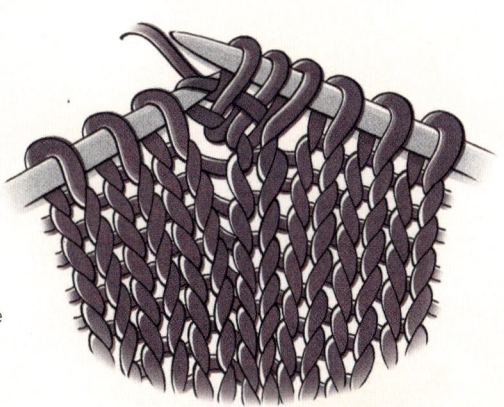

DOPPELTE ZUNAHME IN EINER LINKSREIHE

Dieselbe Technik kann auch in einer Reihe linker Maschen angewandt werden. Wieder entstehen dabei ein sichtbarer Querfaden am Fuß der ersten neuen Masche und ein kleines Loch direkt unter der Zunahme.

1. Zuerst aus einer Masche zwei linke Maschen herausstricken (siehe S. 81). Die ursprüngliche Masche nicht von der linken Nadel gleiten lassen.

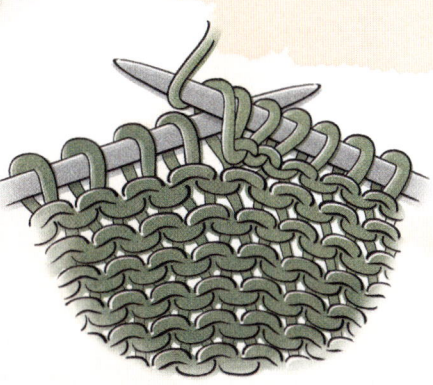

2. Die rechte Nadel vor die linke legen, von vorn in dieselbe Masche einstechen und diese noch einmal links abstricken. Dann die ursprüngliche Masche von der linken Nadel gleiten lassen. Zwei Maschen wurden zugenommen.

Zunehmen

ABNEHMEN

Durch Abnahmen wird die Maschenzahl in einer Reihe reduziert. Grundsätzlich sollte die Neigung einer Abnahme parallel zur Kante des Werkstücks verlaufen (siehe S. 97).

RECHTS ZUSAMMENSTRICKEN

Dies ist die einfachste Abnahme. Sie brauchen nur zwei Maschen zusammenzustricken, als ob es sich um eine handelte. Die Abnahme ist auf glatt rechts gestricktem Grund nach rechts geneigt, darum wird sie am linken Rand einer geformten Kante – etwa an einem Halsausschnitt – gearbeitet, damit sie parallel zur Kante des Werkstücks verläuft. Die übliche Abkürzung lautet »2 M re zus-str«.

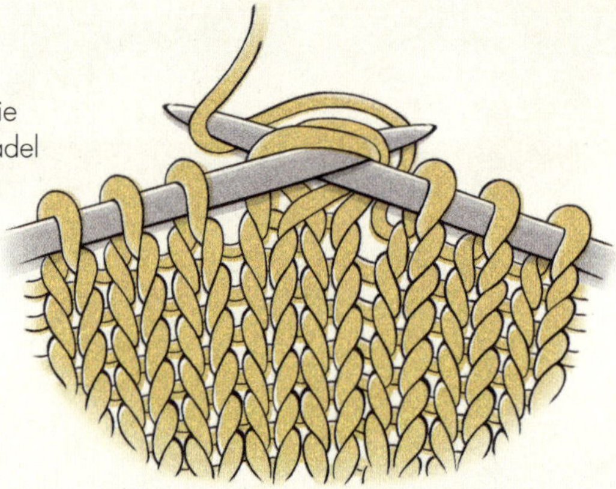

1. Die rechte Nadel wie zum Rechtsstricken in die nächsten beiden Maschen auf der linken Stricknadel einstechen (statt wie üblich in eine Masche).

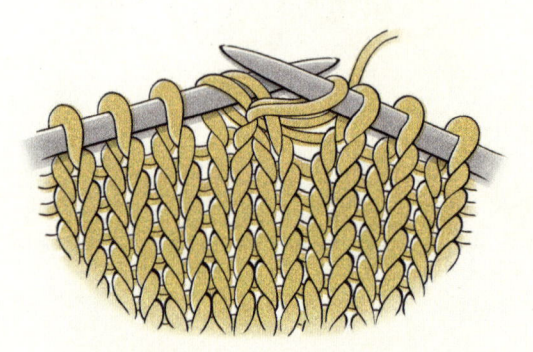

2. Den Faden um die Spitze der rechten Nadel legen und in einem Zug durch beide Maschen holen.

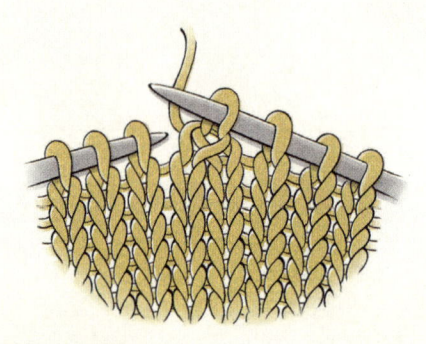

DREI MASCHEN RECHTS ZUSAMMENSTRICKEN

Um zwei Maschen abzunehmen, stechen Sie die rechte Nadel wie zum Rechtsstricken in die nächsten drei Maschen auf der linken Stricknadel ein. Den Faden in einem Zug durch alle drei Maschen holen. Aus drei Maschen ist eine geworden, zwei Maschen wurden abgenommen.

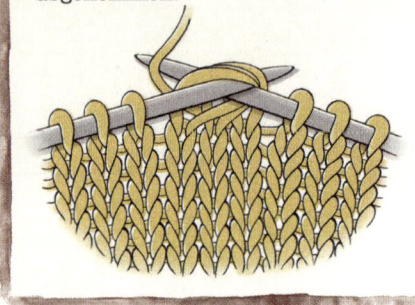

3. Beide Maschen von der linken Nadel gleiten lassen. Es wurde eine Masche abgenommen.

LINKS ZUSAMMENSTRICKEN

Auch diese Methode ist ganz einfach: Zwei Maschen werden gemeinsam abgestrickt, als ob es sich um eine handelte. Weil die Abnahme sich auf der kraus linken Seite nach links neigt, wird sie normalerweise an rechten Kanten gearbeitet. Die übliche Abkürzung lautet »2 M li zus-str«.

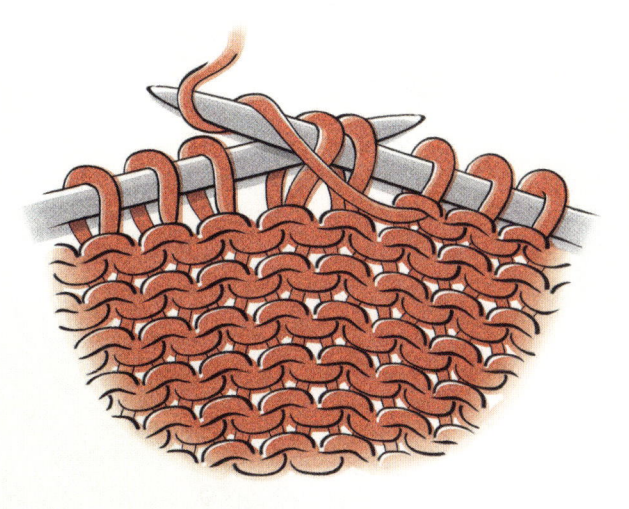

1. Die rechte Nadel wie zum Linksstricken in die nächsten beiden Maschen auf der linken Stricknadel einstechen (statt wie üblich in eine Masche). Faden umlegen.

2. Den Faden in einem Zug durch beide Maschen holen.

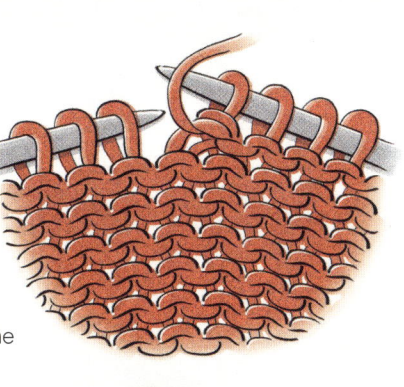

3. Beide Maschen von der linken Nadel gleiten lassen. Es wurde eine Masche abgenommen.

DREI MASCHEN LINKS ZUSAMMENSTRICKEN

Um zwei Maschen abzunehmen, stechen Sie die rechte Nadel wie zum Linksstricken in die nächsten drei Maschen auf der linken Stricknadel ein. Den Faden in einem Zug durch alle drei Maschen holen. Aus drei Maschen ist eine geworden, zwei Maschen wurden abgenommen.

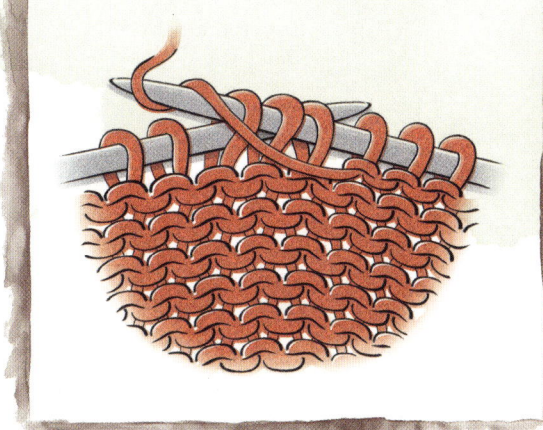

Abnehmen

RECHTS VERSCHRÄNKT ZUSAMMENSTRICKEN

Diese Abnahme wird ähnlich gearbeitet wie das einfache Zusammenstricken. Hier entsteht jedoch auf glatt rechts gestricktem Grund durch das verschränkte Abstricken der beiden Maschen eine Neigung nach links. Die übliche Abkürzung lautet »2 M re verschr zus-str«.

1. Mit der rechten Nadel von rechts nach links (statt wie üblich von links nach rechts) in die nächsten beiden Maschen auf der linken Nadel einstechen und beide in einem Zug abstricken. Dadurch wird eine Masche abgenommen.

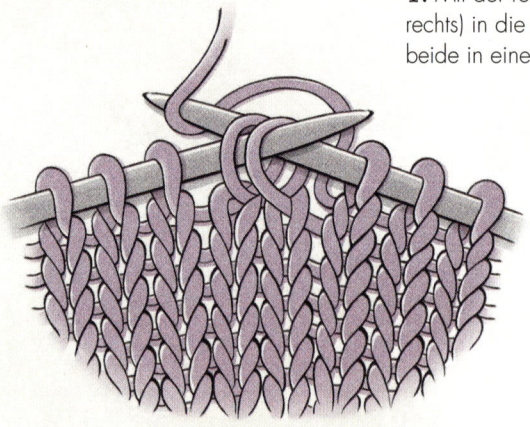

LINKS VERSCHRÄNKT ZUSAMMENSTRICKEN

Das verschränkte Abnehmen ist auch in einer Linksreihe möglich. Dabei entsteht auf der kraus linken Seite eine Neigung nach rechts.

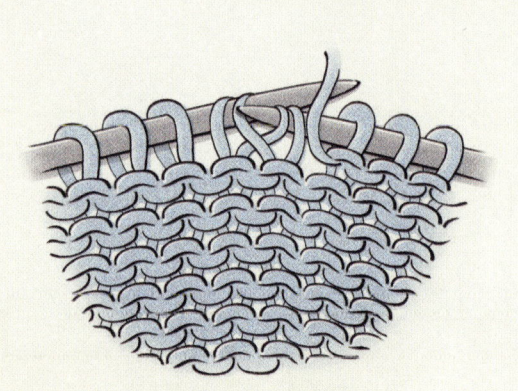

1. Mit der rechten Nadel von links nach rechts in die nächsten beiden Maschen auf der linken Stricknadel einstechen (siehe Abbildung). Falls Sie fest stricken, müssen Sie die Maschen vorher eventuell etwas dehnen.

2. Beide Maschen gemeinsam abstricken. Es wird eine Masche abgenommen.

RECHTS ÜBERZOGEN ZUSAMMENSTRICKEN

Diese Abnahme hat auf glatt rechts gestricktem Grund eine Neigung nach links. Im Aussehen ähnelt sie rechts zusammengestrickten Maschen (siehe S. 90), nur mit anderer Kipprichtung. Darum eignet sie sich gut als Pendant für die gegenüberliegende Kante.

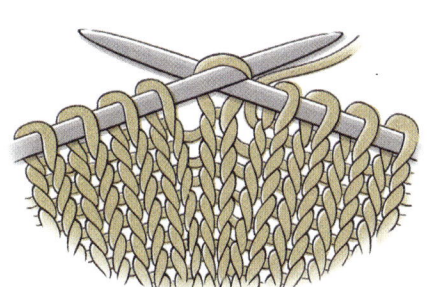

1. Die rechte Nadel wie zum Rechtsstricken in die nächste Masche auf der linken Stricknadel einstechen und auf die rechte Nadel heben (siehe S. 77).

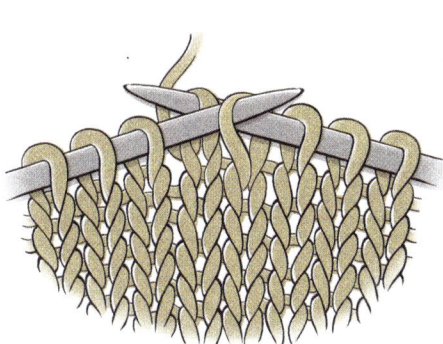

2. Die nächste Masche wie gewohnt rechts stricken.

3. Nun die abgehobene Masche mit der linken Nadel über die zuletzt gestrickte ziehen. Die linke Nadel herausziehen. Eine Masche wurde abgenommen.

LINKS ÜBERZOGEN ZUSAMMENSTRICKEN

Dieselbe Methode kann auch in einer Linksreihe angewandt werden. Dabei entsteht eine Neigung nach rechts.

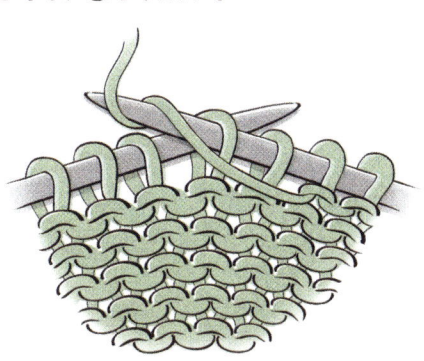

1. Die rechte Nadel wie zum Linksstricken in die nächste Masche auf der linken Nadel einstechen und die Masche abheben. Die nächste Masche wie gewohnt links stricken.

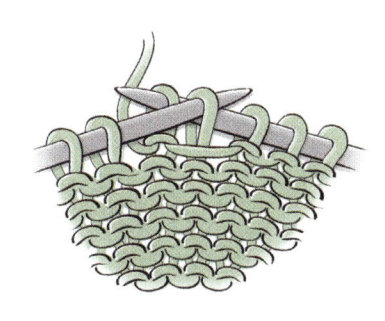

2. Den Faden hinter die Arbeit legen und die abgehobene Masche mit der linken Nadel über die zuletzt gestrickte ziehen. Die linke Nadel herausziehen. Eine Masche wurde abgenommen.

Abnehmen

RECHTS ABGEHOBEN ZUSAMMENSTRICKEN

Auch bei dieser Abnahme entsteht auf glatt rechts gestricktem Grund eine Neigung nach links. Sie sieht ähnlich aus wie eine überzogene Abnahme (siehe S. 93), trägt aber meist etwas weniger auf.

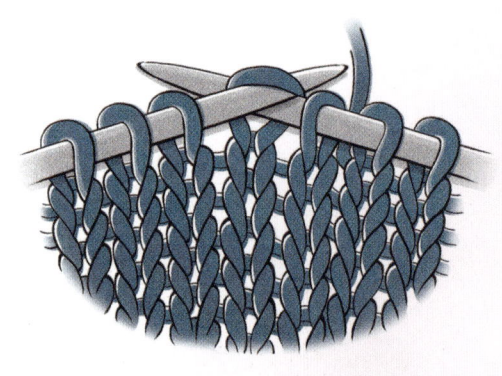

1. Die rechte Nadel wie zum Rechtsstricken in die nächste Masche auf der linken Stricknadel einstechen und die Masche abheben (siehe S. 77). Ebenso mit der nächsten Masche verfahren. Wichtig ist, die Maschen einzeln abzuheben.

2. Mit der linken Nadel von links nach rechts in die beiden abgehobenen Maschen einstechen und beide zusammen rechts abstricken. Es wird eine Masche abgenommen.

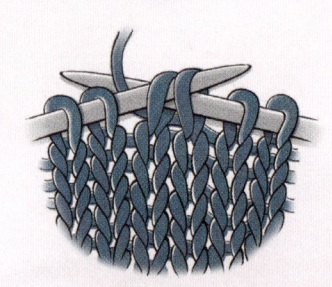

LINKS ABGEHOBEN ZUSAMMENSTRICKEN

Dieselbe Methode lässt sich in einer Linksreihe anwenden. Auch diese Abnahme liegt schön flach und hat auf glatt rechts gestricktem Grund eine Neigung nach links.

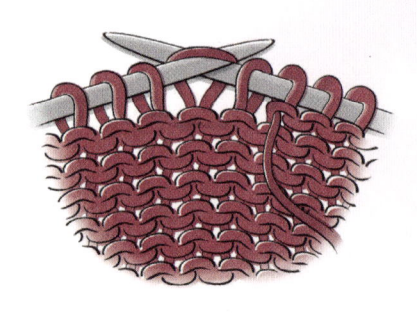

1. Die rechte Nadel wie zum Rechtsstricken in die nächste Masche auf der linken Stricknadel einstechen und die Masche abheben (siehe S. 77). Ebenso die nächste Masche abheben. Wichtig ist, die Maschen einzeln abzuheben.

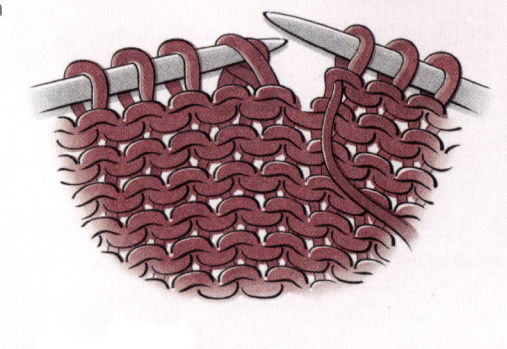

2. Mit der linken Nadel von rechts nach links in die beiden abgehobenen Maschen einstechen und beide wieder auf die linke Nadel nehmen. Dadurch tauschen sie ihre Position.

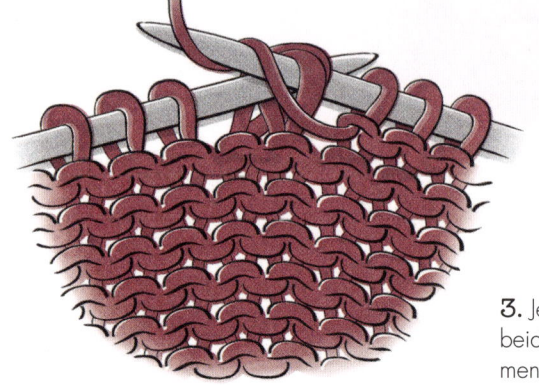

3. Jetzt mit der linken Nadel von rechts nach links in die beiden abgehobenen Maschen einstechen und beide zusammen links abstricken. Es wird eine Masche abgenommen.

DOPPELTE ABNAHME: RECHTS

Manchmal ist es notwendig, mehr als eine Masche in einem Arbeitsgang abzunehmen. Bei einer doppelten Abnahme kippen die beiden abgenommenen Maschen zur Mittelmasche und liegen – je nach angewandter Methode – über oder unter ihr.

1. Die rechte Nadel wie zum Rechtsstricken in die nächste Masche auf der linken Stricknadel einstechen und die Masche auf die rechte Nadel abheben (siehe S. 77).

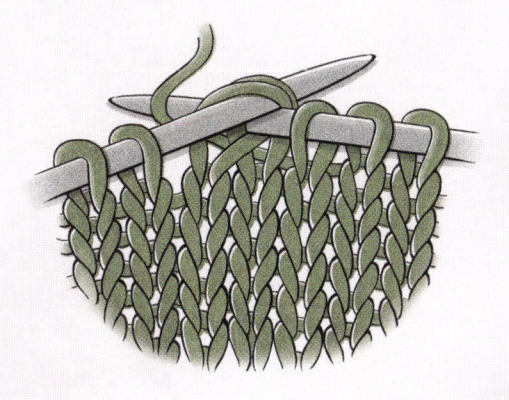

2. Mit der rechten Nadel von links nach rechts in die beiden nächsten Maschen auf der linken Nadel einstechen und rechts zusammenstricken (siehe S. 90).

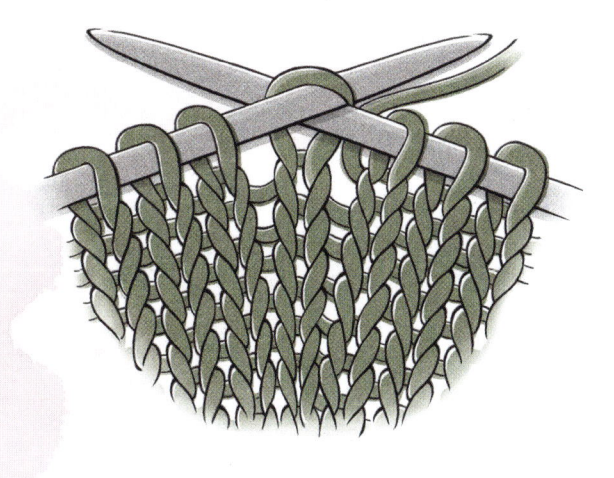

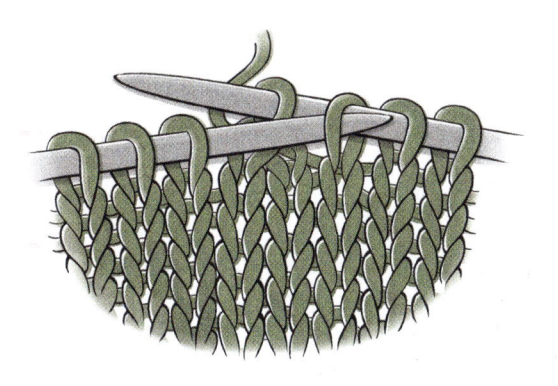

3. Mit der linken Nadel die abgehobene Masche über die beiden zuvor zusammengestrickten ziehen.

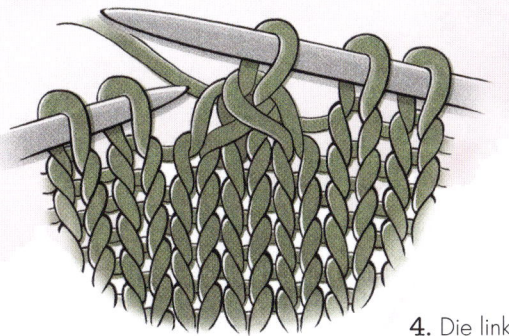

4. Die linke Nadel aus der übergezogenen Masche ziehen. Zwei Maschen wurden abgenommen.

DOPPELTER ÜBERZUG: RECHTS

Auch bei dieser Methode werden zwei rechte Maschen in einem Arbeitsgang abgenommen. Sie kippen ebenfalls zur Mittelmasche, liegen jedoch unter ihr.

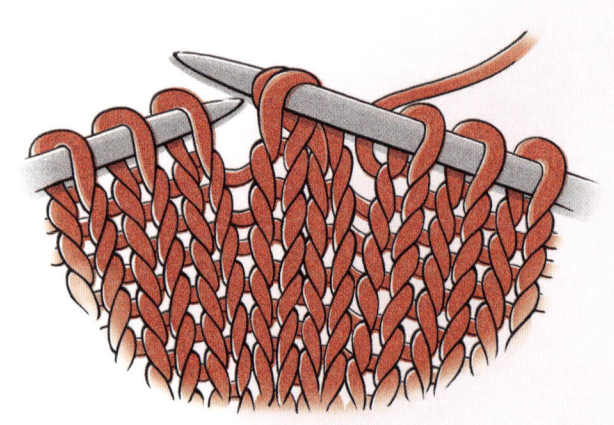

1. Die rechte Nadel von links nach rechts in die zweite Masche, dann in die erste Masche auf der linken Nadel einstechen und auf die rechte Nadel heben.

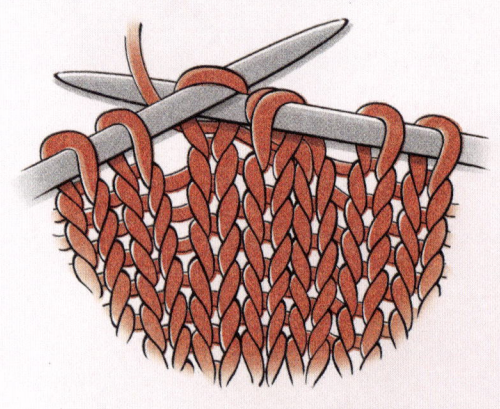

2. Die nächste Masche wie gewohnt rechts stricken.

3. Nun beide abgehobenen Maschen mit der linken Nadel über die zuletzt gestrickte Masche ziehen.

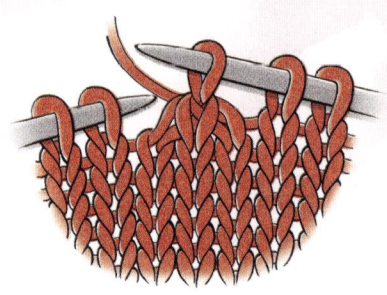

4. Die linke Nadel aus der übergezogenen Masche ziehen. Zwei Maschen wurden abgenommen.

DOPPELTER ÜBERZUG: LINKS

Diese Doppelabnahme wird in einer Linksreihe gearbeitet. Auf der glatt rechten Seite des Werkstücks kippen die beiden abgenommenen Maschen zur Mittelmasche und liegen unter ihr.

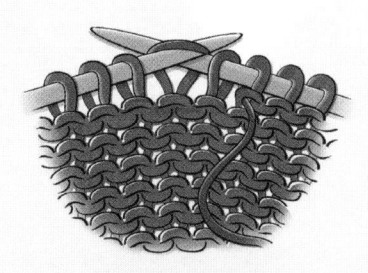

1. Die rechte Nadel von vorn nach hinten in die nächste Masche auf der linken Stricknadel einstechen und die Masche abheben (siehe S. 77). Mit der nächsten Masche wiederholen. Wichtig ist, die Maschen nacheinander abzuheben.

2. Die linke Nadel von rechts nach links in die beiden abgehobenen Maschen einstechen und zusammen wieder auf die linke Nadel nehmen. Dabei tauschen sie ihre Position.

3. Jetzt die rechte Nadel von rechts nach links durch die beiden abgehobenen Maschen und zusätzlich durch die dritte Masche auf der linken Nadel stechen. Alle drei links zusammenstricken (siehe S. 90). So werden zwei Maschen abgenommen.

FULLY FASHIONED

Dieser Fachbegriff aus der Textilindustrie bezeichnet Zu- oder Abnahmen, die in einigem Abstand zu den Rändern gearbeitet werden und auf glatt rechts gestricktem Grund als dekoratives Detail sichtbar sind. Auch für Raglanärmel wird diese Art der Formgebung oft eingesetzt. Da die Zu- oder Abnahmen deutlich sichtbar sind, ist es wichtig, auf die passende Neigung zu achten.

PAARWEISE ZUNEHMEN

Am Anfang der Reihe 1 M re zun aus dem Querfaden, am Ende 1 M re verschr zun aus dem Querfaden (beides siehe S. 82). Alternativ am Anfang links hochgezogene Zunahme in einer Rechtsreihe (siehe S. 85) und am Ende rechts hochgezogene Zunahme (siehe S. 84). Am Anfang einer Rückreihe (Grundmuster glatt rechts) 1 M li aus dem Querfaden (siehe S. 83), am Ende 1 M li verschr aus dem Querfaden (siehe S. 83). Alternativ am Anfang rechts hochgezogene Zunahme (siehe S. 86) und am Ende links hochgezogene Zunahme (siehe S. 86).
Soll die kraus linke Seite außen liegen, die Zunahmen vertauschen.

PAARWEISE ABNEHMEN

Am Anfang einer Rechtsreihe (Grundmuster glatt rechts) 2 M re verschr zus-str (siehe S. 92), 2 M re überz zus-str (siehe S. 93) oder 2 M re abgeh zus-str (siehe S. 94). Am Ende 2 M re zus-str. Am Anfang einer Rückreihe (Grundmuster glatt rechts) 2 M li verschr zus-str (siehe S. 92) und am Ende 2 M li zus-str (siehe S. 91). Alternativ am Anfang 2 M li abgeh zus-str (siehe S. 94) und am Ende 2 M li überz zus-str (siehe S. 93).
Soll die kraus linke Seite außen liegen, die Abnahmearten vertauschen.

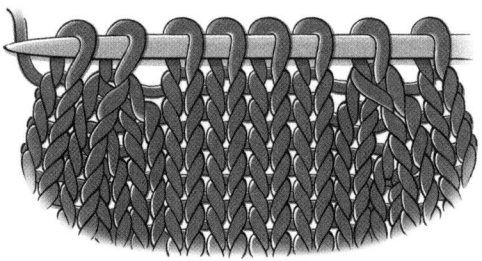

Abnehmen

VERKÜRZTE REIHEN

Bei dieser Art der Formgebung wird die Arbeit gewendet, bevor eine Reihe beendet ist – die Reihe wird also verkürzt. Dadurch befinden sich in einem Bereich des Werkstücks mehr Reihen als in anderen und es ergibt sich eine gebogene oder gewölbte Form, beispielsweise für Kragen oder Fersen von Socken.

WENDEN MIT WICKLUNG: RECHTS

Wendet man die Arbeit einfach mitten in der Reihe, entsteht ein Loch. Das lässt sich vermeiden, indem man an der Wendestelle die Folgemasche abhebt, den Arbeitsfaden um sie legt und wieder zurückhebt. Diese Wicklung wird später mit der umwickelten Masche zusammengestrickt (siehe S. 100).

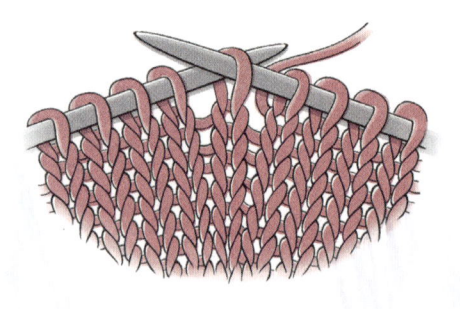

1. Bis zur Wendeposition rechts stricken. Die nächste Masche wie zum Linksstricken (siehe S. 77) von der linken Nadel auf die rechte abheben.

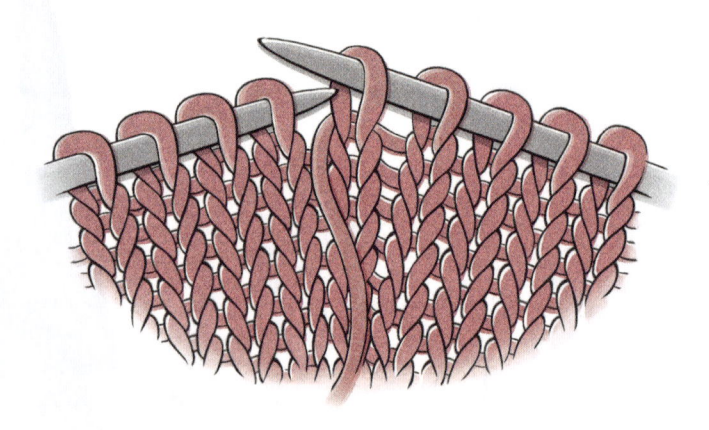

2. Den Arbeitsfaden zwischen den Nadeln nach vorn legen.

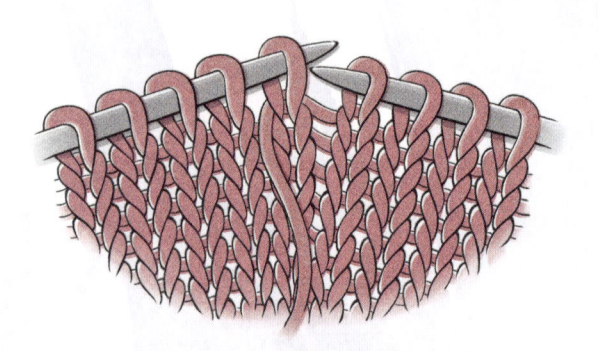

3. Die abgehobene Masche wieder zurück auf die linke Nadel heben.

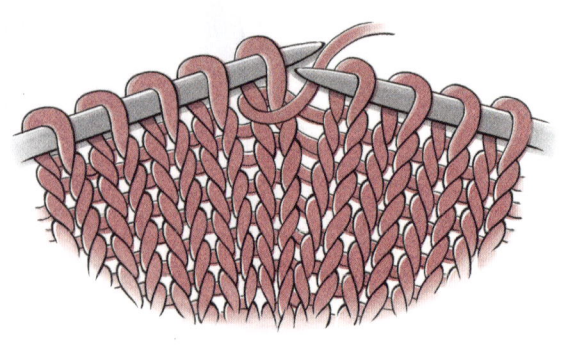

4. Den Arbeitsfaden zwischen den Nadeln nach hinten legen, wenden und die Rückreihe (linke Maschen) stricken.

98 Formgebung

WENDEN MIT WICKLUNG: LINKS

In einer Reihe aus linken Maschen gehen Sie ebenso vor, allerdings wird der Arbeitsfaden hier in entgegengesetzter Richtung um die abgehobene Masche gewickelt. In der nächsten oder einer später folgenden Reihe wird die Wicklung mit der umwickelten Masche zusammengestrickt, sodass man sie kaum noch sieht (siehe S. 100).

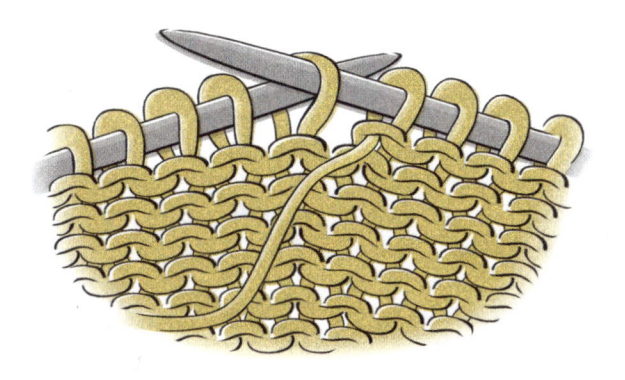

1. Bis zur Wendeposition links stricken. Die nächste Masche wie zum Linksstricken (siehe S. 77) von der linken auf die rechte Nadel abheben.

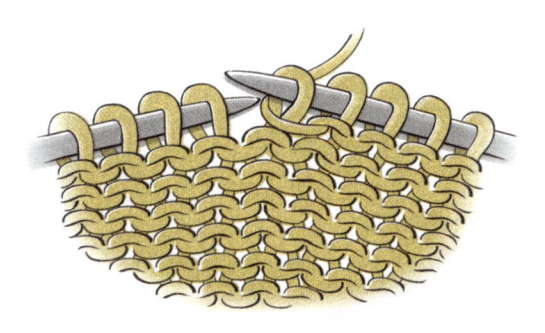

2. Den Arbeitsfaden zwischen den Nadeln nach hinten legen.

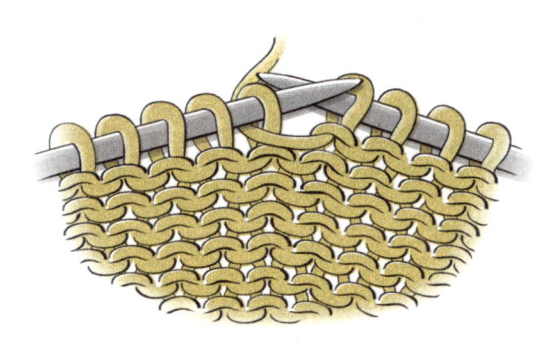

3. Die abgehobene Masche wieder auf die linke Nadel nehmen.

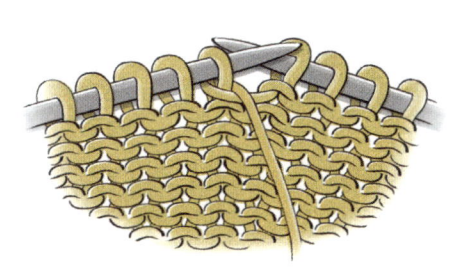

4. Den Faden zwischen den Nadeln nach vorn legen. Wenden und die nächste Reihe (rechte Maschen) stricken.

Verkürzte Reihen

MITSTRICKEN DER WICKLUNG: RECHTS

Wenn alle verkürzten Reihen gearbeitet sind, wird wieder über die volle Reihenbreite gestrickt. Damit an den Wendestellen keine Löcher entstehen, müssen die Fäden, die um die abgehobenen Maschen gelegt wurden, jetzt mitgestrickt werden. Dadurch entsteht ein sauberes, gleichmäßiges Maschenbild. Je nachdem, wie viele verkürzte Reihen gearbeitet wurden, müssen in der nächsten vollständigen Reihe mehrere Wicklungen mitgestrickt werden.

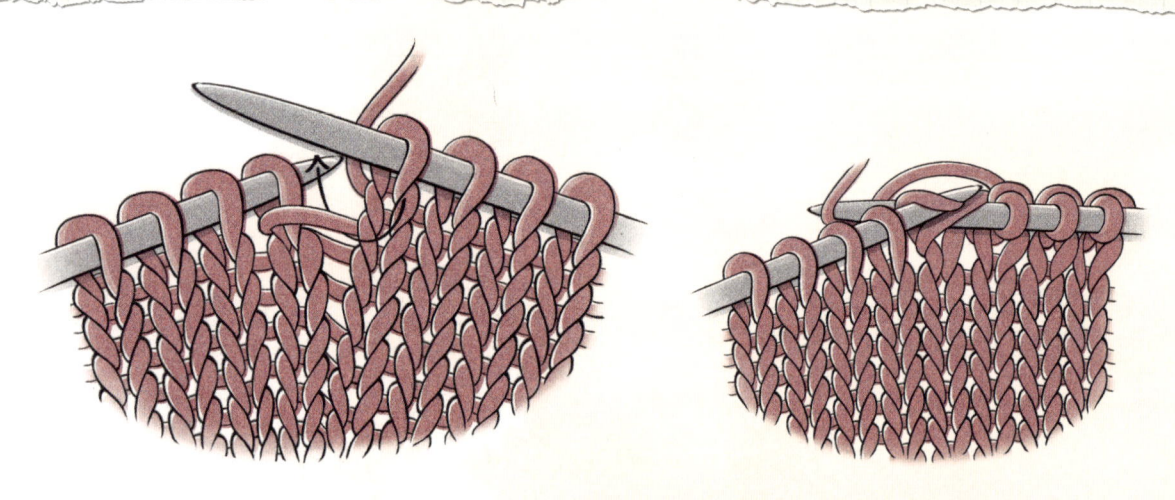

1. Bis zur umwickelten Masche rechts stricken. Die rechte Nadel von vorn in die Wicklung einstechen (siehe Pfeil).

2. Unmittelbar danach mit der rechten Nadelspitze in die nächste Masche einstechen und diese mit der Wicklung rechts zusammenstricken.

MITSTRICKEN DER WICKLUNG: LINKS

Folgt auf die verkürzten Reihen eine Linksreihe, müssen die abgehobenen Maschen ebenfalls mit den Wicklungen zusammengestrickt werden, damit keine Löcher entstehen. In diesem Fall werden Wicklung und Masche links zusammengestrickt.

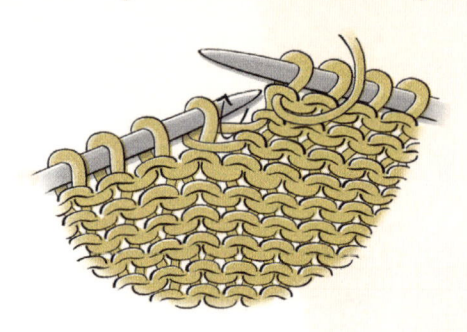

1. Bis zur umwickelten Masche links stricken. Die rechte Nadelspitze von hinten/unten in die Wicklung einstechen (siehe Pfeil).

2. Unmittelbar danach mit der rechten Nadelspitze in die nächste Masche einstechen und diese mit der Wicklung links zusammenstricken.

VERKÜRZTE REIHEN: VARIANTE

»Wickeln und wenden« (siehe S. 98–99) ist die meistverwendete Methode, um Löcher an den Enden verkürzter Reihen zu vermeiden. Es gibt jedoch eine weitere Technik, die schnell und einfach zu arbeiten ist und denselben Zweck erfüllt.

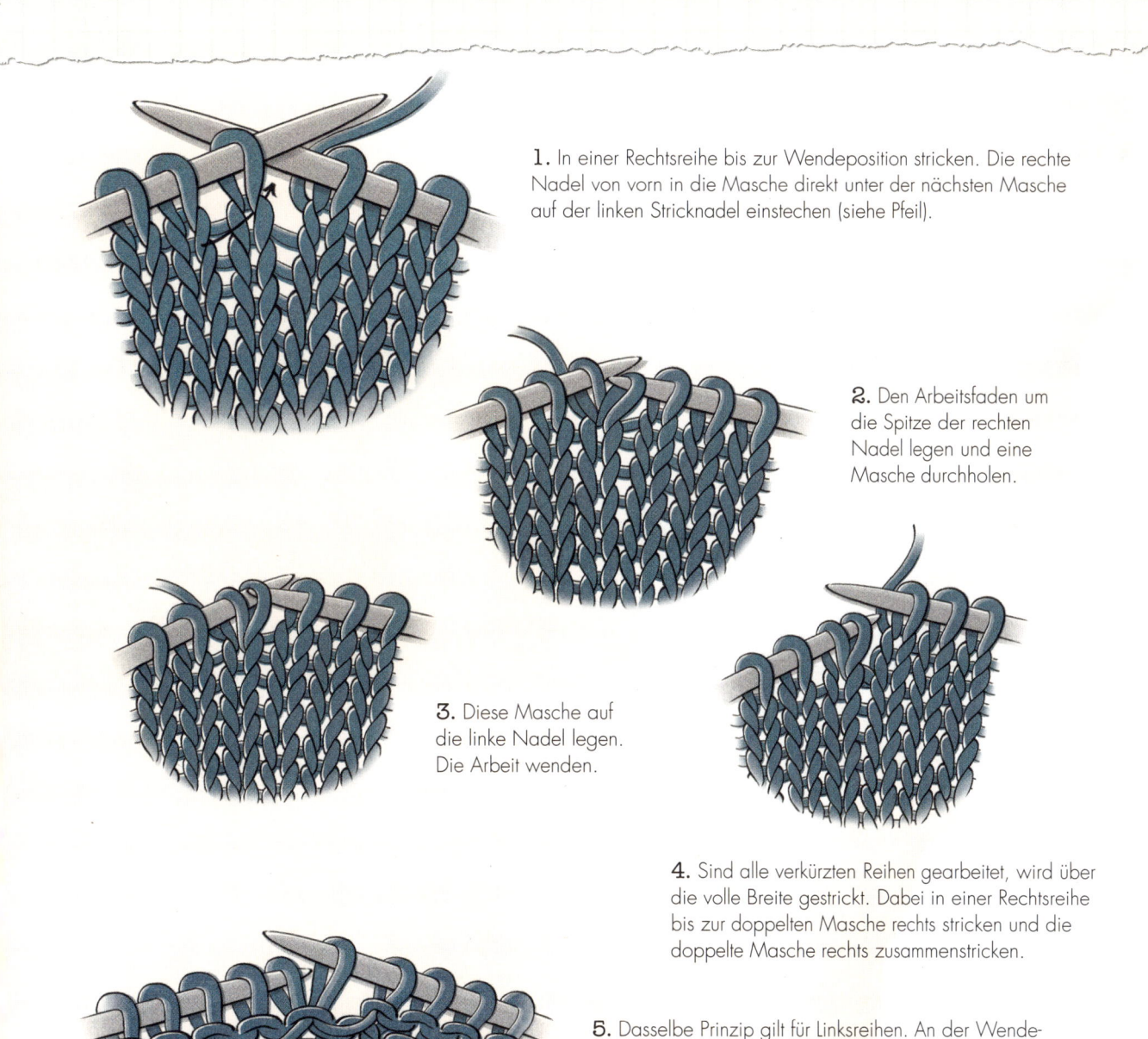

1. In einer Rechtsreihe bis zur Wendeposition stricken. Die rechte Nadel von vorn in die Masche direkt unter der nächsten Masche auf der linken Stricknadel einstechen (siehe Pfeil).

2. Den Arbeitsfaden um die Spitze der rechten Nadel legen und eine Masche durchholen.

3. Diese Masche auf die linke Nadel legen. Die Arbeit wenden.

4. Sind alle verkürzten Reihen gearbeitet, wird über die volle Breite gestrickt. Dabei in einer Rechtsreihe bis zur doppelten Masche rechts stricken und die doppelte Masche rechts zusammenstricken.

5. Dasselbe Prinzip gilt für Linksreihen. An der Wendeposition die rechte Nadel von rechts/oben in die Masche direkt unter der nächsten Masche auf der linken Stricknadel einstechen und den Faden durchholen. So entsteht eine Doppelmasche. Diese auf die linke Nadel legen und in der ersten vollständigen Reihe zusammenstricken.

SCHULTERABNAHMEN

Normalerweise werden die Maschen für die Schulterschrägung in jeder zweiten Reihe abgekettet (meist in Hinreihen). Dabei entsteht eine gestufte Kante. Diese Stufen lassen sich vermeiden, wenn man mit verkürzten Reihen arbeitet. So entstehen glatte, abgeschrägte Schulterkanten, die sich einfacher und sauberer zusammennähen lassen.

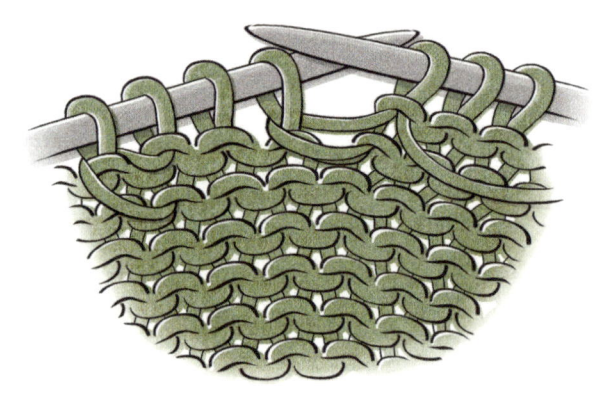

1. Lautet die Anleitung »Am Anf jeder Hin-R 4 M abk«, können Sie alternativ die ganze Hinreihe stricken und in der nächsten Rückreihe, wenn noch 4 Maschen auf der linken Nadel liegen, wenden. Dabei das Umwickeln nicht vergessen, sonst entsteht ein Loch.

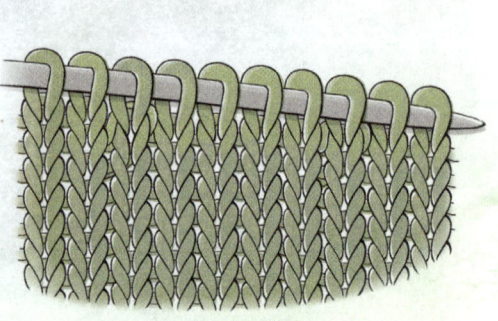

2. In der nächsten Rückreihe wenden (mit Wicklung), wenn noch 8 Maschen auf der linken Nadel liegen. Wiederholen bis zur letzten Vierergruppe.

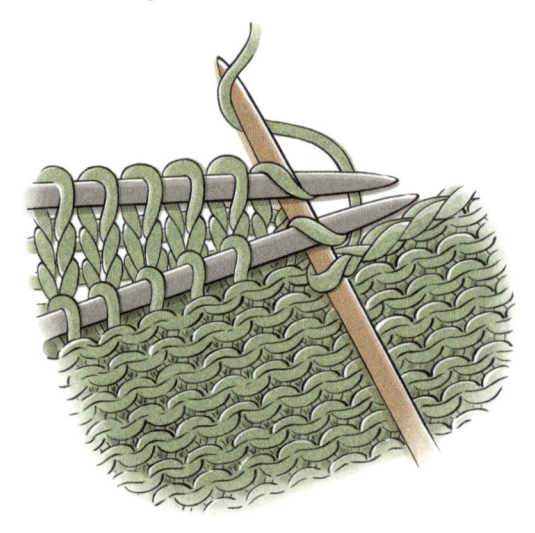

3. Nun können Sie die Schulterkanten einzeln abketten und zusammennähen (siehe S. 223) oder beide Schulterkanten gemeinsam abketten (siehe S. 53 und 233).

FORMVARIANTEN

Durch Zu- und Abnahmen lassen sich die verschiedensten Formen stricken: weiche Rundungen, spitze Ecken, gekräuselte Kanten oder Elemente mit schräg verlaufenden Kanten.

ECKEN

Durch Zu- oder Abnahmen kann man erreichen, dass ein gestricktes Werkstück an den Ecken schön glatt liegt und keine Beulen wirft. Die Anzahl der Maschen, die vor der Zu- oder Abnahme gestrickt werden muss, ist in der Anleitung angegeben. Das Prinzip ist aber immer gleich: Für eine Innenecke muss abgenommen werden, für eine Außenecke wird zugenommen.

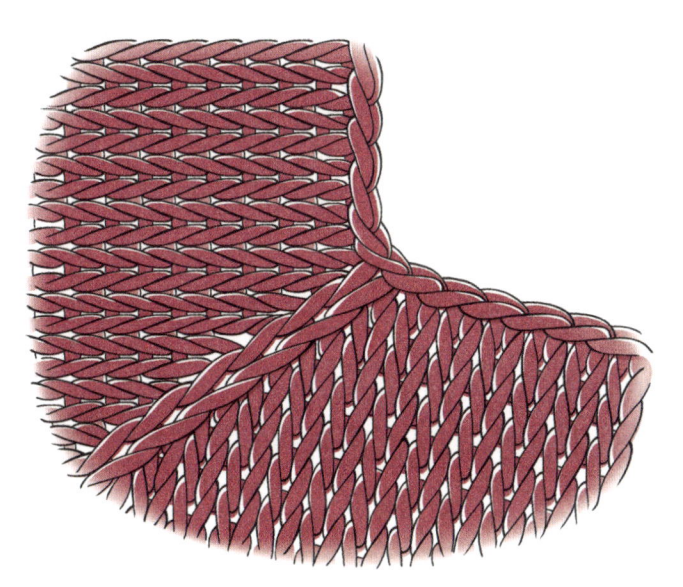

INNENECKE

1. Um die Eckmasche zu kennzeichnen, direkt vor ihr einen runden Maschenmarkierer auf die Stricknadel schieben (siehe S. 73). In einer Hinreihe rechts stricken, bis vor dem Markierer noch 2 Maschen übrig sind. Diese beiden Maschen rechts überzogen (siehe S. 93) oder rechts abgehoben (siehe S. 94) zusammenstricken. Den Maschenmarkierer abheben, die Mittelmasche rechts stricken, die nächsten beiden Maschen rechts zusammenstricken (siehe S. 90). Je nach Form der Ecke in jeder oder jeder zweiten Reihe ebenso abnehmen. Auch in einer Linksreihe die Abnahmen so anordnen, dass sie sich zur Mittelmasche hinneigen.

AUSSENECKE

2. Die Eckmasche wie für eine Innenecke markieren. Ich finde Maschenmarkierer auf der Nadel etwas unhandlich und bringe lieber einen Markierer direkt an der Mittelmasche an. In der Hinreihe rechts stricken, bis die Eckmasche erreicht ist. 1 Masche aus dem Querfaden zunehmen (siehe S. 82 unten). Den Markierer abheben, die Mittelmasche rechts stricken, 1 Masche aus dem Querfaden zunehmen und rechts verschränkt stricken (siehe S. 82 oben). Je nach Form der Ecke in jeder oder jeder zweiten Reihe ebenso zunehmen. Damit die Ecke glatt liegt, ist es sinnvoll, die Maschen zum Schluss elastisch abzuketten (siehe S. 52).

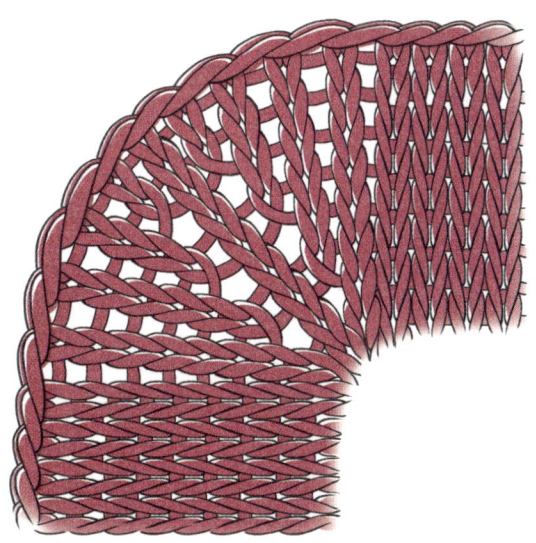

Formvarianten

KRÄUSELUNGEN UND RÜSCHEN

Mittels Zu- und Abnahmen können Schöße, Rüschen und andere Elemente direkt angestrickt werden, ohne zwischendurch abzuketten und Teile zusammenzunähen. Es lohnt sich, mit verschiedenen Techniken zu experimentieren oder die Häufigkeit der Zu- und Abnahmen zu variieren, um füllige oder eher dezente Kräuselungen zu erzielen. Auch das Garn wirkt sich auf das Ergebnis aus. Dünnes, seidiges Garn ergibt weich fließende Kräuselfalten, während sie mit dickerem, festerem Garn mehr Volumen bekommen.

KRÄUSELUNG DURCH ZUNAHMEN

Hier wurde in zwei Reihen zugenommen, wobei die Zahl der Zunahmen in der zweiten Reihe größer ist als in der ersten. Es handelt sich um spiegelverkehrte Zunahmen aus dem Querfaden (siehe S. 82), die in Hinreihen gearbeitet wurden. Je nachdem, ob Sie von oben nach unten oder von unten nach oben stricken, können Sie auch mehr Maschen anschlagen und zum Hauptteil hin abnehmen.

KRÄUSELUNG MIT RIPPEN

Auch durch einen Wechsel von Strickmuster und Nadelstärke lässt sich eine Kräuselung gestalten. Zuerst glatt rechts stricken, dann mit einer dünneren Nadel in Einerrippen (1 M re, 1 M li) fortfahren. Der Rippenstrick zieht sich zusammen, was durch die geringere Nadelstärke noch verstärkt wird. Durch diese Technik entsteht jedoch nur eine dezente Kräuselung. Hier wurde nach einigen Rippenreihen wieder mit der dickeren Nadel glatt rechts gestrickt.

REIHENBREITE UND NADELSTÄRKE

Auch durch Veränderung der Nadelstärke lässt sich die Breite eines Werkstücks verändern. Wechseln Sie jeweils nach einigen Reihen zur nächsthöheren Nadelstärke. So wird das Werkstück allmählich breiter, und die Maschen werden größer und lockerer. Weil die Veränderung der Maschengröße langsam vonstattengeht, fallen die Übergänge aber (je nach Garn) kaum ins Auge.

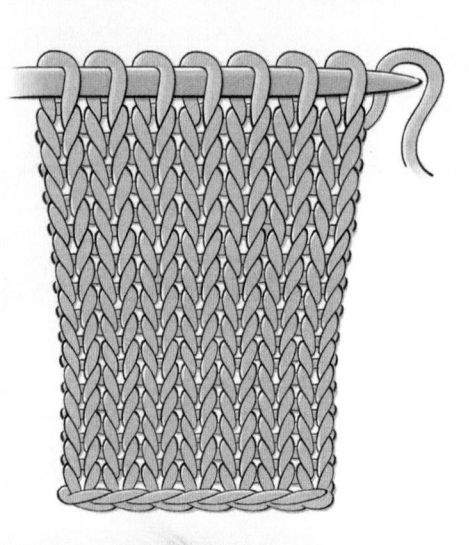

Formgebung

GESTRICKTE FORMTEILE

Durch Zu- und Abnahmen lassen sich auch Zacken- und Rautenformen oder Schrägstreifen gestalten. Im Gegensatz zu Schrägstreifen aus Stoff sind gestrickte Schrägstreifen nicht dehnbarer als gerade gestrickte Teile. Es geht also hauptsächlich um den optischen Effekt, der besonders interessant wirkt, wenn man diese Techniken in Streifen arbeitet (siehe S. 170ff.).

SCHRÄGSTREIFEN

Schrägstreifen können nach rechts oder nach links geneigt sein. Der Neigungswinkel hängt von der Anzahl der Reihen ab, die zwischen den Zu- und Abnahmen gestrickt werden. Für eine Neigung nach rechts wird am Anfang jeder Formgebungsreihe zugenommen und am Ende abgenommen. Damit die Kanten sauber ausfallen, spiegelbildliche Zu- und Abnahmen verwenden.

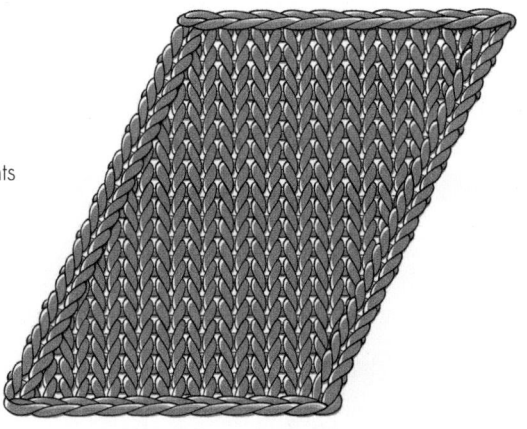

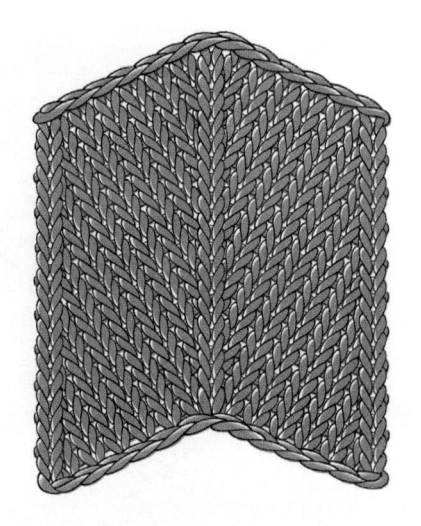

ZACKEN

Die Spitze von Zacken kann nach unten oder, wie auf der Abbildung, nach oben zeigen. Wie bei Schrägstreifen hängt der Neigungswinkel von der Anzahl der Reihen ab, die zwischen den Zu- und Abnahmen gerade gestrickt werden. Zuerst eine ungerade Maschenzahl anschlagen und die Mittelmasche markieren. Soll die Spitze nach oben zeigen, wird an beiden Reihenenden abgenommen und beiderseits der Mittelmasche spiegelbildlich aus dem Querfaden zugenommen (siehe S. 82). Soll sie nach unten zeigen, an den Reihenenden zunehmen und beiderseits der Mittelmasche spiegelbildlich abnehmen (siehe S. 97). Alternativ in der Mitte eine doppelte Abnahme arbeiten (siehe S. 95–97).

RAUTE

Rauten können separat gestrickt oder in ein gerades Werkstück eingearbeitet werden (siehe Abbildung).
Rechts und links der Mittelmasche runde Maschenmarkierer auf die Nadel schieben. Bis zum ersten Markierer rechts stricken, den Markierer abheben und 1 Masche rechts verschränkt aus dem Querfaden zunehmen (siehe S. 82 oben). Die Mittelmasche stricken, dann 1 Masche rechts aus dem Querfaden zunehmen (siehe S. 82 unten). Die Reihe beenden, die Rückreihe links stricken. Diese beiden Reihen wiederholen, bis die Raute die gewünschte Größe hat.
Für die Abnahmen bis zum ersten Markierer stricken. Diesen abheben, dann 2 Maschen überzogen (siehe S. 93) oder abgehoben (siehe S. 94) zusammenstricken. Rechts fortfahren und die beiden Maschen vor dem nächsten Markierer rechts zusammenstricken (siehe S. 90). Die Reihe beenden, die Rückreihe links stricken. Fortlaufend wiederholen.

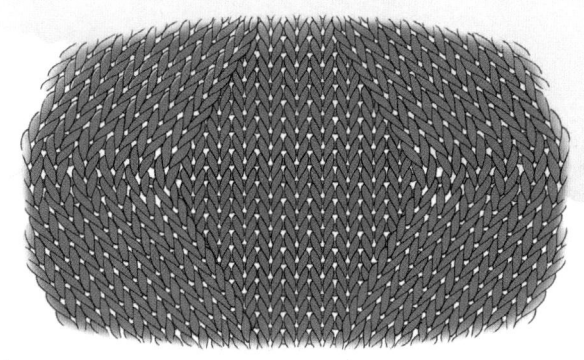

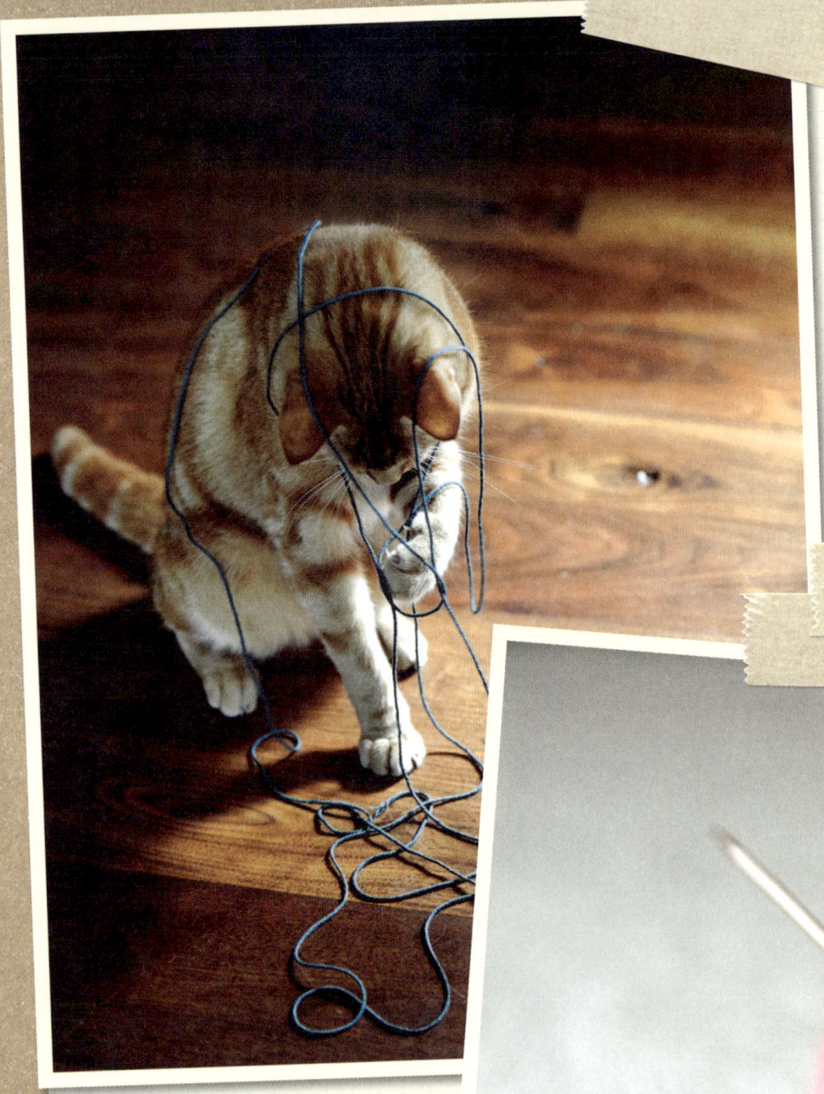

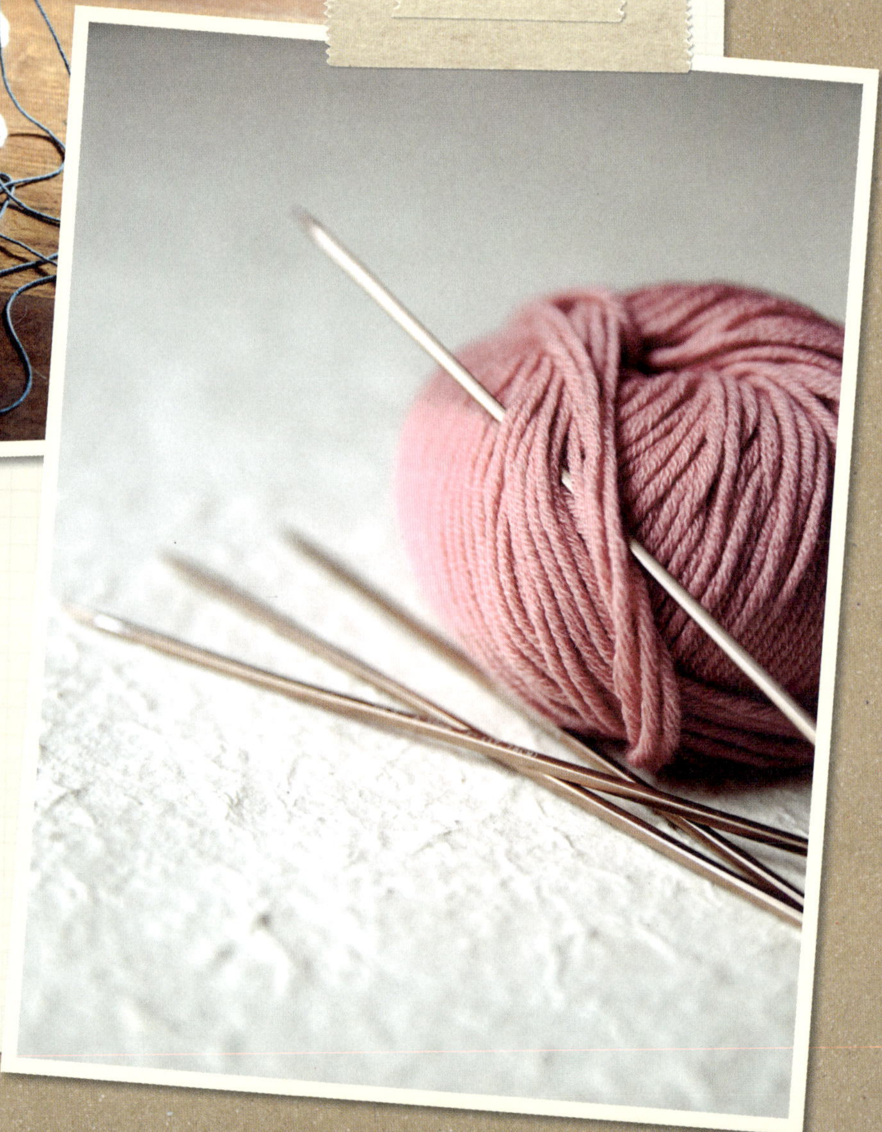

RUNDSTRICKEN

Bis ins frühe 20. Jahrhundert war es üblich, in Runden zu stricken. Als mehr Menschen das Stricken als Hobby entdeckten, entstanden modische Modelle, für deren gute Passform komplexere Zu- und Abnahmen notwendig waren. Damals setzte sich das Stricken mit zwei Nadeln durch. Der Vorteil des Rundstrickens besteht darin, dass man beispielsweise Pullover bis zu den Armausschnitten in einem Stück, also ohne Seitennähte, arbeiten kann. Und da für ein glatt rechts gestricktes Modell immer nur rechte Maschen gearbeitet werden, fällt das Maschenbild sehr gleichmäßig aus. Beim Stricken in Hin- und Rückreihen besteht immer die Gefahr, die linken Maschen fester oder lockerer zu stricken als die rechten Maschen, sodass sich ein streifiges Maschenbild ergibt (siehe S. 306 Mitte).

VERSCHIEDENE TECHNIKEN

Kleine Modelle wie Handschuhe oder Socken werden auf einem Nadelspiel gestrickt. Für größere Modelle wird eine Rundstricknadel verwendet. Ihr Vorteil besteht darin, dass das Gewicht des Werkstücks auf dem weichen Kabel hängt oder sogar auf dem Schoss liegt und nicht mit den langen Nadeln getragen werden muss.

RUND(STRICK)NADELN

Eine Rundstricknadel besteht aus zwei Stricknadelendstücken, die mit einem flexiblen Kabel verbunden sind. Es ist wichtig, die richtige Länge zu wählen. Ist sie zu kurz, können die Maschen herunterrutschen. Ist sie zu lang, werden sie überdehnt.

1. Auf einer Spitze der Rundnadel die gewünschte Maschenzahl anschlagen (siehe S. 34–39), das Kabel und das andere Ende dabei einfach hängen lassen. Die angeschlagenen Maschen auf Kabel und Nadelenden verteilen. Sie sollen die ganze Länge relativ dicht ausfüllen, ohne gedehnt zu werden.

2. Die Runde beginnt mit der ersten gestrickten Masche nach dem Anschlag. Alle weiteren Runden beginnen an derselben Position, sofern in der Anleitung nichts anderes angegeben ist. Zum Kennzeichnen des Rundenanfangs einen Markierungsring auf die Nadel schieben (siehe S. 73), bevor die erste Masche gestrickt wird. Ist die Anschlagkante später sichtbar, lässt sich die Stufe am Rundenwechsel mit speziellen Techniken vermeiden (siehe S. 112).

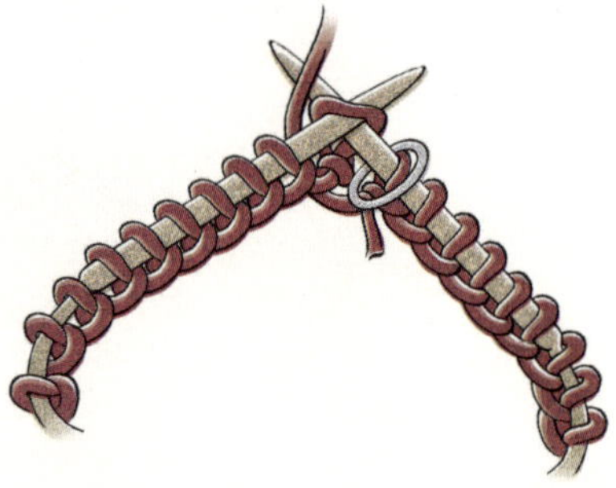

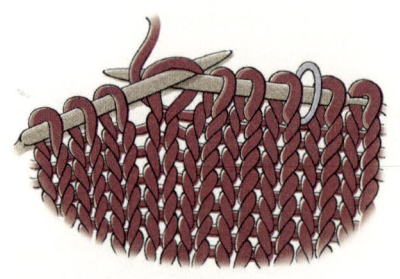

3. Nun einfach die Maschen von der linken Nadel abstricken und dabei allmählich auf dem Kabel weiterschieben. Wenn nach einer Runde der Markierer erreicht ist, wird er auf die rechte Nadel abgehoben. Dann kann – ohne Übergang – die nächste Runde gestrickt werden.

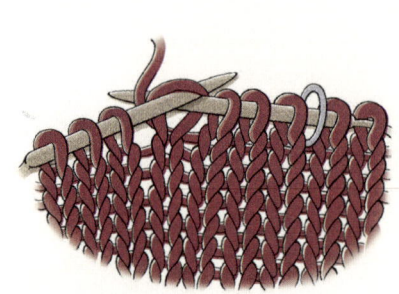

GERADE KANTE

Wenn Sie die Anschlagreihe zur Runde schließen, achten Sie unbedingt darauf, die Maschen nicht zu verdrehen, sonst ist später das ganze Werkstück in sich gedreht.

Diese Verdrehung kann für einen Möbius-Schal aber auch gewollt sein. In diesem Fall muss die Anschlagreihe einmal in sich gedreht werden, bevor sie zur Runde geschlossen wird.

NADELSPIEL

Ein Nadelspiel besteht meist aus fünf, manchmal auch nur aus vier kurzen Nadeln mit Spitzen an beiden Enden. Eine Nadel ist jeweils frei und wird zum aktiven Abstricken der Maschen von der nächsten Nadel benutzt. Das Stricken auf einem Nadelspiel ist nicht so kompliziert, wie es aussieht.

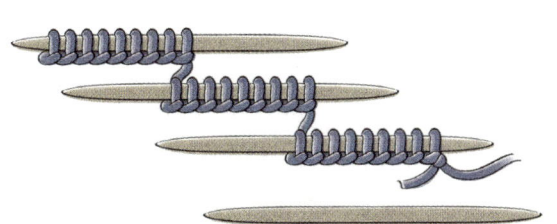

1. Mit einer Anschlagmethode eigener Wahl (siehe S. 34–39) die erforderliche Maschenzahl anschlagen und gleichmäßig auf drei (bei Vierer-Nadelspiel) oder vier (bei Fünfer-Nadelspiel) Stricknadeln verteilen. Hier wird ein Vierer-Nadelspiel verwendet.

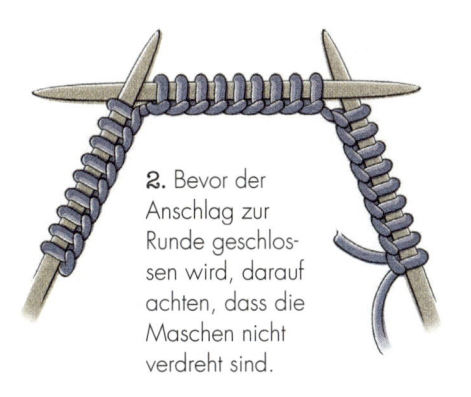

2. Bevor der Anschlag zur Runde geschlossen wird, darauf achten, dass die Maschen nicht verdreht sind.

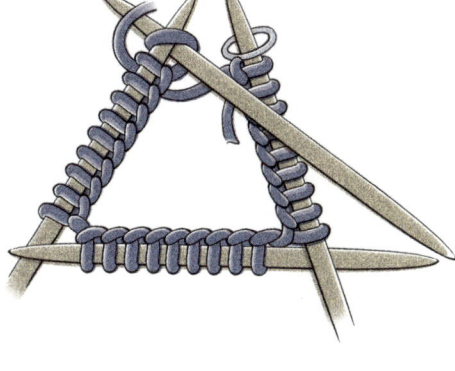

3. Die Nadeln wie ein Dreieck mit sich kreuzenden Spitzen anordnen. Neben die letzte angeschlagene Masche einen Markierungsring für den Rundenbeginn auf die Stricknadel schieben. Den Arbeitsfaden um die Finger legen und mit der freien Nadel die Maschen von der ersten Nadel abstricken. Dabei muss die jeweils erste Masche (bei jedem Nadelwechsel) sehr fest gestrickt werden.

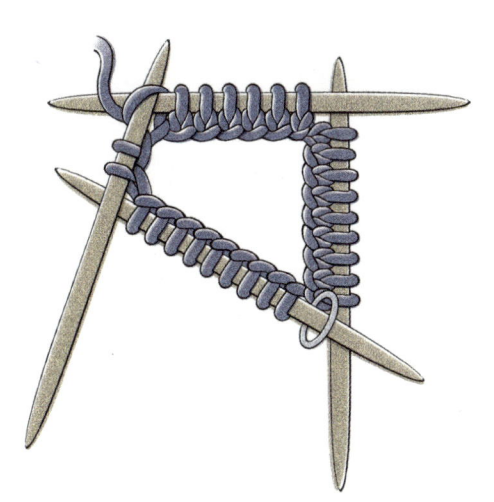

4. Wenn alle Maschen der ersten Nadel abgestrickt sind, ist diese frei und wird zum Abstricken der Maschen von der zweiten Nadel verwendet. Auf diese Weise fortfahren, bis der Markierer erreicht ist. Damit ist die erste Runde fertig. Den Markierer auf die nächste Nadel legen und die zweite Runde stricken.

GLATTE ÜBERGÄNGE

Beim Stricken auf einem Nadelspiel kann es leicht passieren, dass die Maschen an den Übergängen zwischen den Nadeln überdehnt werden, sodass dort unschöne »Leitern« entstehen. Um das zu vermeiden, stricken Sie jeweils die erste Masche jeder Nadel sehr fest. Zusätzlich können Sie den Nadelwechsel alle paar Reihen um eine oder zwei Maschen verschieben und dann die Runde fortsetzen.

Verschiedene Techniken

ZAUBERSCHLINGE

Mit dieser Methode können Sie auf einer langen Rundstricknadel einen dünnen Schlauch stricken. Wer sie beherrscht, braucht sich nicht unbedingt Rundnadeln in verschiedenen Längen anzuschaffen. Wenn Sie das Stricken kleinerer Projekte auf einem Nadelspiel mühselig finden, können Sie ebenfalls mit der Zauberschlinge arbeiten. Besonders gut eignet sich die Methode für Modelle, deren Umfang rasch größer wird, dann brauchen Sie nicht vom Nadelspiel zur Rundnadel zu wechseln.

1. Die erforderliche Maschenzahl auf einer Spitze der Rundstricknadel anschlagen (siehe S. 34–39 und S. 108). Alle Maschen auf das Kabel schieben. Dann das Kabel genau in der Mitte der Anschlagreihe zu einer Schlaufe herausziehen.

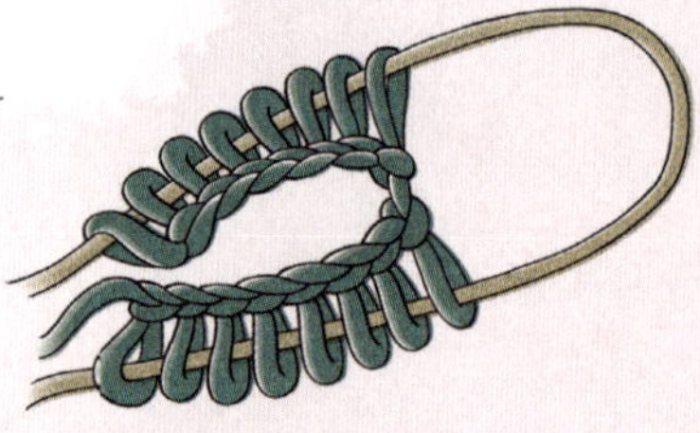

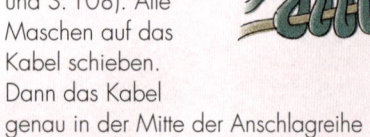

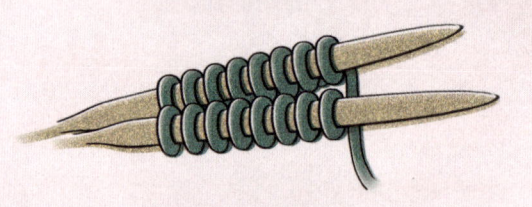

2. Die Maschen auf die beiden Nadelspitzen schieben. Auf jeder Nadelspitze liegt die gleiche Maschenzahl (die Hälfte der angeschlagenen Maschen).

3. *Der Arbeitsfaden hängt an der rechten Nadel. Die linke Nadel festhalten und die rechte nach oben ziehen, sodass die auf ihr liegenden Maschen auf das Kabel rutschen. Die rechte Nadelspitze ist nun frei beweglich. Das Kabel zur Schlaufe legen.

4. Den Arbeitsfaden straff halten und mit der rechten Nadel alle Maschen von der linken Nadel abstricken.

5. Beide Maschengruppen wieder zu den Nadelspitzen schieben, dann den Ablauf ab * wiederholen.

SAUBERE ÜBERGÄNGE

Es liegt in der Natur des Rundstrickens, dass an der Anschlag- und Abkettkante sowie beim Farbwechsel kleine Stufen oder Absätze entstehen können. Hier folgen einige Tricks, um solche Unregelmäßigkeiten zu vermeiden.

GARN ANSETZEN

Rundgestrickte Schläuche haben keine Seitennaht, in der man Fäden vernähen kann. Es ist zwar möglich, die Fäden später auf der Rückseite zu vernähen (siehe S. 227), aber das gelingt selten ganz unauffällig. Alternativ könnten Sie eine der beiden folgenden Methoden ausprobieren.

SPLEISSEN

Dies ist eine Methode zum Ansetzen von Garn in derselben Farbe. Sie eignet sich am besten für zwei- oder mehrfädiges Garn (siehe S. 15).

1. Das neue Garn in eine Sticknadel ohne Spitze einfädeln (siehe S. 26). Mit etwas Abstand zum Ende des alten Garns einstechen und die Nadel vorsichtig etwa 2 cm weit zwischen den Einzelfäden durchschieben. Das neue Garn behutsam nachziehen, aber ein kurzes Ende hängen lassen. Einige Maschen über die Ansatzstelle hinausstricken, dann die herabhängenden Garnenden abschneiden.

EINSTRICKEN

Diese Methode eignet sich zum Ansetzen einer neuen Garnfarbe.

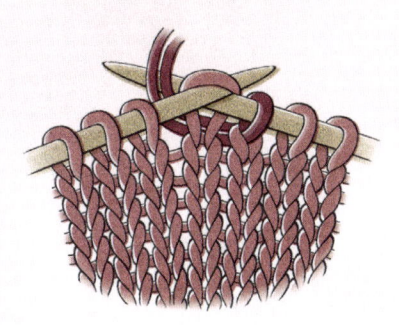

1. Wenn Ihr Garn sich nicht zum Spleißen eignet oder Sie eine andere Farbe ansetzen sollen, stricken Sie die erste Masche in der neuen Farbe und lassen ein 15 cm langes Ende hängen.

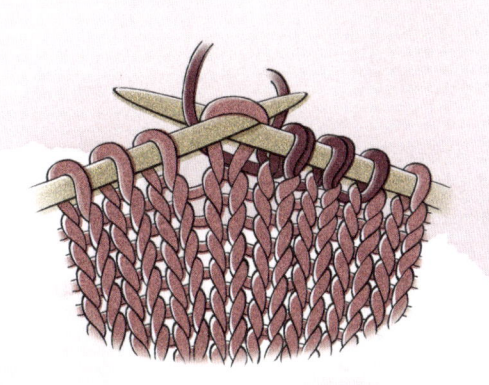

2. Nun Arbeitsfaden und Ende zusammen um die Hand führen und zwei Maschen mit diesem doppelten Faden stricken. Danach das Ende wieder loslassen und die Runde wie gewohnt beenden. In der nächsten Reihe die beiden doppelfädigen Maschen wie normale Maschen stricken. Das lose Fadenende abschneiden.

GLATTE ANSCHLAGKANTE

Beim Rundstricken geht es spiralförmig aufwärts, darum entsteht am Rundenbeginn in der Anschlagkante ein kleiner Absatz. Es gibt mehrere Möglichkeiten, das zu vermeiden. Meiner Meinung nach ist die folgende Methode die einfachste. Sie eignet sich für alle rundgestrickten Werkstücke.

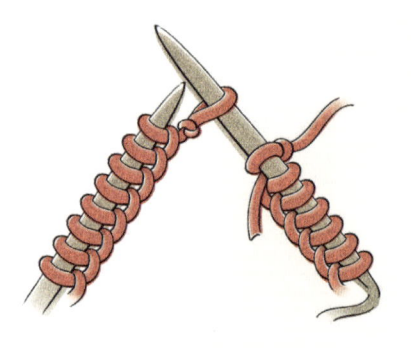

1. Die Maschen wie gewohnt auf einer Rundstricknadel (siehe Abbildung) oder einem Nadelspiel anschlagen (siehe S. 108–109). Die erste Masche der Anschlagreihe von der linken auf die rechte Nadel nehmen.

2. Nun die letzte Masche der Anschlagreihe über die soeben abgehobene ziehen und auf die linke Nadel nehmen. Eventuell muss sie dafür etwas geweitet werden. Danach gut festziehen. Einen Maschenmarkierer aufsetzen (siehe S. 108) und losstricken.

GLATTE ABKETTKANTE

Auch am Ende eines rundgestrickten Schlauchs entsteht normalerweise ein Absatz. Er lässt sich aber schnell und einfach beseitigen.

1. Wie gewohnt abketten (siehe S. 50) und am Ende ein mind. 10 cm langes Fadenende hängen lassen. Das Ende in eine Sticknadel ohne Spitze einfädeln (siehe S. 26) und unter beiden Maschengliedern der ersten abgeketteten Masche und von oben durch die letzte abgekettete Masche nach hinten stechen. Durchziehen, den Faden vorsichtig straffen, dann vernähen.

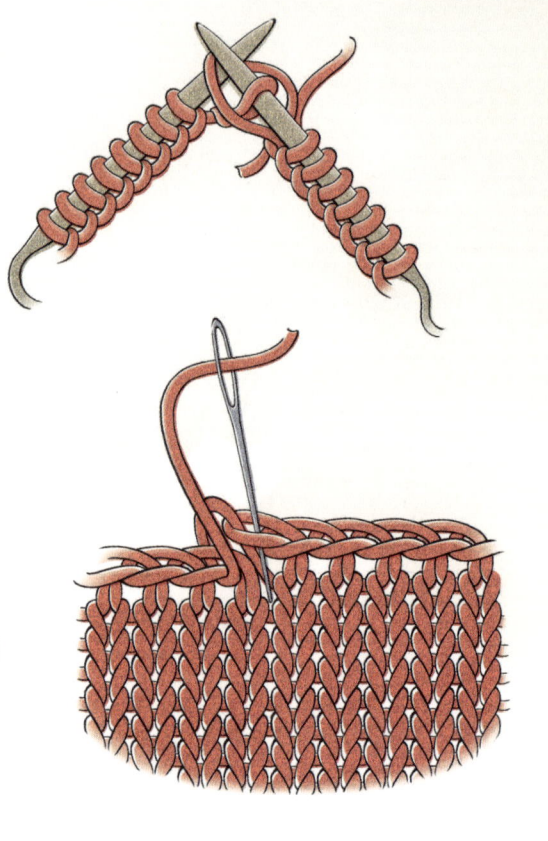

GLATTER FARBWECHSEL

Auch wenn man Streifen in Runden strickt, entsteht jeweils am Rundenwechsel ein kleiner Absatz. Es gibt verschiedene Möglichkeiten, dieses Problem zu umgehen. Die folgende Methode finde ich am einfachsten.

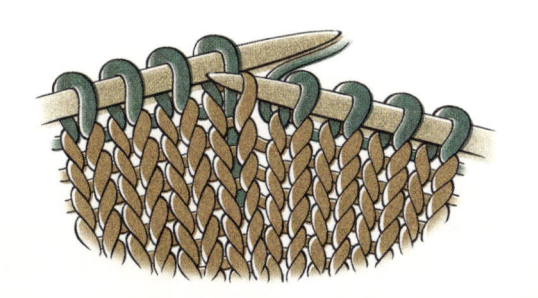

1. Die erste Runde in der neuen Farbe stricken. Sie sollten den Faden möglichst einspleißen (siehe S. 111), denn beim Einstricken wird die erste Masche oft recht locker. Hier hängt auf der Rückseite das Ende des neuen Garns. Es wird später vernäht (siehe S. 227). Am Ende der Runde die rechte Nadel wie zum Linksstricken in die Masche unter der ersten Masche in der neuen Farbe einstechen.

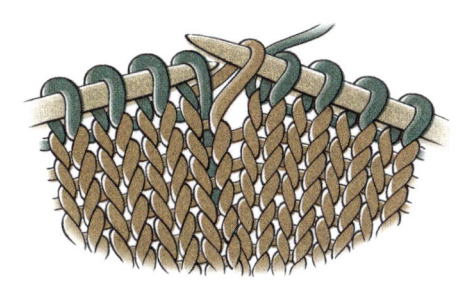

2. Die Masche anheben und auf die linke Nadel legen.

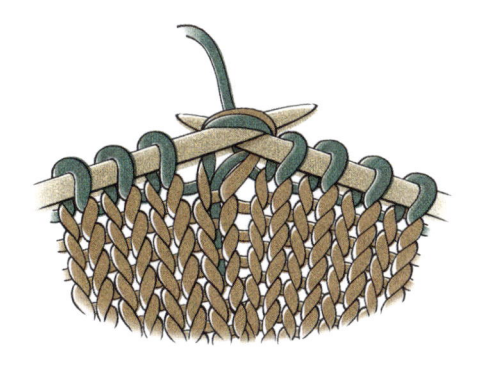

3. Die angehobene Masche und die erste Masche in der neuen Farbe zusammenstricken.

Saubere Übergänge 113

MEHR ALS SCHLÄUCHE

Mit Rundnadeln können nicht nur Schläuche gestrickt werden, sondern auch flächige Medaillons, die später zu Decken oder Teppichen zusammengesetzt werden.

MEDAILLONS

Medaillons können rund, quadratisch oder vieleckig sein. Sie werden von der Mitte nach außen auf einem Nadelspiel gestrickt. Einzeln geben sie praktische Untersetzer ab, man kann sie aber auch zu Tischsets, Kissenhüllen oder Decken zusammennähen. Locker abketten, damit die Ränder flach liegen!

1. Die erforderliche Maschenzahl anschlagen, gleichmäßig auf einem Fünfer-Nadelspiel verteilen und den Rundenbeginn markieren (siehe S. 109).

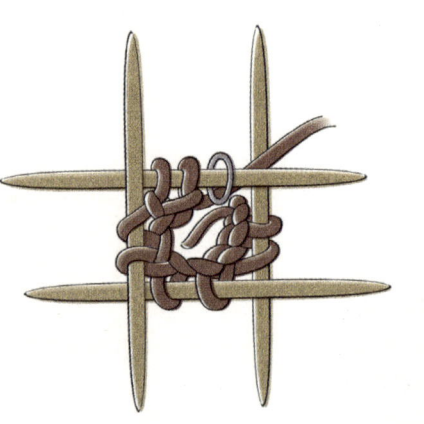

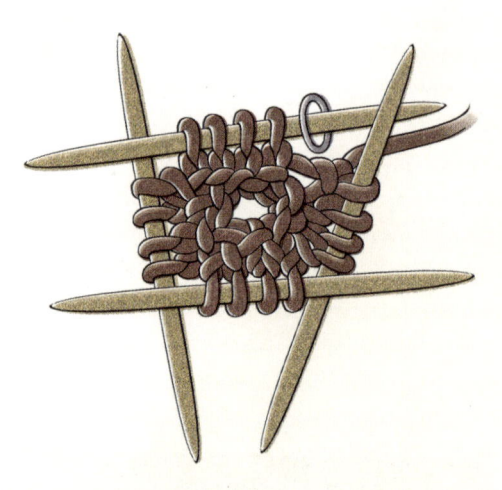

2. Mit der fünften Nadel die erste Runde stricken. Meist werden hier rechte Maschen gearbeitet. Die Maschen in die Mitte der Nadeln schieben, damit sie nicht herunterrutschen. In der nächsten Runde sind oft zahlreiche Zunahmen nötig. Diese erste Zunahmerunde kann etwas knifflig zu stricken sein.

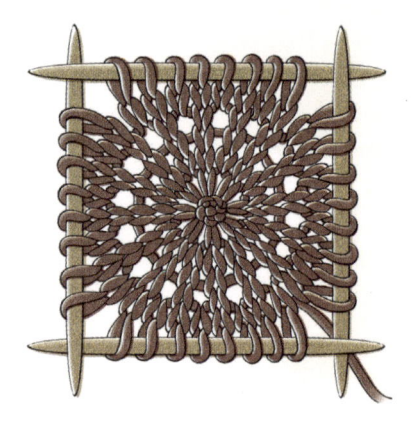

3. Durch die Zunahmen bildet sich anstelle eines Schlauchs jetzt eine Fläche. Medaillons werden schnell größer. Eventuell müssen Sie nach einigen Runden ein Nadelspiel mit längeren Nadeln oder eine Rundstricknadel verwenden.

MEDAILLON GRUNDMUSTER

Dieses Medaillon wird mit einem Fünfer-Nadelspiel gestrickt. 8 M anschl und gleichmäßig auf 4 Nd verteilen. Mit der fünften Nd zu stricken beginnen.

Runde 1: Alle M re verschr str.
Runde 2: Nach jeder M 1 M aus dem Querfaden zun (16 M, 4 pro Nd).
Runde 3: Re M str.
Runde 4: [1 M zun, 1 M re] stets wdh. (24 M, 6 pro Nd)
Runde 3–4 stets wdh, bis die gewünschte Größe erreicht ist. Abketten.

KORDELN

Gestrickte Kordeln können als Bindebänder durch Löcher gefädelt werden oder als Verzierung dienen. Gestrickt wird mit zwei Nadeln eines Nadelspiels, die Maschenzahl ist variabel. Wichtig ist aber, vor allem die erste Masche jeder Reihe sehr fest zu stricken, damit das Maschenbild der Kordel schön gleichmäßig wird. Alternativ eine Strickliesel verwenden.

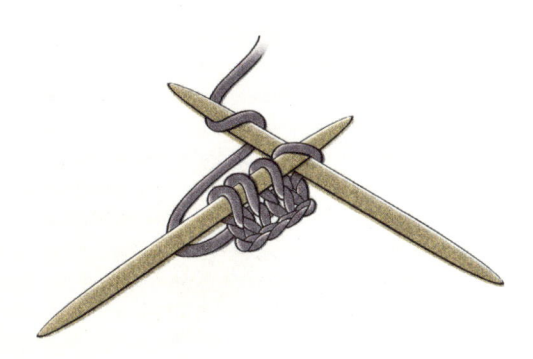

1. Mit einer Methode eigener Wahl (siehe S. 34–39) die erforderliche Maschenzahl anschlagen. Hier sind es 4 Maschen. *Die Maschen zur anderen Nadelspitze schieben, der Arbeitsfaden hängt am linken Ende der kurzen Reihe. Den Arbeitsfaden auf der Rückseite straff nach rechts führen und die erste Masche stricken. Den Faden nochmals festziehen und die restlichen Maschen stricken.

2. Ab * wiederholen, bis die Kordel die gewünschte Länge hat. Nach einigen Reihen wird es einfacher, den Faden von links zur ersten Masche zu ziehen. Am Ende können Sie die Maschen abketten (siehe S. 50) oder zusammenstricken (siehe S. 90), bis noch eine Masche übrig ist. Den Faden abschneiden und durchziehen.

DEKORATIVE KORDELN

Kordeln können auch in anderen Mustern wie Rippen oder Perlmuster gestrickt werden. Selbst Zöpfe sind möglich: Einfach in regelmäßigen Abständen die Maschen verkreuzen (siehe S. 122 und 123).

Wenn Sie zunehmen (siehe S. 80), einige Reihen gerade stricken und wieder abnehmen (siehe S. 90), entsteht eine Kordel mit Noppen. Sie könnten auch eine überlange einfache Kordel stricken und in regelmäßigen Abständen Knoten binden.

Sehr edel sehen Kordeln mit eingestrickten Perlen aus (siehe S. 201). Art und Abstände der Perlen bestimmen Sie selbst.

Mehr als Schläuche

SOCKEN

Handgestrickte Socken sind herrlich gemütlich und gar nicht so schwierig zu stricken. Die Ferse macht den meisten Menschen Kopfzerbrechen, darum folgt hier eine einfache Grundanleitung. Genaue Anweisungen für den ganzen Strumpf entnehmen Sie bitte Ihrer Modellanleitung. Anfänger sollten aber zuerst nur diese Grundanleitung üben, um das Prinzip zu verstehen.

1. 42 Maschen anschlagen und gleichmäßig auf 3 Nadeln verteilen (14 M pro Nd). Das Bündchen in gewünschter Breite in Einerrippen stricken, dann glatt rechts fortfahren, bis der Schaft die gewünschte Länge hat. Gemessen wird ab Anschlagkante bis zum Beginn der Ferse. Den Faden abschneiden, dabei ein 10 cm langes Ende hängen lassen. Es wird später vernäht (siehe S. 227).

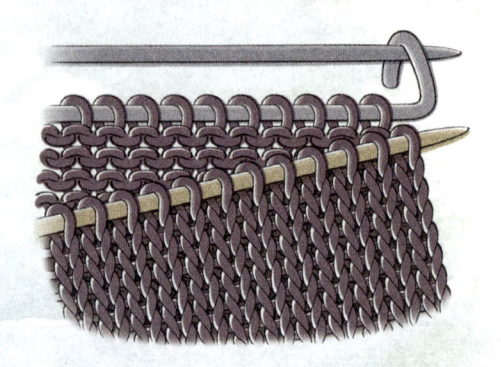

2. Die Fersenmaschen auf eine Nadel nehmen. Hier sind es die ersten 11 und die letzten 11 Maschen der letzten Runde. Die übrigen 20 Maschen auf einem Maschenraffer stilllegen.

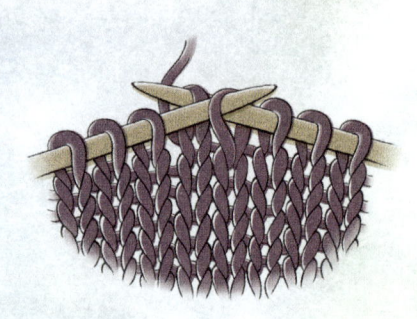

3. Auf der rechten Seite der Arbeit den Faden am rechten Ende der Fersennadel neu ansetzen (siehe S. 71). Die 22 Maschen rechts stricken, dann wenden und die Rückreihe links stricken. Weiter glatt rechts in Reihen stricken, bis etwa zwei Drittel ihrer Fersenhöhe erreicht sind (meist ca. 7,5 cm). Mit einer Rückreihe enden. In der nächsten Reihe wird für das Käppchen mit verkürzten Reihen begonnen (siehe S. 98–101). 14 Maschen rechts stricken, dann 2 Maschen rechts überzogen zusammenstricken (siehe S. 93). Die nächste Masche umwickeln, zurückschieben, dann wenden (siehe S. 98). Auf der rechten Nadel liegen nun 6 Maschen, auf der linken 15.

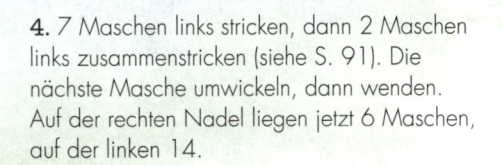

4. 7 Maschen links stricken, dann 2 Maschen links zusammenstricken (siehe S. 91). Die nächste Masche umwickeln, dann wenden. Auf der rechten Nadel liegen jetzt 6 Maschen, auf der linken 14.

5. In der nächsten Reihe 7 Maschen rechts stricken, 2 Maschen rechts überzogen zusammenstricken, dann mit Wicklung wenden. In der Rückreihe 7 Maschen links stricken, 2 Maschen links zusammenstricken und mit Wicklung wenden. Die beiden letzten Reihen stets wiederholen, bis nur noch 8 Maschen übrig sind. Am Ende der letzten beiden Reihen entfällt die Wicklung. Mit einer Rückreihe enden. Die Arbeit wenden.

6. Jetzt wieder mit dem Nadelspiel in Runden arbeiten. Die 8 Fersenmaschen rechts stricken. An der Seitenkante der Ferse Maschen aufnehmen, um den Zwischenraum zwischen Ferse und stillgelegten Maschen zu überbrücken. Hier wurden 10 Maschen aufgenommen. Die stillgelegten Maschen über dem Spann auf eine Stricknadel nehmen und rechts stricken.

7. Mit einer weiteren Nadel an der anderen Seitenkante der Ferse ebenso viele Maschen aufnehmen wie an der ersten (hier 10 Maschen). Zuletzt die Hälfte der Fersenmaschen stricken (hier 4 Maschen). Einen Maschenmarkierer auf die Nadel schieben: Der Rundenbeginn liegt nun unter der Fußsohle. Insgesamt befinden sich 48 Maschen auf 3 Nadeln: 14 auf der ersten, 20 auf der zweiten und 14 auf der dritten Nadel.

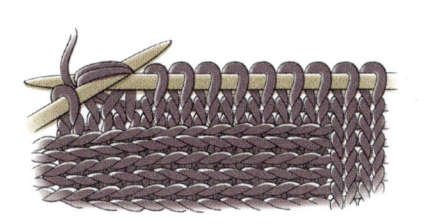

8. Eine Runde rechts stricken. In der nächsten Runde die drittletzte und vorletzte Masche der ersten Nadel rechts zusammenstricken (siehe S. 90), die letzte Masche rechts stricken.

9. Die 20 Maschen der zweiten Nadel rechts stricken. Die erste Masche der dritten Nadel rechts stricken, die nächsten beiden Maschen rechts überzogen zusammenstricken und die Runde rechts beenden.

10. Diese Abnahmen so oft wiederholen, wie in der Anleitung angegeben ist. Den Mittelfuß in Runden (ohne Zu- und Abnahmen) rechts stricken. Wenn die gewünschte Länge erreicht ist, für die Spitze abnehmen. Danach die verbleibenden Maschen gleichmäßig auf zwei Nadeln verteilen und gemeinsam abketten (siehe S. 53).

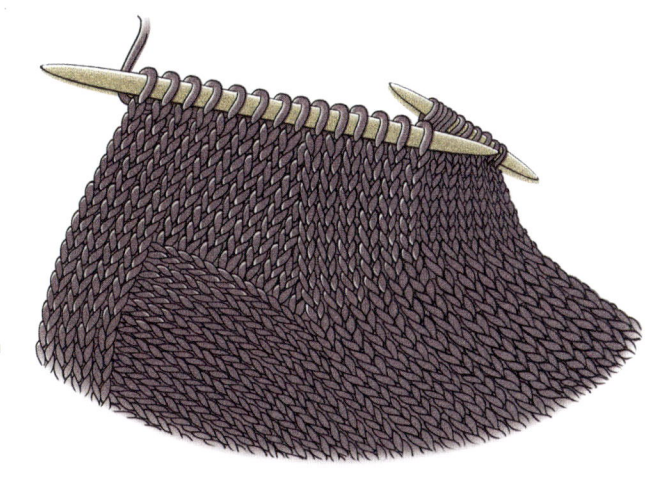

Mehr als Schläuche

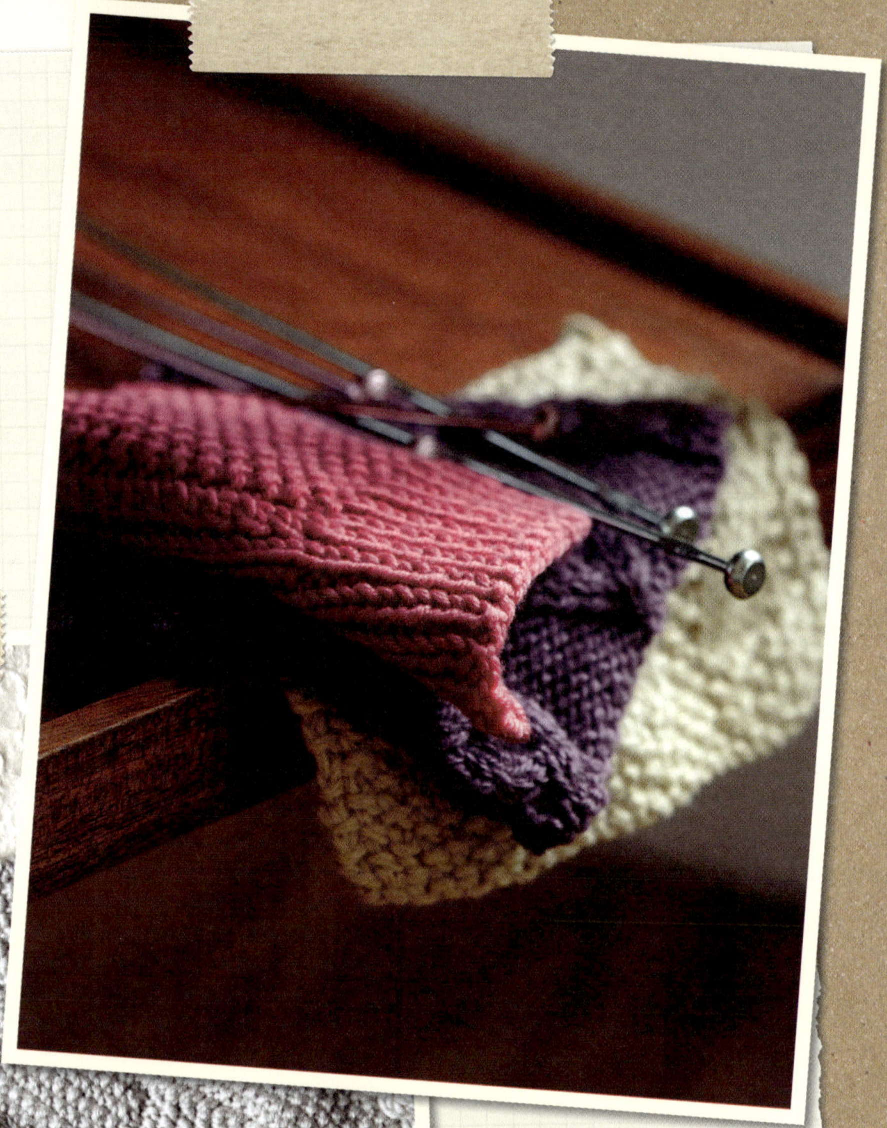

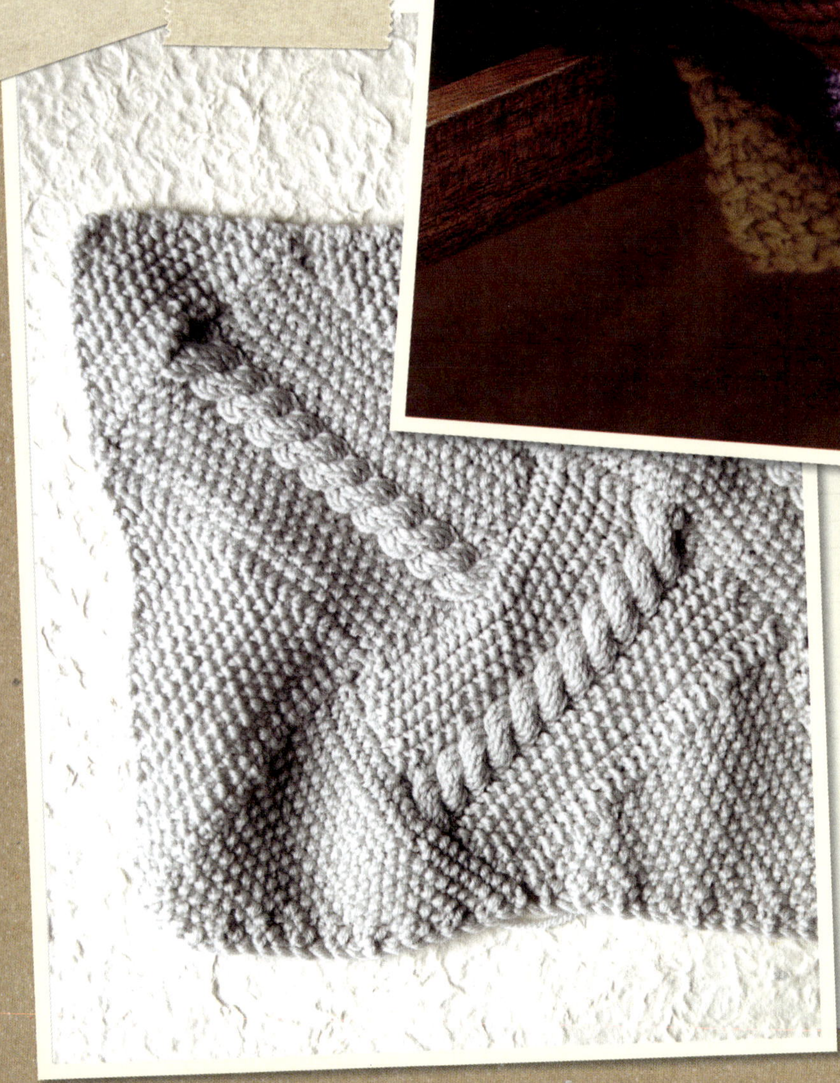

STRUKTURMUSTER

Ich finde es immer wieder faszinierend, dass sich beim Stricken mit kaum mehr als rechten und linken Maschen so viele ganz verschiedene Strukturen gestalten lassen – von dicken Aranpullovern mit plastischen Zopfmustern bis zu zarten Lacearbeiten mit filigranen Lochmustern. Durch spezielle Techniken entstehen reliefartige Elemente wie Noppen, Schlaufen oder Fransen. Ebenso ist es möglich, der gestrickten Fläche eine Biesen-, Falten- oder Flechtoptik zu verleihen.

ZOPF-MUSTER

Zopfmuster bestehen aus Gruppen von Maschen, die miteinander verkreuzt werden. Verkreuzt man einzelne Maschen, entstehen zartere Strukturmuster. Die traditionellen Fischerpullover von den Aran-Inseln sind oft mit sehr komplexen, raffiniert verschlungenen Mustern aus Zöpfen und verkreuzten Maschen gestaltet.

HINTERGRÜNDE FÜR ZÖPFE

Zopfmuster werden normalerweise auf kraus links gestricktem Grund gearbeitet, weil sie darauf besonders gut zur Geltung kommen. Andere unauffällige Strukturmuster eignen sich aber ebenfalls als Hintergrund und es ist auch möglich, Zopfmuster aus linken Maschen auf einem glatt rechts gestrickten Grund zu arbeiten. Am besten eignen sich Garne aus Wolle oder Wollmischungen, weil sie elastisch sind. In Baumwoll- und Baumwollmischgarnen treten die Zöpfe schön klar hervor, aber an den Kreuzungen können kleine Löcher entstehen.

KRAUS LINKS

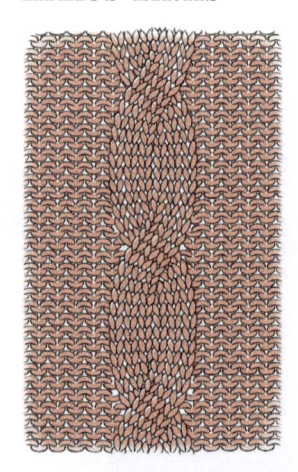

Dieses Muster wird oft als ungeliebte Rückseite von glatt rechts abgetan, hat aber auch einen eigenständigen Wert. Es bildet beispielsweise einen schönen Kontrast zu glatt rechts gestrickten Zöpfen. Durch den Wechsel können zwischen der letzten rechten Masche des Zopfes und der ersten linken Masche des Hintergrunds kleine Löcher entstehen, doch sie sind kein unlösbares Problem (siehe S. 305).

PERLMUSTER

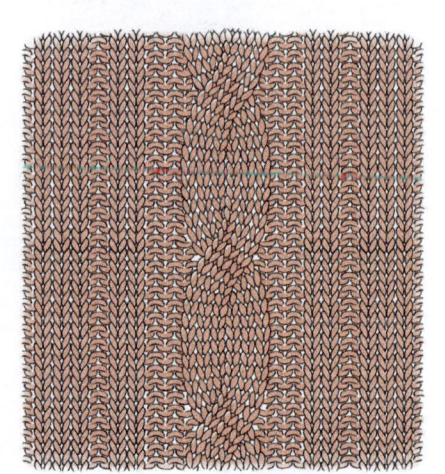

Dieses Strukturmuster wird oft zum Ausfüllen von Flächen verwendet, etwa im Inneren einer Raute. Es eignet sich aber auch als Hintergrundmuster. Seine Struktur ist etwas lebhafter als ein kraus links gestrickter Grund. Übergroße Maschen, die bei kraus links gestricktem Grund auf der linken Seite von Zöpfen auftreten können, kommen auf Perlmustergrund selten vor.

RIPPEN

Zöpfe werden oft mit anderen Mustern kombiniert, beispielsweise verkreuzten Maschen, Rippen und Noppen (siehe S. 129–135). Wenn in einem Rippenmuster die Rechtsrippen mehr als drei Maschen breit sind, fällt die linke Masche oft lockerer aus als die anderen, aber dieses Problem lässt sich lösen (siehe S. 305).

ANSCHLAG FÜR ZÖPFE

Wird direkt nach der Anschlagreihe kein Bündchen gestrickt, sondern sofort mit dem Zopfmuster begonnen, kann die Anschlagreihe durch die Verkreuzungen wellig werden. Das lässt sich mit der folgenden Methode vermeiden. Schlagen Sie aber vor allem mit Baumwollgarn nicht zu fest an, sonst kann der Strick oberhalb der Anschlagreihe Beulen werfen.

1. Mit einer Methode eigener Wahl (siehe S. 34–39) alle Maschen für den Hintergrund, aber nur die Hälfte der für die Zöpfe benötigten Maschen anschlagen. Für einen Zopf über 6 Maschen mit je 10 Maschen Hintergrund (kraus links) auf jeder Seite werden also 23 (statt 26) Maschen angeschlagen. Den Hintergrund bis zum ersten Zopf stricken.

2. Aus jeder Masche für den Zopf 2 Maschen herausstricken (siehe S. 89), um auf die korrekte Maschenzahl zu kommen. Die Reihe beenden und die weiteren Zopfmusterreihen wie üblich stricken.

ZOPFMUSTER ABKETTEN

Beim Abketten von Zopfmustern entstehen ebenfalls oft Wellen, wodurch Schulter- und andere Nähte unordentlich aussehen können. Das lässt sich vermeiden, indem man vor dem Abketten abnimmt. Hier werden die oben rechts liegenden Maschen des Zopfs rechts zusammengestrickt (siehe S. 90). Ist der Zopf nach links verkreuzt, stricken Sie die Maschen überzogen zusammen (siehe S. 93).

1. Die Hintergrundmaschen bis zum ersten Zopf abketten. Die ersten beiden Maschen des Zopfs rechts zusammenstricken (siehe S. 90).

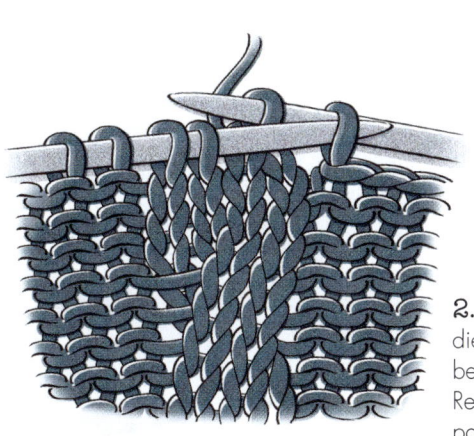

2. Die letzte abgekettete Masche des Hintergrunds über die beiden zusammengestrickten ziehen. Die nächsten beiden Maschen des Zopfs zusammen abketten. Bis zum Reihenende fortfahren, also die Zopfmaschen jeweils paarweise zusammenstricken und abketten.

ZOPF NACH RECHTS VERKREUZT

Bei diesem Zopfmuster werden einige Maschen auf einer Zopfnadel hinter die Arbeit gelegt. Dann werden die nächsten Maschen von der linken Nadel gestrickt, danach die Maschen von der Zopfnadel. So entsteht eine Verkreuzung nach rechts. Die Abbildung zeigt einen Zopf über 4 Maschen. Eine gängige Abkürzung dafür lautet »Z4R«. Zöpfe können auch über mehr oder weniger Maschen gestrickt werden. Dickes Garn eignet sich aber nicht gut für sehr breite Zöpfe.

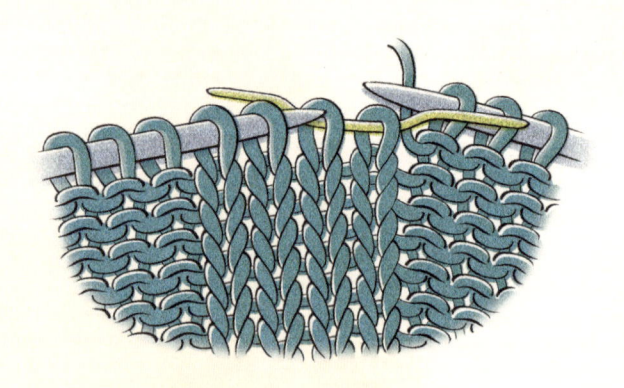

1. Bis zur Position des Zopfs arbeiten. Die nächsten beiden Maschen auf eine Zopfnadel heben.

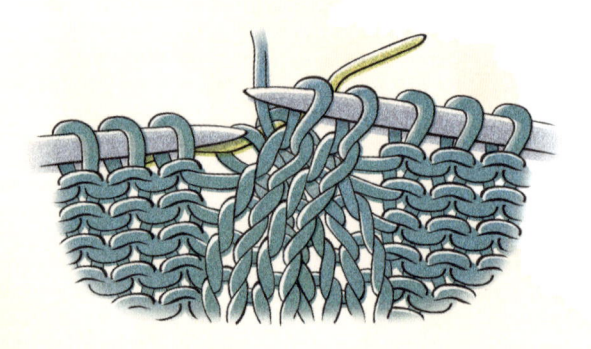

2. Die Zopfnadel mit den beiden Maschen hinter die Arbeit legen, dann die nächsten beiden Maschen von der linken Nadel stricken.

ZOPFNADEL

Notfalls kann zum kurzfristigen Stilllegen der Maschen beim Verkreuzen eine Nadel aus einem Nadelspiel benutzt werden. Viel praktischer ist aber eine abgeknickte oder u-förmige Zopfnadel (siehe S. 24) in passender Stärke, von der die Maschen beim Verkreuzen nicht so leicht herunterrutschen können.

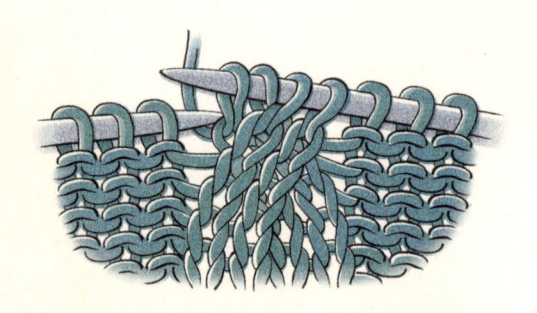

3. Danach die beiden Maschen von der Zopfnadel stricken. Die Verkreuzung ist abgeschlossen.

ZOPF NACH LINKS VERKREUZT

Hier werden einige Maschen auf einer Zopfnadel vor die Arbeit gelegt. Dann werden die nächsten Maschen von der linken Nadel gestrickt, danach die Maschen von der Zopfnadel. So entsteht eine Verkreuzung nach links. Die Abbildung zeigt einen Zopf über 4 Maschen. Eine gängige Abkürzung dafür lautet »Z4L«. Verkreuzt man immer in derselben Richtung, sieht der Zopf aus wie eine Kordel. Verkreuzt man abwechselnd nach rechts und nach links, entsteht eine Schlangenlinienstruktur.

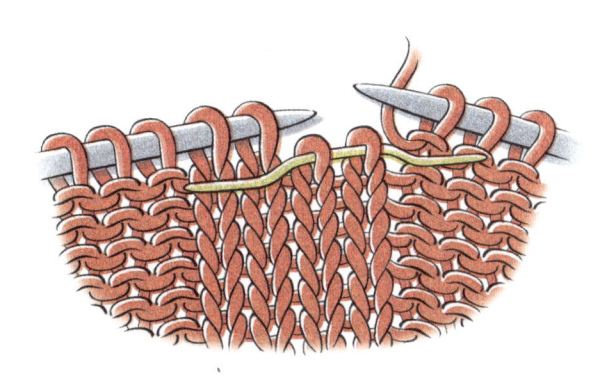

1. Bis zur Position des Zopfs arbeiten. Die nächsten beiden Maschen auf eine Zopfnadel legen.

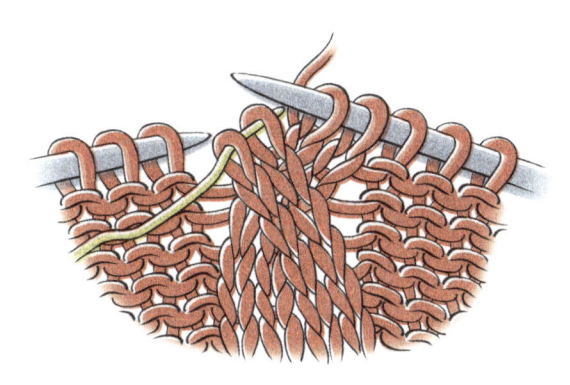

2. Die Zopfnadel mit den Maschen vor die Arbeit legen. Die nächsten beiden Maschen von der linken Nadel stricken, dann die beiden Maschen von der Zopfnadel rechts stricken.

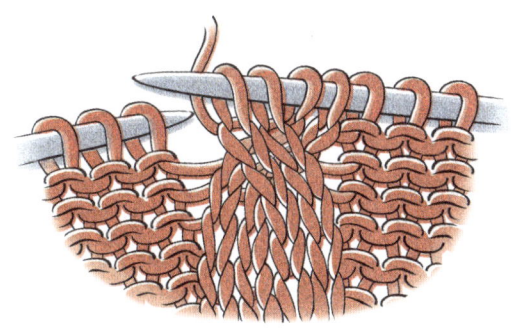

3. Die Verkreuzung ist abgeschlossen.

Zopfmuster

VERKREUZTE MASCHEN: RECHTS

In diesem Fall werden rechte Maschen und linke Maschen miteinander verkreuzt. So ergibt sich ein Maschenbild, das aussieht, als würde ein Strang oder Band aus rechten Maschen schräg über den kraus links gestrickten Grund verlaufen. Hier werden 3 Maschen miteinander verkreuzt: 2 rechte und eine linke. Eine übliche Abkürzung dafür lautet »3 M rvkr«. Die Anzahl der verkreuzten Maschen ist variabel.

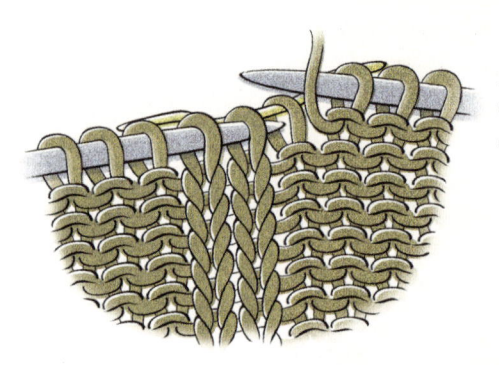

1. Bis zur letzten Masche vor der Verkreuzung stricken. Die verbliebene linke Masche auf eine Zopfnadel nehmen und hinter die Arbeit legen.

2. Die beiden folgenden rechten Maschen rechts stricken.

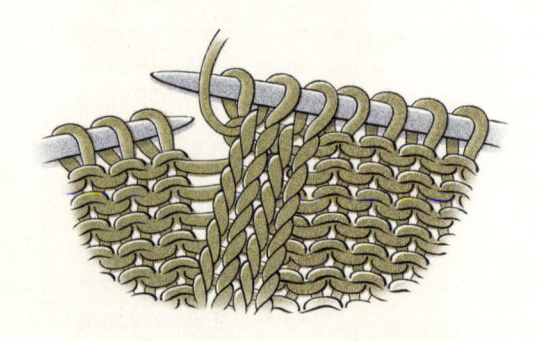

3. Danach die Masche von der Zopfnadel links stricken. Die Verkreuzung ist abgeschlossen.

VERKREUZTE MASCHEN: LINKS

Eine gängige Abkürzung für diese Art der Verkreuzung lautet »3 M lvkr«. Sie wird ebenso gearbeitet wie die Verkreuzung nach rechts (siehe linke Seite), nur werden in diesem Fall zwei Maschen auf der Zopfnadel vor die Arbeit gelegt.

1. Bis zur Verkreuzung stricken. Die beiden zu kreuzenden Maschen auf eine Zopfnadel legen.

2. Die Zopfnadel vor die Arbeit legen, die nächste Masche von der linken Nadel links stricken, dann die beiden Maschen von der Zopfnadel rechts stricken

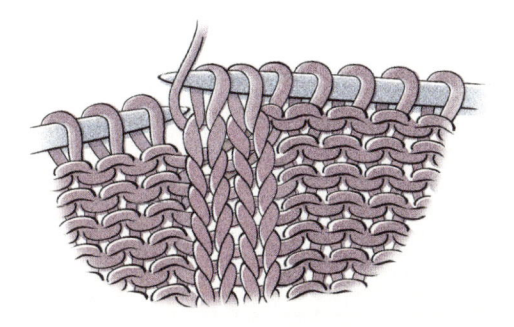

3. Die Verkreuzung ist abgeschlossen.

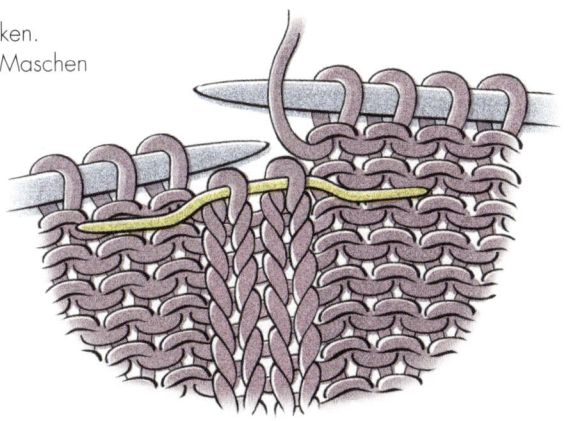

Zopfmuster

RECHTS VERKREUZEN IN EINER RECHTSREIHE

Werden nur zwei einzelne Maschen verkreuzt, kann auf die Zopfnadel verzichtet werden. Das Ergebnis wirkt weniger plastisch als ein Zopfmuster, aber auch sehr interessant. Sie können zwei rechte oder zwei linke oder eine rechte/eine linke Masche miteinander verkreuzen. Die Abkürzungen lauten »2 M lvkr« bzw. »2 M rvkr«.

1. Bis zur Masche vor der Verkreuzung stricken. Die rechte Nadel wie zum Rechtsstricken in die zweite Masche auf der linken Stricknadel einstechen und diese rechts stricken, aber die Maschen nicht von der linken Nadel ziehen.

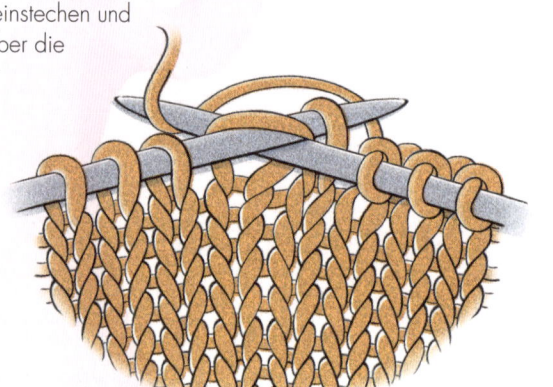

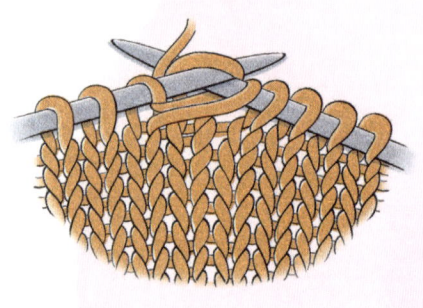

2. Nun die erste Masche auf der linken Nadel ebenfalls rechts stricken. Danach beide Maschen von der linken Nadel gleiten lassen. Die Verkreuzung nach rechts ist abgeschlossen.

LINKS VERKREUZEN IN EINER RECHTSREIHE

Neben den hier genannten Abkürzungen sind gerade für Zöpfe und verkreuzte Maschen auch andere zu finden. Richten Sie sich im Zweifelsfall immer nach den Angaben in der Anleitung zu Ihrem Modell.

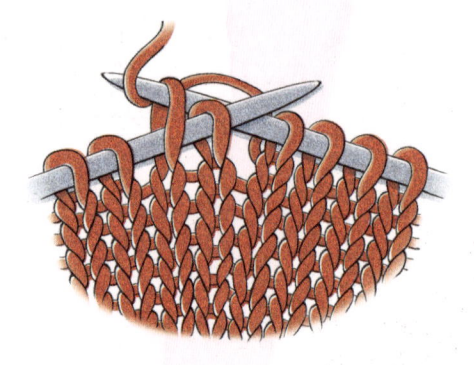

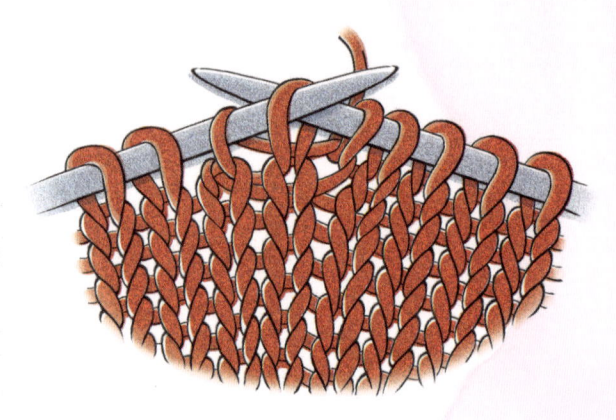

1. Bis zur Masche vor der Verkreuzung stricken. Mit der rechten Nadel von hinten in die zweite Masche auf der linken Nadel einstechen und diese rechts verschränkt stricken. Beide Maschen bleiben auf der linken Nadel.

2. Nun die erste Masche auf der linken Nadel normal rechts stricken. Danach beide Maschen von der linken Nadel gleiten lassen. Die Verkreuzung nach links ist abgeschlossen.

RECHTS VERKREUZEN IN EINER LINKSREIHE

Auch in Linksreihen können einzelne Maschen miteinander verkreuzt werden. Auf der rechten Seite ist diese Verkreuzung – ebenfalls nach rechts – besser zu erkennen.

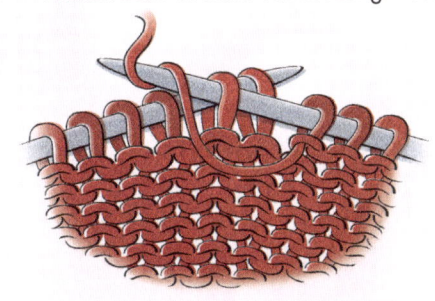

1. Bis zur Masche vor der Verkreuzung stricken. Nun zuerst die zweite Masche auf der linken Stricknadel links stricken, aber beide Maschen auf der linken Nadel lassen.

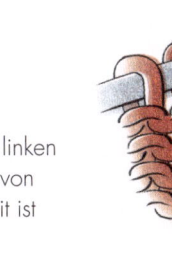

2. Danach die erste Masche auf der linken Nadel links stricken. Beide Maschen von der linken Nadel gleiten lassen. Damit ist die Verkreuzung abgeschlossen.

LINKS VERKREUZEN IN EINER LINKSREIHE

Auf der rechten Seite ist die Verkreuzung – ebenfalls nach links – zu erkennen.

1. Bis zur Masche vor der Verkreuzung stricken. Die zweite Masche auf der linken Nadel von hinten (siehe Abbildung) links verschränkt stricken. Beide Maschen bleiben auf der linken Nadel.

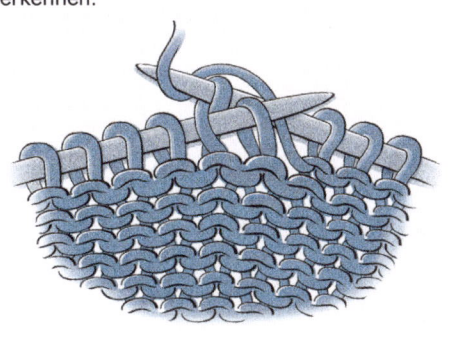

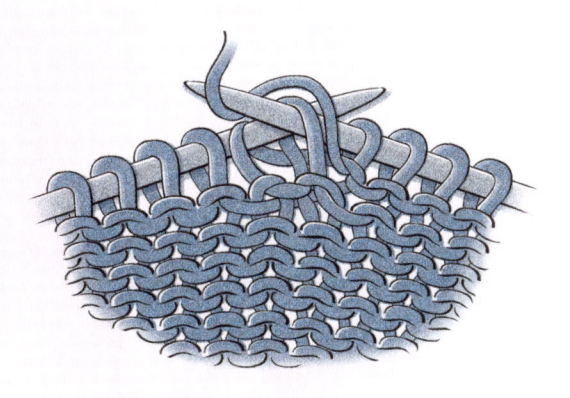

2. Nun die erste Masche auf der linken Stricknadel links stricken. Danach beide Maschen von der Nadel gleiten lassen. Damit ist die Verkreuzung abgeschlossen.

Zopfmuster

NACH RECHTS VERDREHEN

In diesem Buch wird eine verdrehte Masche als einzelne rechte Masche auf kraus links gestricktem Grund bezeichnet. Eine verkreuzte Masche hingegen ist eine einzelne rechte Masche auf glatt rechts gestricktem Grund. Achtung: Diese Begriffe und Definitionen können anders verwendet werden.

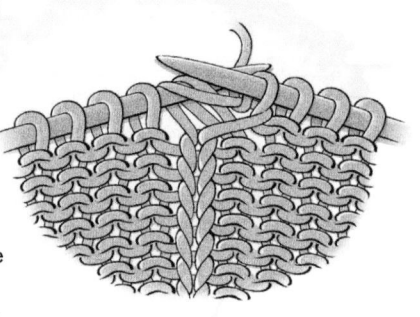

1. Bis zur Masche vor der Verkreuzung links stricken. Die zweite Masche auf der linken Nadel rechts stricken. Die Maschen nicht von der linken Nadel gleiten lassen.

2. Den Faden vor die Arbeit legen und die erste Masche auf der linken Nadel links stricken. Dann beide Maschen von der linken Nadel gleiten lassen. Die Verdrehung ist abgeschlossen.

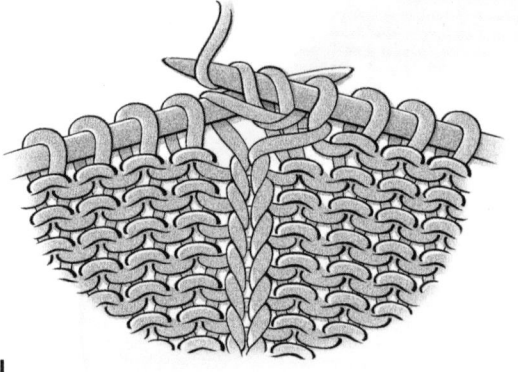

NACH LINKS VERDREHEN

Hier wird eine einzelne rechte Masche auf kraus links gestricktem Grund nach links verschoben.

1. Bis zur Masche vor der Verkreuzung links stricken. Die zweite Masche auf der linken Nadel hinter der ersten Masche links verschränkt stricken. Beide Maschen bleiben auf der linken Nadel.

2. Den Faden hinter die Arbeit legen. Die erste Masche auf der linken Nadel rechts stricken. Danach beide Maschen von der linken Nadel gleiten lassen. Die Verdrehung ist abgeschlossen.

NOPPEN

Noppen können auf einer gestrickten Fläche optische Akzente setzen. Man kann sie, wie in Aran-Mustern, mit Zöpfen oder Rippen kombinieren, sie sehen aber auch an einer Bordüre oder an der Kante eines Kragens hübsch aus. Es gibt viele verschiedene Arten, Noppen zu stricken. Hier werden einige beliebte Methoden vorgestellt. Vielleicht haben Sie Lust, eine eigene Variante zu erfinden?

POPCORN

Diese kleinen Noppen sehen eher aus wie Knötchen. Wegen ihrer geringen Größe eignen sie sich gut für dickeres Garn. Hier wird die Technik auf kraus links gestricktem Grund gezeigt, Sie können aber ebenso einen anderen Hintergrund wählen.

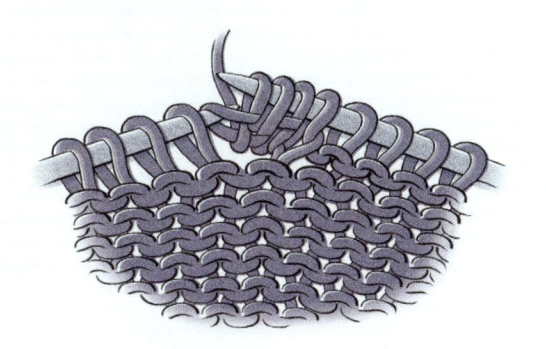

1. Bis zur Position der Noppe stricken. Den Faden hinter die Arbeit legen und wie beim Zunehmen (siehe S. 80) 4 Maschen aus der nächsten Masche herausstricken. Dafür von vorn, von hinten, von vorn und nochmals von hinten einstechen. Die ursprüngliche Masche von der linken Nadel gleiten lassen.

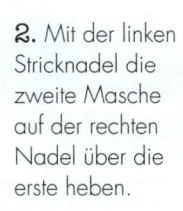

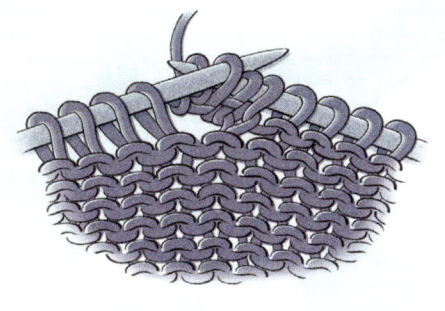

2. Mit der linken Stricknadel die zweite Masche auf der rechten Nadel über die erste heben.

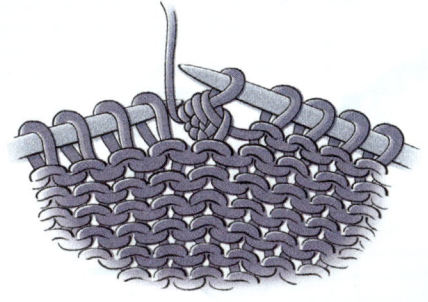

3. Dann die dritte und danach die vierte Masche über die erste heben. Eine Masche bleibt übrig, das Popcorn ist fertig.

GROSSE NOPPE

Die Größe dieser Noppe lässt sich leicht variieren, indem man die Anzahl der Reihen verändert. Hier wird eine glatt rechts gestrickte Noppe auf kraus links gestricktem Grund gezeigt. Wenn Sie die erste Reihe der Noppe nicht links, sondern rechts stricken, entsteht eine kraus links gestrickte Noppe.

1. Bis zur Position der Noppe stricken. Aus der nächsten Masche 4 Maschen herausstricken (1 Masche rechts, 1 Masche links, noch 1 Masche rechts und wieder 1 Masche links). Dabei den Faden je nach Bedarf vor oder hinter die Arbeit legen. Die ursprüngliche Masche von der linken Nadel gleiten lassen.

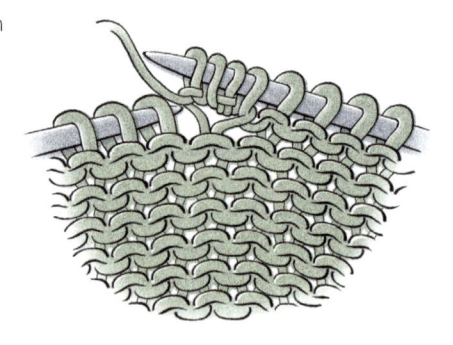

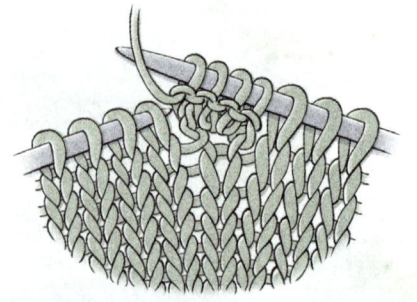

2. Wenden und die 4 Maschen der Noppe links stricken.

3. Wieder wenden und die 4 Maschen der Noppe rechts stricken. Nochmals wenden und die vier Maschen links stricken. Die Noppe besteht jetzt aus 4 Reihen glatt rechts.

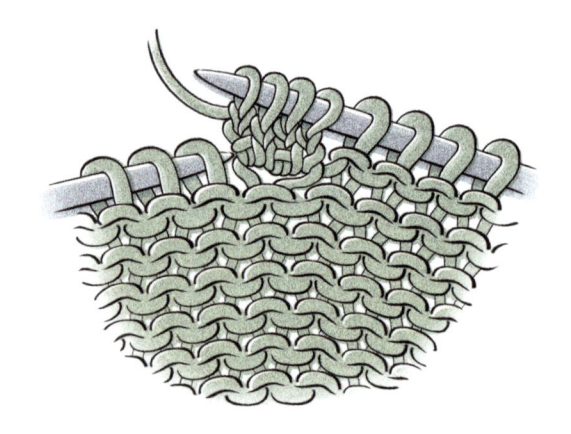

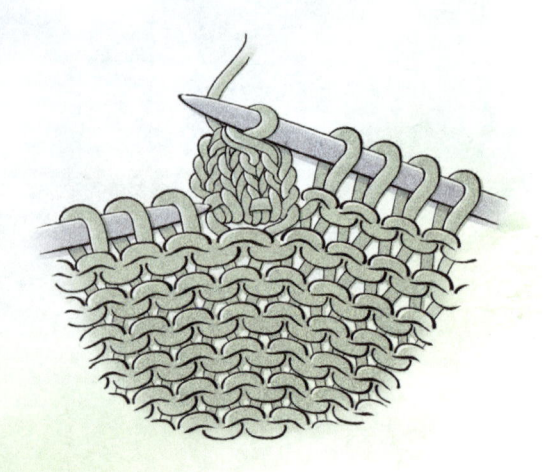

4. Die Arbeit wenden, Sie sehen die rechte Seite. Die ersten beiden Maschen wie zum Rechtsstricken (siehe S. 77) auf die rechte Nadel abheben. Die nächsten beiden Maschen rechts zusammenstricken (siehe S. 90), dann die beiden abgehobenen Maschen einzeln über die zuletzt gestrickte heben. Damit ist die Noppe fertig.

130   Strukturmuster

NOPPE MIT UMSCHLAG

Auch aus einem Umschlag (siehe S. 136–137) lässt sich eine Noppe stricken. Sie ist jedoch flacher und fällt weniger ins Auge als die große Noppe (siehe linke Seite). Hier wird eine glatt rechts gestrickte Noppe auf kraus links gestricktem Grund gezeigt.

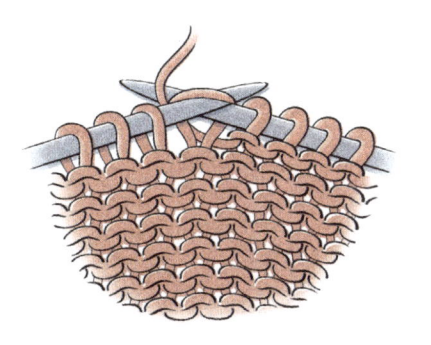

1. Bis zur Position der Noppe stricken. Den Faden hinter die Arbeit legen. Die nächste Masche rechts stricken, aber auf der Nadel lassen.

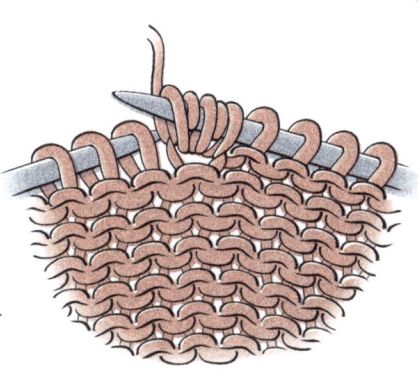

2. Einen Umschlag arbeiten (siehe S. 136), dann die Masche wieder rechts stricken. Noch einen Umschlag arbeiten und die Masche ein drittes Mal rechts stricken. Nun die ursprüngliche Masche von der linken Nadel gleiten lassen.

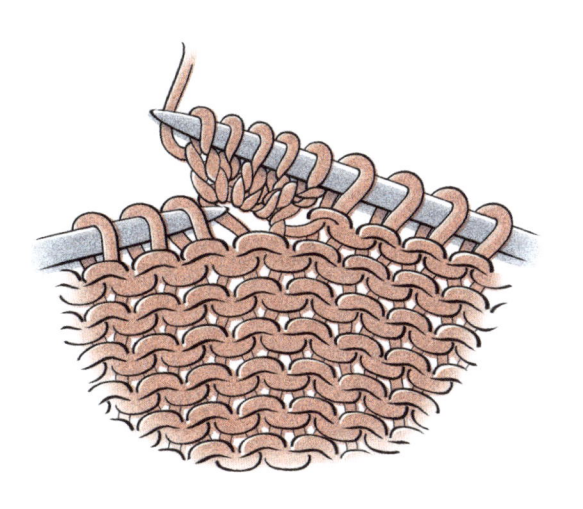

3. Die Arbeit wenden und die 5 Maschen der Noppe links stricken. Wieder wenden und die Maschen rechts stricken. Erneut wenden. 2 Maschen links zusammenstricken (siehe S. 91), 1 Masche links stricken und nochmals 2 Maschen links zusammenstricken. Drei Maschen bleiben übrig.

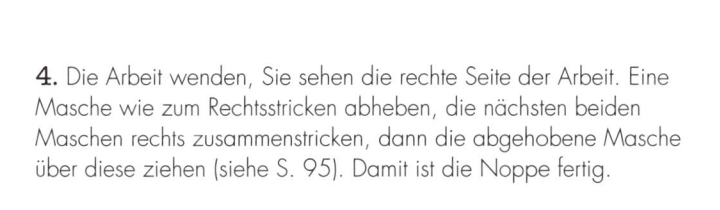

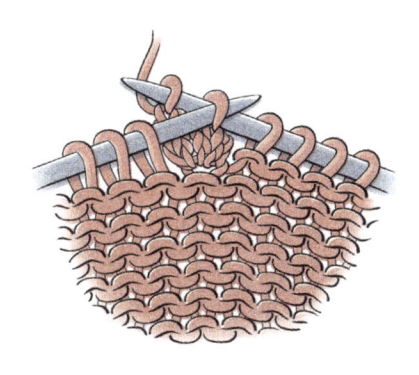

4. Die Arbeit wenden, Sie sehen die rechte Seite der Arbeit. Eine Masche wie zum Rechtsstricken abheben, die nächsten beiden Maschen rechts zusammenstricken, dann die abgehobene Masche über diese ziehen (siehe S. 95). Damit ist die Noppe fertig.

KORDELNOPPE

Dies ist eine Mischung aus Noppe und Kordel. Weil die Arbeit nicht gewendet werden muss, eignet sich diese Noppe besonders gut für Decken und andere schwere, große Werkstücke. Hier wird sie auf einem kraus links gestrickten Hintergrund gezeigt, sie kann aber auch auf anderem Grund gestrickt werden.

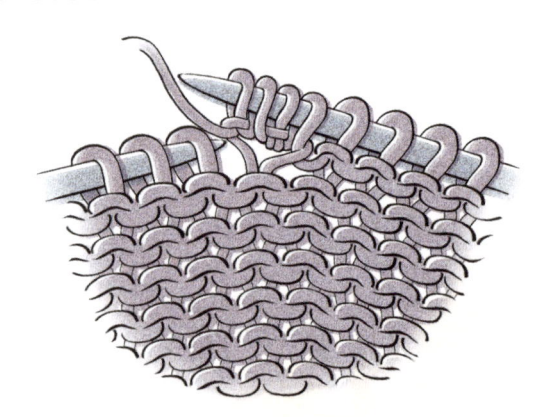

1. Bis zur Position der Noppe stricken. Aus der nächsten Masche 4 Maschen herausstricken: abwechselnd rechts und links, dabei den Faden jeweils vor und hinter die Arbeit legen. Dann die ursprüngliche Masche von der linken Nadel gleiten lassen.

2. Den Faden hinter die Arbeit legen. *Die 4 Maschen der Noppe wieder auf die linke Nadel heben. Den Arbeitsfaden hinter den Maschen nach rechts führen und die 4 Maschen erneut stricken, wie für eine Kordel. Zieht man den Faden stramm, wird die Noppe schmal und schlauchförmig. Lässt man den Faden eher locker, wird die Noppe rundlicher.

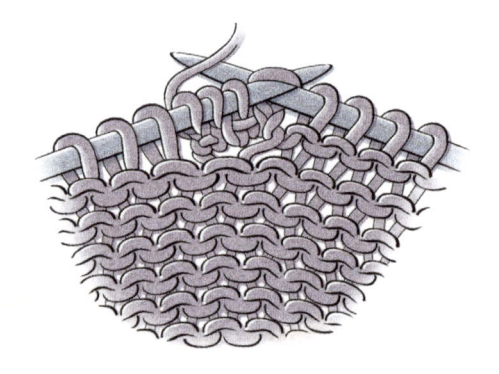

3. Ab * noch zweimal wiederholen. Die ersten beiden Maschen auf die linke Nadel heben und rechts zusammenstricken (siehe S. 90). Dann die ersten beiden Maschen auf der rechten Nadel einzeln über die gestrickte Masche heben. Fertig ist die Kordelnoppe.

GEHÄKELTE NOPPE

Diese Noppe ist schnell und einfach zu arbeiten, sie ist aber nicht so fest wie eine gestrickte Noppe. Darum eignet sie sich am besten für dickere Garne. Die Stärke der Häkelnadel sollte ungefähr der Nadelstärke entsprechen, mit der Sie das Modell stricken. Die Technik ist hier auf glatt rechts gestricktem Grund gezeigt, kann aber auch auf jedem anderen Hintergrund gearbeitet werden.

1. Bis zur Position der Noppe stricken. Die Häkelnadel in die nächste Masche auf der linken Stricknadel einstechen und von der Stricknadel nehmen. Den Arbeitsfaden mit der Häkelnadel fassen.

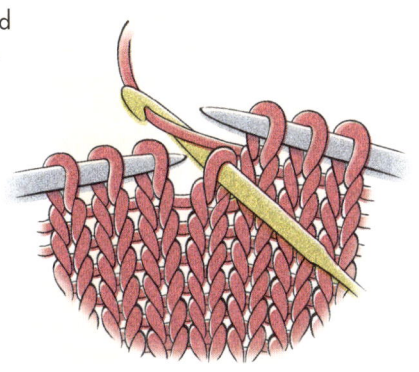

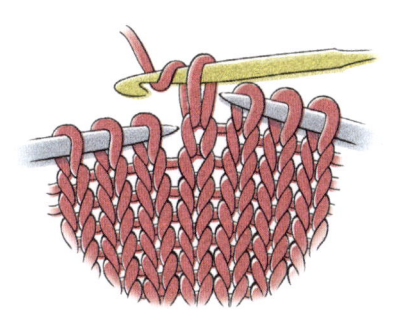

2. *Eine Schlaufe durch die Masche ziehen, dann den Arbeitsfaden erneut um die Häkelnadel legen.

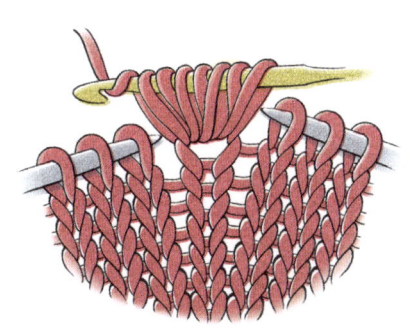

3. Mit der Häkelnadel in die Masche stechen. Ab * noch dreimal wiederholen. Jetzt liegen vier Schlaufen und vier Umschläge auf der Häkelnadel.

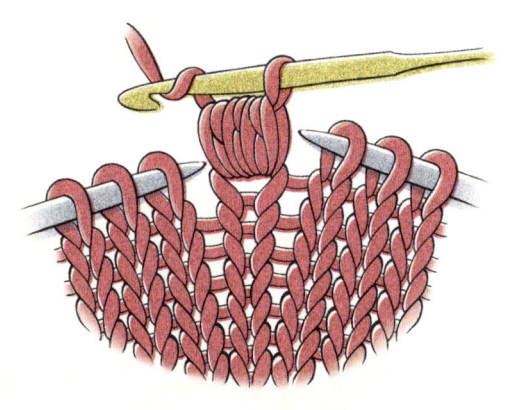

4. Den letzten Umschlag mit der Häkelnadel in einem Zug durch alle Schlaufen und Umschläge ziehen. Es liegt noch 1 Masche auf der Häkelnadel. Den Arbeitsfaden erneut fassen …

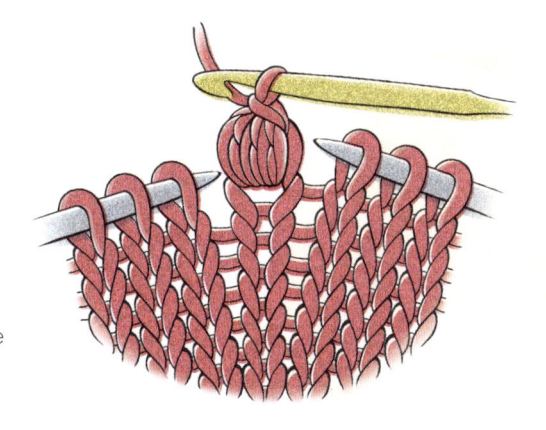

5. … und durch die einzelne Masche ziehen. Damit ist die gehäkelte Noppe fertig. Die einzelne Masche auf die rechte Stricknadel legen.

Noppen 133

NOPPE MIT ANDERER STRUKTUR

Noppen können im gleichen Muster wie der Hintergrund gestrickt werden. Ebenso ist es möglich, sie in einem anderen Muster zu stricken, damit sie stärker ins Auge fallen. Für eine kraus links gestrickte Noppe vertauschen Sie einfach die Anweisungen für die Hin- und Rückreihen, d. h. Sie stricken in den Hinreihen der Noppe links und in den Rückreihen rechts.

In traditionellen Aran-Mustern werden Noppen und Zöpfe (siehe S. 120–128) oft glatt rechts auf kraus links gestricktem Grund gearbeitet. Das trifft auch auf alle Noppen zu, die auf den Seiten 129–132 abgebildet sind. So heben sich die glatten Noppen optisch gut von dem etwas unruhiger strukturierten Grund ab.

Es sieht aber auch interessant aus, wenn man die Oberflächenmuster vertauscht, also auf einem glatt rechten Hintergrund die Noppe kraus links strickt.

Dezenter wirken die Noppen, wenn man sie im gleichen Muster strickt wie den Hintergrund. Hier wurden beide glatt rechts gestrickt. Ebenso wäre denkbar, Noppe und Hintergrund kraus links zu stricken. Probieren Sie verschiedene Varianten aus, um sich einen Eindruck zu verschaffen.

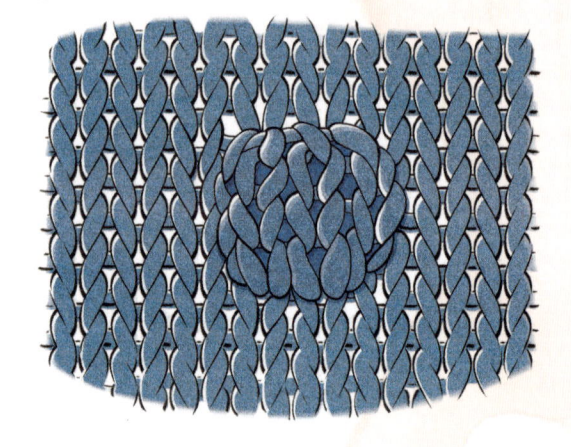

134   Strukturmuster

NOPPE IN KONTRASTFARBE

Da diese Noppen durch die Kontrastfarbe auffallen, können Sie im gleichen Muster gestrickt werden wie der Hintergrund. Für eine große Noppe brauchen Sie einen Faden von etwa 25 cm Länge. Bei der hier gezeigten Methode ist nicht zu befürchten, dass die Hintergrundfarbe sich in die Noppe hineinmogelt.

1. Um die Noppe farblich klar vom Hintergrund abzugrenzen, muss zuerst eine Grundreihe gearbeitet werden. In der Reihe vor der Noppenreihe bis zur Position der Noppe stricken. Die nächste Masche auf der linken Stricknadel mit der Kontrastfarbe stricken, dann die Reihe in der Hintergrundfarbe beenden.

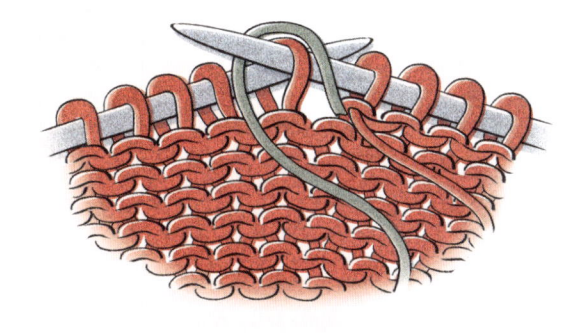

2. Nun folgt die farbige Grundreihe. Ein kurzes Ende des kontrastfarbigen Fadens hängen lassen, es wird später vernäht. Mit dem längeren Ende die Noppe stricken. Hier handelt es sich um eine große Noppe (siehe S. 130). Danach die Reihe in der Hintergrundfarbe beenden.

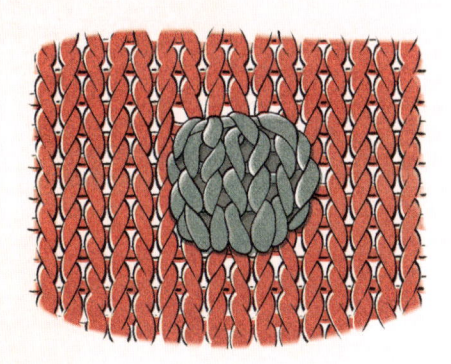

3. Wenn das Teil fertig ist, die kontrastfarbigen Fäden festziehen. Dabei zieht sich auch die Noppe etwas zusammen. Die Fäden nur in der Rückseite der Noppe vernähen (siehe S. 227). Wenn Sie innerhalb einer Reihe mehrere Noppen in geringen Abständen arbeiten, können Sie das kontrastfarbige Garn auch auf der Rückseite des Werkstücks mitlaufen lassen (siehe S. 187).

Noppen

LOCH-MUSTER

Manche Lochmuster sind ganz schlicht und einfach, andere bestehen aus komplexen Kombinationen von Umschlägen und zusammengestrickten Maschen. Je nachdem, welche Maschen sich rechts und links eines Umschlags befinden, gibt es verschiedene Möglichkeiten, ihn zu arbeiten. Alle Umschläge werden mit »U« abgekürzt.

UMSCHLAG ZWISCHEN RECHTEN MASCHEN

In diesem Fall wird der Faden von vorn nach hinten um die Nadel gelegt.

1. Bis zur Position des Umschlags rechts stricken. Den Faden zwischen den Nadelspitzen vor die Arbeit legen.

2. Die rechte Nadel in die nächste Masche einstechen, den Faden über die rechte Nadel hinter die Arbeit legen und die Masche rechts stricken.

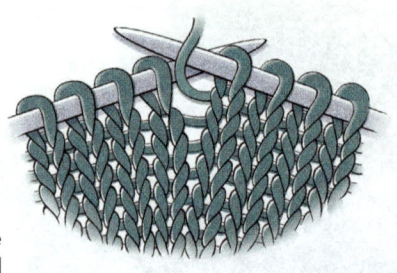

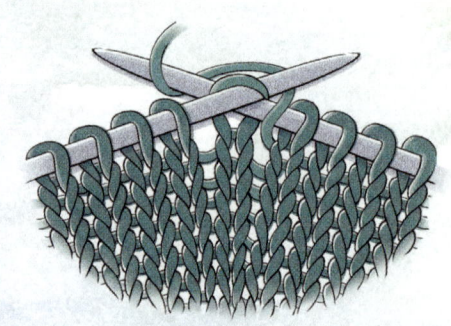

UMSCHLAG ZWISCHEN LINKEN MASCHEN

Hier wird der Arbeitsfaden einmal komplett um die rechte Nadel gelegt, damit er für die nächste linke Masche wieder vorn liegt. Den Faden gut festziehen, damit der Umschlag nicht zu groß ausfällt.

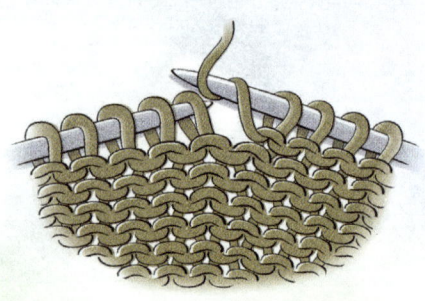

1. Bis zur Position des Umschlags stricken. Den Arbeitsfaden gegen den Uhrzeigersinn um die rechte Nadel und zwischen den Nadelspitzen wieder nach vorn legen.

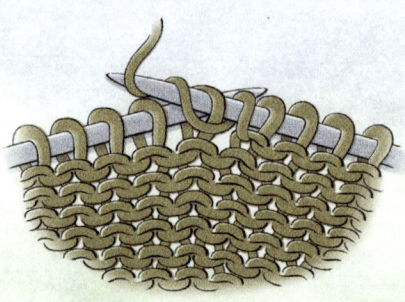

2. Die nächste Masche auf der linken Nadel links stricken.

UMSCHLAG ZWISCHEN RECHTER UND LINKER MASCHE

Da es nach diesem Umschlag mit einer linken Masche weitergeht, muss der Arbeitsfaden gut festgezogen werden, sonst wird der Umschlag zu groß.

1. Bis zur Position des Umschlags stricken. Den Arbeitsfaden zwischen den Nadelspitzen nach vorn legen, dann gegen den Uhrzeigersinn so um die rechte Nadel legen, dass er vor der Arbeit liegt.

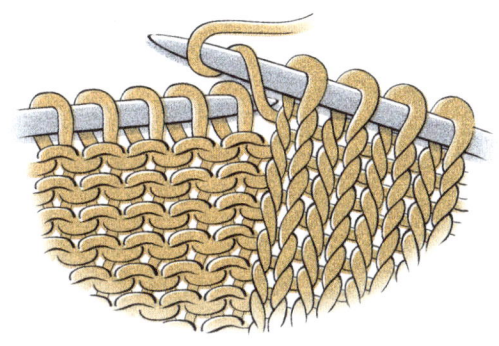

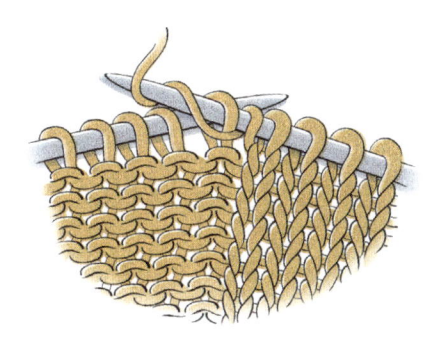

2. Die nächste Masche auf der linken Stricknadel links stricken.

UMSCHLAG ZWISCHEN LINKER UND RECHTER MASCHE

Weil hier auf den Umschlag eine rechte Masche folgt, muss der Arbeitsfaden nach dem Umschlag hinter der Arbeit liegen.

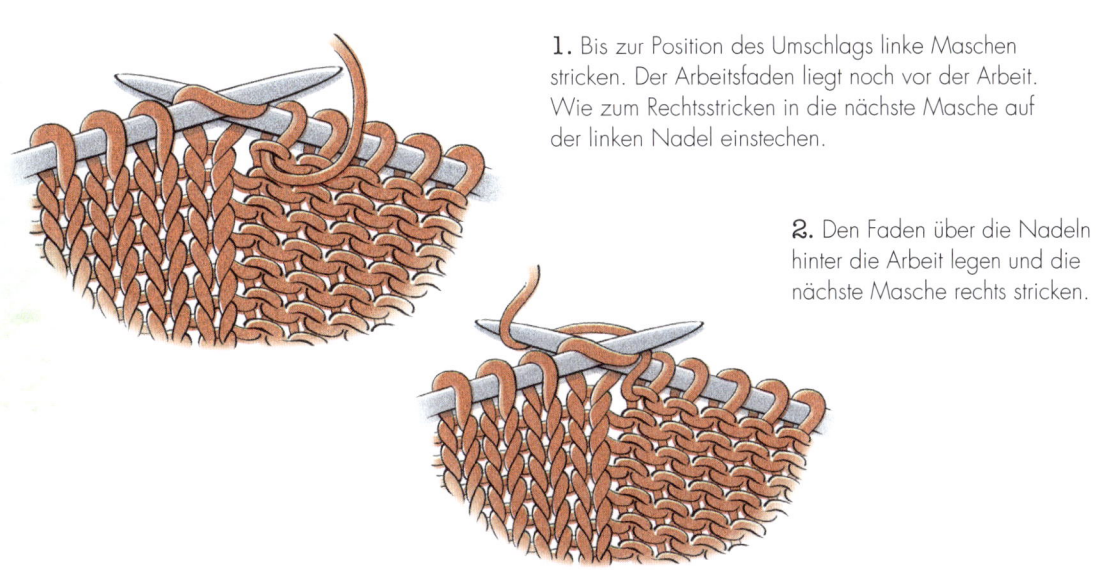

1. Bis zur Position des Umschlags linke Maschen stricken. Der Arbeitsfaden liegt noch vor der Arbeit. Wie zum Rechtsstricken in die nächste Masche auf der linken Nadel einstechen.

2. Den Faden über die Nadeln hinter die Arbeit legen und die nächste Masche rechts stricken.

Lochmuster 137

UMSCHLAG AM ANFANG EINER RECHTSREIHE

Manchmal muss vor der ersten Masche einer Reihe ein Umschlag gearbeitet werden. Wichtig ist, ihn am Ende der folgenden Reihe mitzustricken, damit die Maschenzahl der Reihe stimmt.

1. Den Arbeitsfaden vor die Arbeit und über die rechte Nadel legen.

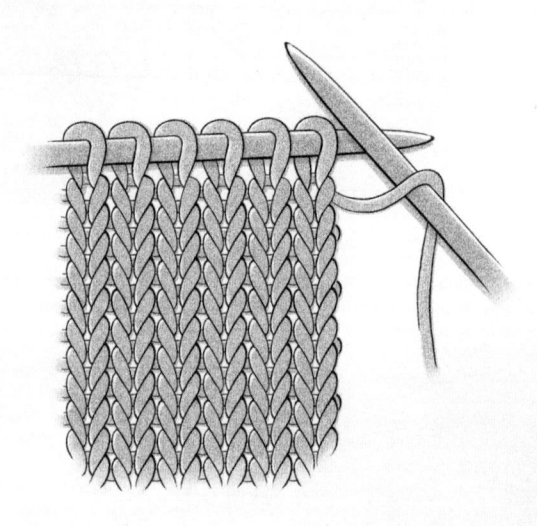

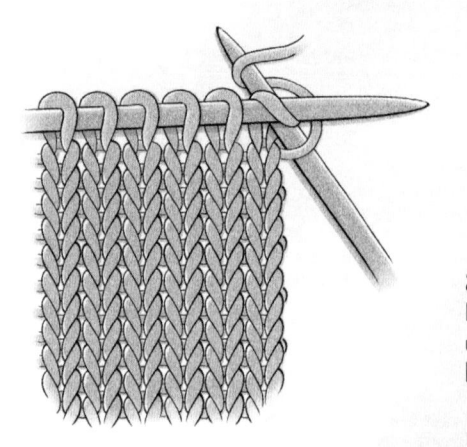

2. Die rechte Nadel in die erste Masche einstechen. Den Faden von rechts außen hinter die Arbeit legen und die Masche abstricken. Auf der rechten Nadel liegen nun ein Umschlag und eine Masche.

UMSCHLAG AM ANFANG EINER LINKSREIHE

Folgt auf den Umschlag am Reihenanfang eine linke Masche, befolgen Sie diese Anleitung. Auch hier ist wichtig, den Umschlag am Ende der nächsten Reihe nicht zu übersehen und mitzustricken.

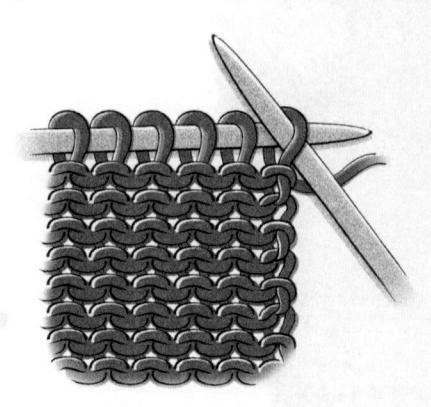

1. Der Faden liegt hinter der Arbeit. Die rechte Nadel vor der linken in die erste Masche einstechen.

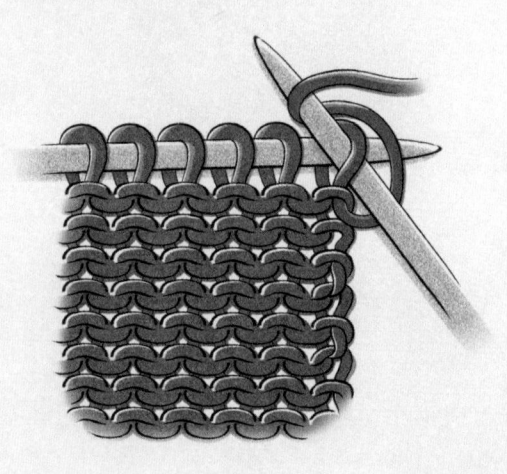

2. Den Faden von hinten außen um die rechte Nadel legen. Die Masche links stricken. Dabei den Arbeitsfaden nur durch die Masche ziehen, nicht durch den Umschlag.

Strukturmuster

DOPPELTER UMSCHLAG

Um mit dünnem Garn größere Löcher zu arbeiten oder zwei Maschen in einer Reihe zuzunehmen, müssen Sie einen doppelten Umschlag arbeiten. Hier wird der doppelte Umschlag zwischen zwei rechten Maschen gezeigt (siehe S. 136), das Prinzip ist aber in allen Fällen gleich.

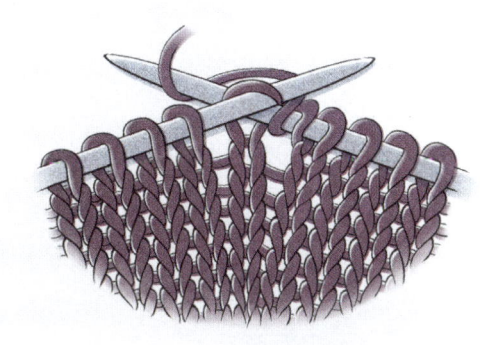

1. Bis zur Position des Umschlags stricken. Den Faden zweimal um die Nadel legen und dabei darauf achten, dass er für die folgende Masche richtig liegt (vorn für eine linke Masche, hinten für eine rechte). Für ein großes Loch wird in der Rückreihe von den beiden Umschlägen nur einer gestrickt. Die zweite Wicklung lassen Sie einfach von der Nadel rutschen.

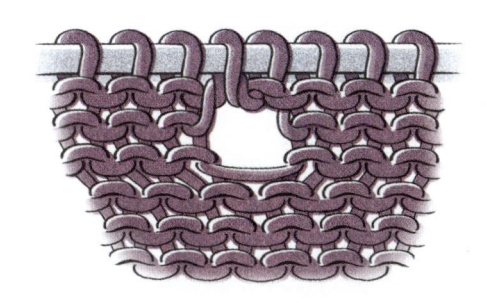

2. Wenn ein Loch entstehen und gleichzeitig zwei Maschen zugenommen werden sollen, stricken Sie in der Rückreihe aus beiden Wicklungen eine Masche heraus. In einer Linksreihe die erste Wicklung links und die zweite rechts stricken. In einer Rechtsreihe die erste Wicklung rechts und die zweite links stricken.

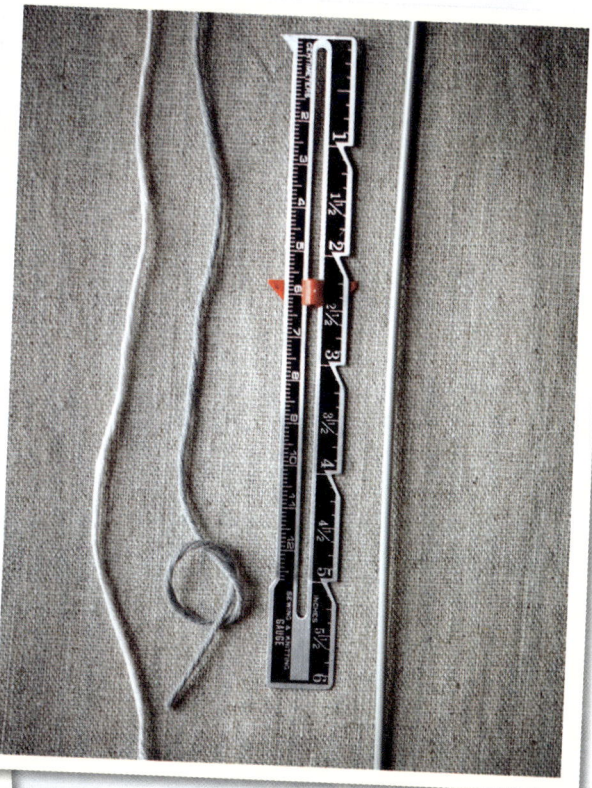

Lochmuster

FORMGEBUNG IN LOCHMUSTERN

Für Lochmuster sind oft Strickschriften oder Zählmuster abgedruckt, die jedoch selten das gesamte Modell zeigen, sondern nur einen wiederkehrenden Ausschnitt: einen Mustersatz. Wenn zusätzlich Zu- oder Abnahmen zur Formgebung nötig sind, werden diese oft nur im Anleitungstext genauer erklärt. Lesen Sie die Anleitung genau, damit Sie sicher sein können, alle Arbeitsschritte verstanden zu haben. Hier ein Beispiel:

Das Zählmuster zeigt einen Mustersatz mit 8 Maschen und 12 Reihen zuzüglich der Maschen, die für Nähte und zum Abschluss des Musters nötig sind.

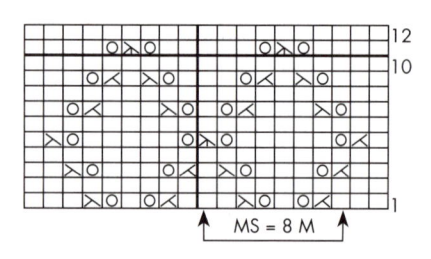

Legende (für beide Abb.)
☐ In Hin-R re M, in Rück-R li M
⊠ 2 M re zus-str
◯ 1 U
⊠ 2 M re überz zus-str
⊠ 3 M re überz zus-str
▥ 1 M zun

Soll das Muster über 27 Maschen und 24 Reihen gestrickt werden, würde die Anleitung so lauten:
Anschlag: 27 M.
R 1 (= Zählmuster R 1): 2 M re, [1 M re, 2 M re zus-str, 1 U, 1 M re, 1 U, 2 M re überz zus-str, 2 M re] 3×, enden mit 1 M re.
Die 12 R des Zählmusters 2× arb, dann abketten.

Soll zusätzlich in jeder Hinreihe, beginnend ab R 3, beidseitig eine Masche zugenommen werden, müsste die Anleitung so lauten:
Anschlag: 27 M.
R 1 (= Zählmuster R 1): 2 M re, [1 M re, 2 M re zus-str, 1 U, 1 M re, 1 U, 2 M re überz zus-str, 2 M re] 3×, enden mit 1 M re.
R 1–12 gemäß Zählmuster arb **und gleichzeitig** ab R 3 am Anfang und Ende jeder Hin-R 1 M zun. Nochmals R 1–12 gemäß Zählmuster arb, jedoch ohne Zun. Dabei entstehen rechts und links halbe MS. Abketten.

Bei 27 angeschlagenen M werden also 3 MS plus Randmaschen gearbeitet. Beim Stricken des ersten MS wird außerdem ab R 3 am Anfang und Ende jeder Reihe 1 Masche zugenommen. Randmasche und zugenommene Masche glatt rechts stricken. Danach den Mustersatz ohne Zunahmen wiederholen. Durch die Mehrbreite ergeben sich seitlich nun halbe Mustersätze. Vor Beginn der Zunahmen MM nach der ersten und vor der letzten M anbringen. So lassen sich die zugenommenen M leichter zählen.

So würde der Anleitungstext für dieses Muster lauten:
Anschlag: 26 M.
R 1: 1 M re, [2 M re, 2 M re zus-str, 1 U, 1 M re, 1 U, 2 M re überz zus-str, 1 M re] 3×, 1 M re.
R 2 und jede folg Rück-R: Li M str.
R 3: 1 M zun, [1 M re, 2 M re zus-str, 1 U, 3 M re, 1 U, 2 M re überz zus-str] 3×, 1 M zun. (28 M)
R 5: 1 M zun, 1 M re, 2 M re zus-str, 1 U, 5 M re, 1 U, [3 M re überz zus-str, 1 U, 5 M re, 1 U] 3×, 2 M re überz zus-str, 1 M zun. (30 M)
R 7: 1 M zun, 2 M re, [1 M re, 1 U, 2 M re überz zus-str, 3 M re, 2 M re zus-str, 1 U] 3×, 2 M re, 1 M zun. (32 M)
R 9: 1 M zun, 2 M re, [3 M re überz zus-str, 1 M re, 2 M re zus-str, 1 U] 3×, 4 M re, 1 M zun. (34 M)
R 11: 1 M zun, 4 M re, [3 M re überz zus-str, 1 U, 3 M re, 1 U, 2 M re] 3×, 4 M re, 1 M zun. (36 M)
R 13: 2 M re, [1 M re, 1 U, 2 M re überz zus-str, 3 M re, 2 M re zus-str, 1 U] 4×, 2 M re.
R 15: 2 M re, [2 M re überz zus-str, 1 M re, 2 M re zus-str, 1 U, 1 M re] 4×, 2 M re.
R 17: 2 M re, [3 M re überz zus-str, 1 U, 3 M re, 1 U, 2 M re] 4×, 2 M re.
R 19: 2 M re, [2 M re, 2 M re zus-str, 1 U, 1 M re, 1 U, 2 M re überz zus-str, 1 M re] 4×, 2 M re.
R 21: 2 M re, [1 M re, 2 M re zus-str, 1 U, 3 M re, 1 U, 2 M re überz zus-str] 4×, 2 M re.
R 23: 2 M re, 2 M re zus-str, 1 U, [5 M re, 1 U, 3 M re überz zus-str, 1 U] 3×, 5 M re, 1 U, 2 M re überz zus-str, 1 M re.
R 24: Li M str, dann abketten.
Das komplette Zählmuster zzgl. halben Mustersätzen:

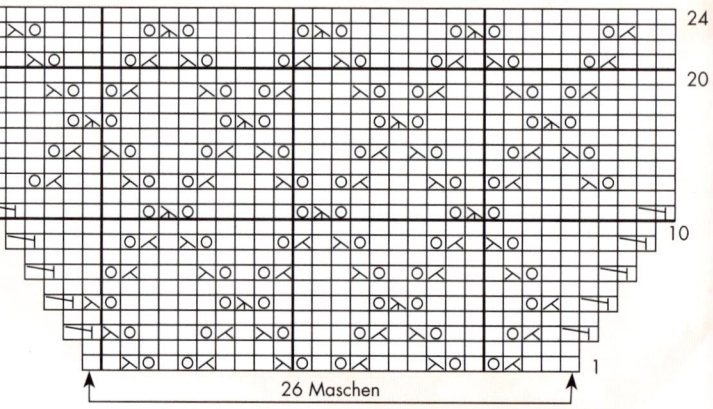

STRUKTUR-MASCHEN

Es gibt verschiedene Möglichkeiten, Maschen so zu manipulieren, dass interessante Strukturen entstehen. Bei der folgenden müssen die Teile sorgfältig gespannt werden (siehe S. 218), sonst würde der Effekt vor allem bei elastischem Garn teilweise verloren gehen.

LEITERMASCHEN: GLATT RECHTS

Hier wird die Technik auf glatt rechts und kraus rechts gestricktem Grund gezeigt, sie eignet sich aber auch für andere Strickmuster. In beiden Fällen kann der Faden auch öfter um die Nadeln gewickelt werden, sodass der Strukturstreifen noch breiter wird. Dadurch verändert sich auch die Länge des gestrickten Stücks!

1. Die rechte Nadel zum Rechtsstricken in die nächste Masche einstechen, aber den Faden zweimal um ihre Spitze legen und beide Wicklungen durchholen.

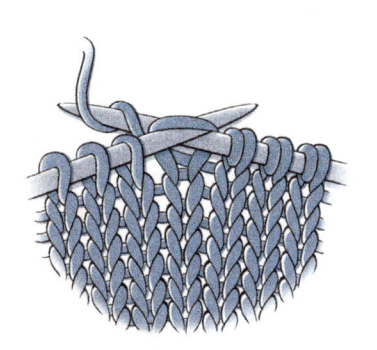

2. In der Rückreihe die erste Schlaufe links stricken, die andere Schlaufe einfach fallen lassen.

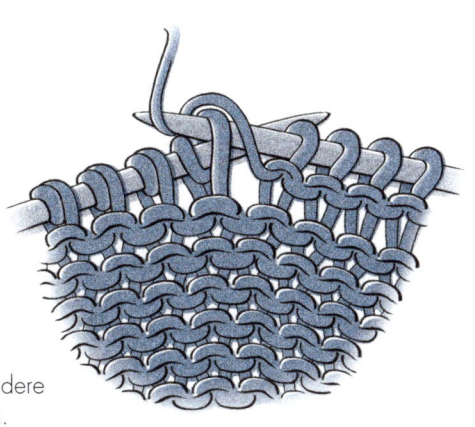

LEITERMASCHEN: KRAUS RECHTS

Wenn der durchbrochene Streifen breiter werden soll, ist dies die einfachere Methode. Aber Achtung: An den langgezogenen Maschen bleibt man später leicht hängen.

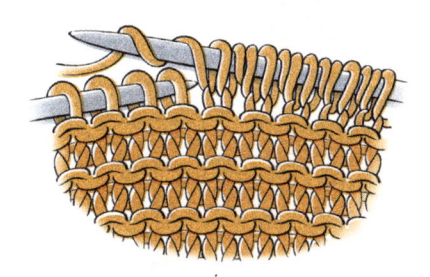

1. Die Maschen wie gewohnt stricken, aber jeweils zwischen 2 Maschen den Faden zweimal um die Nadel wickeln (= 2 Umschläge).

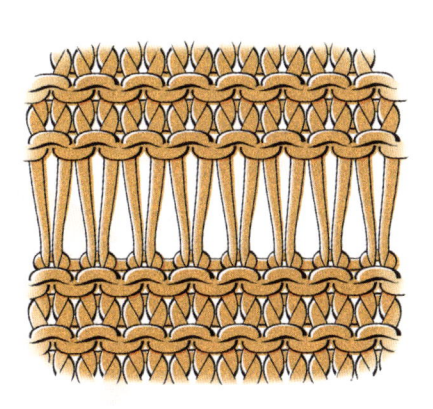

2. In der Rückreihe die Wicklungen auflösen und nur die eigentlichen Maschen stricken.

TIEF GESTOCHENE MASCHEN

Diese länglichen Maschen können einzeln oder in kleinen Gruppen gearbeitet werden, beispielsweise leicht schräg, sodass sie wie kleine Blumen aussehen. Sie können dafür das Hauptgarn verwenden oder eine andere Farbe auf der Rückseite mitlaufen lassen (siehe S. 187).

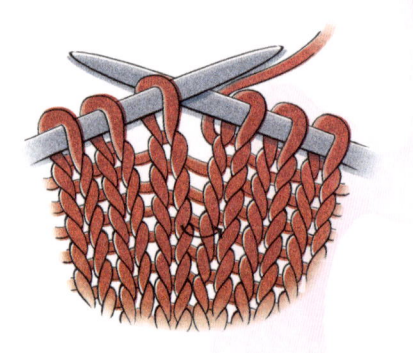

1. Bis zur Position der ersten tief gestochenen Masche arbeiten. Mit der rechten Nadel in eine Masche vier bis fünf Reihen unter der aktuellen Masche einstechen. Diese kann genau unter der nächsten Masche liegen (wie in der Abbildung), oder etwas seitlich, sodass die neue tief gestochene Masche schräg verläuft.

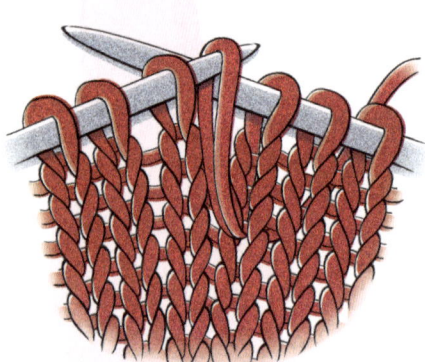

2. Den Arbeitsfaden um die Nadel legen und eine Masche bis auf die Höhe der aktuellen Maschenreihe durchholen. Diese tief gestochene Masche auf die linke Nadel legen.

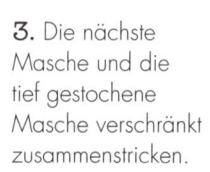

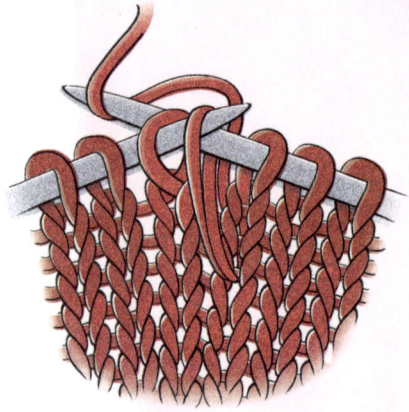

3. Die nächste Masche und die tief gestochene Masche verschränkt zusammenstricken.

MASCHENLÄNGE

Die Länge der tief gestochenen Maschen ist von Bedeutung. Sind sie zu kurz, zieht sich die gestrickte Fläche zusammen. Sind sie zu lang, kann man leicht daran hängen bleiben. Vier bis fünf Reihen ergeben eine gute Länge.

4. Für eine blütenähnliche Form zuerst eine mehrere Reihen tiefer gestochene Masche unter die zweite Masche der linken Nadel arbeiten und mit der ersten Masche zusammenstricken. Zwei weitere Maschen in dieselbe Einstichstelle arbeiten und mit den beiden jeweils folgenden Maschen der aktuellen Reihe zusammenstricken.

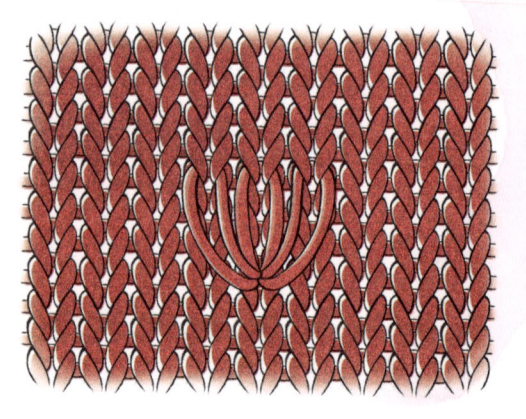

LAUFMASCHEN

Normalerweise sind Laufmaschen unerwünscht. Man kann sie aber absichtlich erzeugen, um beispielsweise Band oder Garn in einer Kontrastfarbe durchzuziehen. Die Technik eignet sich für sehr schmale Senkrechtstreifen, die in der Intarsientechnik (siehe S. 176–179) schwierig zu arbeiten sind und als Stickerei im Maschenstich (siehe S. 193) zu stark auftragen würden. Denkbar ist auch, Laufmaschen als eigenständiges Dekorationselement einzusetzen.

1. Bis zum geplanten unteren Ende einer Laufmasche stricken. Eine Masche aus dem Querfaden zunehmen (siehe S. 82–83). Sie müssen die Position dieser Masche im Blick behalten. Am einfachsten geht das mit einem Maschenmarkierer (siehe S. 73).

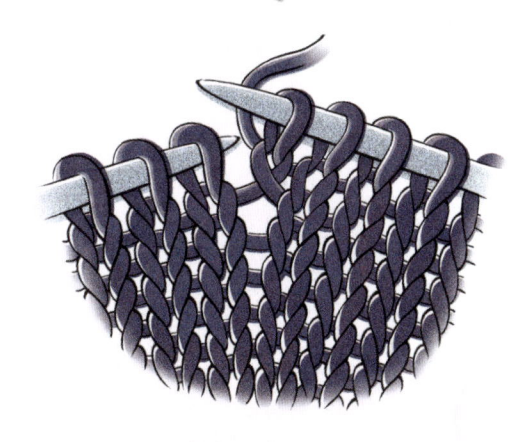

2. Bis zur gewünschten Höhe der Laufmasche stricken.

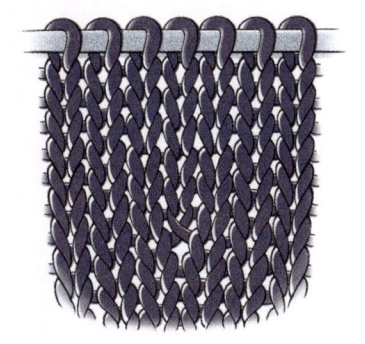

3. In der nächsten Reihe die Masche über der zugenommenen fallen lassen. Es spielt keine Rolle, ob es sich um eine Rechts- oder eine Linksreihe handelt. Sie löst sich bis zur Position der Zunahme auf. Eventuell müssen Sie etwas nachhelfen.

4. Nun können Sie ein Band oder einen Faden in der Hauptfarbe oder einer Kontrastfarbe durchziehen. Einfach auf der Rückseite befestigen und zwischen den »Sprossen« auf- und abfädeln, bis die Lücke ausgefüllt ist. Danach auf der Rückseite vernähen.

Strukturmaschen

UMSCHLUNGENE MASCHEN

Dies ist eine sehr schnelle und einfache Methode, um Maschen zu Gruppen zusammenzufassen. Sie kommt in glattem Baumwollgarn oder dickerem Garn am besten zur Geltung. Durch regelmäßige Anordnung umschlungener Maschen lassen sich interessante Muster gestalten. Stricken Sie unbedingt eine entsprechende Maschenprobe, denn die umschlungenen Maschen können sich auf die Breite des gestrickten Stücks auswirken.

1. Bis zur ersten Maschengruppe stricken, die umschlungen werden soll. Die erste Masche abheben (siehe S. 77). Der Faden bleibt hinter der Arbeit.

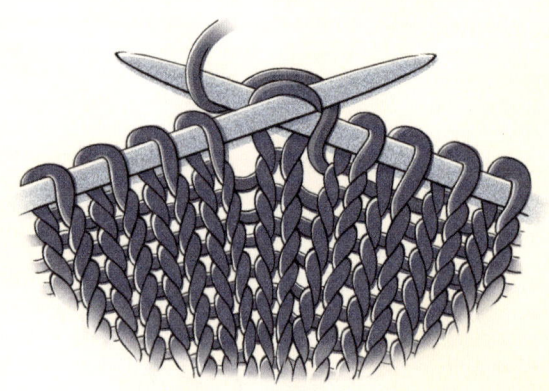

2. Die nächste Masche stricken, einen Umschlag arbeiten (siehe S. 136) und noch eine Masche stricken.

3. Mit der linken Stricknadel die abgehobene Masche über die erste gestrickte Masche, den Umschlag und die zweite gestrickte Masche ziehen. Alle drei sind nun von der abgehobenen Masche umschlungen. In der nächsten Reihe alle Maschen sowie den Umschlag links stricken.

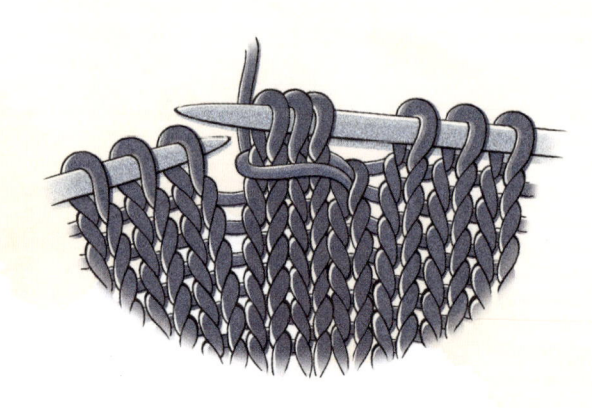

WICKELNOPPE

Werden Maschen auf diese Weise gebündelt, heben sie sich stärker vom Hintergrund ab. Sie benötigen für diese Technik eine Zopfnadel. Grundsätzlich sollten Sie eine Maschenprobe stricken, denn das Zusammenhalten der Maschen wirkt sich auf die Breite des gestrickten Teils aus – vor allem, wenn Sie mehr als drei Maschen bündeln.

1. Bis zur ersten geplanten Wickelnoppe stricken. Die Maschen, die gebündelt werden sollen, rechts stricken. In diesem Beispiel sind es drei.

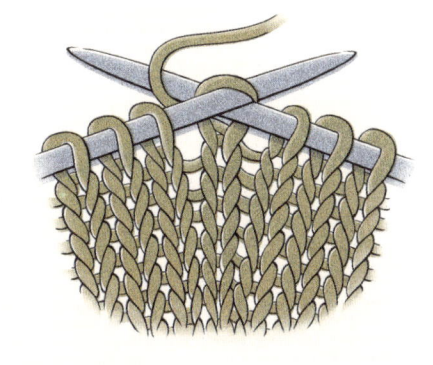

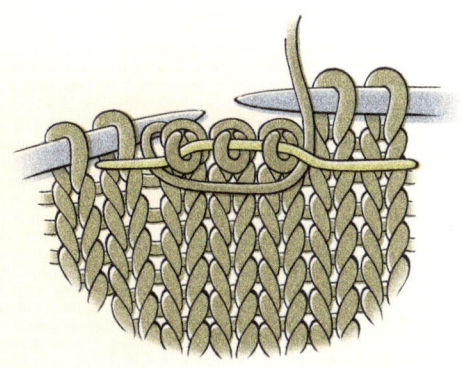

2. Die drei Maschen auf eine Zopfnadel legen. Den Arbeitsfaden gegen den Uhrzeigersinn um die Maschen auf der Zopfnadel wickeln.

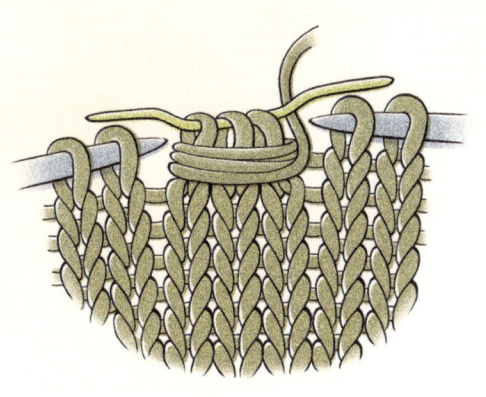

3. Die Anzahl der Wicklungen können Sie selbst bestimmen. In diesem Beispiel sind es drei. Den Faden vor der rechten Nadel nach hinten legen. Die Wicklungen bei Bedarf zurechtzupfen, sodass sie parallel liegen und die Maschen in der gewünschten Weise zusammenhalten.

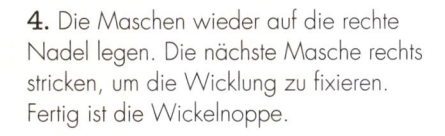

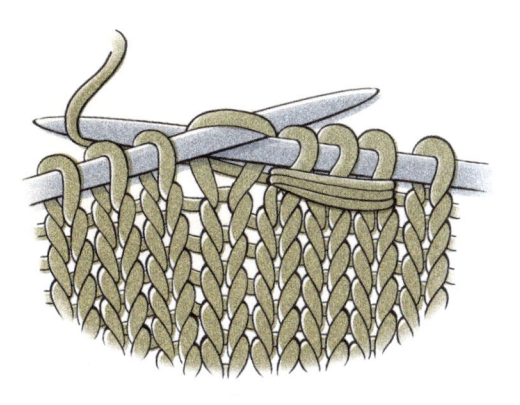

4. Die Maschen wieder auf die rechte Nadel legen. Die nächste Masche rechts stricken, um die Wicklung zu fixieren. Fertig ist die Wickelnoppe.

GESTRICKTES SMOKMUSTER

Kombiniert man Wickelnoppen (siehe S. 145) mit einem Rippenmuster, entsteht eine Oberfläche, die gesmokt aussieht. Dieses Muster gibt eine hübsche Passe für ein Kinderkleid ab.

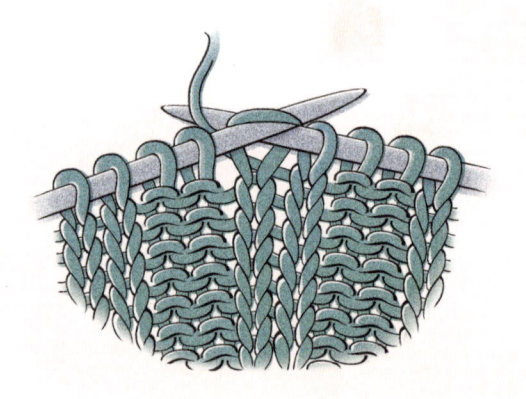

1. Das Grundmuster ist ein Rippenmuster. Hier sind es Zweierrippen (2 M re, 2 M li). Zarter wirken einzelne rechte Maschen im Wechsel mit 3 linken Maschen (siehe rechte Seite). Ebenso könnten Sie 2 M re, 3 M li oder eine andere Kombination wählen.

2. Die Maschen, die gebündelt werden sollen, im Grundmuster stricken, dann wie in Schritt 2–4 für Wickelnoppen (siehe S. 145) fortfahren. Hier wurden sechs Maschen zweimal umwickelt. Danach folgt eine linke Masche, der Arbeitsfaden muss also nach der Wicklung wieder nach vorn gelegt werden. Im Rippenmuster fortfahren.

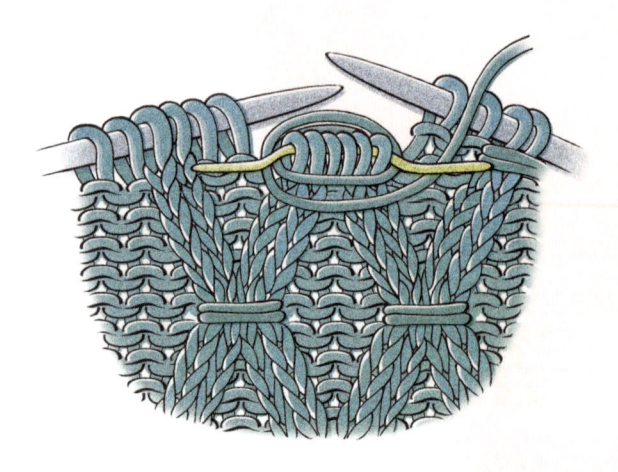

3. Für ein klassisches Smokmuster werden die Rechtsrippen versetzt zusammengefasst (siehe Abbildung). Die Abstände zwischen den Reihen, in denen umwickelt wird, können Sie selbst bestimmen. Sie sollten jedoch gleichmäßig sein.

MESSEN UND RECHNEN

Das Bündeln der Maschen für ein Smokmuster zieht den Strick deutlich zusammen. Eine glatt rechts oder im Rippenmuster gestrickte Maschenprobe ist darum nicht verbindlich für das neue Muster. Stricken Sie unbedingt auch ein Probestück mit dem Smokmuster, und messen Sie nach, wie es sich auf die Breite auswirkt. Eventuell müssen Sie aufgrund der gesmokten Maschenprobe die Maschen- und Reihenzahlen für Ihr Modell neu berechnen.

GENÄHTES SMOKMUSTER

Traditionell werden gewebte Stoffe gesmokt, aber die Technik eignet sich auch für Strick. Wenn Sie die Rippen erst nach dem Stricken zusammenfassen, können Sie dafür ein kontrastfarbiges Garn verwenden. Anstelle der hier gezeigten einfachen Smokstiche können auch andere Zierstiche zum Einsatz kommen.

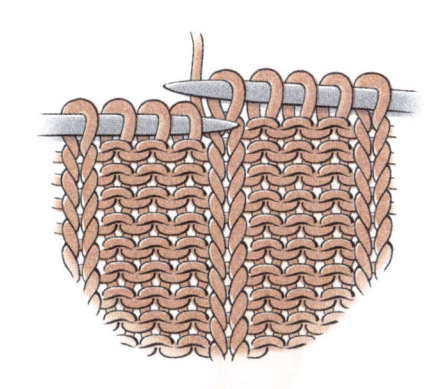

1. Zuerst das Teil im Rippenmuster stricken (hier 1 M re, 3 M li). Sie können aber auch ein anderes Muster wählen, beispielsweise 2 M re, 2 M li (siehe linke Seite).

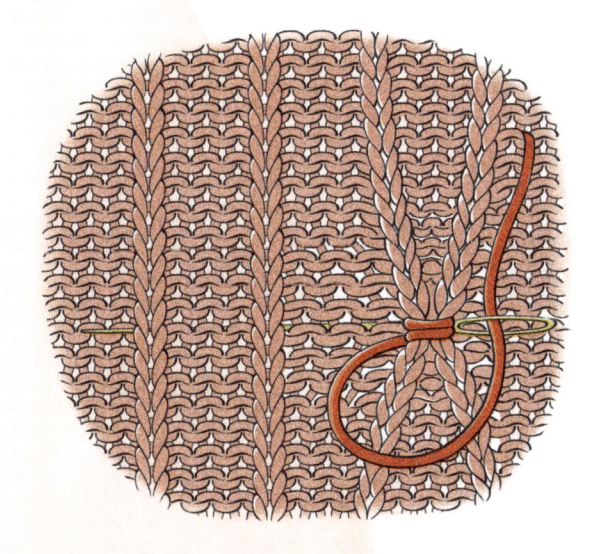

2. Erst wenn das Teil fertig ist, wird gesmokt. Verwenden Sie Garn, das dieselbe Waschtemperatur verträgt wie das Hauptgarn und ihm in der Stärke ähnelt. Einen langen Faden in eine Sticknadel ohne Spitze einfädeln. Am ersten Smokpunkt links neben einer Rippe zur Vorderseite stechen. Einen geraden Stich bis über die nächste Rippe arbeiten und die beiden Rippen zusammenziehen. Nicht zu stark ziehen: Die Rippen sollen noch nebeneinander liegen und nicht zusammengepresst werden. Nähen Sie zwei (oder nach Belieben mehr) gerade Stiche an derselben Position. Nach dem letzten Stich zur Rückseite stechen und am nächsten Smokpunkt links neben einer Rippe wieder ausstechen. Der Faden verläuft auf der Rückseite und darf nicht zu stramm gezogen werden.

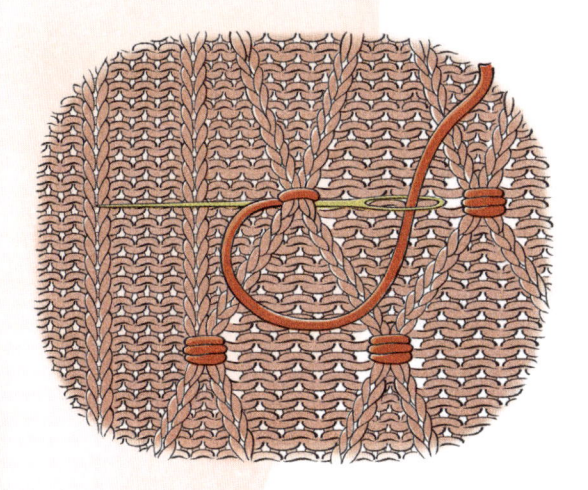

3. Für ein klassisches Rautenmuster müssen die Raffungen versetzt werden. Dabei auf gleichmäßige Abstände in der Höhe achten.

STRICK SMOKEN

Auch durch das Smoken mit der Sticknadel verändern sich die Abmessungen eines gestrickten Teils. Am besten stricken Sie mehrere Probestücke, um Smokmuster auszuprobieren und deren Auswirkungen auf die Maschenprobe zu ermitteln.

EINZELNE SCHLAUFEN

Auf der rechten Seite eines Modells können Schlaufen über die ganze Fläche verteilt oder nur punktuell eingesetzt werden, etwa für einen Kragen mit »Pelzoptik«. Es ist sogar möglich, sie aufzuschneiden, um Fransen oder eine langflorige Oberfläche zu erhalten. Für Baby- und Kleinkindermodelle sind Schlaufen aber nicht geeignet, weil die kleinen Finger darin hängen bleiben können.

1. In einer Rechtsreihe bis zur Position der Schlaufe arbeiten. Die nächste Masche stricken, aber nicht von der linken Nadel ziehen.

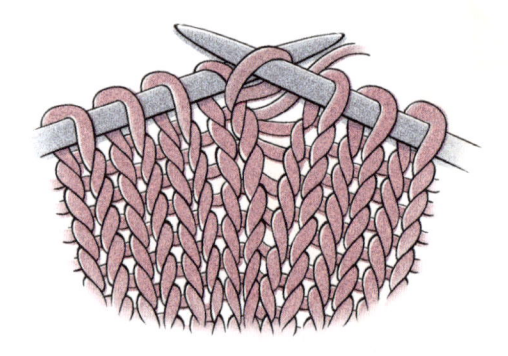

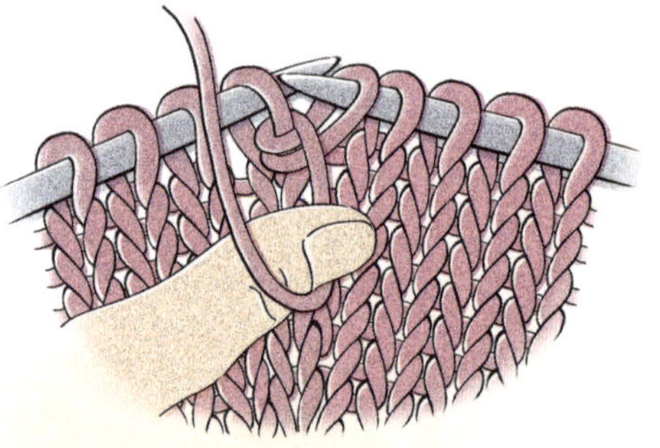

2. Den Faden zwischen den Nadeln nach vorn legen und um den Daumen führen.

3. Nun den Faden wieder hinter die Arbeit legen und dieselbe Masche auf der linken Nadel nochmals stricken. Danach die Masche von der linken Nadel gleiten lassen.

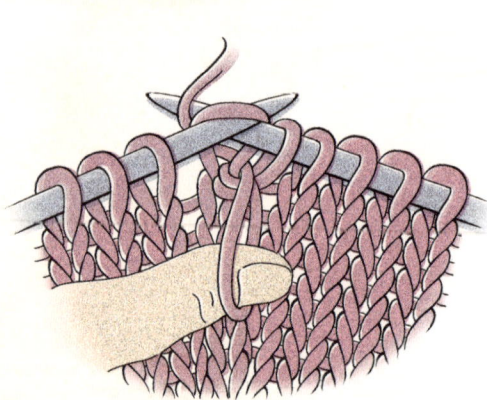

4. Die beiden Maschen wieder auf die linke Nadel heben und rechts verschränkt zusammenstricken (siehe S. 77), um die Schlaufe zu fixieren.

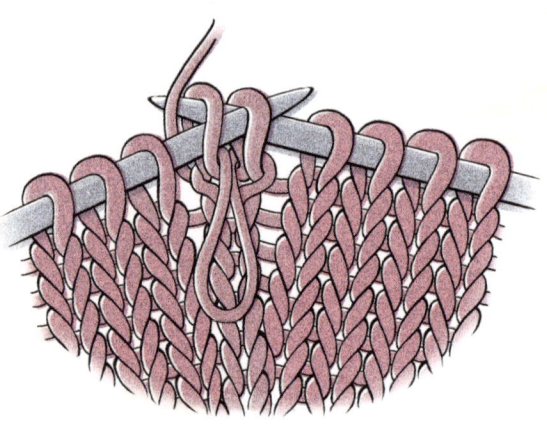

MEHRFACHSCHLAUFEN

Mit dieser Technik entsteht ein sehr viel dichterer Flor als mit einfachen Schlaufen (siehe linke Seite). Da aber alle Schlaufen einer Gruppe aus einem durchgehenden Faden bestehen, kann man sie nicht aufschneiden. Die Schlaufen liegen auf der rechten Seite des Werkstücks, werden aber in einer Rückreihe gearbeitet.

1. Auf der linken Seite der Arbeit bis zur Position der Schlaufe stricken. Den Faden hinter die Arbeit legen (also zur Außenseite des Werkstücks). Die rechte Nadel wie zum Rechtsstricken in die nächste Masche einstechen. Zwei Finger der linken Hand hinter die rechte Nadel halten (oder drei Finger für sehr lange Schlaufen). Den Arbeitsfaden um die Spitze der rechten Nadel legen, dreimal um die Finger wickeln und zuletzt über die Nadel legen. (Der Faden läuft also viermal über die Nadel, aber nur dreimal um die Finger.)

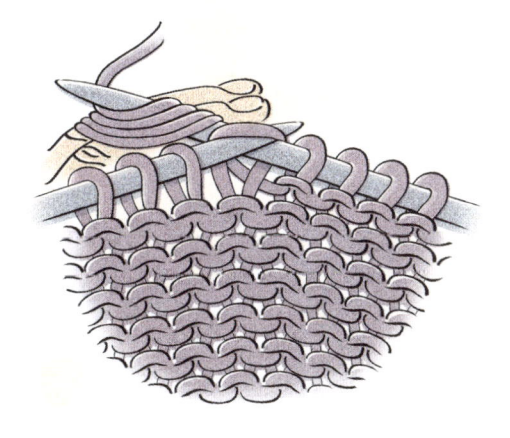

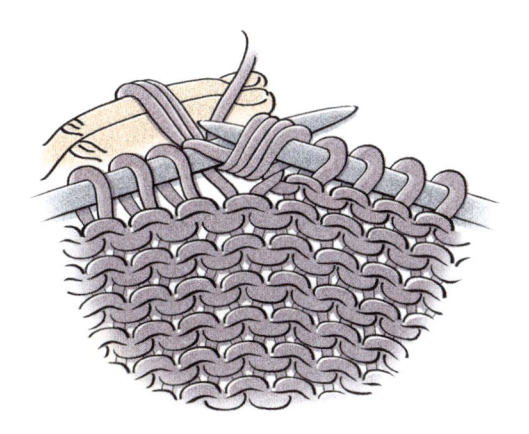

2. Die Schlaufen auf der rechten Nadel durch die Masche ziehen, ohne die Masche dabei von der linken Nadel zu nehmen.

3. Die Finger aus den Schlaufen ziehen. Die Schlaufen von der rechten Nadel auf die linke legen, festhalten und mit der ursprünglichen Masche zusammenstricken (siehe S. 77). Die Schlaufen mit der linken Hand an der rechten Seite der Arbeit herauszupfen. Faden wieder vor die Arbeit legen.

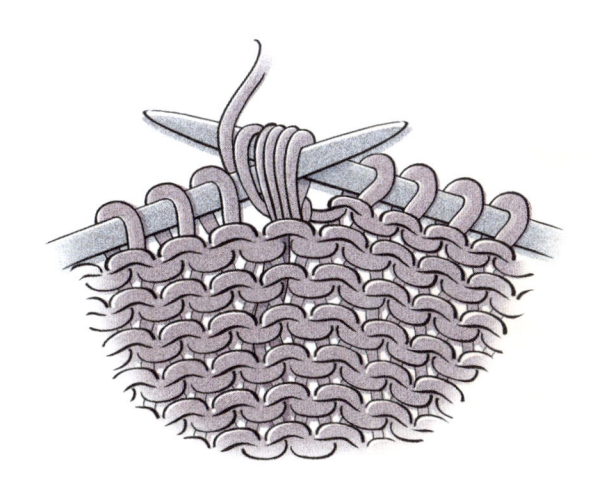

Strukturmaschen

STRICK MIT 3-D-EFFEKT

Hier geht es um verschiedene Techniken, dreidimensionale Strickteile zu gestalten. Manche Arbeitsweisen sind etwas knifflig und brauchen Zeit. Gehen Sie es langsam und methodisch an: Die Geduld zahlt sich aus.

FALTEN

Falten strickt man am besten glatt rechts. Ich mag sie besonders gern im Rücken von Baby- und Kinderjacken, um die nötige Weite für das Windelpaket zu gewinnen.

AUFBAU EINER EINFACHEN FALTE

Eine Falte hat eine Außenseite (die man sieht), einen Einschlag (der unter der Außenseite in Gegenrichtung läuft) und einen Untertritt (der in derselben Richtung verläuft wie die Außenseite). Alle drei Teile sind gleich breit, bestehen also aus der gleichen Anzahl von Maschen. In diesem Beispiel besteht jedes Teil aus 5 Maschen, die ganze Falte besteht also aus 15 Maschen. (Rechentipps für mehrere Falten oder Kellerfalten siehe rechte Seite)

FALTE NACH LINKS

Schaut man auf diese Falte, liegt ihre Öffnung links. Für den Träger des Modells liegt die Öffnung rechts.

1. Bis zur Anfangsposition der ersten Falte stricken. Die 5 Maschen der Außenseite auf eine Strumpfstricknadel nehmen.

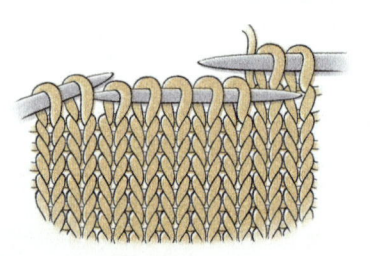

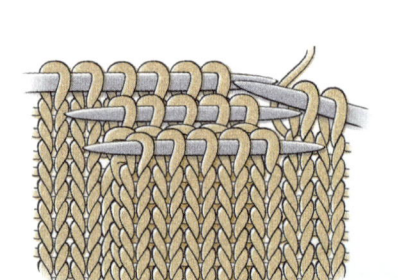

2. Die nächsten 5 Maschen (für den Einschlag) auf eine zweite Strumpfstricknadel legen und zur Außenseite falten. Einschlag und Außenseite liegen also links auf links, die Strumpfstricknadeln liegen parallel. Die 5 Maschen für den Untertritt bleiben auf der linken Stricknadel. Das Werkstück so falten, dass Untertritt und Einschlag rechts auf rechts liegen.

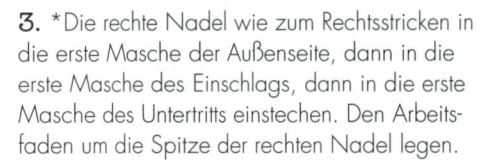

3. *Die rechte Nadel wie zum Rechtsstricken in die erste Masche der Außenseite, dann in die erste Masche des Einschlags, dann in die erste Masche des Untertritts einstechen. Den Arbeitsfaden um die Spitze der rechten Nadel legen.

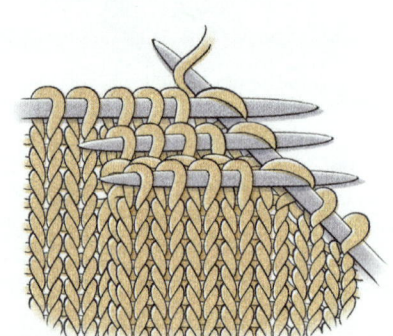

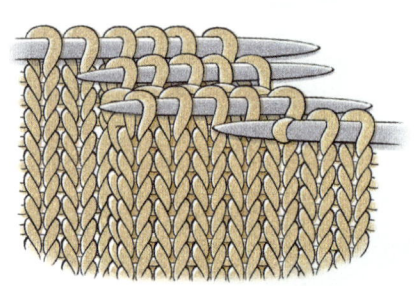

4. Den Faden in einem Zug durchholen, dann die drei Maschen von ihren jeweiligen Nadeln gleiten lassen. Gut aufpassen, dass dabei keine weiteren Maschen herunterrutschen. Die neue Masche gut festziehen. Ab * wiederholen, bis alle 5 Maschen aller Faltenteile zusammengestrickt sind, dann die Reihe beenden.

150 Strukturmuster

FALTE NACH RECHTS

In diesem Fall zeigt die Öffnung der Falte für den Betrachter nach rechts und für den Träger nach links. Die Arbeitsweise entspricht der Falte nach links, nur die Teile der Falte müssen anders angeordnet werden.

1. Bis zum Beginn der ersten Falte stricken. 5 Maschen für den Untertritt auf eine Strumpfstricknadel nehmen. Die nächsten 5 Maschen für den Einschlag auf eine zweite Strumpfstricknadel nehmen und das Werkstück so falten, dass Untertritt und Einschlag rechts auf rechts liegen. Die Strumpfstricknadeln liegen parallel. Die 5 Maschen für die Außenseite bleiben auf der linken Stricknadel. Das Werkstück nochmals falten, sodass Einschlag und Außenseite links auf links liegen.

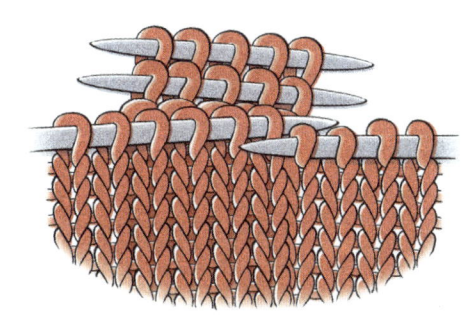

2. Die Maschen auf der rechten Nadel etwas nach vorn ziehen, dann die Maschen wie bei der »Falte nach links« zusammenstricken (linke Seite Schritt 3–4).

SCHARFE FALTEN

Strickt man Falten nur glatt rechts, fallen sie mit weicher Rundung. Sollen sie schärfer ausfallen, wird die letzte Masche der »Außenseite« abgehoben und die letzte Masche des »Einschlags« links gestrickt. Alle Maschen der Rückreihe werden links gestrickt.

So würde die Anleitung für eine scharfe Falte nach links aussehen:
Reihe 1 und jede folg Hin-R: 4 M re, 1 M abh, 4 M re, 1 M li, 5 M re.
Reihe 2 und jede folg Rück-R: Li M str.
Die Maschen auf Strumpfstricknadeln legen (siehe linke Seite). Die abgehobene Masche ist die letzte der Außenseite, die linke Masche die letzte des Einschlags.

So würde die Anleitung für eine scharfe Falte nach rechts aussehen:
Reihe 1 und jede folg Hin-R: 5 M re, 1 M li, 4 M re, 1 M abh, 4 M re.
Reihe 2 und jede folg Rück-R: Li M str.
Die Maschen auf Strumpfstricknadeln legen (siehe oben). Die linke Masche ist die letzte des Einschlags, die abgehobene Masche die letzte der Außenseite.

MEHRERE FALTEN

Zuerst muss festgelegt werden, wie viele Falten ein Teil bekommt und wie breit sie sein sollen. Die Maschenzahl der Faltenbreite mit 3 multiplizieren (für Außenseite, Einschlag und Untertritt). Wollen Sie beispielsweise 8 Falten mit einer Breite von je 5 Maschen stricken, sieht die Rechnung so aus:

5 (Maschenzahl der Faltenbreite) ×3 (Außenseite, Einschlag und Untertritt) = 15 Maschen pro Falte

15×8 (Anzahl der Falten) = 120 Maschen für die Faltenpartie anschlagen

Bis zur gewünschten Höhe stricken, dann die Falten unmittelbar nacheinander arbeiten.

KELLERFALTEN

Eine Kellerfalte besteht aus zwei einfachen Falten: eine nach links und eine nach rechts. Bei einer Faltenbreite von 5 Maschen müssen 15 Maschen für jede einfache Falte angeschlagen werden, also 30 Maschen für die Kellerfalte. Kellerfalten kommen mit scharfen Kanten am besten zur Geltung.

BIESEN

Biesen sehen reizvoll aus und es macht Spaß, sie zu stricken. Ich arbeite sie gern am Rand der Sohle von Babyschuhen. Sie können Biesen über die ganze Reihe arbeiten, aber auch kürzer. Ebenso ist es möglich, sie in einer anderen Farbe zu stricken. Biesen wirken in glatt rechts gestrickten Flächen am besten.

1. Die doppelte Höhe der Biese stricken, mit einer Rückreihe enden. Auf der Rückseite der Arbeit eine freie Stricknadel von oben durch die oberen Maschenglieder der Reihe schieben, von der die Biese hochgezogen werden soll. Die Spitze dieser Hilfsnadel zeigt in dieselbe Richtung wie die Arbeitsnadel.

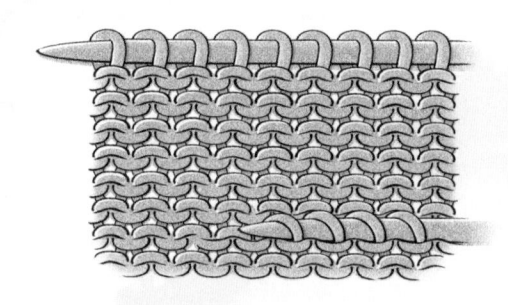

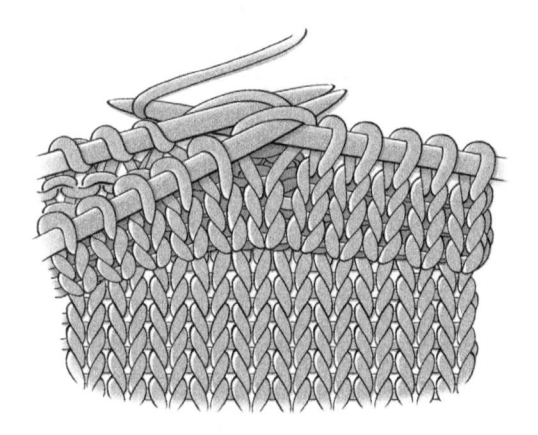

2. Die Hilfsnadel direkt neben die Nadel mit den aktuellen Maschen legen. Dadurch faltet sich die Biese zusammen. Die Arbeit wenden. Jeweils eine Masche von der linken Nadel und die entsprechende Masche von der Hilfsnadel zusammenstricken.

SCHARFE KANTEN

Soll die Biese flacher liegen und eine schärfere Kante haben, stricken Sie auf der Höhe der Biesenbreite in einer Rückreihe rechte Maschen. Diese bildet beim Falten der Biese eine klare Kante.

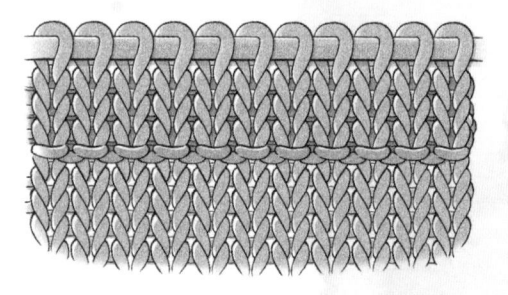

RAFFEN

Statt Biesen über die ganze Reihe zu stricken, können Sie auch kürzere Abschnitte mit derselben Technik hochraffen. Dafür auf der Rückseite der Arbeit an der gewünschten Position nur eine kleine Anzahl von Maschen aufnehmen, z. B. mit einer Strumpf- oder Zopfnadel. In der nächsten Rechtsreihe diese Maschen mit den über ihnen liegenden aktuellen zusammenstricken.

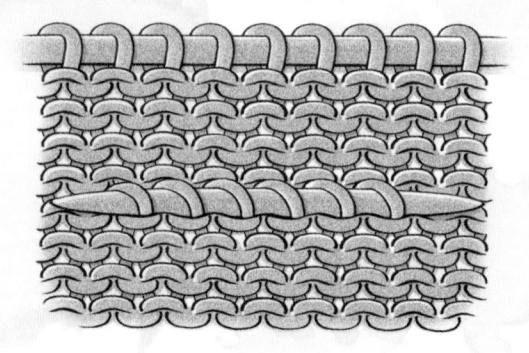

PICOTS

Picots kennt man als hübsche Verzierung für Kanten (siehe S. 41/Anschlag, 55/Abketten und 241/Kante), aber man kann sie auch auf die Fläche setzen. Die Länge der »Schwänzchen« lässt sich beliebig variieren.

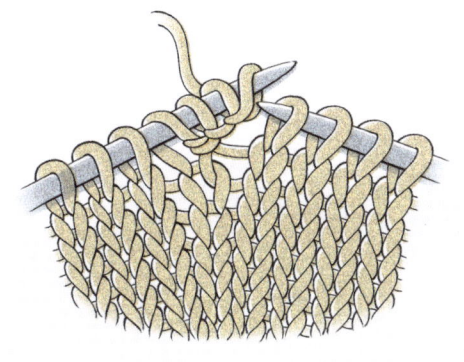

1. Bis zur Position des Picots stricken. Nun im Kordelanschlag so viele Maschen zunehmen (siehe S. 88), wie für das Picot gewünscht werden. Hier wurden drei Maschen angeschlagen.

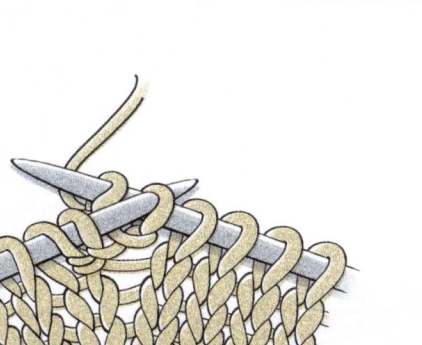

2. Zwei der neuen Maschen auf die rechte Nadel abstricken.

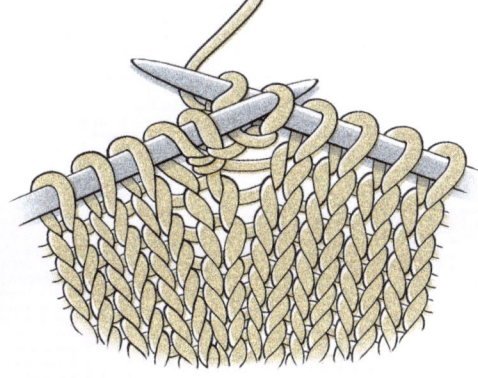

3. Die erste der gerade gestrickten Maschen mit der Spitze der linken Stricknadel über die zweite ziehen – also eine Masche abketten (siehe S. 50). Die restlichen Maschen des Picots ebenso abketten.

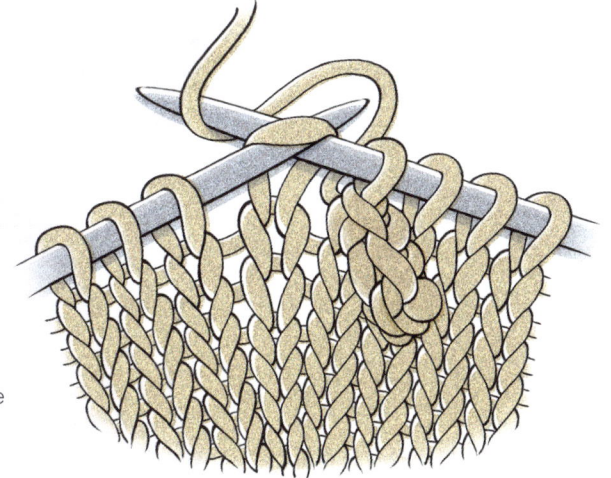

4. Das Picot auf die rechte Seite der Arbeit legen und die Reihe beenden.

Strick mit 3-D-Effekt 153

FLECHTTECHNIK

Die Flechttechnik sieht schwieriger aus, als sie ist. Das liegt wohl daran, dass die Anleitung kompliziert zu lesen ist. Beim Stricken erklärt sich aber vieles von selbst. Stellen Sie sich vor, dass die offenen Maschen in den Abbildungen auf den Nadeln liegen. Die folgende Grundanleitung wird Ihnen helfen, das Prinzip zu verstehen. Die Dreiecke und Vierecke können zusätzlich in verschiedenen Farben oder Strukturmustern gestrickt werden.

40 M sehr locker anschlagen.
Begonnen wird mit einer Reihe Dreiecke:
1. Dreieck:
R 1–2: 2 M re, wenden, 2 M li, wenden.
R 3–4: 3 M re, wenden, 3 M li, wenden.
R 5–6: 4 M re, wenden, 4 M li, wenden.
R 7–8: 5 M re, wenden, 5 M li, wenden.
R 9–10: 6 M re, wenden, 6 M li, wenden.
R 11–12: 7 M re, wenden, 7 M li, wenden.
R 13–14: 8 M re, wenden, 8 M li, wenden.
R 15–16: 9 M re, wenden, 9 M li, wenden.
R 17: 10 M re, nicht wenden.
Diese Maschen auf der rechten Nd liegen lassen.
2., 3. und 4. Dreieck:
Wie das 1. Dreieck stricken. Jetzt wenden.

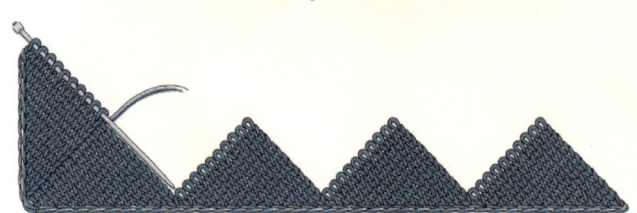

1. Viereck
Auf der Rückseite der Arbeit an der freien Kante des 4. Dreiecks 10 M aufn und li str. Wenden.
R 1–2: 1 M abh, 9 M re, wenden, 9 M li, 2 M li zus-str, wenden.
R 1–2 noch 8× wdh.
Nächste 2 R: 1 M abh, 9 M re, wenden, 9 M li, 2 M li zus-str, nicht wenden (alle M von Dreieck 3 sind jetzt mit den Rand-M von Viereck 1 zusammengestrickt). Die 10 M von Viereck 1 auf der rechten Nd lassen.

**Linkes Seitendreieck
R 1–2: 2 M li, wenden, 1 M abh, 1 M re, wenden.
R 3–4: Aus der Rand-M 2 M li str, 2 M li zus-str, wenden, 1 M abh, 2 M re, wenden.
R 5–6: Aus der Rand-M 2 M li str, 1 M li, 2 M li zus-str, wenden, 1 M abh, 3 M re, wenden.
R 7–8: Aus der Rand-M 2 M li str, 2 M li, 2 M li zus-str, wenden, 1 M abh, 4 M re, wenden.
R 9–10: Aus der Rand-M 2 M li str, 3 M li, 2 M li zus-str, wenden, 1 M abh, 5 M re, wenden.
R 11–12: Aus der Rand-M 2 M li str, 4 M li, 2 M li zus-str, wenden, 1 M abh, 6 M re, wenden.
R 13–14: Aus der Rand-M 2 M li str, 5 M li, 2 M li zus-str, wenden, 1 M abh, 7 M re, wenden.
R 15–16: Aus der Rand-M 2 M li str, 6 M li, 2 M li zus-str, wenden, 1 M abh, 8 M re, wenden.
R 17: Aus der Rand-M 2 M li str, 7 M li, 2 M li zus-str, nicht wenden (alle M des 4. Dreiecks sind jetzt gestrickt).
Diese M auf der rechten Nd lassen.

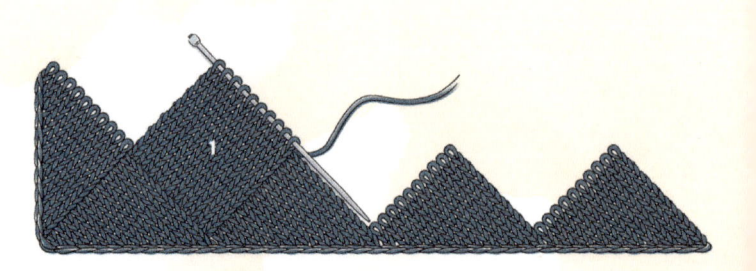

2. und 3. Viereck Wie beim 1. Viereck vorgehen, dabei jeweils die M am 3. und 2. Dreieck aufnehmen und die Kanten mit den Rand-M des 2. und 1. Dreiecks zusammenstricken.

Rechtes Seitendreieck Auf der Rückseite der Arbeit an der freien Kante des 1. Dreiecks 10 M aufn und li str. Wenden.

R 1–2: 10 M re, wenden, 8 M li, 2 M li zus-str, wenden.
R 3–4: 9 M re, wenden, 7 M li, 2 M li zus-str, wenden.
R 5–6: 8 M re, wenden, 6 M li, 2 M li zus-str, wenden.
R 7–8: 7 M re, wenden, 5 M li, 2 M li zus-str, wenden.
R 9–10: 6 M re, wenden, 4 M li, 2 M li zus-str, wenden.
R 11–12: 5 M re, wenden, 3 M li, 2 M li zus-str, wenden.
R 13–14: 4 M re, wenden, 2 M li, 2 M li zus-str, wenden.
R 15–16: 3 M re, wenden, 1 M li, 2 M li zus-str, wenden.
R 17–18: 2 M re, wenden, 2 M li zus-str. Diese M auf der rechten Nd lassen. Wenden.***

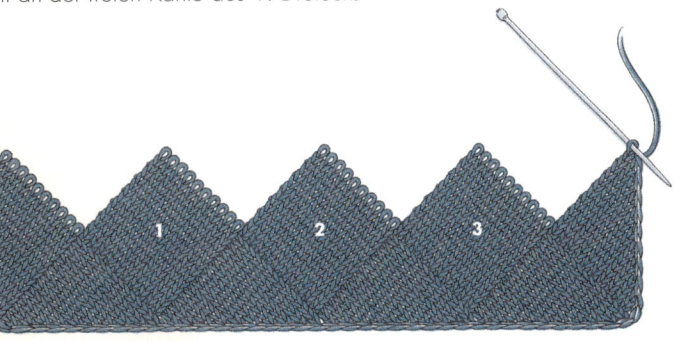

4. Viereck
Auf der rechten Seite der Arbeit an der rechten Kante des rechten Seitendreiecks 1 M abh, 9 M aufn und re str, wenden. (10 M)

R 1–2: 1 M abh, 9 M li, wenden, 9 M re, 2 M re überz zus-str, wenden.
Die letzten beiden Reihen noch 8× wdh.

Nächste 2 Reihen: 1 M abh, 9 M li, wenden, 9 M re, 2 M re überz zus-str, nicht wenden (alle M des 3. Vierecks wurden gestrickt).

5. Viereck Auf der Vorderseite der Arbeit an der freien Kante des 3. Rechtecks 10 M aufn und re str. Dann wie beim 4. Viereck fortfahren (alle M des 2. Vierecks wurden gestrickt.)

6. und 7. Viereck Wie das 5. Viereck stricken. Die Maschen des 2. und 1. Vierecks aufnehmen und die Kante mit den Rand-M des 1. Rechtecks und des linken Seitendreiecks zusammenstricken.

Linkes Seitendreieck; 8., 9. und 10. Viereck
Von ** bis *** noch 1× wdh. Die Maschen werden nicht an den Dreiecken der Grundreihe aufgenommen, sondern an den daran anschließenden Vierecken. Die Abschlussdreiecke wie folgt arbeiten:

1. Abschlussdreieck Auf der rechten Seite der Arbeit an der Innenkante des rechten Seitendreiecks 1 M abh, 9 M aufn und re str, wenden. (10 M)

R 1–2: 1 M abh, 9 M li, wenden, 9 M re, 2 M re überz zus-str, wenden.
R 3–4: 1 M abh, 7 M li, 2 M li zus-str, wenden, 8 M re, 2 M re überz zus-str, wenden.
R 5–6: 1 M abh, 6 M li, 2 M li zus-str, wenden, 7 M re, 2 M re überz zus-str, wenden.
R 7–8: 1 M abh, 5 M li, 2 M li zus-str, wenden, 6 M re, 2 M re überz zus-str, wenden.
R 9–10: 1 M abh, 4 M li, 2 M li zus-str, wenden, 5 M re, 2 M re überz zus-str, wenden.
R 11–12: 1 M abh, 3 M li, 2 M li zus-str, wenden, 4 M re, 2 M re überz zus-str, wenden.
R 13–14: 1 M abh, 2 M li, 2 M li zus-str, wenden, 3 M re, 2 M re überz zus-str, wenden.
R 15–16: 1 M abh, 1 M li, 2 M li zus-str, wenden, 2 M re, 2 M re überz zus-str, wenden.
R 17–18: 1 M abh, 2 M li zus-str, wenden, 1 M re, 2 M re überz zus-str, wenden.
R 19–20: 2 M li zus-str, wenden, 2 M re überz zus-str, nicht wenden. Die restl M auf der rechten Nd lassen.

2., 3. und 4. Abschlussdreieck Auf der rechten Seite der Arbeit am 10., 9. und 8. Viereck je 9 M aufn und re str, wenden. (10 M) Wie beim 1. Abschlussdreieck fortf. Den Faden durch die letzte M ziehen.

Strick mit 3-D-Effekt

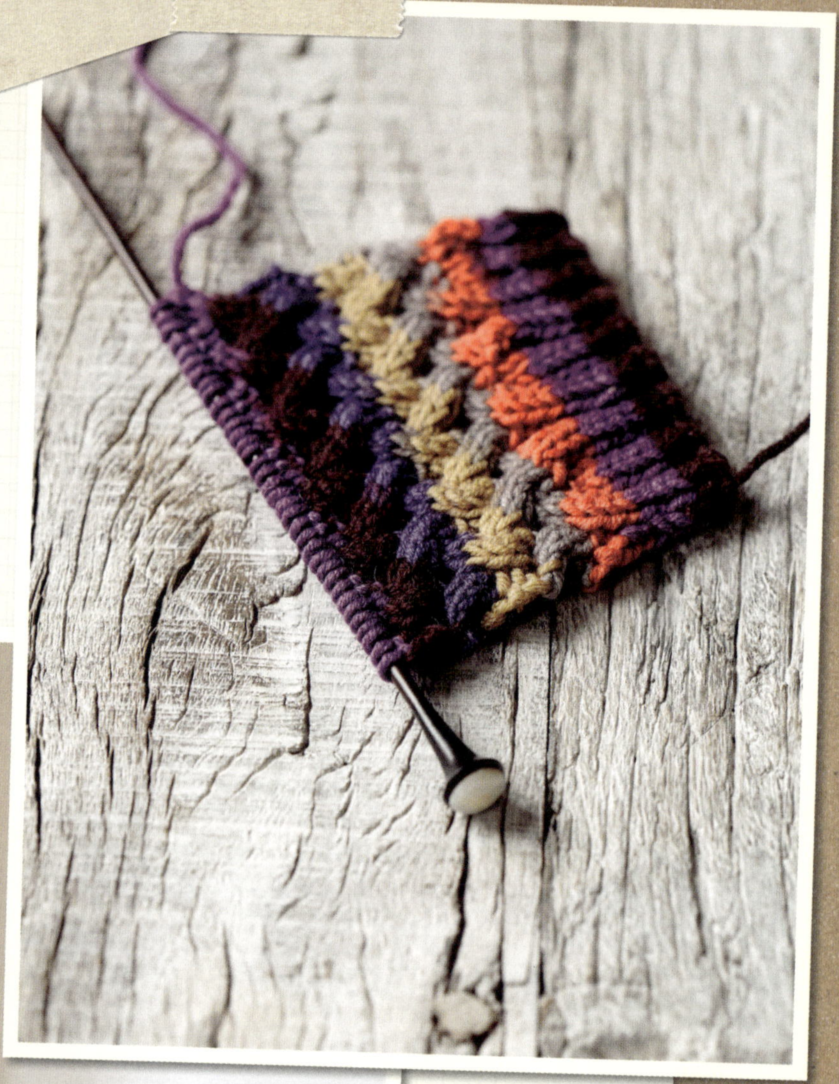
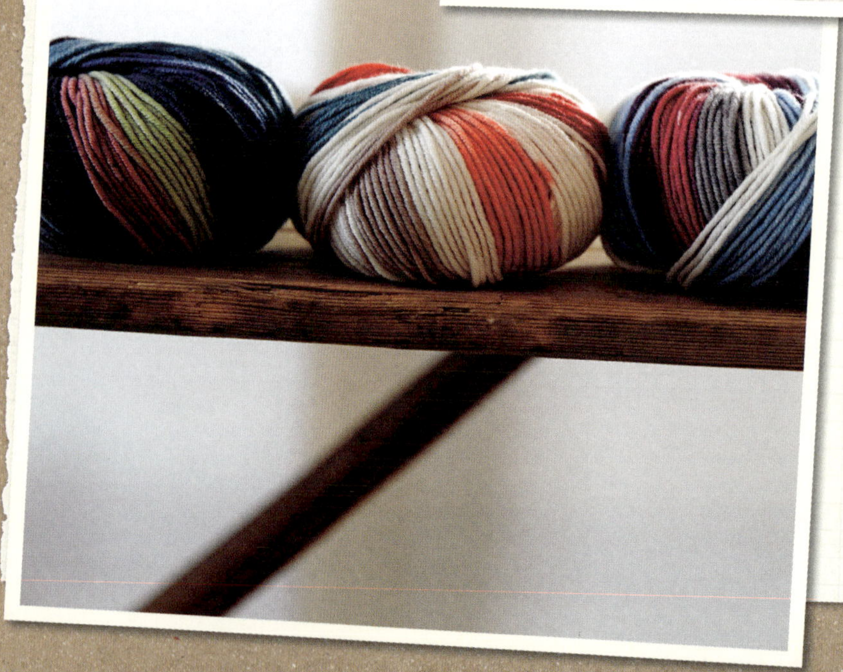

7

MEHRFARBIG STRICKEN

Das Stricken mit mehreren Farben ist eine spannende Angelegenheit, zumal es Handarbeitsgarne in so vielen hinreißenden Farbtönen gibt, die sich für immer neue Kombinationen anbieten. Manche Techniken sind etwas knifflig, aber es lohnt sich, sie zu erlernen. Auch mit Farbverlaufsgarnen lassen sich attraktive Farbeffekte erzielen – und das mit einem einzigen Knäuel.

EIN BISSCHEN FARBTHEORIE

Wir sind von Farben umgeben, nehmen aber meist gar nicht bewusst wahr, welch wichtige Rolle sie in unserem Leben spielen. Weil das Farbempfinden außerdem eine sehr persönliche Sache ist, sind die folgenden Tipps nur als Anregungen gemeint und sollen nicht als Regeln missverstanden werden.

WELCHE FARBEN?

Der psychologischen Wirkung von Farben sind wir uns selten bewusst. Fachleute, die unser Kaufverhalten oder unsere Stimmung beeinflussen möchten, wissen aber genau, mit welchen Farben sie die besten Erfolgschancen haben.

Wir alle haben Lieblingsfarben bei Kleidung und es kann leicht passieren, dass man sich auf sie festlegt. Wenn ich das täte, fänden sich in all meinen Kollektionen unverhältnismäßig viele Modelle in sanftem Taubenblau … Es lohnt sich jedoch, immer wieder einmal andere Farben auszuprobieren. Mit zunehmendem Alter können sich Haut- und Haarfarbe verändern, sodass die Lieblingsfarbe gar nicht mehr schmeichelhaft aussieht. Manchmal entdeckt man beim Experimentieren auch neue Lieblingsfarben.

Nur wer Wolle selbst färbt, hat unbegrenzte Möglichkeiten. Die meisten von uns müssen sich jedoch mit dem begnügen, was der Handel anbietet. Zum Glück gibt es zahlreiche große und kleine Hersteller, sodass die Auswahl an Farben und Qualitäten fast nichts zu wünschen übrig lässt. Das Internet macht es zudem möglich, Garne aus dem Ausland zu bestellen. Der Preis kann manchmal höher sein, aber letztlich ist es möglich, jeden Garntyp in jeder gewünschten Farbe zu beschaffen.

Manche Menschen stricken gern einfarbige Modelle. Viele bevorzugen es aber, mehrere Farben zu kombinieren, beispielsweise für ein Norweger- oder Fair-Isle-Muster. Es kann schon etwas Geschick erfordern, eine Kombination zu finden, die ausgewogen wirkt und dennoch genügend Kontrast aufweist, um das Muster zur Geltung zu bringen. Manchmal stellt man erst nach vielen Stunden Strickarbeit fest, dass die Farbkombination nicht optimal war – und das ist dann sehr frustrierend.

Es gibt jedoch einige Grundprinzipien, die das Zusammenstellen von Farben erleichtern und dabei helfen, üble Missgriffe zu vermeiden. Darum werden Sie auf den ersten Seiten dieses Kapitels etwas über die Farbtheorie erfahren, sodass Sie künftig bei der Auswahl von Farben auf ein solides Basiswissen zurückgreifen können.

WAS IST FARBE?

Im Grunde ist Farbe ein Produkt des Lichts. Die Farben des Regenbogens entstehen durch Lichtbrechung. Es gibt noch weitere Farben, die das relativ einfach konstruierte menschliche Auge nicht wahrnehmen kann. Die Farberkennung und die Verarbeitung dieser Informationen im Gehirn sind sehr komplizierte Prozesse. Für unsere Zwecke genügt es aber, die Farben zu betrachten, mit denen Garne (und andere Dinge) gefärbt werden.

Die Intensität oder Leuchtkraft einer Farbe bezeichnet man als »Sättigung«. Primärfarben besitzen die höchste Sättigung. Sie können durch Zugabe von Weiß aufgehellt, durch Zugabe von Schwarz abgedunkelt oder durch Zugabe von Grau gedämpft werden. In allen drei Fällen verringert sich ihre Sättigung.

FARBGRUPPIERUNGEN

Anhand des Farbkreises (siehe unten) lassen sich Farben auf dreierlei Weise gruppieren: nach Farbfamilien (siehe S. 160), nach kühlen und warmen Farben (siehe S. 161) sowie nach analogen und Komplementärfarben (siehe S. 162). Die Farben innerhalb der Gruppen stehen in verschiedenen Beziehungen zueinander. Wer diese Beziehungen kennt und versteht, kann – je nach gewünschtem Effekt – die verschiedensten Farbkombinationen zusammenstellen.

Außerdem beschäftigen wir uns mit den Tonwerten (siehe S. 163), denn auch sie spielen für die Auswahl harmonischer Farbkombinationen eine wichtige Rolle.

DER FARBKREIS

Der Farbkreis ist eine schematische Darstellung der Farben, die dazu dient, ihre verschiedenen Beziehungen zueinander zu verdeutlichen und zu analysieren. Möglicherweise haben Sie ihn schon einmal in einem anderen Kontext gesehen. Die Gesetzmäßigkeiten, die sich aus ihm ableiten lassen, gelten für alle Bereiche, in denen Farbe eine Rolle spielt.

Ein einfacher Farbkreis besteht aus zwölf Standardfarben. Dabei handelt es sich um die drei Primärfarben (Rot, Gelb und Blau) und die drei Sekundärfarben (Grün, Orange und Violett), die durch Mischung zweier Primärfarben entstehen. Hinzu kommen sechs Tertiärfarben (Rotorange, Gelborange, Gelbgrün, Blaugrün, Blauviolett und Rotviolett), die aus einer Primär- und einer Sekundärfarbe bestehen.

Mischt man beispielsweise die beiden Primärfarben Gelb und Blau, entsteht die Sekundärfarbe Grün. Und mischt man die Sekundärfarbe Grün mit der Primärfarbe Blau, ergibt sich die Tertiärfarbe Blaugrün. Das gesamte Spektrum der Farben auf dem Farbkreis ist: Blau, Blauviolett, Violett, Rotviolett, Rot, Rotorange, Orange, Gelborange, Gelb, Gelbgrün, Grün, Blaugrün.

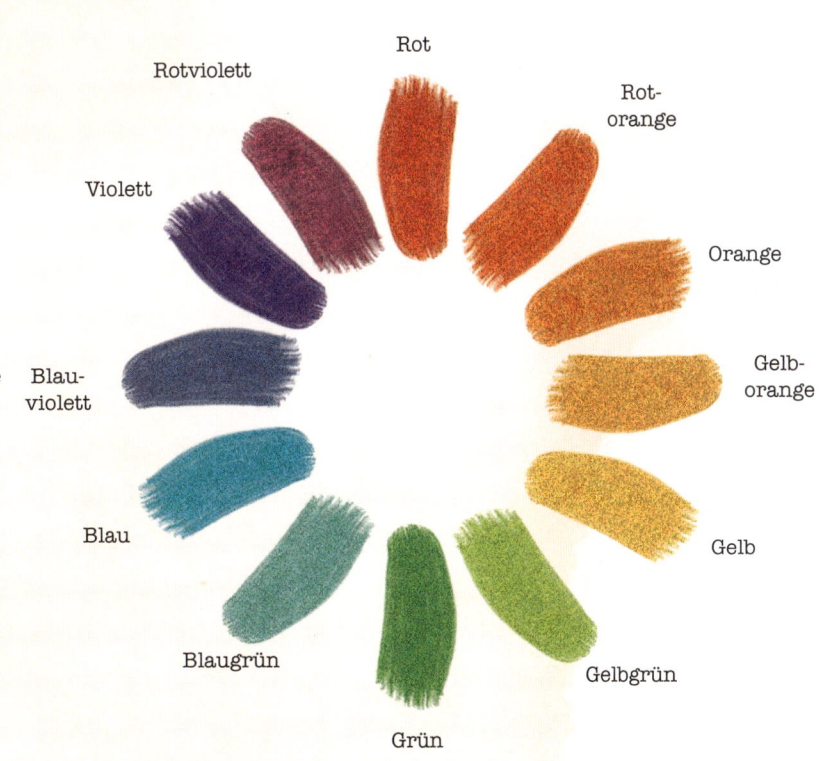

Ein bisschen Farbtheorie

FARBFAMILIEN

Eine Farbfamilie kann sehr groß sein, denn ihr gehören alle denkbaren Töne und Nuancen einer einzelnen Farbe an. Wie in einer menschlichen Familie vertragen sich aber nicht alle Mitglieder gleich gut miteinander. Scharlachrot, Rotbraun, Karminrot, Rubinrot und Zinnober sind beispielsweise Mitglieder der Rot-Familie, die, wenn man sie nebeneinanderstellt, nicht unbedingt vorteilhaft wirken.

Die Mitglieder einer Farbfamilie haben jeweils unterschiedliche Anteile anderer Farben. Mischt man eine Primärfarbe mit Weiß, wird sie heller. Ein Zusatz von Schwarz dunkelt sie ab, und ein Anteil Grau dämpft sie.

Wenn Sie Farben »Ton in Ton« zusammenstellen wollen, können Sie dennoch nicht beliebig aus einer Farbfamilie wählen. Bei Sekundärfarben spielt das Verhältnis der beiden Primärfarben, aus denen sie zusammengesetzt sind, eine Rolle. Hinzu kommt, dass jede Farbe Untertöne anderer Farben enthalten kann. Diese feinen Nuancen bestimmen, ob zwei Farbtöne harmonieren oder sich beißen. Kühle Farben können einen warmen Unterton haben, warme Farben einen kühlen (mehr zu warmen und kühlen Farben auf der rechten Seite). Eine Palette, in der diese Untertöne gemischt werden, wirkt fast immer unvorteilhaft. Um den Unterton einer bestimmten Garnfarbe zu ermitteln, suchen Sie ein anderes Knäuel, das der reinen Farbe so nahe wie möglich kommt. Wenn Sie nun beide nebeneinanderhalten, werden Sie leicht erkennen, in welche Richtung das erste Knäuel tendiert. Noch einfacher wird es, wenn Sie die Farben mit leicht zusammengekniffenen Augen begutachten.

Wenn Sie zu einem Grün mit einem warm-gelblichen Unterton ein passendes Braun suchen, schauen Sie nach Brauntönen mit rötlichen Anklängen. Beide Untertöne sind warm und außerdem sind Rot und Gelb analoge Farben, die auf dem Farbkreis nebeneinanderliegen (siehe S. 159). Beide Aspekte tragen dazu bei, dass die Farben miteinander harmonieren.

Verschiedene Farbtöne aus der Grün-Familie

Verschiedene Farbtöne aus der Blau-Familie

160 Mehrfarbig stricken

KÜHLE UND WARME FARBEN

Diese Gruppierung stellt vielleicht einige Ihrer Erwartungen auf den Kopf. Sowohl Rot als auch Blau können offensichtlich warm oder kühl sein, Gelb und Violett halten Überraschungen bereit. Warme Farben treten optisch in den Vordergrund, während kühle sich vornehm zurückhalten. Diese Tatsache lässt sich nutzen, um mehrfarbigen Strickarbeiten wie Norweger- und Fair-Isle-Mustern eine dreidimensionale Wirkung zu verleihen.

Die warmen Farben (von links nach rechts):
Rotviolett, Rot, Rotorange, Orange, Gelborange und Gelb

Die kühlen Farben (von links nach rechts):
Violett, Blauviolett, Blau, Blaugrün, Grün und Gelbgrün

Der Farbkreis kann in zwei Hälften unterteilt werden. In der warmen Hälfte liegen die Primärfarben Rot und Gelb, ihre Sekundärfarbe Orange sowie die Tertiärfarben, die aus den Farben dieser Gruppe bestehen. Auch Rotviolett, das nur einen geringen Blauanteil hat, gehört zu den warmen Farben. In der kühlen Hälfte liegen die Primärfarbe Blau und alle anderen Sekundär- und Tertiärfarben.
Warme Farben treten optisch in den Vordergrund, kühle dagegen rücken in den Hintergrund. Enthält also eine Farbpalette gleiche Anteile warmes Rotorange und kühles Blaugrün, wirkt das Rotorange dominant und das Blaugrün wird weniger wahrgenommen. Für eine ausgewogene Kombination und Wahrnehmung müsste also der Anteil der warmen Farbe geringer sein.
Dieser optische Effekt lässt sich nutzen, um beispielsweise ein Motiv plastisch hervortreten zu lassen. Ein rotes Herz auf grünem Hintergrund springt ins Auge. Wenn Sie eine warme Farbe als Akzent wählen, genügt es, sie für kleine Details zu verwenden. An einer Jacke in Blaugrün heben sich Tascheninnenseiten sowie Abkettkanten an Kragen und Ärmeln in bräunlichem Orange großartig ab.
Es mag Sie verwundern, dass Gelb eine warme Farbe ist, während Violett der kühlen Hälfte des Farbkreises zugeordnet wird. Wenn Sie aber warmes Gelb neben kühles Blau halten, ist die dominante Wirkung von Gelb unverkennbar. Ebenso wird die kühle Wirkung von Violett sofort deutlich, wenn man es neben warmes Rot hält. (Übrigens eine Farbkombination, die ich persönlich überhaupt nicht mag.)
Hellt man kühle Farben mit Weiß auf, werden sie noch kälter. Kühlere Töne als helles Blau oder Grün gibt es kaum. Tönt man andererseits warme Farben mit Schwarz dunkler, wird ihre Wirkung verstärkt. Darum ist es so schwierig, ausgewogene Kombinationen mit blassem Grün oder dunklem Rot zusammenzustellen.

KOMPLEMENTÄRFARBEN UND ANALOGE FARBEN

Komplementärfarben liegen auf dem Farbkreis gegenüber, während analoge Farben nebeneinanderliegen. Diese beiden Kategorien und die Wechselbeziehungen der Farben haben beträchtliche Auswirkungen auf den Charakter von Farbkombinationen.

Komplementärfarben liegen auf dem Farbkreis genau gegenüber. Jedes Komplementärfarbenpaar besteht aus einer warmen und einer kühlen Farbe. Rot ist die Komplementärfarbe zu Grün, Blau ist die Komplementärfarbe zu Orange und so weiter.

Dass die erfolgreiche Kombination warmer und kühler Farben eine Frage der jeweiligen Anteile ist, kam schon zur Sprache (siehe S. 161). Ein guter Tipp ist die Kombination von Primärfarben, obwohl auch hier die Untertöne (siehe S. 160) berücksichtigt werden müssen.

Die Komplementärfarbe einer Primärfarbe ist die Mischung der beiden anderen Primärfarben. Um die Komplementärfarbe zu reinem Blau zu erhalten, müssen also reines Rot und reines Gelb zu Orange gemischt werden. Die Komplementärfarbe zu Rot ist Grün (gemischt aus Blau und Gelb), und die Komplementärfarbe zu Gelb ist Violett (gemischt aus Rot und Blau).

Alle Farben, also auch die Sekundär- und Tertiärfarben, haben eine zugehörige Komplementärfarbe. Außerdem sind in allen Komplementärfarbenpaaren die drei Primärfarben vertreten, allerdings in unterschiedlichen Anteilen. Die Komplementärfarbe zu Gelborange ist Blauviolett und die Komplementärfarbe zu Blaugrün ist Rotorange.

Wenn Sie zwei Komplementärfarben verwenden wollen, aber Mühe haben, eine ausgewogene Kombination zu finden, schauen Sie sich unter den gedämpften Tönen mit einem Grauanteil um. Diese sanfteren Töne wirken oft harmonischer als die jeweils gesättigten Versionen.

Komplementärfarbenpaare (von oben nach unten): Orange und Blau, Rot und Grün, Gelb und Violett

Analoge Farben: Rot, Rotorange und Orange (oben), Blau, Blaugrün und Grün (unten)

Analoge Farben sind Nachbarn im Farbkreis. Das gilt für reine Farben ebenso wie für ihre hellen, dunklen und gedämpften Nuancen. Ein klassisches analoges Farbenpaar besteht aus einer Primärfarbe und der danebenliegenden Sekundärfarbe, beispielsweise Rot und Orange. Fügt man noch die zwischen ihnen liegende Tertiärfarbe hinzu, in diesem Beispiel Rotorange, entsteht eine analoge Gruppe. Solche Ton-in-Ton-Kombinationen wirken ruhig. Wenn Sie Kontraste mögen, fehlt noch eine Farbzutat.

Um eine analoge Gruppe zu beleben, könnten Sie eine Farbe wählen, die neben ihr liegt (also analog zur Gruppe ist), aber die dritte Primärfarbe enthält. Rot, Rotorange und Orange könnten also durch Rotviolett ergänzt werden. Andererseits ist es immer schwierig, Kombinationen zusammenzustellen, die alle drei Primärfarben enthalten. Einfacher und ebenso schön ist eine kräftigere Variante einer der drei ursprünglichen Farben.

Auch durch eine neutrale Farbe wie Grau oder Braun lässt sich ein Kontrast in eine analoge Gruppe bringen. Zu den Beispielfarben Rot, Rotorange und Orange würde beispielsweise ein sattes Schokoladenbraun gut passen.

Mehrfarbig stricken

GRAUSTUFEN UND TONWERTE

Die relative Helligkeit oder Dunkelheit einer Farbe entspricht ihrem Tonwert. Bei Mischfarben aus Schwarz und Weiß spricht man von der Graustufe und zur Bestimmung des Tonwerts einer Farbe wird eine Graustufenskala verwendet. Das klingt kompliziert, aber zum Glück nehmen unsere Augen die Tonwerte und Graustufen automatisch wahr.

Rechts verschiedene Farben,
links die ihnen entsprechenden Graustufen

Der Tonwert ist ein weiteres Kriterium, das beim Zusammenstellen von Farben berücksichtigt werden muss. Das ist zum Glück recht einfach. Beim Betrachten einer Gruppe von Farben nimmt das Auge die unterschiedlichen Tonwerte automatisch wahr. Diese Information wird aber nicht separat an das Gehirn übermittelt, sodass man nur einen Gesamteindruck der Farben gewinnt und die Tonwerte nicht bewusst als Einzelaspekt wahrnimmt.
Der Tonwert einer Farbe wird als Zahl angegeben. Sie entspricht dem prozentualen Anteil von Schwarz, das ein entsprechendes Grau auf der Graustufenskala enthält. Die Farbe mit dem hellsten Tonwert ist Gelb. Ihr Tonwert beträgt 10. Das bedeutet, dass ein entsprechendes Grau 10 Prozent Schwarz und 90 Prozent Weiß enthält. Violett ist die Farbe mit dem dunkelsten Tonwert. Er beträgt 80, also setzt sich das entsprechende Grau aus 80 Prozent Schwarz und 20 Prozent Weiß zusammen.

Eine harmonische Farbpalette besteht aus einer ausgewogenen Kombination von Tonwerten. Zwei oder drei sollten im mittleren Bereich liegen, einer sollte heller und einer dunkler sein. Das lässt sich mithilfe eines Schwarz-Weiß-Fotos der gewählten Garne ganz leicht beurteilen. Sie können dafür Fäden Ihrer Garne um ein Stück Pappe wickeln. Die gewickelten Streifen sollten etwa 1 cm breit sein, damit sie gut zu erkennen sind. Diese Pappe können Sie nun auf einen Fotokopierer legen, um die Graustufen zu sehen. Alternativ fotografieren Sie die gewählten Knäuel mit einer Digitalkamera und wandeln das Foto mit einer Bildbearbeitungssoftware in ein Schwarz-Weiß-Bild um.

Ein bisschen Farbtheorie

ERSTE SCHRITTE

Das mehrfarbige Stricken konfrontiert den Einsteiger mit zwei Hauptschwierigkeiten: die verschiedenen Fäden, die gebändigt werden müssen, und die Zählmuster, die manchmal kompliziert aussehen. Zählmuster sind aber letztlich nur eine grafische Darstellung der Strickanleitung und das Hantieren mit mehreren Fäden lässt sich leicht lernen.

STRICKEN NACH ZÄHLMUSTER

Anleitungen für Modelle mit Hebemaschen (siehe S. 174–175), Intarsien (siehe S. 176–179) oder Norwegermustern (siehe S. 180–188) enthalten fast immer Zählmuster. Sie machen es leicht, den Fortschritt beim Stricken im Blick zu behalten und eventuelle Fehler frühzeitig zu erkennen.

Wenn Sie noch nie mit einem Zählmuster gearbeitet haben, lesen Sie bitte zuerst die allgemeinen Informationen auf Seite 65–67 und wenden sich danach den hier folgenden Hinweisen zum mehrfarbigen Stricken zu.
Schauen Sie sich zu Beginn das Karoraster an, in dem das Zählmuster abgedruckt ist. Die Größe des Rasters selbst hat auf die Strickarbeit keinen Einfluss, wohl aber auf das Aussehen des Motivs oder Musters. Eine gestrickte Masche ist hinsichtlich ihrer Maße nicht quadratisch, sondern etwas breiter als hoch. Wenn die Kästchen des Zählmusters quadratisch sind, wird das gestrickte Motiv folglich anders aussehen als seine grafische Darstellung. Haben die Kästchen des Zählmusters andererseits etwa dieselben Proportionen wie die Maschen (wie auf den folgenden Seiten), dann zeigt die grafische Darstellung viel genauer, wie das gestrickte Motiv aussehen wird.
Wenn Ihr Motiv auf dem Zählmuster länglich verzerrt aussieht und in einem quadratischen Raster gedruckt ist, brauchen Sie sich keine Sorgen zu machen. Die Verzerrung beruht darauf, dass im Zählmuster die unterschiedlichen Proportionen von Kästchen und Masche berücksichtigt wurden. Das gestrickte Motiv wird nicht verzerrt sein. Weitere Informationen zu proportionalem Zählmusterpapier finden Sie auf Seite 282. Leere Raster zum Fotokopieren sind auf Seite 314 abgedruckt.
Normalerweise zeigt das Zählmuster nur einen einzelnen Mustersatz. Im Anleitungstext ist angegeben, wie oft der Mustersatz wiederholt wird, wie viele Maschen zwischen zwei Motiven sind und wo ein Motiv platziert wird. Zählmuster für Hebemaschen und Norwegermuster sind etwas gewöhnungsbedürftig. Zählmuster für Intarsienarbeiten dagegen sind normalerweise selbsterklärend.

INTARSIENTECHNIK

Muster, bei denen einzelne Farben nur in Teilen einer Reihe (also nicht in der gesamten Reihe) zum Einsatz kommen, werden in der Intarsientechnik gestrickt (siehe S. 176– 179). Bei jedem Farbwechsel müssen die Fäden miteinander verkreuzt werden, damit keine Löcher entstehen. Probieren Sie die Technik zuerst mit Garnresten aus, denn je nach Laufrichtung der Motivkontur muss beim Verkreuzen unterschiedlich vorgegangen werden, damit die Motivkontur später sauber aussieht.
Für jeden Farbbereich eines Motivs wird ein separates Knäuel benötigt. Zählen Sie die Farbbereiche zuerst durch und bereiten Sie die Knäuel vor. Selbst für einfache Motive in zwei Farben können erstaunlich viele Einzelknäuel erforderlich sein. Das Zählmuster unten sieht simpel aus, Sie benötigen aber zwei Blautöne und drei Orangetöne.

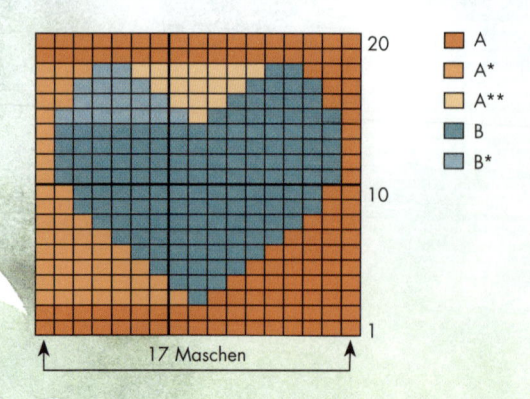

17 Maschen

Für jede der verschiedenen Farbflächen müssen Sie ausreichend Garn für die Maschenzahl (siehe S. 168) vorbereiten. Wenn wir das Orange für den Hintergrund Garn A nennen, verwenden Sie dafür ein volles Knäuel. Mit diesem werden auch die beiden Reihen unter dem Motiv gestrickt. Außerdem brauchen Sie ausreichend Garn im mittleren Orange (A*) für die 49 Maschen auf der linken Seite sowie Garn in hellem Orange (A**) für 16 Maschen über dem Herzen. Vom dunkleren Blau (B) benötigen Sie Garn für die 140 Maschen, die den größeren Teil des Herzens ausmachen, sowie vom helleren Blau (B*) ausreichend Garn für die 18 Maschen des oberen linken Herzbogens. Allein für dieses relativ einfache Motiv sind also schon fünf Garne erforderlich.

Wenn der Hintergrund des Motivs größer ist als in diesem Zählmuster, brauchen Sie von Garn A* eine größere Menge. Die Mengen für A**, B und B* bleiben unverändert.

In Textform würde die Anleitung für dieses Motiv – glatt rechts, Farbbezeichnungen wie oben – so aussehen:

Reihe 1 (Hin-R): Re M str: 17 Maschen in A.
Reihe 2: Li M str: 17 Maschen in A.
Reihe 3: Re M str: 8 M in A, Garn B ansetzen, 1 M in B, Garn A* ansetzen, 8 M in A*.
Reihe 4: Li M str: 7 M in A*, 3 M in B, 7 M in A.
Reihe 5: Re M str: 6 M in A, 5 M in B, 6 M in A*.
Reihe 6: Li M str: 5 M in A*, 7 M in B, 5 M in A.
Reihe 7: Re M str: 4 M in A, 9 M in B, 4 M in A*.
Reihe 8: Li M str: 3 M in A*, 11 M in B, 3 M in A.
Reihe 9: Re M str: 2 M in A, 13 M in B, 2 M in A*.
Reihe 10: Li M str: 2 M in A*, 13 M in B, 2 M in A.
Reihe 11: Re M str: 1 M in A, 15 M in B, 1 M in A*.
Reihe 12: Li M str: 1 M in A*, 15 M in B, 1 M in A.
Reihe 13: Re M str: 1 M in A, 15 M in B, 1 M in A*.
Reihe 14: Li M str: 1 M in A*, 15 M in B, 1 M in A.
Reihe 15: Re M str: 1 M in A, 7 M in B, Garn A** ansetzen, 1 M in A**, Garn B* ansetzen, 7 M in B*, 1 M in A*.
Reihe 16: Li M str: 2 M in A*, 5 M in B*, 3 M in A**, 5 M in B, 2 M in A.
Reihe 17: Re M str: 2 M in A, 4 M in B, 5 M in A**, 4 M in B*, 2 M in A*.
Reihe 18: Li M str: 3 M in A*, 2 M in B*, 7 M in A**, 2 M in B, 3 M in A.
Reihe 19: Re M str: 17 Maschen in A.
Reihe 20: Li M str: 17 Maschen in A.

Zweifellos sind im Zählmuster alle notwendigen Informationen viel klarer und übersichtlicher dargestellt. Allerdings sind bei Zählmustern in Zeitschriften die einzelnen Farben oft durch Symbole dargestellt. In diesem Fall kann es hilfreich sein, das Zählmuster zu fotokopieren und mit Farbstiften auszumalen, um schneller erkennen zu können, wie viele Farben in der jeweiligen Reihe benötigt werden.

NORWEGER- UND FAIR-ISLE-MUSTER

Diese Technik wird angewandt, wenn einzelne Farben in der gesamten Reihe mehrfach zum Einsatz kommen (siehe S. 180–187). Typische Beispiele sind Norwegermuster und die kleinen Einstrickmuster von der Fair Isle vor Schottland.

Die nicht verwendete Garnfarbe läuft locker auf der Rückseite mit. Damit die rechte Seite des Musters glatt und ordentlich aussieht, dürfen diese Spannfäden weder zu stramm noch zu locker mitgeführt werden. Findet der Farbwechsel in Abständen von mehr als 3 oder 4 Maschen statt, sollten die Spannfäden zusätzlich miteinander verkreuzt werden, damit man später nicht an ihnen hängen bleibt. Es gibt verschiedene Möglichkeiten, die Spannfäden zu führen. Eine Methode eignet sich besonders für Anfänger (siehe S. 181). Es lohnt sich aber, alle einmal auszuprobieren.

Von Mustern mit Rapport (= Wiederholung) wird im Zählmuster normalerweise nur ein Mustersatz dargestellt, außerdem zusätzliche Maschen wie Randmaschen, die nötig sind, um einen Mustersatz zu beenden oder das Muster korrekt zu positionieren.

Wenn Sie Spannfäden auf der Rückseite mitführen, müssen Sie dies über die gesamte Reihe von Randmasche zu Randmasche tun, selbst wenn die letzte Masche in der Musterfarbe einige Maschen vom Rand entfernt liegt. Den Faden mit einer Technik nach Wahl (siehe S. 185–187) mitführen und in der Randmasche mitfassen. Das ist wichtig, weil der Strick durch die Spannfäden dicker wird. Führt man sie nicht bis zum Rand mit, verzieht sich die letzte Masche in der eingestrickten Farbe. Außerdem fallen die Ränder merkwürdig dünn aus, sodass die Teile uneben aussehen und nicht gleichmäßig fallen.

Zu- oder Abnahmen in einem gemusterten Bereich werden normalerweise innerhalb einfarbiger Flächen an den Reihenenden gearbeitet. Auch hier ist wichtig, die Spannfäden über die volle Reihenbreite mitzuführen. Wenn viele Zu- oder Abnahmen erforderlich sind, wird das Muster normalerweise stufenweise verbreitert. So wird vermieden, dass allmählich an den Rändern immer breitere Streifen in der Hintergrundfarbe entstehen. Dabei gehen Sie ebenso vor wie beim Verbreitern eines Lochmusters (siehe S. 140).

Erste Schritte

RUNDSTRICKEN

Die meisten Zählmuster sind für Modelle ausgelegt, die in Hin- und Rückreihen gestrickt werden. Wenn Sie lieber rundstricken möchten (siehe S. 108–109) und das Muster diese Arbeitsweise zulässt, müssen Sie das Zählmuster anders lesen als beim Stricken in Reihen.

Norwegermuster können problemlos in Runden gestrickt werden. Das ist sogar besonders angenehm, weil die Farben nicht am Rand verankert werden müssen. Sie haben also immer die Außenseite Ihres Werkstücks vor Augen und müssen zum Verkreuzen der Spannfäden nur eine einzige Technik anwenden (siehe S. 181–184). Dadurch wird es einfacher, eine gleichmäßige Spannung des Arbeitsfadens und der Spannfäden einzuhalten.

Während beim Stricken in Reihen die Zeilen des Zählmusters abwechselnd von rechts nach links (Hinreihen) und von links nach rechts (Rückreihen) gelesen werden, müssen Sie beim Stricken in Runden alle Zeilen von rechts nach links lesen – denn jede Runde entspricht einer Hinreihe. Außerdem müssen Sie eventuell die anzuschlagenden Maschen anpassen, damit am Rundenende kein unvollständiger Mustersatz entsteht.

Viele Zählmuster sind so konzipiert, dass sich das Muster nach dem Zusammennähen (bei dem die Randmaschen in der Naht verschwinden) beiderseits der Naht sauber zusammenfügt. Sie brauchen also beim Anschlagen in Runden nur die Randmaschen wegzulassen. Wenn Sie einen Pullover stricken möchten, müssen Sie die vorgegebene Zahl für den Anschlag um 4 Maschen reduzieren, denn Vorder- und Rückenteil haben jeweils 2 Randmaschen.

Ist das Zählmuster so aufgebaut, dass an den Nähten kein sauberer Anschluss des Musters erfolgt, müssen Sie Veränderungen vornehmen. Am einfachsten ist es, mit Fotokopien des Zählmusters zu arbeiten. Zuerst die Teile mit Mustern ausschneiden, dann die Randmaschen abschneiden und die Teile zusammenkleben, um den Musterverlauf zu überprüfen. Nun können Sie Maschen hinzufügen oder weglassen, um saubere Anschlüsse zu erhalten. Bedenken Sie aber, dass sich dadurch die Gesamtweite des Modells ändert und dass auch Zu- oder Abnahmen eventuell angepasst werden müssen.

Reine Intarsienmotive können nicht in Runden gestrickt werden, weil dabei das Garn für das Motiv immer auf der falschen Seite hängen würde. Sie müssten das Motivgarn auf der Rückseite mitführen (siehe S. 185–187) – und folglich auch das Hauptgarn auf der Rückseite des Motivs. Alternativ könnten Sie in jeder Reihe für jede Farbe einen neuen Faden verwenden, aber dann müssten Sie am Ende zahllose Fäden vernähen.

WELCHE TECHNIK?

In den meisten Fällen ergibt es sich aus der Art des Musters, ob sich die Intarsien- oder die Norwegertechnik besser eignet. In Anleitungen und Zeitschriften oder Büchern ist die richtige Technik normalerweise angegeben. Bei komplexen Mustern kann es aber auch sinnvoll sein, beide Techniken miteinander zu kombinieren.

Obwohl sich bei der Norwegertechnik der Strick insgesamt verdickt, was bei der Intarsientechnik nicht der Fall ist, kann es manchmal sinnvoll sein, Fäden auf der Rückseite mitzuführen, wenn nur wenige Maschen in einer separaten Farbe zu stricken sind. So eine kleine Verdickung fällt normalerweise nicht auf, wenn das Garn nicht allzu dick ist.

Beim Zählmuster rechts könnten Sie das Herz in Intarsientechnik stricken. Sie brauchen zwei Knäuel in Orange für den Hintergrund und eins in Blau für das Herz. Die grüne Raute in der Mitte kann in Intarsientechnik gearbeitet werden, aber einfacher ist es, das blaue Garn auf der Rückseite mitzuführen, statt weitere Knäuel in Arbeit zu nehmen.

Auch hinter den schrägen Linien aus einzelnen Maschen wird das Hauptgarn am besten mitgeführt. Die oberen Linien könnten theoretisch mit zwei Fadenenden gestrickt werden (siehe S. 188). Es ist allerdings schwierig, einzelne andersfarbige Maschen mit derselben Fadenspannung zu stricken wie die restliche Fläche. Darum wäre hier auch denkbar, die schrägen Linien im Maschenstich aufzusticken (siehe S. 189 und 192–193).

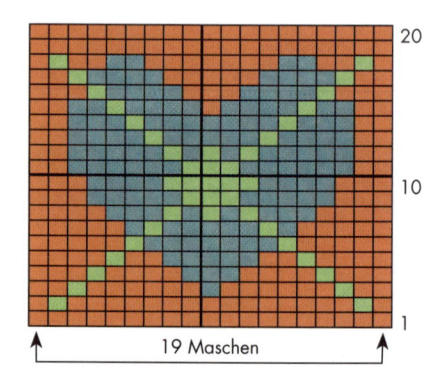

MUSTER MIT HEBEMASCHEN

Zählmuster für Muster mit Hebemaschen können unterschiedlich aufgebaut sein, weil jede Reihe zweimal mit Garn in derselben Farbe gestrickt werden muss, damit der Faden danach wieder an der rechten Seite hängt. Auch für das Abheben gibt es mehrere Möglichkeiten. Lesen Sie darum immer die Hinweise in Ihrer Anleitung, bevor Sie beginnen.

Wenn Sie mit Hebemaschen glatt rechts stricken, wird das Muster jeweils in der Hinreihe vorgegeben und in der folgenden Rückreihe nur wiederholt. Manche Strickdesigner bilden die Rückreihen in ihren Zählmustern ab, andere verzichten darauf. Letzteres kann für Einsteiger verwirrend sein. Die Textform eines Musters könnte so aussehen:

Anschlag: 21 M mit Garn A.
Reihe 1 (Rück-R): Li M str.
Reihe 2: Garn B, 4 M re, [1 M abh, 3 M re] stets wdh, enden mit 1 M re.
Reihe 3: Garn B, 4 M li, [1 M abh, 3 M li] stets wdh, enden mit 1 M li.
Reihe 4: Garn A, 1 M re, [1 M abh, 3 M re] stets wdh.
Reihe 5: Garn A, [3 M li, 1 M abh] stets wdh, enden mit 1 M li.
Reihe 6: Garn B, 2 M re, [1 M abh, 3 M re] bis zu den letzten 3 M, 1 M abh, 2 M re.
Reihe 7: Garn B, 2 M li, [1 M abh, 3 M li] bis zu den letzten 3 M, 1 M abh, 2 M li.
Reihe 8: Garn A, [3 M re, 1 M abh] stets wdh, enden mit 1 M re.
Reihe 9: Garn A, 1 M li, [1 M abh, 3 M li] stets wdh.
Reihe 2–8 stets wdh.

Für diese Anleitung gibt es drei verschiedene Darstellungsmöglichkeiten. (Hinweis: Masche 1 und Masche 21 sind Randmaschen und werden nie abgehoben.)
Im folgenden Zählmuster unten sind Hin- und Rückreihen separat eingezeichnet. Symbole kennzeichnen die Hebemaschen. Das Zickzackmuster ist bereits gut zu erkennen.

In diesem Zählmuster ist die Grundreihe aus linken Maschen eingezeichnet, weitere Rückreihen jedoch nicht, weil sie den Hinreihen entsprechen. Es ist nicht schwieriger nachzuarbeiten als die Version mit Rückreihen, es verrät aber weniger über das Aussehen der fertigen Arbeit.

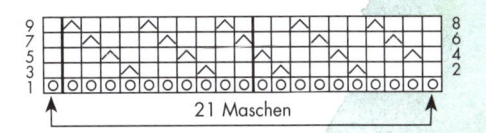

Die folgende Version enthält die meisten Informationen. Alle Reihen sind enthalten, die Maschenart wird durch Symbole dargestellt und die Farben vermitteln einen guten Eindruck vom fertigen Muster.

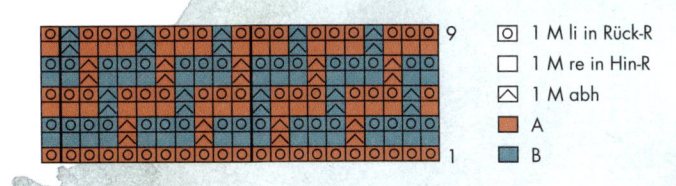

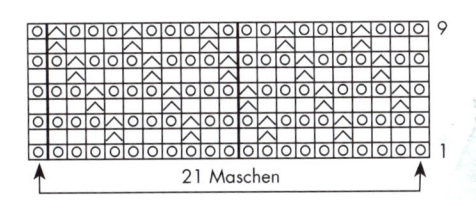

⊙ 1 M li in Rück-R
☐ 1 M re in Hin-R
⋀ 1 M abh
■ A
■ B

Erste Schritte 167

CLEVER GEWICKELT

Wenn in einer Reihe mit mehreren Garnfarben gearbeitet wird, verheddern sich die Fäden allzu leicht. Verzichten Sie auf ganze Knäuel, die umherrollen können. Wickeln Sie passende Garnportionen für die einzelnen Farbflächen lieber um die Finger oder auf kleine Pappkärtchen, die nahe an Ihrem Strickzeug hängen.

1. Um den Garnbedarf für eine farbige Fläche zu bestimmen, müssen Sie die Anzahl der Maschen kennen. In einem grafischen Zählmuster lässt sie sich leicht ermitteln (siehe S. 164). Liegt die Anleitung nur in Textform vor, müssen Sie großzügig schätzen. Wickeln Sie das Garn locker um eine Stricknadel – eine Windung für jede Masche. Geben Sie etwas zum Vernähen zu.

2. Das Fadenende in die Handfläche legen, dann den Faden wie eine liegende Acht um Daumen und kleinen Finger wickeln, bis noch etwa 10 cm übrig sind.

3. Das gewickelte Garn von der Hand nehmen und das letzte Stück fest um die Mitte wickeln. Das Ende unter einer Wicklung durchschieben. Das freie Ende, das in der Handfläche lag, muss vorstehen. Es bildet den Anfang Ihres Arbeitsfadens.

Kleine Garnwickler und Spulen kann man fertig kaufen (siehe S. 27). Sie eignen sich gut für etwas größere Garnmengen. Immer nur 30–50 cm abwickeln, damit sie nicht herabhängen und sich verheddern. Alternativ können Sie ein Pappkärtchen verwenden.

Mehrfarbig stricken

GARNE GETRENNT HALTEN

Selbst wenn Sie nur mit zwei Farben stricken, können sich die Fäden verheddern. Besonders groß ist die Gefahr bei Wollgarnen, weil sie eine raue Oberfläche habe. Mit vier oder fünf Knäueln vergrößert sich das Problem entsprechend – aber es gibt praktische Lösungen.

Grundsätzlich empfiehlt es sich, den Faden aus der Mitte des Knäuels zu ziehen, damit es nicht wegrollen kann. Schieben Sie zuerst das äußere lose Ende unter einige Fäden. Greifen Sie dann ins Innere des Knäuels, ertasten Sie die locker gewickelte Partie in der Mitte und ziehen Sie sie heraus. Es macht nichts, wenn Sie etwas zu viel herausziehen. Wickeln Sie das Garn einfach außen um das Knäuel, es wird schnell verbraucht sein.

Die meisten Menschen drehen ihr Werkstück am Ende einer Reihe immer in derselben Richtung. Dadurch werden die Fäden, die zu den Knäueln führen, miteinander verdreht. Wenn Sie nur zwei Farben verwenden, sollten Sie sich angewöhnen, die Arbeit am Ende von Hinreihen immer im Uhrzeigersinn und am Ende von Rückreihen entgegengesetzt zu drehen. So bleiben die Fäden separat.

Falls Sie mit mehr Farben stricken, sorgen Sie frühzeitig für Ordnung, damit Sie die Fäden später nicht entwirren müssen. Kleine Garnportionen können Sie um die Finger oder um Kärtchen wickeln (siehe linke Seite).

Ganze Knäuel stecken Sie am besten in separate Behältnisse, die Sie um sich herum aufstellen. Plastikbecher mit gewölbten Deckeln, in denen etwa Säfte gekauft werden, haben für 50-g-Knäuel eine gute Größe, allerdings sind sie sehr leicht und kippen oft um – füllen Sie ein paar Kiesel auf den Boden. Einfach das Knäuel in den Becher stecken und den Arbeitsfaden durch das Loch (das eigentlich für den Trinkhalm gedacht war) im Deckel fädeln. Wenn Sie alle Knäuel so verstauen, drehen sich die Fäden zwar umeinander, verheddern sich aber nicht. Um die Verdrehung aufzulösen, müssen Sie Ihr Strickzeug nur einige Male in Gegenrichtung drehen.

Falls Sie eine Nietenzange besitzen, können Sie auch in die Metalldeckel von Schraubgläser Löcher stechen und in diese kleine Metalösen einsetzen (damit sich das Garn nicht am scharfen Metallrand durchscheuert). Alternativ häkeln Sie einen »Deckel« mit einem Loch in der Mitte. Anleitungen dafür finden Sie im Internet, aber es geht auch ohne: Einfach einen flachen Kreis in der Größe des Glases häkeln und dann für den geraden Rand einige Runden ohne Zunahmen arbeiten.

Kleine Schälchen, vor allem Reisschälchen mit Löchern für Essstäbchen, eignen sich ebenfalls gut. Sie können Ihre Knäuel auch in einen Schuhkarton packen und für jedes ein Loch in den Deckel schneiden.

Erste Schritte

STREIFEN

Dies ist die einfachste Methode, mehrfarbig zu stricken, weil Sie jeweils nur mit einer Farbe arbeiten. Streifen gelingen also auch Ungeübten problemlos. Und obwohl Streifen ein klassisches Muster sind und oft maritim wirken, müssen sie nicht langweilig aussehen, weil es so viele mögliche Varianten gibt.

NEUE FARBE ANSETZEN

Sie können neue Farben an einer Seitenkante ansetzen (siehe S. 71) und später, wenn alle Teile gestrickt und zusammengenäht sind, die Fäden vernähen (siehe S. 227). Es ist aber auch möglich, die Fadenenden schon beim Stricken auf der Rückseite zu fixieren.

1. Die Reihe vor dem Farbwechsel stricken, bis noch etwa 12 Maschen auf der linken Nadel liegen. Das neue Garn wie auf der Abbildung über den Arbeitsfaden legen, dann die nächste Masche links stricken. Dabei wird das Ende des neuen Fadens auf der Rückseite lose festgehalten.

2. *Die neue Farbe über die Spitze der rechten Nadel legen.

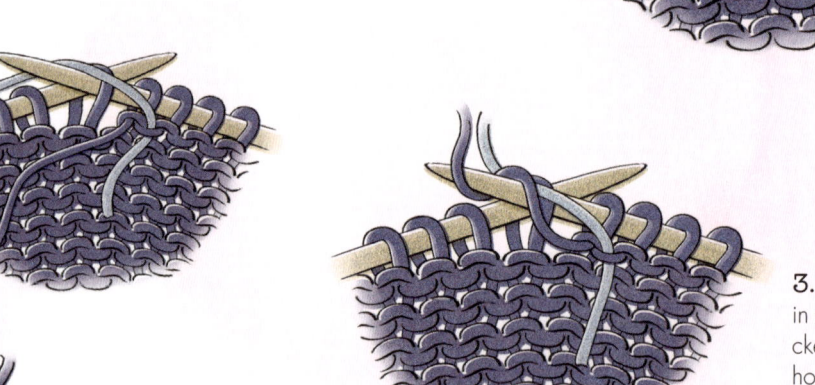

3. Die nächste Masche in der alten Farbe stricken. Den neuen Faden hochhalten, damit er nicht versehentlich mitgestrickt wird.

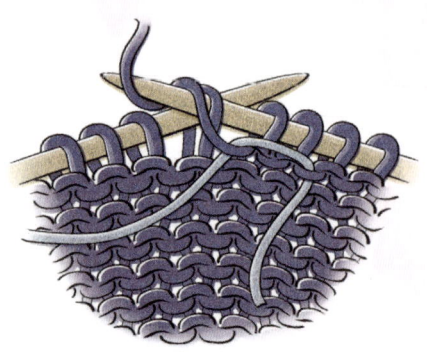

4. Den neuen Faden nach unten legen und die nächste Masche in der alten Farbe stricken. Ab * bis zum Ende der Reihe wiederholen. Der neue Faden ist nun ausreichend fixiert und kann für die nächste Reihe verwendet werden. Fadenenden fertiger Streifen können ebenso auf der Rückseite eingearbeitet werden.

GARN SEITLICH MITLAUFEN LASSEN

Wenn nur zwei Farben einander abwechseln, brauchen Sie das Garn nicht nach jedem Streifen abzuschneiden. Lassen Sie die nicht verwendete Farbe einfach am Rand mitlaufen. Die Schlaufen, die dabei entstehen, verschwinden später in der Naht. Für ungenähte Kanten, etwa an Schals, sollten die Schlaufen allerdings klein sein.

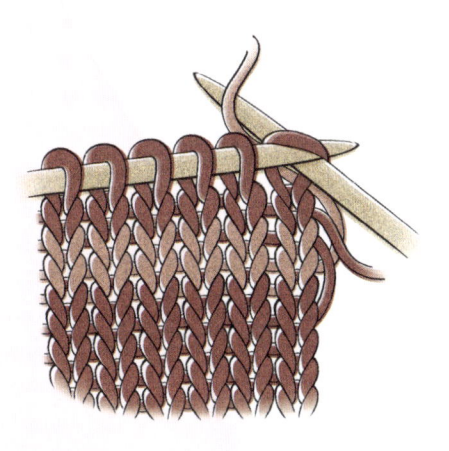

MEHRERE FÄDEN MITFÜHREN

In einem mehrfarbigen Streifenmuster können auch mehrere Fäden an der Seite mitgeführt werden. Wenn es zu viele werden, liegen sie wie eine Kordel am Rand und können in der Naht einen hässlichen Wulst bilden. Je nach Anzahl der Reihen pro Streifen lässt sich dieses Problem dadurch lösen, dass man einige Farben auf der rechten und einige auf der linken Seite wechseln lässt.

1. Besteht ein Streifen aus nur zwei Reihen, nehmen Sie einfach den herabhängenden Arbeitsfaden in der gewünschten Farbe auf. Fäden nicht abschneiden.

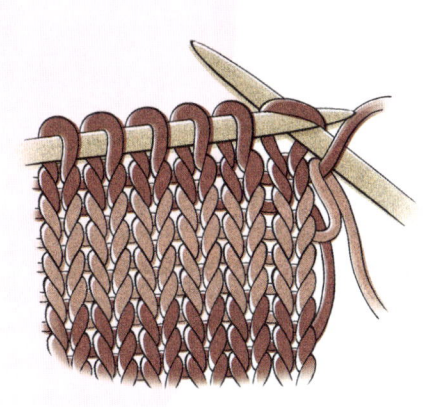

2. Sind die Streifen breiter, muss das nicht verwendete Garn am Anfang jeder dritten Reihe an der Seite fixiert werden. Die rechte Nadel in die erste Masche einstechen, das mitgeführte Garn über den Arbeitsfaden legen, erst dann den Arbeitsfaden durchholen.

Streifen

EINREIHIGE STREIFEN

Wenn Streifen nur eine Reihe breit sind, liegt der Arbeitsfaden meist an der falschen Seite. Stricken Sie in diesem Fall schmale Werkstücke wie einen Schal auf Strumpfstricknadeln. Breitere Stücke können auch in Hin- und Rückreihen auf einer Rundnadel gestrickt werden.

1. Mit der ersten Farbe die erforderliche Maschenzahl anschlagen und eine Reihe rechts stricken. Die zweite Farbe ansetzen und eine Reihe links stricken. Die Maschen ans andere Ende der Strumpf- oder Rundstricknadel schieben, sodass Sie mit der ersten Farbe fortfahren können. Eine Reihe links stricken. Danach hängt die zweite Farbe an der richtigen Seite. Mit dieser nun eine Reihe rechts stricken. Fortlaufend wiederholen und immer die Maschen so verschieben, dass die gewünschte Farbe in Arbeit genommen werden kann.

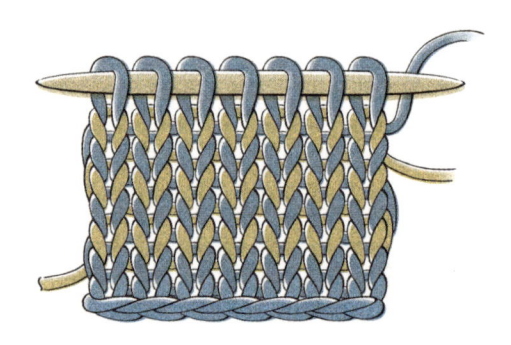

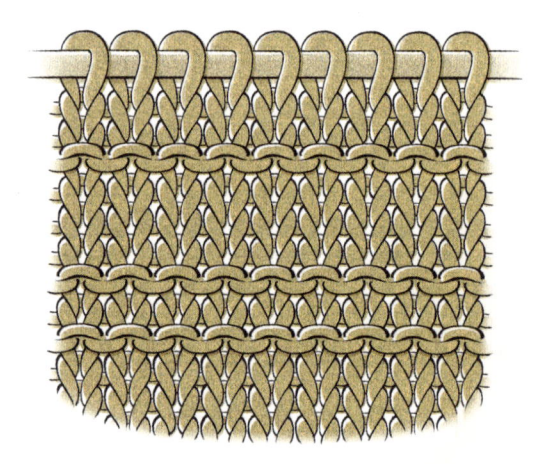

STRUKTURSTREIFEN

Streifen lassen sich auch in einfarbigem Strick durch verschiedene Maschentypen gestalten. Weil einige den Strick aber längs oder quer zusammenziehen können, sollten Sie vorher unbedingt eine Maschenprobe anfertigen.

1. Hier sind die Streifen abwechselnd glatt rechts und kraus rechts gestrickt. Die Breite wird durch keines der Muster verändert, aber krause Maschen ziehen die Fläche in der Höhe zusammen. Wenn Sie also solche Streifen in einem Modell arbeiten wollen, das eigentlich glatt rechts gestrickt werden soll, müssen Sie einige Reihen mehr stricken, um die Verkürzung durch die krausen Streifen auszugleichen.

WEICHE ÜBERGÄNGE

Wenn Sie ein dickeres und ein dünneres Garn zusammen verstricken, entsteht eine melierte Optik mit weicheren Farbübergängen.

1. Wenn Sie mit zwei Fäden stricken und dabei Kombinationen und Wechsel der Farben sorgfältig abstimmen, lassen sich auch fließende Farbübergänge gestalten. Damit der Strick nicht ungleichmäßig dick ausfällt, ist es wichtig, durchgehend mit gleichen Garnstärken zu arbeiten.

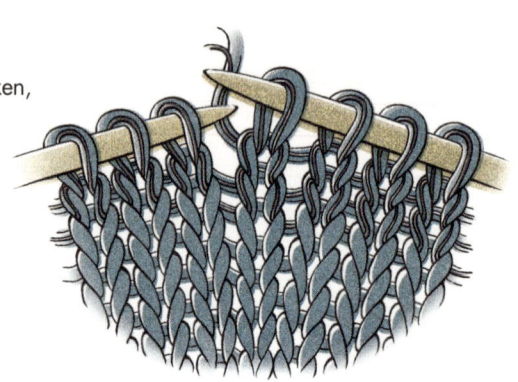

SENKRECHTE STREIFEN

Senkrechte Streifen müssen mit der Intarsientechnik gestrickt werden, aber gerade, saubere Farbübergänge gelingen nicht immer exakt. Manchmal ist es praktischer, ein Strickstück von Seite zu Seite (um 90° gedreht) zu stricken, sodass die waagerecht gestrickten Streifen später senkrecht verlaufen.

1. Für jeden senkrechten Streifen brauchen Sie ein separates Knäuel. Zuerst mit der bevorzugten Methode (siehe S. 34–39) die erforderliche Maschenzahl anschlagen. Dabei jeden neuen Streifen mit einer Anfangsschlinge beginnen und die Fäden umeinanderdrehen (siehe Abbildung).

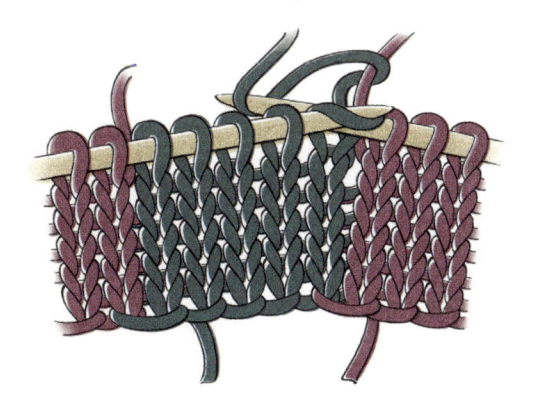

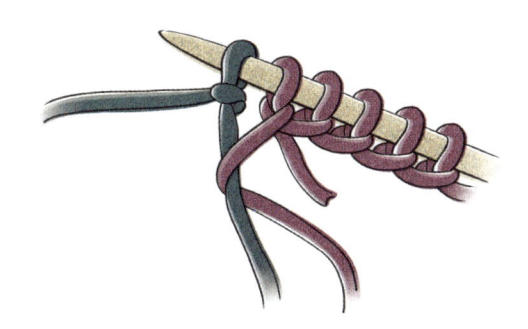

2. In allen weiteren Reihen müssen die Fäden am Farbwechsel miteinander verkreuzt werden (siehe S. 178), damit keine Löcher oder Leitern entstehen.

ZICKZACKSTREIFEN

Solche Streifen sind vor allem von Häkelarbeiten bekannt, aber sie können auch gestrickt werden. Das ist gar nicht schwer, denn eigentlich handelt es sich nur um waagerechte Streifen, die durch einfache Zu- und Abnahmen ihre Zickzackform erhalten.

1. Hier folgt eine Anleitung für ein typisches Zickzackmuster. Die Art der Zu- und Abnahmen (siehe S. 80–97) und die Anzahl der Maschen zwischen ihnen können variiert werden.

Anschlag: Maschenzahl teilbar durch 14 + 2 Randmaschen.
Reihe 1: Li M str mit Garn A.
Reihe 2: 1 M re, 1 M zun, 4 M re, 2 M re abgeh zus-str, 2 M re zus-str, 4 M re, *[1 M zun] 2×, 4 M re, 2 M re abgeh zus-str, 2 M re zus-str, 4 M re, ab * stets wdh, enden mit 1 M zun, 1 M re.
Reihe 1–2 noch 3× wdh.
Mit Garn B fortf.
Reihe 1–2 insgesamt 4× arb.
Streifen von je 8 Reihen bis zur gewünschten Höhe arbeiten.

HEBE-MASCHEN

Muster, die in dieser Technik gearbeitet werden, können kompliziert aussehen, sind aber einfach zu stricken, weil in einer Reihe immer nur mit einer Farbe gearbeitet wird. Der Strick fällt relativ fest aus, weil er durch die Hebemaschen zusammengezogen wird. Die Technik eignet sich auch als Strukturmuster für einfarbige Modelle.

LINKS ABHEBEN

Für Muster mit Hebemaschen müssen Sie rechte und linke Maschen kennen und wissen, wie richtig abgehoben wird. In den meisten Fällen wird zum Abheben wie zum Linksstricken eingestochen, und zwar in Hin- und in Rückreihen.

1. In einer Linksreihe die rechte Nadel von rechts nach links in die nächste Masche einstechen. Die Masche auf die rechte Nadel nehmen, ohne sie abzustricken.

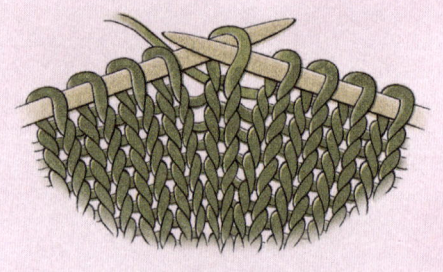

2. In einer Rechtsreihe von hinten nach vorn (also wie zum Linksstricken) in die nächste Masche einstechen. Die Masche auf die rechte Nadel nehmen, ohne sie abzustricken.

RECHTS ABHEBEN

Diese Methode kommt seltener zum Einsatz, denn sie bewirkt in Rechts- und Linksreihen, dass die abgehobene Masche entgegengesetzt zu den links abgehobenen oder normal gestrickten Maschen gedreht ist.

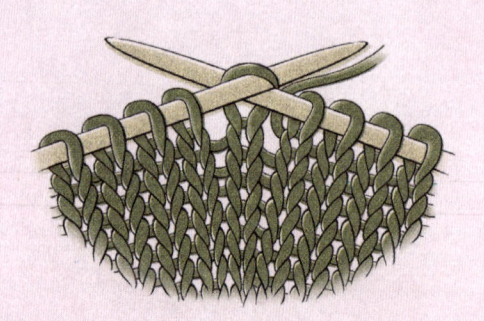

1. In einer Rechtsreihe die rechte Nadel von vorn nach hinten in die nächste Masche einstechen. Die Masche auf die rechte Nadel nehmen, ohne sie abzustricken.

2. In einer Linksreihe von vorn nach hinten (also wie zum Rechtsstricken) in die nächste Masche einstechen. Die Masche auf die rechte Nadel nehmen, ohne sie abzustricken.

ABHEBEN, FADEN VORN

Manchmal muss der Arbeitsfaden beim Abheben anders liegen als beim üblichen Stricken der Masche. Das kommt in Strukturmustern vor, manchmal aber auch in farbigen Mustern. Muss der Faden vor die Arbeit gelegt werden, wird dies normalerweise mit »Fv« abgekürzt.

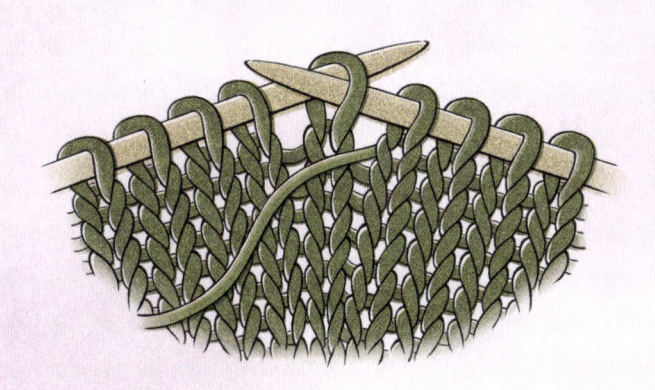

1. In einer Rechtsreihe liegt der Arbeitsfaden normalerweise hinten, also auf der abgewandten Seite. Den Faden zwischen den Nadelspitzen vor die Arbeit legen, dann die Masche abheben (hier wird sie links abgehoben) und danach den Faden wieder zwischen den Nadelspitzen hinter die Arbeit legen, um die nächste Masche auf der linken Nadel rechts zu stricken. Der nach vorn gelegte Faden bildet auf der rechten Seite der Arbeit einen kleinen Querriegel vor der abgehobenen Masche.

ABHEBEN, FADEN HINTEN

Dasselbe Prinzip gilt, wenn der Faden – abweichend von seiner normalen Lage in der jeweiligen Reihe – beim Abheben hinter die Arbeit gelegt werden soll. Hierfür lautet die Abkürzung »Fh«.

1. In einer Linksreihe liegt der Arbeitsfaden normalerweise vor der Arbeit, also auf der Ihnen zugewandten Seite. Legen Sie den Faden zwischen den Nadelspitzen hinter die Arbeit. Die Masche gemäß Anleitung abheben (hier wird sie links abgehoben), dann den Faden zwischen den Nadelspitzen wieder nach vorn legen. Damit liegt er in der richtigen Position, um die folgende Masche links zu stricken. Der nach hinten gelegte Faden bildet auf der rechten Seite der Arbeit einen kleinen Querriegel vor der abgehobenen Masche.

INTARSIEN-TECHNIK

Diese Technik wird eingesetzt, wenn ein Motiv aus mehreren größeren Farbflächen besteht. Um lange Spannfäden auf der Rückseite zu vermeiden, wird mit separaten, kleinen Knäueln (siehe S. 168) in den einzelnen Farben gearbeitet. Beim Farbwechsel müssen die Fäden miteinander verkreuzt werden, damit keine Löcher entstehen.

NEUE FARBE ANSETZEN

Bei der Intarsientechnik ist es selten möglich, neues Garn am Reihenanfang anzusetzen (siehe S. 71). Hier wird erklärt, wie Sie Garn mitten in der Reihe sauber und haltbar ansetzen.

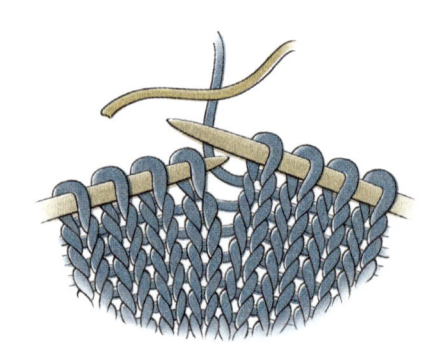

1. In einer Rechtsreihe bis zum Farbwechsel stricken. Das neue Garn über das alte legen. Der Arbeitsfaden liegt rechts, das neue Ende steht etwa 10 cm nach links über.

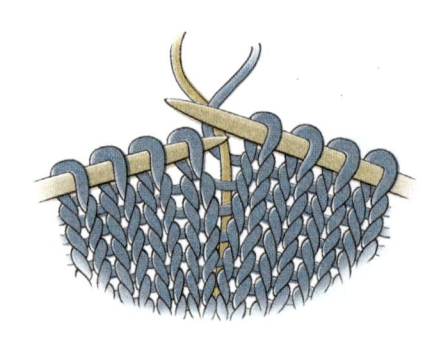

2. Die Fäden einmal umeinanderdrehen. Nun liegt die neue Farbe unter der alten.

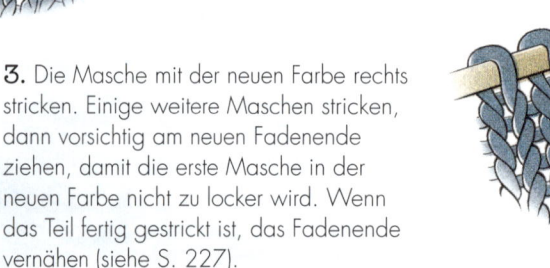

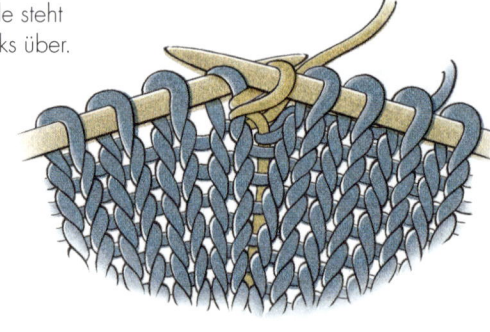

3. Die Masche mit der neuen Farbe rechts stricken. Einige weitere Maschen stricken, dann vorsichtig am neuen Fadenende ziehen, damit die erste Masche in der neuen Farbe nicht zu locker wird. Wenn das Teil fertig gestrickt ist, das Fadenende vernähen (siehe S. 227).

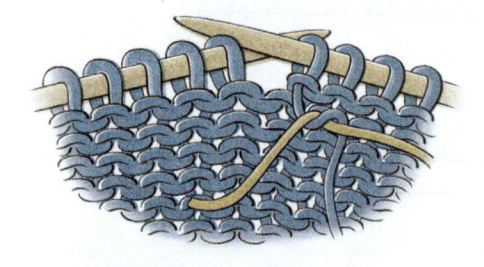

4. In einer Linksreihe bis zum Farbwechsel stricken. Das neue Garn über das alte legen. Der Arbeitsfaden liegt rechts, das neue Ende steht etwa 10 cm nach links über. Die Fäden wie oben einmal umeinanderdrehen.

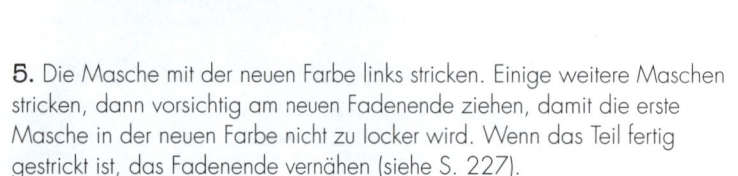

5. Die Masche mit der neuen Farbe links stricken. Einige weitere Maschen stricken, dann vorsichtig am neuen Fadenende ziehen, damit die erste Masche in der neuen Farbe nicht zu locker wird. Wenn das Teil fertig gestrickt ist, das Fadenende vernähen (siehe S. 227).

FARBWECHSEL IN EINER SCHRÄGUNG NACH RECHTS

Diese Methode kommt zum Einsatz, wenn die Reihen in der neuen Farbe auf der rechten Seite der Arbeit nach rechts versetzt werden. Auf der Rückseite sind die verkreuzten Fäden besser zu erkennen.

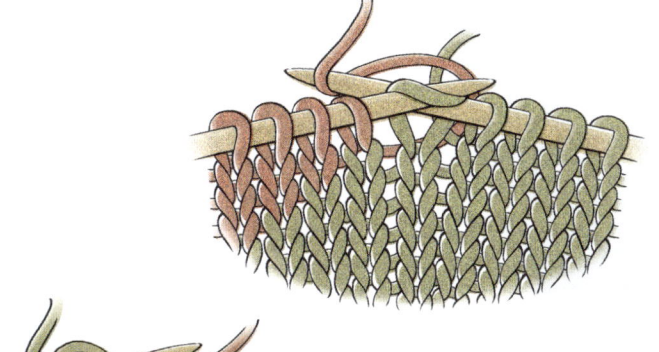

1. In einer Rechtsreihe bis zur vorletzten Masche in der ersten Farbe (Grün) stricken. Die rechte Nadel wie zum Rechtsstricken in die letzte Masche einstechen. Den Faden in der zweiten Farbe (Rosa) unter dem Faden in der alten Farbe verkreuzen, erst dann um die rechte Nadel legen und durchholen.

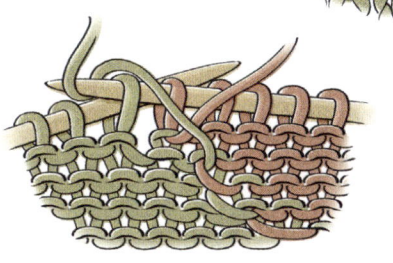

2. In einer Linksreihe bis zur letzten Masche in der ersten Farbe (Rosa) stricken. Die nächste Masche in der neuen Farbe (Grün) stricken. Die rechte Nadel wie zum Linksstricken in die nächste Masche einstechen. Den Faden in der zweiten Farbe (Grün) unter dem Faden in der neuen Farbe nach oben legen und durchholen.

FARBWECHSEL IN EINER SCHRÄGUNG NACH LINKS

Wenn der Farbwechsel auf der rechten Seite nach links versetzt ist, müssen Sie die folgende Methode anwenden. Die Vorgehensweise ist etwas anders als bei einer Schrägung nach rechts, aber die Fäden werden ebenfalls verkreuzt.

1. In einer Rechtsreihe bis zur letzten Masche in der ersten Farbe (Grau) stricken. Die nächste Masche mit der zweiten Farbe stricken. Die rechte Nadel wie zum Rechtsstricken in die nächste Masche auf der linken Nadel einstechen. Den Faden der zweiten Farbe (Grün) unter dem in der neuen Farbe nach oben durchholen.

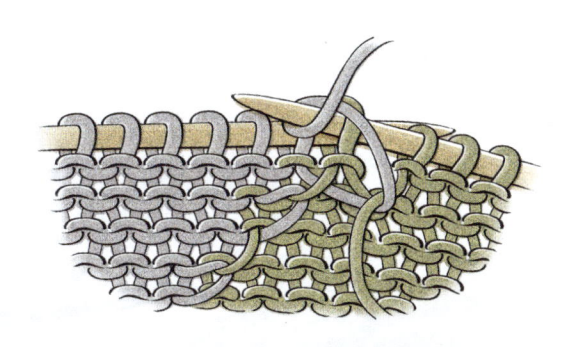

2. In einer Linksreihe bis zur vorletzten Masche in der ersten Farbe (Grün) stricken. Die rechte Nadel wie zum Linksstricken in die nächste Masche einstechen. Den zweiten Faden der Farbe (Grau) unter dem in der ersten Farbe verkreuzen, dann um die rechte Nadel legen und durchholen.

Intarsientechnik

SENKRECHTER FARBWECHSEL

Bei einem senkrechten Farbwechsel ist es wichtig, peinlich genau auf die Fadenspannung zu achten und die Verkreuzungen sorgfältig zu arbeiten. Ziehen Sie die Fäden nach dem Verkreuzen fest und achten Sie darauf, dass Ihre linken Maschen nicht größer ausfallen als die rechten.

1. In einer Rechtsreihe bis zur letzten Masche in der ersten Farbe (Grau) stricken. Die zweite Farbe (Rot) unter dem Faden der ersten Farbe verkreuzen, dann mit ihm die nächste Masche besonders fest stricken.

2. In einer Linksreihe bis zur letzten Masche in der ersten Farbe (Rot) stricken. Den zweiten Faden (Grau) unter dem ersten verkreuzen, dann mit ihm die nächste Masche besonders fest stricken.

FÄDEN NACHTRÄGLICH VERKREUZEN

Wenn Sie vergessen haben, einen mitgeführten Spannfaden zu verkreuzen (siehe S. 185–187), können Sie dies in der nächsten Reihe nachholen. Es braucht etwas Übung, die richtige Schlaufenlänge zu finden. Der Spannfaden und die Verkreuzung liegen auf der Rückseite der Arbeit, darum ist die Vorgehensweise auf den Zeichnungen für Linksreihen besser zu erkennen.

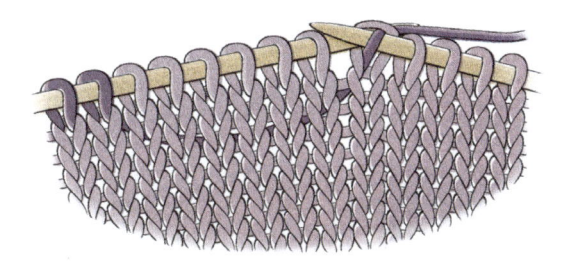

1. In einer Rechtsreihe bis zur ersten Masche in der neuen Farbe stricken. Den Faden relativ locker auf der Rückseite heranholen. Die Masche in der neuen Farbe stricken.

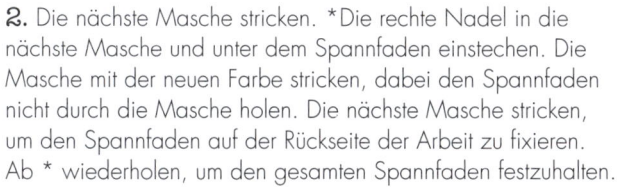

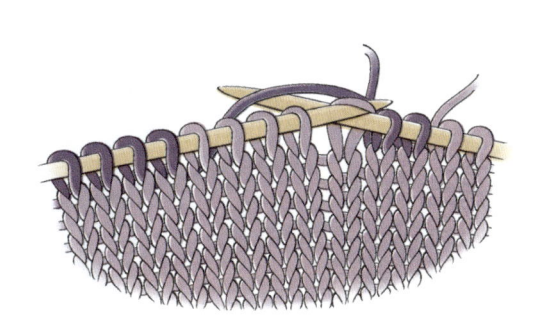

2. Die nächste Masche stricken. *Die rechte Nadel in die nächste Masche und unter dem Spannfaden einstechen. Die Masche mit der neuen Farbe stricken, dabei den Spannfaden nicht durch die Masche holen. Die nächste Masche stricken, um den Spannfaden auf der Rückseite der Arbeit zu fixieren. Ab * wiederholen, um den gesamten Spannfaden festzuhalten.

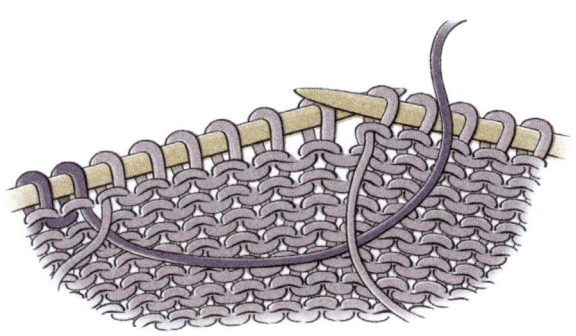

3. In einer Linksreihe bis zur ersten Masche in der neuen Farbe stricken. Den Faden in der neuen Farbe relativ locker heranholen. Unter die alte Farbe legen, dann die nächste Masche mit der neuen Farbe stricken.

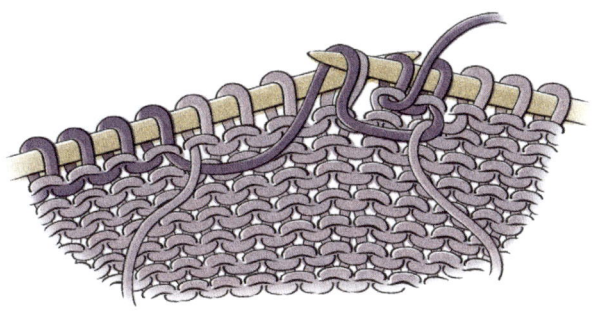

4. Die nächste Masche links stricken. *Die rechte Nadel in die nächste Masche und unter dem Spannfaden einstechen.

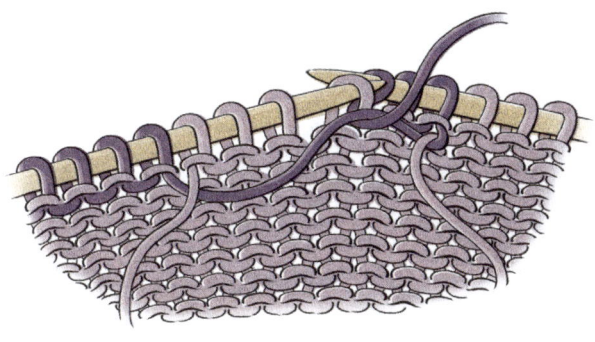

5. Die Masche mit der neuen Farbe links stricken, dabei den Spannfaden nicht mit durchholen. Die nächste Masche links stricken, um den Spannfaden auf der Rückseite zu fixieren. Ab * wiederholen, um den gesamten Spannfaden festzuhalten.

Intarsientechnik

NORWEGER-MUSTER

Traditionelle Norweger- und Fair-Isle-Muster bestehen aus zwei- oder mehrfarbigen Bordüren kleiner Muster, die sich stets wiederholen. Die nicht verwendeten Garnfarben werden dabei immer auf der Rückseite der Arbeit mitgeführt, sodass ein relativ dicker Strick entsteht. Der Anschaulichkeit halber wird die Arbeitsweise hier nur mit zwei Farben gezeigt.

EINE NEUE FARBE ANSETZEN

Normalerweise werden neue Farben am Anfang der Reihe angesetzt (siehe S. 71) und über die gesamte Reihe mitgeführt. Erstreckt sich das Muster aber nicht über die gesamte Breite, muss mitten in der Reihe angesetzt werden.

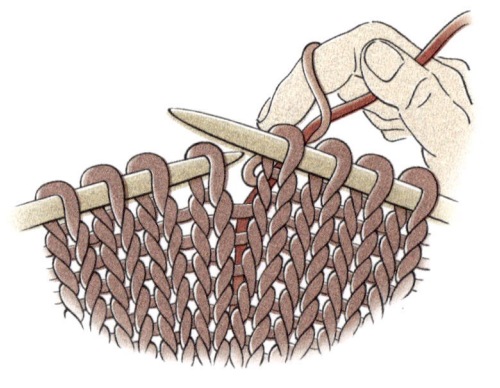

1. In einer Rechtsreihe bis zum Farbwechsel stricken. Die neue Farbe über die alte legen. Der Arbeitsfaden liegt rechts, das neue Fadenende steht etwa 10 cm nach links über. Die Fäden einmal umeinanderdrehen, sodass die neue Farbe unter der alten liegt.

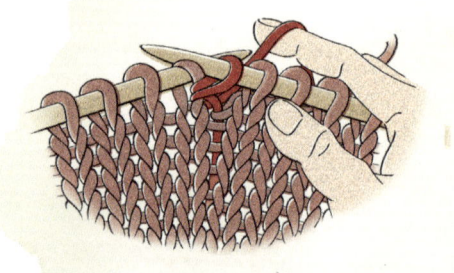

2. Die Masche mit der neuen Farbe rechts stricken. Einige weitere Maschen stricken, dann vorsichtig am neuen Fadenende ziehen, damit die erste Masche in der neuen Farbe nicht zu locker wird. Wenn das Teil fertig gestrickt ist, das Fadenende vernähen (siehe S. 227).

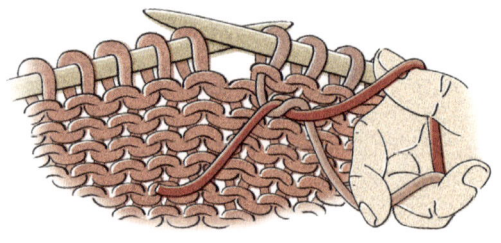

3. In einer Linksreihe bis zum Farbwechsel stricken. Das neue Garn über das alte legen. Der Arbeitsfaden liegt rechts, das neue Ende steht etwa 10 cm nach links über. Die Fäden einmal umeinanderdrehen.

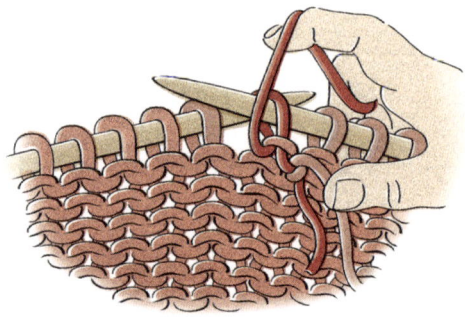

4. Die Masche mit der neuen Farbe links stricken. Einige weitere Maschen stricken, dann vorsichtig am neuen Fadenende ziehen, damit die erste Masche in der neuen Farbe nicht zu locker wird. Wenn das Teil fertig gestrickt ist, das Fadenende vernähen.

DIE FÄDEN EINZELN HALTEN

Diese Methode ist nicht sonderlich effizient, aber für Einsteiger eignet sie sich am besten. Die Garnführung ist einfach, aber es erfordert etwas Übung, die optimale Fadenspannung zu halten. Der Spannfaden (also das gerade nicht verwendete Garn) muss glatt auf der Rückseite der Arbeit verlaufen. Ist er zu stramm, zieht er den Strick zusammen.

1. In einer Rechtsreihe die Maschen in Farbe A (Rot) stricken. Dabei liegt der Faden in Farbe A über dem Faden in Farbe B (Braun).

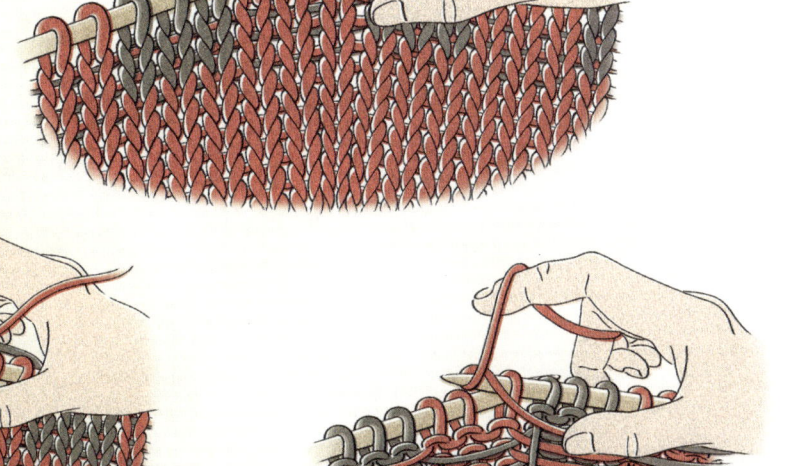

2. Am Farbwechsel Farbe A hinter die Arbeit fallen lassen. Faden B aufnehmen, er liegt dabei unter Faden A. Die nächste Masche stricken, dabei den Spannfaden nicht zu stramm ziehen. Die Maschen in Farbe B stricken. Beim erneuten Wechsel zu Farbe A wird diese über den Faden in Farbe B gelegt.

3. In einer Linksreihe die Maschen in Farbe A (Rot) stricken. Dabei liegt Faden A über Faden B (Braun).

4. Am Farbwechsel Farbe A sinken lassen. Faden B aufnehmen, er liegt unter Faden A. Die nächste Masche stricken, dabei den Spannfaden nicht zu stramm ziehen. Die Maschen in Farbe B stricken. Beim erneuten Wechsel zu Farbe A wird diese über den Faden in Farbe B gelegt. Auf der Rückseite der Arbeit ist gut zu sehen, wie die Fäden verlaufen. Faden A kommt über Faden B heraus und Faden B kommt immer unter Faden A heraus.

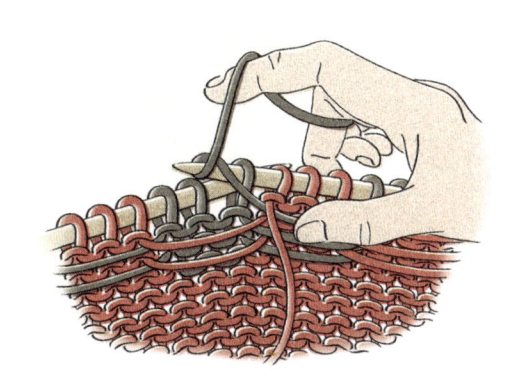

Norwegermuster

BEIDE FÄDEN IN DER RECHTEN HAND

Wenn Sie die Fäden nicht bei jedem Farbwechsel neu um die Finger führen möchten, könnten Sie es mit dieser Methode versuchen. Das Stricken geht schnell, aber es erfordert etwas Übung, mit zwei Fingern die Fadenspannung zu regulieren. Die Spannfäden müssen glatt auf der Rückseite der Arbeit mitlaufen und dürfen nicht zu stark gestrafft sein. Diese Methode eignet sich gut für alle, die mit der rechten Hand geschickter sind als mit der linken.

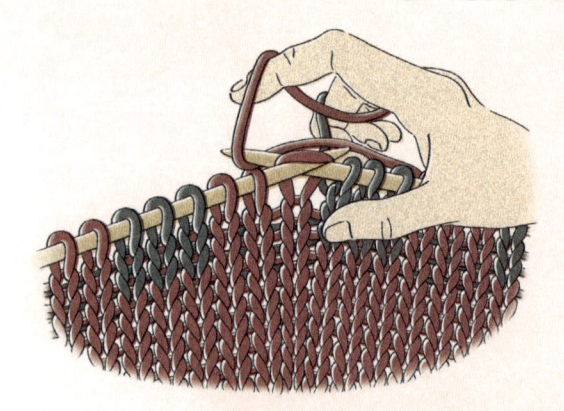

1. Die zuerst benötigte Farbe A (Rot) über den Zeigefinger legen. Die zweite Farbe B (Grün) wird über den Mittelfinger gelegt. Dann beide Fäden mit einer Methode eigener Wahl (siehe S. 30) um weitere Finger führen, um die Fadenspannung zu regulieren. In einer Rechtsreihe den Zeigefinger zur Nadel hin krümmen, um Maschen in Farbe A zu stricken. Dabei liegt Faden A über Faden B.

2. Am Farbwechsel den Zeigefinger steil anheben und den Mittelfinger zur Nadel hin krümmen, um mit Farbe B zu stricken. Faden B liegt immer unter Faden A. Den Spannfaden nicht zu stramm ziehen.

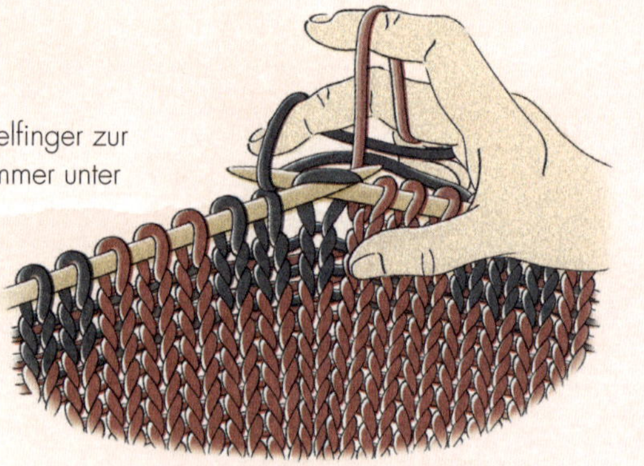

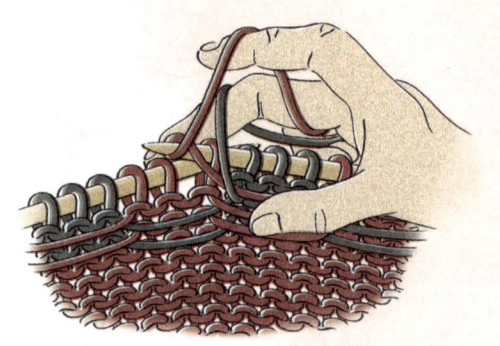

3. In einer Linksreihe werden die Farben ebenso um die Finger gelegt: Farbe A läuft über den Zeigefinger, Farbe B über den Mittelfinger. Den Zeigefinger zur Nadel hin krümmen, um mit Farbe A zu stricken. Faden A liegt immer über Faden B.

4. Am Farbwechsel den Zeigefinger steil anheben und den Mittelfinger zur Nadel hin krümmen, um mit Farbe B zu stricken. Faden B liegt immer unter Faden A. Den Spannfaden auf der Rückseite nicht zu stramm ziehen. Das Schwierigste an dieser Methode ist, die richtige Spannung der mitgeführten Fäden zu finden. Auf der Rückseite der Arbeit ist der Verlauf der Fäden gut zu sehen.

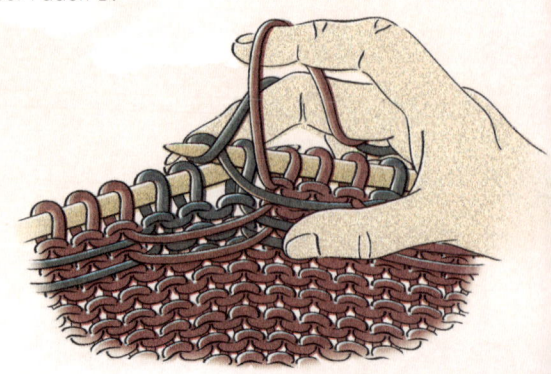

BEIDE FÄDEN IN DER LINKEN HAND

Wenn Sie die kontinentale Strickmethode (siehe S. 46–47) bevorzugen, werden Sie mit dieser Fadenführung vermutlich am besten zurechtkommen. Die Farbwechsel werden ebenso gearbeitet wie bei der Fadenführung mit der rechten Hand (siehe linke Seite). Es gibt aber drei mögliche Arten, die Fäden mit der linken Hand zu halten.

1. Die zuerst benötigte Farbe A (Rot) über den Zeigefinger legen. Die zweite Farbe B (Rosa) wird über den Mittelfinger gelegt. Dann beide Fäden mit einer Methode eigener Wahl (siehe S. 31) um weitere Finger führen, um die Fadenspannung zu regulieren. Nun den Finger mit der jeweils benötigten Farbe zur Nadel hin halten, um die Masche zu stricken.

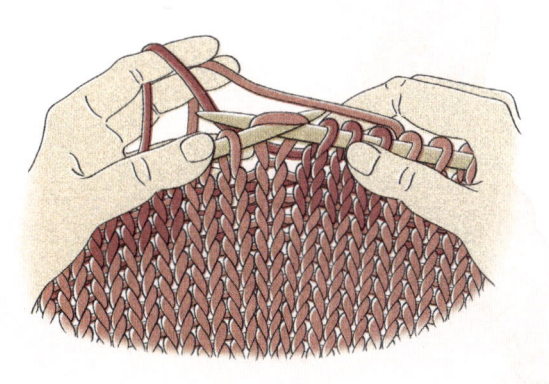

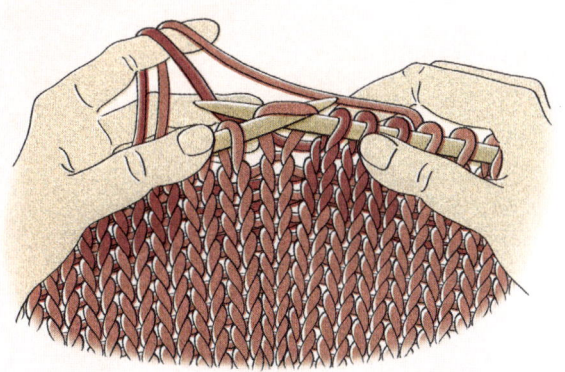

2. Hier werden die Fäden mit der rechten Nadelspitze geholt und die Finger der linken Hand müssen kaum bewegt werden. Beide Fäden über den linken Zeigefinger legen – zuerst Farbe A (Rot), danach Farbe B (Rosa). Dann beide Fäden mit einer Methode eigener Wahl um weitere Finger führen, um die Fadenspannung zu regulieren.

3. Wenn Sie einen Garnring (siehe S. 27) benutzen, holen Sie die Fäden ebenfalls mit der rechten Nadelspitze und halten den Zeigefinger fast ruhig. Sie können ihn dabei entspannter halten, als wenn die Fäden direkt über ihn geführt werden (Methode 2). Den Ring auf den Zeigefinger stecken, die Ösen liegen unten (siehe Abbildung). Die zuerst verwendete Farbe A (Rot) durch die linke/obere Öse ziehen, Farbe B (Rosa) durch die rechte/untere Öse. Dann beide Fäden mit einer Methode eigener Wahl um weitere Finger führen, um die Fadenspannung zu regulieren.

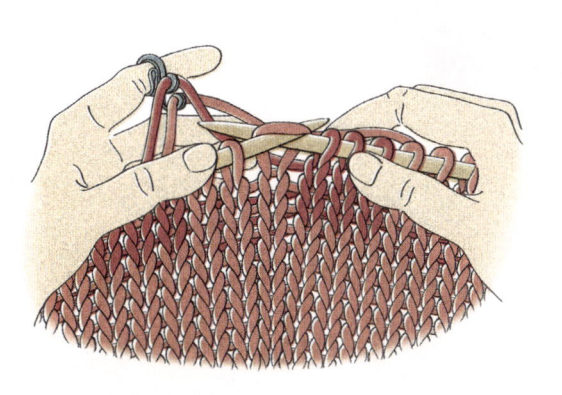

Norwegermuster

EIN FADEN IN JEDER HAND

Mit dieser Methode geht das Stricken von Norwegermustern besonders schnell und die Muster fallen – mit etwas Übung – schön gleichmäßig aus. Am besten stricken Sie ein Probestück, um das Arbeiten mit der weniger geübten Hand zu trainieren. Die richtige Position der mitgeführten Fäden ergibt sich hier durch die Handhaltung ganz von allein.

1. Das Garn in der zuerst verwendeten Farbe A (Blau) über die rechte Hand führen, die zweite Farbe B (Grün) über die linke. Beide Fäden um weitere Finger der jeweiligen Hand führen, um die Fadenspannung zu regulieren (siehe S. 30–31). In einer Rechtsreihe von der rechten Hand die Maschen in Farbe A stricken. Sie liegen automatisch immer über dem Faden in Farbe B.

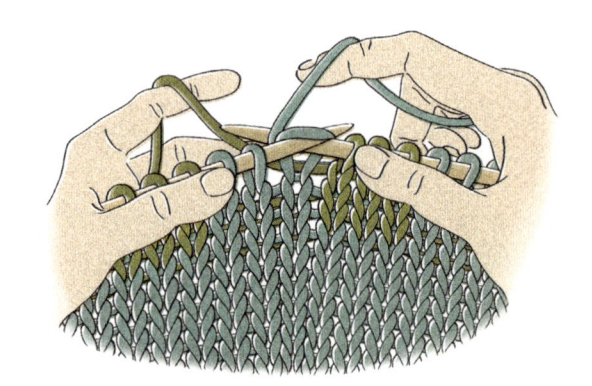

2. Am Farbwechsel die rechte Nadel in die nächste Masche einstechen und eine Masche in Farbe B von der linken Hand stricken. Der Faden bleibt automatisch immer unter dem Faden in Farbe A. Wichtig ist, Faden B nicht zu stramm zu ziehen.

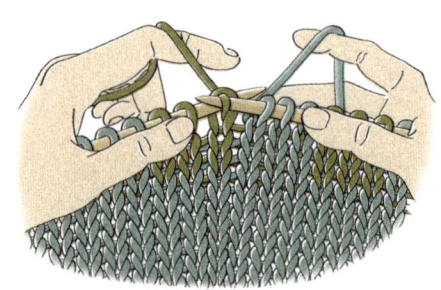

3. In einer Linksreihe die Fäden ebenso über die Hände führen: Farbe A (Blau) über die rechte Hand und Farbe B (Grün) über die linke. Von der rechten Hand die Maschen in Farbe A stricken. Faden A liegt automatisch immer über Faden B.

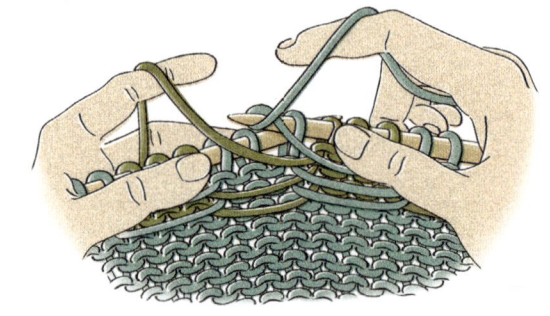

4. Am Farbwechsel die rechte Nadel in die nächste Masche einstechen und eine Masche in Farbe B von der linken Hand stricken. Dabei den Faden mit dem Zeigefinger um die Nadel führen (siehe S. 47). Farbe B liegt automatisch immer unter Farbe A. Den Faden in Farbe B nicht zu stramm ziehen. Auf der Rückseite ist der Verlauf der Spannfäden gut zu erkennen.

VERKREUZEN MIT EINER HAND

Die Spannfäden auf der Rückseite dürfen nicht zu lang sein, sonst bleibt man später an ihnen hängen. Wenn zwischen den Farbwechseln mehr als vier Maschen liegen, sollte der Spannfaden in kurzen Abständen mit dem Arbeitsfaden verkreuzt werden. Wichtig ist, die Kreuzungsstellen von Reihe zu Reihe zu versetzen und den Spannfaden nicht zu stramm zu ziehen. Die folgende Methode kann angewandt werden, wenn Sie die Fäden nur über eine Hand führen.

1. In einer Rechtsreihe die rechte Nadel in die Masche einstechen, hinter der ein Spannfaden verkreuzt werden soll. Den Spannfaden (Rot) über den Arbeitsfaden (Braun) legen. Die Masche stricken und darauf achten, dass der Spannfaden nicht mit durchgeholt wird. Er soll nur auf der Rückseite der Arbeit gehalten werden.

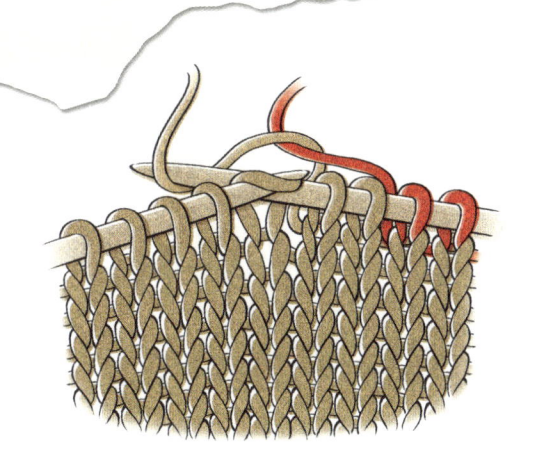

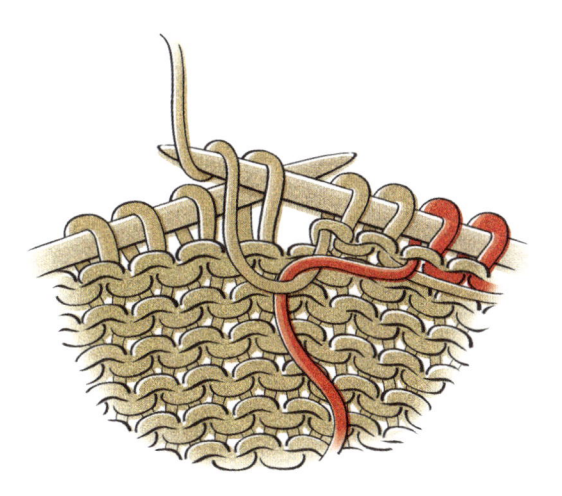

2. In einer Linksreihe gehen Sie ebenso vor. Den Spannfaden über den Arbeitsfaden legen, dann die Masche stricken. Der Spannfaden ist nun auf der Rückseite der Arbeit fixiert.

Norwegermuster

VERKREUZEN MIT BEIDEN HÄNDEN

Wenn Sie die Garne mit beiden Händen führen (siehe S. 183), ist dies eine geeignete Methode zum Verkreuzen der Spannfäden. Wie beim Verkreuzen mit einer Hand sollten die Abstände zwischen den Fixierungspunkten nicht größer als zwei oder drei Maschen sein. Die Spannfäden nicht zu stramm ziehen, sonst ziehen sie den Strick zusammen.

1. Die Hauptfarbe A (Rosa) über die rechte Hand führen. Farbe B (Grün) bildet die Spannfäden. Beide Garne mit einer Methode nach Wahl um weitere Finger führen (siehe S. 30–31), um die Spannung zu regulieren. In einer Rechtsreihe die rechte Nadel in die Masche einstechen, hinter der eine Verkreuzung stattfinden soll. Garn B (Spannfaden, Grün) über die rechte Nadelspitze legen.

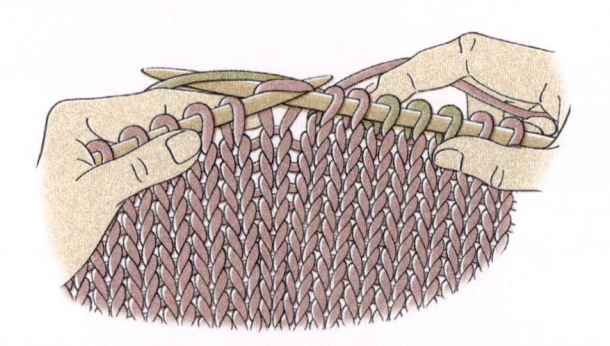

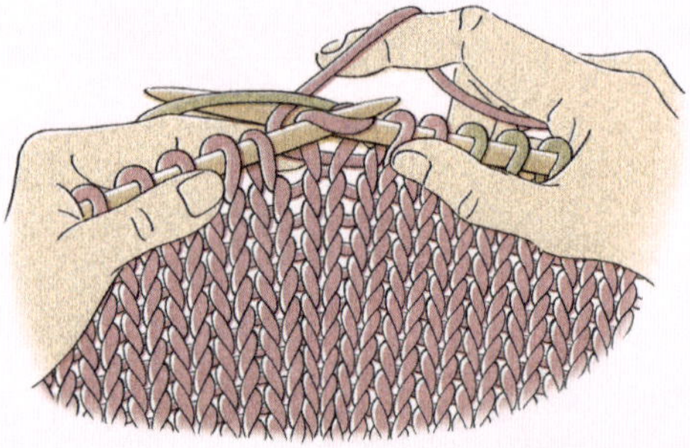

2. Nun Garn A um dieselbe Nadelspitze legen, um damit die Masche zu stricken. Es rutscht automatisch unter Garn B.

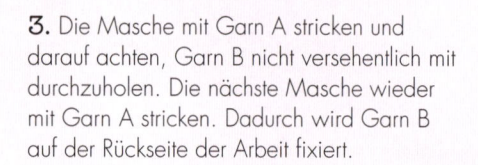

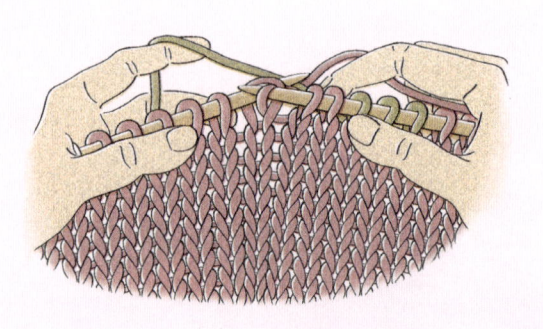

3. Die Masche mit Garn A stricken und darauf achten, Garn B nicht versehentlich mit durchzuholen. Die nächste Masche wieder mit Garn A stricken. Dadurch wird Garn B auf der Rückseite der Arbeit fixiert.

4. In einer Linksreihe die Fäden ebenso führen: Garn A mit der rechten Hand, Garn B (Spannfäden) mit der linken. Die rechte Nadel in die Masche einstechen, vor der die Verkreuzung liegen soll. Den Spannfaden über die rechte Nadelspitze legen.

5. Garn A um die Nadelspitze legen und die Masche links stricken. Dabei Garn B nicht versehentlich mit durchholen. Die nächste Masche stricken. Dadurch wird der Spannfaden auf der linken Seite fixiert.

FORTLAUFEND VERKREUZEN

Mit dieser Methode entsteht ein dicker, fester Strick, weil die Fäden nach jeder Masche miteinander verkreuzt werden. Es kann dabei vorkommen, dass die Spannfäden zur Vorderseite der Arbeit durchschimmern. Sie können die Fäden mit einer oder mit beiden Händen halten. Mit beiden geht es einfacher und schneller.

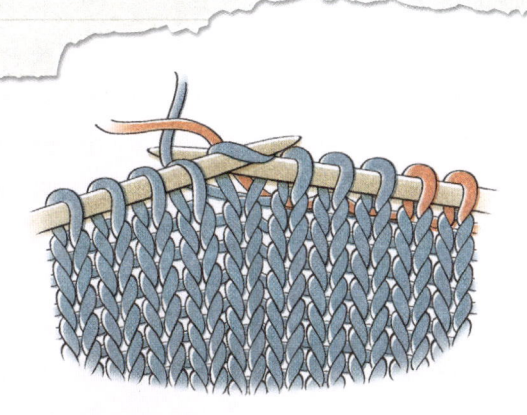

1. Der Spannfaden verläuft auf der Rückseite in Wellenlinien über und unter dem Arbeitsfaden. In einer Rechtsreihe die rechte Nadel in eine Masche einstechen und den Spannfaden über die Nadelspitze legen. Dann die Masche mit dem Arbeitsfaden stricken. Der Spannfaden bleibt auf der Rückseite.

2. Beim Stricken der nächsten Masche muss der Spannfaden unter der rechten Nadel liegen.

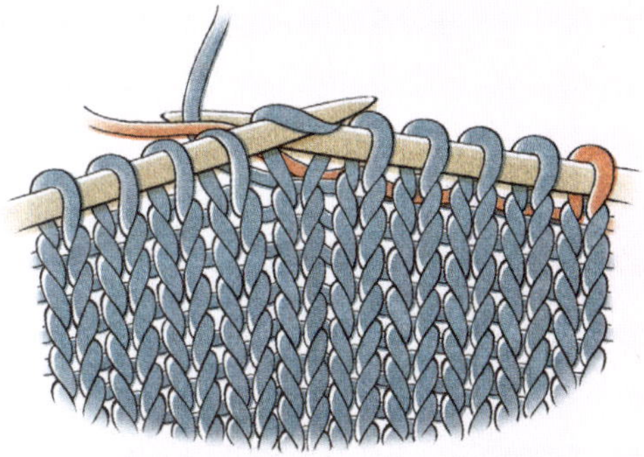

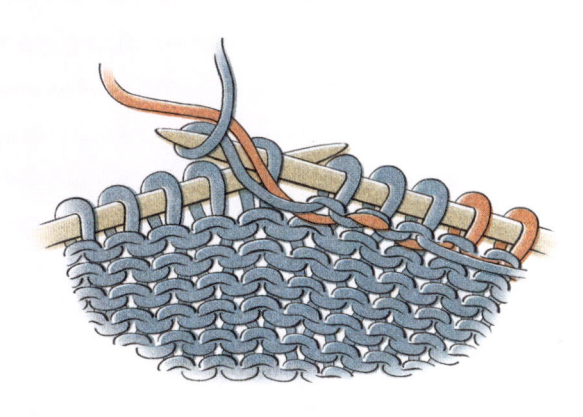

3. Dasselbe Prinzip gilt in einer Linksreihe. Die rechte Nadel in eine Masche einstechen, den Spannfaden über die rechte Nadelspitze legen und die Masche mit dem Arbeitsfaden links stricken. Den Spannfaden nicht mit durchholen.

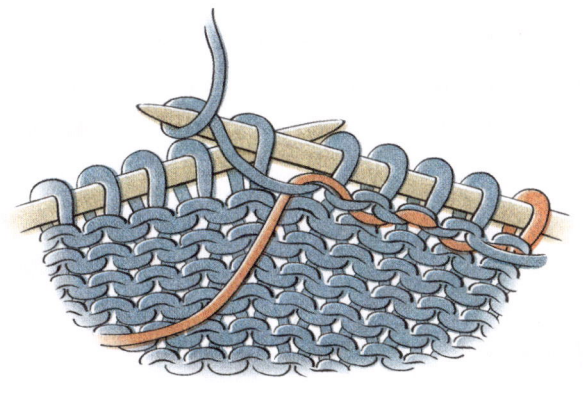

4. Beim Stricken der nächsten Masche muss der Arbeitsfaden unter der rechten Nadel liegen.

Norwegermuster

STRICKEN MIT ZWEI ENDEN

Manchmal kann man beide Enden eines Fadens benutzen, um Teile eines Motivs zu stricken. So sind am fertigen Modell weniger Fäden zu vernähen (siehe S. 227). Schauen Sie sich Ihr Muster genau an, bevor Sie beginnen, und überlegen Sie, wo die Technik zum Einsatz kommen könnte. Hier wird sie an einer oben offenen V-Form gezeigt.

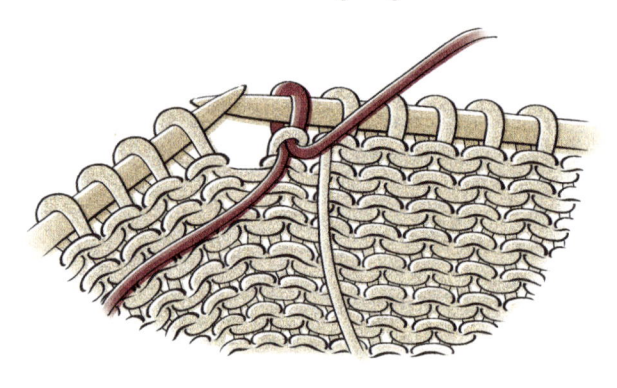

1. Bis zum Beginn der Kontrastfarbe stricken. In diesem Fall ist es die untere Mittelmasche der V-Form. Ein Stück kontrastfarbiges Garn in ausreichender Länge abschneiden und zur Hälfte falten. Die Mittelmasche des V mit der Mitte des kontrastfarbigen Fadens stricken.

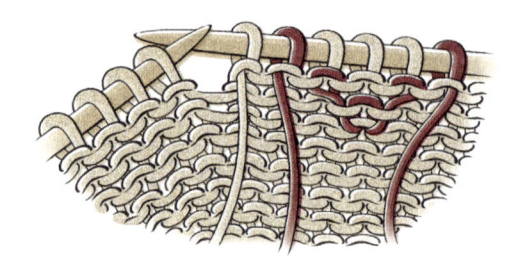

2. In den folgenden Reihen die Maschen des V mit den beiden Enden des kontrastfarbigen Fadens stricken. Die Hintergrundfarbe wird dabei auf der Rückseite der Arbeit mitgeführt (siehe S. 181–184).

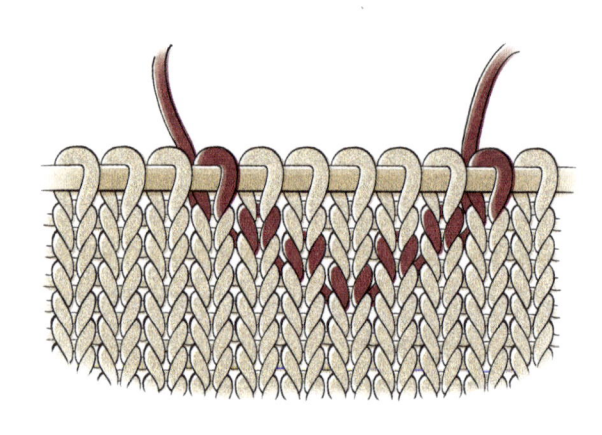

3. Wenn das Motiv fertig gestrickt ist, müssen Sie nur an den beiden oberen Enden Fäden vernähen. An der unteren Spitze hängt kein Fadenende.

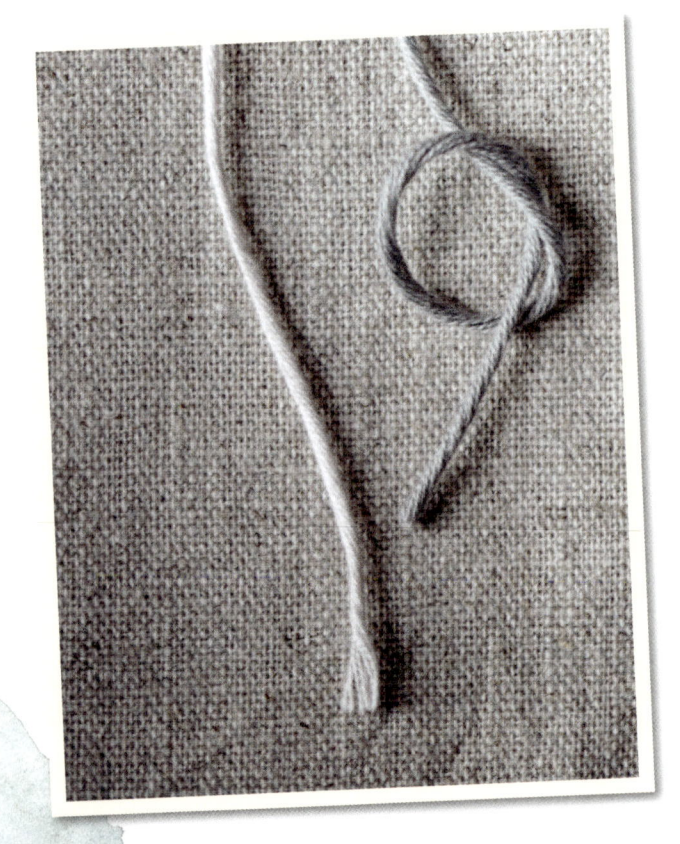

MASCHENSTICH FÜR DETAILS

Es ist in der Intarsientechnik wie in der Norwegertechnik schwierig, feine Linien, einzelne Maschen oder kleine Maschengruppen sauber und ordentlich einzustricken. Einfacher ist es, Details nachträglich mit Maschenstich (siehe S. 192–193) aufzusticken. Die Stiche tragen etwas auf, aber das stört meist nicht. Übrigens eignet sich die Technik auch, um kleine Fehler in eingestrickten Mustern zu korrigieren.

1. Für dieses Motiv wurde das olivfarbene Viereck in der Intarsientechnik (S. 176–179) gestrickt. Das dünne Kreuz in Rosa wurde nachträglich aufgestickt (siehe S. 192–193).

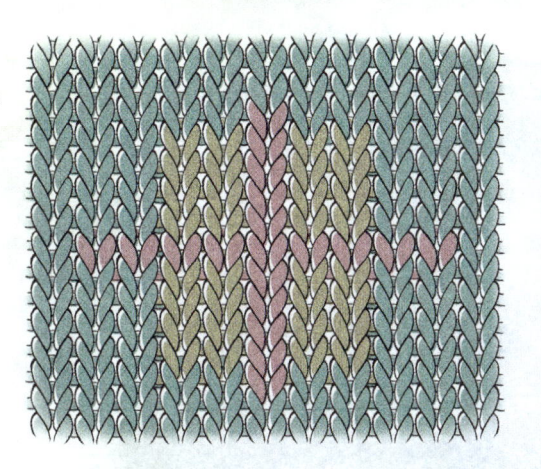

RANDMASCHEN IN FARBIGEM STRICK

Selbst geübten Strickerinnen gelingen die Maschen beiderseits der Farbwechsel in Intarsien- und Norwegermodellen selten perfekt. Es gibt aber Möglichkeiten, dieses Problem zu umgehen. Hier werden zwei Varianten anhand der Intarsientechnik gezeigt. Beide können auch bei der Norwegertechnik eingesetzt werden. Probieren Sie die Techniken zuerst aus, um mit ihnen vertraut zu werden und mehr Übung zu bekommen.

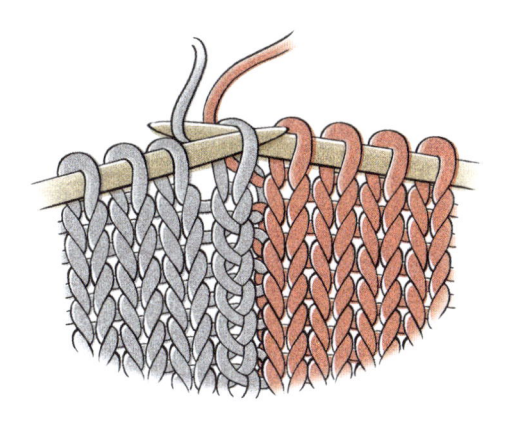

1. Strickt man die Maschen am Farbwechsel verschränkt (siehe S. 77), werden sie zwar verdreht, aber das sieht oft sauberer aus als zu große Maschen. Sie können die Randmasche auf einer Seite des Farbwechsels (siehe oben) oder auch auf beiden verschränkt stricken. Probieren Sie aus, mit welcher Methode das Ergebnis am besten ausfällt.

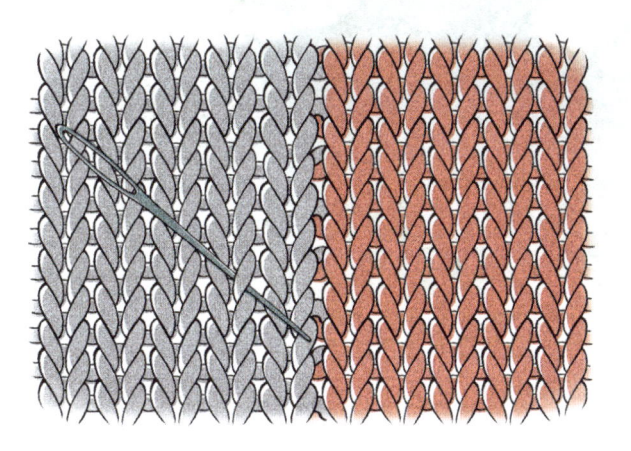

2. Sind nur einzelne Maschen zu groß, können Sie dies nach der Fertigstellung korrigieren. Eine Sticknadel ohne Spitze in die Masche neben einer zu großen Masche einstechen und behutsam zupfen, bis die übergroße Masche kleiner ist. Vielleicht müssen Sie den Vorgang mit der übernächsten Masche in der Reihe wiederholen. Die Methode erfordert Geduld, bringt aber gute Ergebnisse.

Norwegermuster

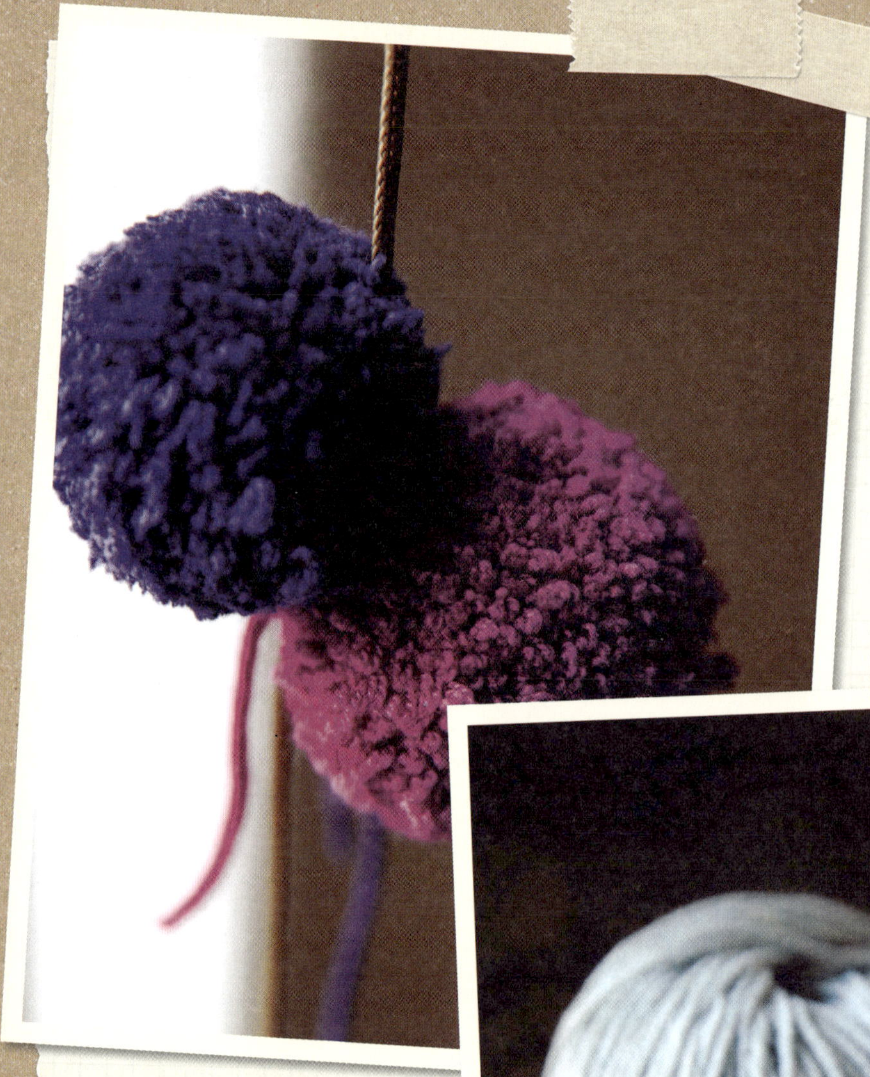

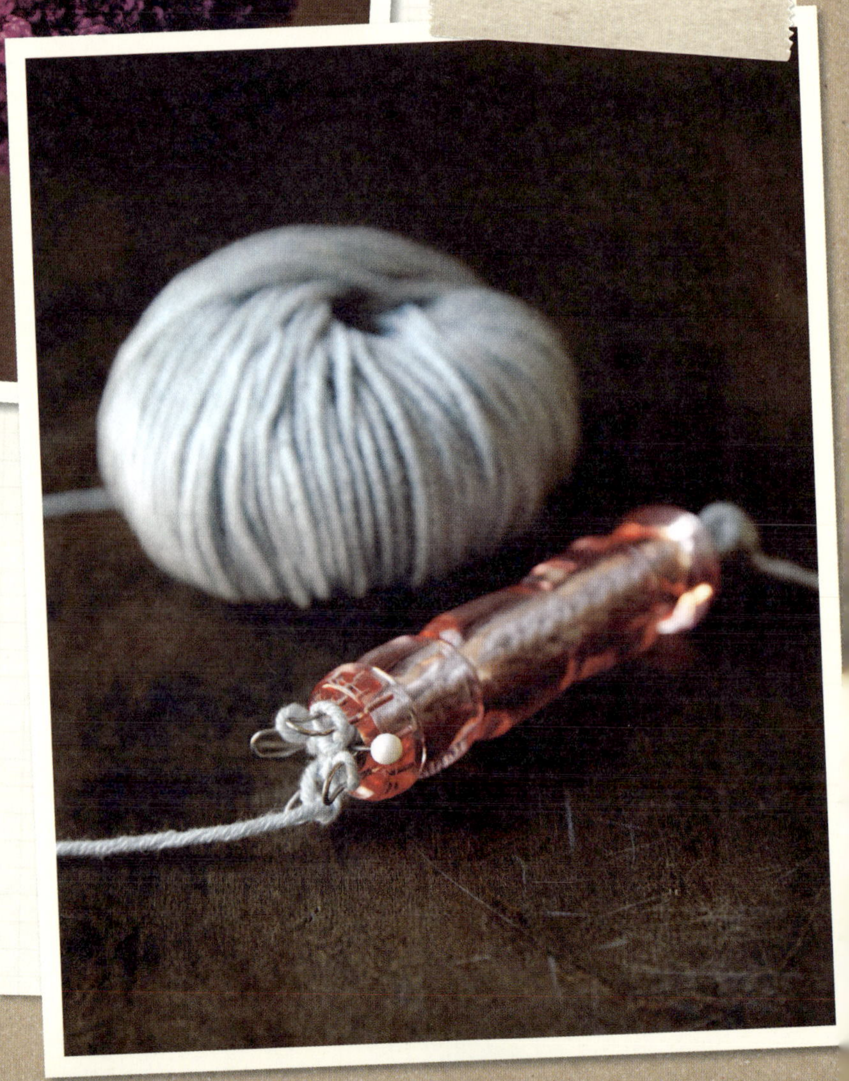

STRICK VERZIEREN

Es gibt viele Möglichkeiten, Strick farbig oder mit interessanten Strukturen zu dekorieren. Manche Verzierungen werden direkt beim Stricken eingearbeitet, andere können nachträglich angebracht werden – beispielsweise wenn ein Modell fertig ist und doch etwas schlichter wirkt als geplant. Eine ruhige Glatt-rechts-Oberfläche eignet sich als Hintergrund für Verzierungen besonders gut. Experimentieren Sie aber auch einmal mit anderen Strickmustern. Dafür lassen sich Maschenproben wunderbar recyceln.

STICKEREI

Eine attraktive Stickerei kann ein schlichtes Modell enorm verändern und aufwerten. Vielleicht möchten Sie einem Zopfmuster mit Stickereien eine folkloristische Note geben oder Kanten mit kontrastfarbigen Langettenstichen verzieren. Meist ist es einfacher, die Teile vor dem Zusammennähen zu besticken.

MASCHENSTICH

Mit diesem Stich werden Maschen quasi dupliziert. Damit die Stiche gut decken, sollte mit Garn gestickt werden, das in der Stärke dem Strickgarn ähnelt oder minimal dicker ist. Der Stich eignet sich nicht nur zum Verzieren, sondern auch, um kleine Fehler in mehrfarbigen Strickarbeiten zu korrigieren. Üben Sie das Sticken zuerst auf einem Probestück oder einer Maschenprobe, bevor Sie ein größeres Modell besticken.

WAAGERECHT

1. Garn, das dieselbe Stärke hat wie das Strickgarn, in eine Sticknadel ohne Spitze einfädeln. Von rechts nach links arbeiten. Am Grund der Masche, die bestickt werden soll, zur Vorderseite durchstechen. Die Nadel von rechts nach links unter den Maschengliedern der darüberliegenden Masche durchschieben und den Faden anziehen.

2. Wieder am Grund der Masche einstechen, den Faden nachziehen. Der Stich bedeckt nun eine Masche. Am Grund der links danebenliegenden Masche ausstechen.

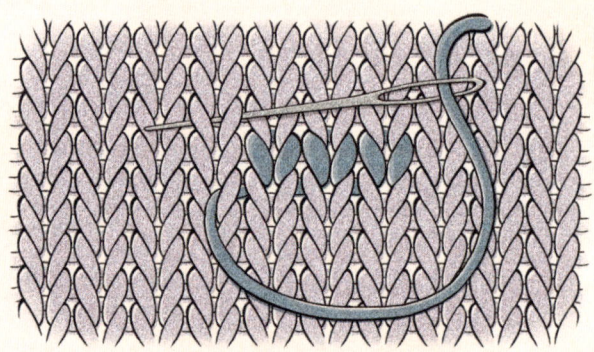

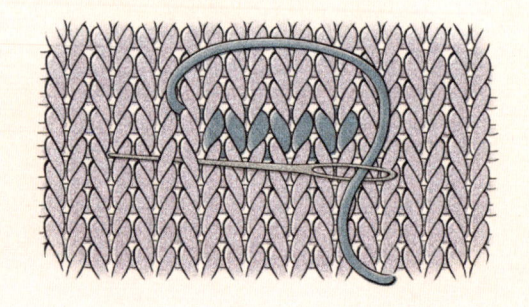

SENKRECHT

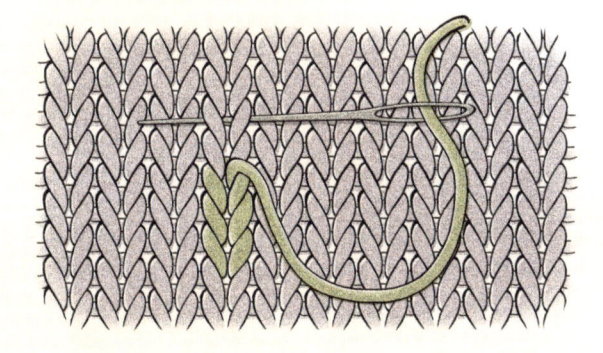

1. Von unten nach oben arbeiten. Am Grund der Masche, die bestickt werden soll, zur Vorderseite stechen. Die Nadel von rechts nach links unter den Maschengliedern der darüberliegenden Masche durchschieben und den Faden anziehen.

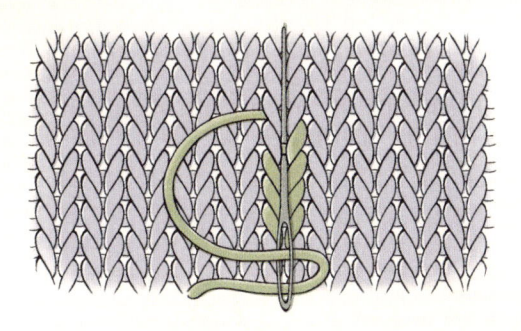

2. Wieder am Grund der Masche einstechen und am Grund der über ihr liegenden Masche zur Vorderseite ausstechen. Den Faden anziehen. Der Stich bedeckt nun die Masche.

WELCHES GARN?

Für Stickereien im Maschenstich sollte möglichst Garn verwendet werden, das dieselbe Stärke wie das Strickgarn hat. Nur so kann die Stickerei die gestrickten Maschen ganz abdecken. Die Stiche sind meist etwas breiter als die Maschen, und sie fühlen sich etwas dicker an. Wenn sie sorgfältig gearbeitet wird, ist eine Stickerei im Maschenstich aber von mehrfarbigem Strick kaum zu unterscheiden. Gerade für dünne Linien und feine Details ist das Aufsticken oft sogar die bessere Lösung (siehe S. 189).

Für alle Stickereien auf Strick gilt, dass beide Garne aus denselben Fasern bestehen sollten. Anderenfalls kann es zu Problemen beim Waschen kommen.

Fädeln Sie das Stickgarn in eine Sticknadel ohne Spitze ein und vernähen Sie das Ende unauffällig auf der Rückseite, bevor Sie erstmals zur Vorderseite ausstechen. Falls das Stickgarn durchscheint, lassen Sie das Ende hängen und vernähen es später auf der Rückseite der gestickten Maschen.

Stickerei

DEKORATIVE STICHE

Auf glatt rechts gestricktem Grund bilden die Maschen ein regelmäßiges Raster, auf dem sich viele Stickstiche sehr gut ausführen lassen. Perlmuster oder kraus rechts gestrickte Flächen lassen sich ebenfalls besticken. Weil sie fester sind, verziehen sie sich durch die Stickerei nicht so leicht. Langettenstich in einer Kontrastfarbe ist eine schöne Verzierung für Decken. Gestickt wird auf Strick immer mit einer Sticknadel ohne Spitze, weil sie die Strickfäden nicht spaltet.

RÜCKSTICH

Dieser Stich kann zur Verzierung eingesetzt werden, eignet sich aber auch für manche Nähte (siehe S. 225). Von rechts nach links arbeiten. Zur Vorderseite durchstechen, dann eine Stichlänge (hier zwei Maschenbreiten) weiter rechts einstechen und eine Stichlänge links vom ersten Ausstich wieder herauskommen. Den Faden nachziehen. *An der letzten Ausstichstelle einstechen und zwei Stichlängen (= vier Maschenbreiten) weiter links wieder ausstechen.

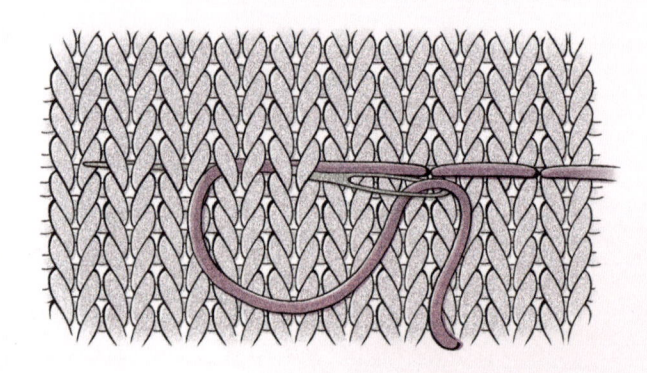

LANGETTENSTICH

Dieser Stich wird oft für Kanten verwendet, kann aber auch auf der Fläche gearbeitet werden. Die Arbeitsrichtung können Sie selbst bestimmen (hier von rechts nach links). *Die Nadel einstechen und genau unterhalb der Einstichstelle auf der Fläche oder unterhalb der Kante wieder ausstechen. Den Faden unter die Nadelspitze legen, dann erst durchziehen. Ab * wiederholen. Auf gleichmäßige Abstände zwischen den Stichen achten.

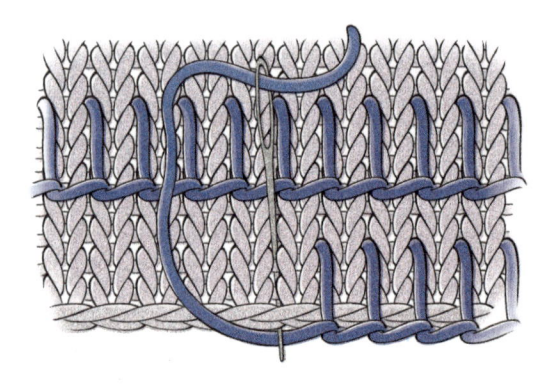

KETTENSTICH

Ein einfacher Stich für Anfänger, der sich gut für gerade und gekrümmte Linien eignet. Am rechten Ende der Linie zur Vorderseite stechen und den Faden nachziehen. *An der Ausstichstelle wieder einstechen und eine Stichlänge weiter links wieder herauskommen. Den Faden unter die Nadelspitze legen und durchziehen. Ab * wiederholen. Um den letzten Stich zu sichern, einen winzigen geraden Stich über die äußere Garnschlaufe legen (siehe Margeritenstich, S. 196).

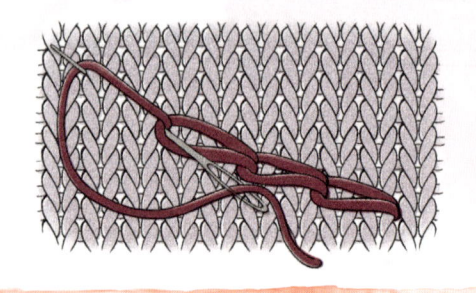

FLIEGENSTICH

Die Stiche können einzeln gearbeitet oder in senkrechten oder waagerechten Reihen angeordnet werden.

1. Am oberen linken Ende des ersten Stichs zur Vorderseite durchstechen. Eine Stichbreite (hier zwei Maschen) weiter rechts auf gleicher Höhe einstechen. Zwei Reihen tiefer in der Mitte zwischen Aus- und Einstichstelle wieder ausstechen. Den Faden unter die Nadelspitze legen und vorsichtig durchziehen.

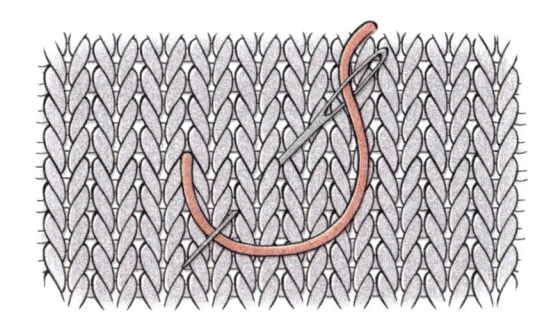

2. Die Schlaufe, die sich dabei bildet, mit einem senkrechten Stich fixieren. Die Länge dieses Stichs kann variiert werden.

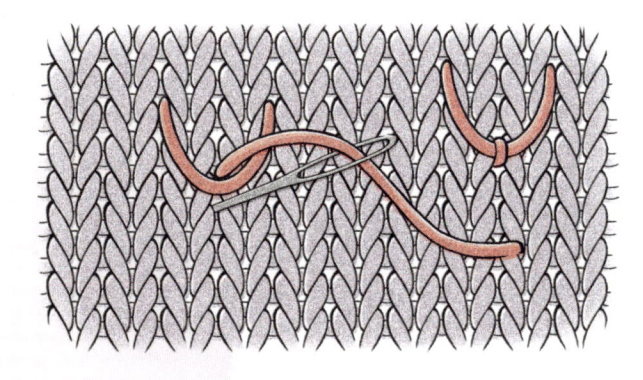

FEDERSTICH

Dieser Stich wird ähnlich gearbeitet wie der Fliegenstich, jedoch in senkrechten Reihen.

1. Am oberen Ende der Reihe zur Vorderseite ausstechen. Eine Stichbreite (hier zwei Maschen) weiter rechts auf gleicher Höhe einstechen. Eine Stichbreite (hier eine Reihe) tiefer mittig zwischen den beiden vorherigen Punkten wieder einstechen. Den Faden unter die Nadelspitze legen und durchziehen. *Eine Stichbreite weiter links auf gleicher Höhe einstechen. Eine Stichlänge tiefer mittig zwischen den beiden vorherigen Punkten ausstechen. Den Faden unter die Nadelspitze legen und durchziehen.

2. Den nächsten Stich ebenso arbeiten, aber nun eine Stichbreite weiter rechts auf gleicher Höhe einstechen. Eine Stichlänge tiefer mittig zwischen den beiden vorherigen Punkten ausstechen. Den Faden unter die Nadel legen und durchziehen.
Ab * wiederholen. Die letzte Schlaufe wie beim Fliegenstich mit einem kleinen Senkrechtstich fixieren.

Stickerei

KREUZSTICH

Die Kreuze aus zwei einfachen, schrägen Stichen können einzeln, in durchgehenden oder durchbrochenen Reihen gestickt werden. Wichtig ist, dass die jeweils oberen Stiche immer in derselben Richtung liegen. Die Stiche können über zwei, drei oder mehr Maschen und Reihen gestickt werden.
*An der oberen linken Ecke eines Kreuzes ausstechen, schräg darunter an der unteren rechten Ecke einstechen. Faden durchziehen. Dann an der unteren linken Ecke (direkt unter dem ersten Ausstich und auf Höhe des zweiten Einstichs) ausstechen. An der oberen rechten Ecke ausstechen. Faden durchziehen.
Ab * wiederholen.

KNÖTCHENSTICHE

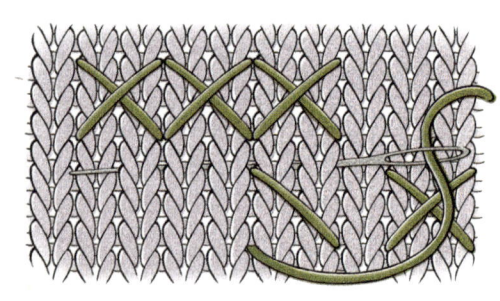

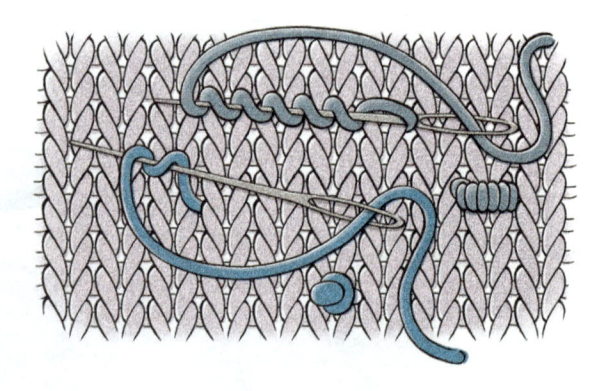

Kleine Knötchenstiche (in der Abbildung unten) und die längeren Wickelstiche werden ganz ähnlich gearbeitet. Für einen Knötchenstich zur Vorderseite ausstechen und den Faden nachziehen. Den Faden zweimal um die Nadel wickeln und eine halbe Masche rechts neben dem Ausstich wieder einstechen. Den Faden vorsichtig durchziehen, dabei die Wicklungen mit dem Daumen auf der gestrickten Oberfläche festhalten, damit sie sich nicht verheddern. Für einen Wickelstich wird der Faden häufiger um die Nadel gewickelt. Eingestochen wird dann anderthalb Maschen rechts vom Ausstich. Beim langsamen Durchziehen des Fadens die Wicklungen festhalten.

MARGERITENSTICH

Hierbei handelt es sich um einzelne Kettenstiche, die in Blütenform angeordnet werden. Anzahl und Abstände der Stiche können variiert werden.
*Im Zentrum der Blüte ausstechen und den Faden durchziehen. An derselben Stelle einstechen und eine Blütenblattlänge vom Zentrum entfernt ausstechen. Eine Fadenschlaufe unter die Nadelspitze legen, dann den Faden durchziehen. Die Schlaufe ganz außen mit einem winzigen Stich sichern. Ab * wiederholen, bis die gewünschte Zahl von Blütenblättern gestickt ist.

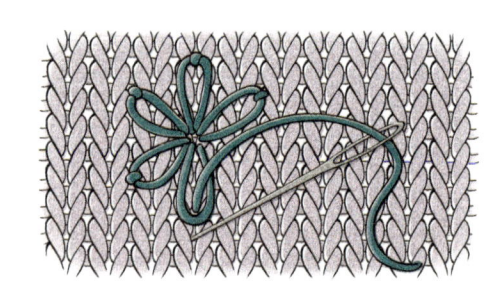

VORSTICH

Dies ist der einfachste aller Stickstiche. Auf glatt rechts gestricktem Grund gelingen gleichmäßige Stichabstände ganz leicht.
Zur Vorderseite ausstechen, dann auf gerader Linie abwechselnd ein- und ausstechen. So verläuft der Faden im Wechsel über und unter den gestrickten Maschen. Die Länge der Stiche können Sie selbst bestimmen, sie sollte aber gleichmäßig sein.

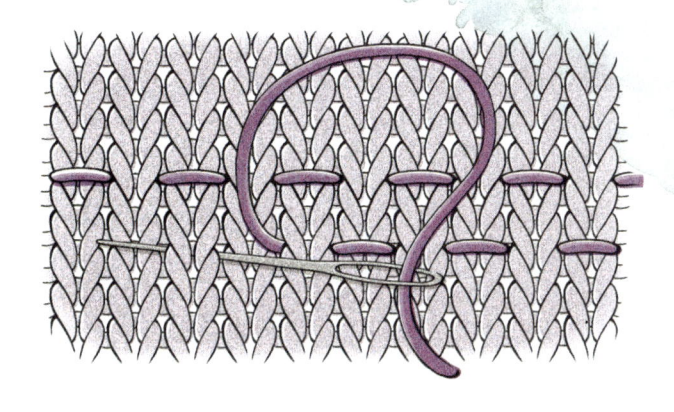

PLATTSTICH

Es erfordert etwas Übung, die richtige Fadenspannung zu finden, damit sich der Strick nicht wellt oder verzieht. Probieren Sie es zuerst auf einer Maschenprobe.
Zur Vorderseite ausstechen, dann eine Stichlänge (hier vier Maschen) weiter rechts wieder einstechen. Ganz dicht über dem ersten Ausstich einstechen. Weitere Stiche in dieser Weise dicht an dicht arbeiten. Die Stickfäden müssen glatt liegen und dürfen den Strick nicht zusammenziehen.

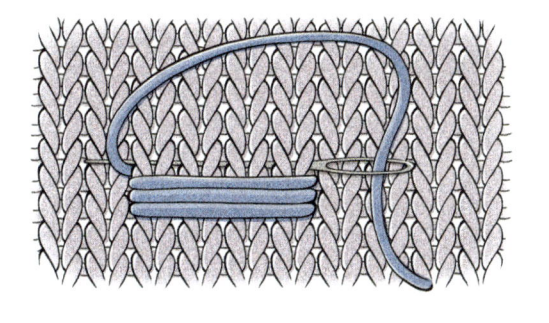

STIELSTICH

Dieser Stich wird ähnlich gearbeitet wie der Rückstich (siehe S. 194), bildet aber eine etwas dickere Linie.
Von rechts nach links arbeiten. Zur Vorderseite durchstechen und eine Stichlänge weiter links einstechen. Den Faden nachziehen. Dies ist der erste Stich. *In der Mitte des ersten Stichs direkt unter ihm ausstechen. Eine Stichlänge weiter links einstechen und genau unter dem Anfangspunkt des vorherigen Stichs herauskommen. Die Nadel liegt dabei unter dem Arbeitsfaden.
Ab * wiederholen.

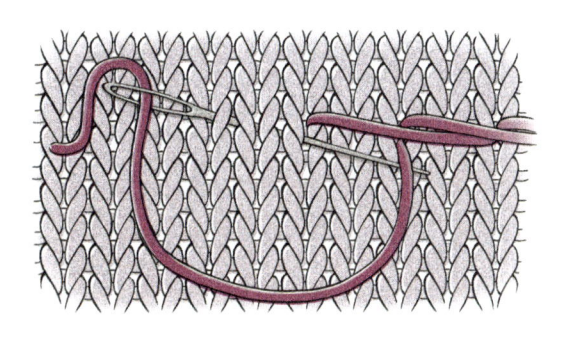

Stickerei 197

PERLEN-STRICKEREI

Schimmernde Perlen können sogar eine simple Strickjacke in ein nobles Vintage-Modell verwandeln. Sie können in Zopfmuster eingearbeitet oder auf einem Kragen verstreut werden. Wichtig ist, recht fest zu stricken, damit die Perlen nicht zur linken Seite des Modells rutschen können.

WELCHE PERLEN?

Perlen gibt es in allen denkbaren Formen und Materialien: rund, oval, eckig, aus Glas, Keramik oder Holz – und noch mehr. Ich versuche meist, die Art der Perlen auf den Garntyp abzustimmen. Zu einem rustikalen Garn passen Holz- oder Keramikperlen, während Glasperlen oder schillernde Pailletten besser zu seidigem Garn passen.

Das Loch in der Mitte der Perle muss so groß sein, dass das Strickgarn hindurchpasst. Das Auffädeln gelingt am besten mit einer Nähnadel (siehe rechte Seite). Nehmen Sie sicherheitshalber die Nadel und einen Faden des Strickgarns mit zum Perleneinkauf. Wenn Sie die Mitarbeiter informieren, für welchen Zweck Sie Perlen benötigen, wird man Sie beraten und gewiss erlauben, das Auffädeln auszuprobieren.

Außerdem muss das Gewicht der Perlen zum Garn passen. Schwere Perlen können Maschen aus dünnem Garn dehnen, und wenn viele verarbeitet werden, kann sich das ganze Modell aushängen. Stricken Sie im Zweifelsfall ein Probestück, bevor Sie Ihr Modell beginnen.

Die Perlen müssen kleiner sein als die gestrickten Maschen, weil sich sonst die Maschen verziehen.

Falls das Modell gewaschen oder gebügelt werden soll, müssen auch die Perlen diese Behandlung vertragen. Lassen Sie sich darüber beim Einkauf beraten. Glasperlen sind zwar relativ robust, Handwäsche ist dennoch empfehlenswert.

Pailletten bestehen meist aus Plastik. Viele sind nicht waschfest und fast alle schmelzen oder verformen sich bei Kontakt mit einem heißen Bügeleisen. Auch sie eignen sich am besten für Modelle, die mit der Hand gewaschen werden und nicht gebügelt werden müssen.

PERLEN AUFFÄDELN

Es ist ausgesprochen schwierig, kleine Perlen auf dickes Handarbeitsgarn aufzufädeln. Und eine Sticknadel, durch deren Öhr das Garn passt, ist meist zu dick für das Perlenloch. Hier lernen Sie eine Technik kennen, mit der sich kleine Perlen leichter auf dickeres Garn fädeln lassen.

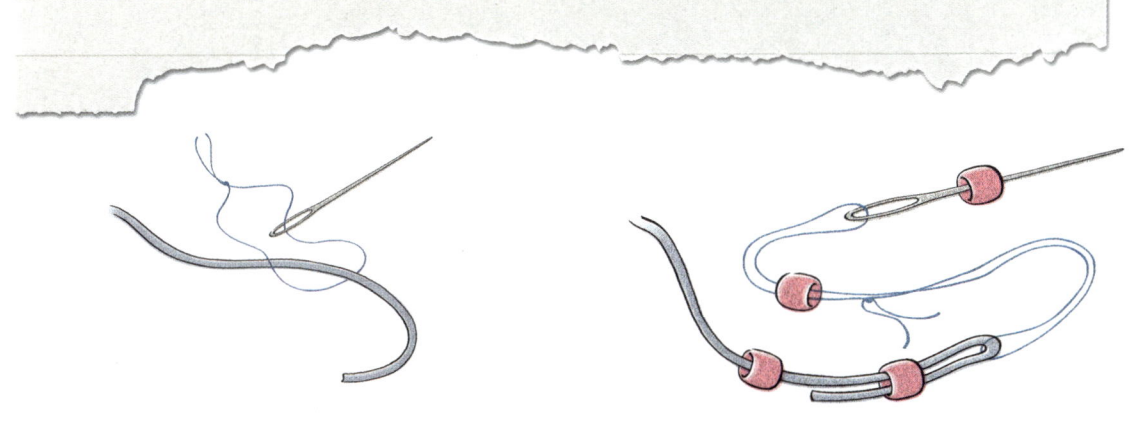

1. Einen Nähgarnfaden in eine Nähnadel einfädeln und die Enden verknoten. Nun das Ende des Strickgarns durch die Fadenschlaufe legen und doppelt legen.

2. Der Knoten im Nähgarn sollte seitlich liegen, damit er das Strickgarn nicht zusätzlich verdickt. Nun die erforderliche Anzahl von Perlen auf die Nadel fädeln, auf das dünne Nähgarn schieben und von dort auf das Strickgarn.

AUFFÄDELN FÜR EIN ZÄHLMUSTER

Wenn die Perlen ein mehrfarbiges Muster bilden, muss die Perle, die zuerst benötigt wird, als letzte aufgefädelt werden. Sie gehen also gemäß Zählmuster vor (siehe auch S. 65–67), aber in entgegengesetzter Reihenfolge. In diesem Zählmuster steht jeder farbige Punkt für eine Perle. Sie brauchen also 13 Perlen in Pink und 12 Perlen in Rosa. Die letzte (obere) Reihe ist eine Rechtsreihe. Beim Auffädeln müssen Sie also oben links mit dem Lesen des Zählmusters beginnen.
Aufgefädelt wird in der folgenden Reihenfolge: 2 Pink, 1 Rosa, 2 Pink, 3 Rosa, 2 Pink, 2 Rosa, 1 Pink, 2 Rosa, 2 Pink, 3 Rosa, 2 Pink, 1 Rosa, 2 Pink. Nach dem Auffädeln können die Perlen eingestrickt werden (siehe S. 201).

WIE VIELE PERLEN?

Es ist wichtig, vor Beginn eines Teils ausreichend Perlen aufzufädeln, denn wenn das Knäuel in Arbeit ist, müssten Sie fehlende Perlen vom anderen Ende aufziehen oder den Faden abschneiden.

In Anleitungen ist normalerweise angegeben, wie viele Perlen pro Knäuel aufzufädeln sind. Es ist aber ratsam, einige Perlen zusätzlich aufzufädeln, für alle Fälle. Wenn die Anzahl nicht in der Anleitung angegeben ist, fädeln Sie deutlich mehr Perlen auf, als Sie zu brauchen meinen. Notieren Sie sich die Zahl. Wenn das Knäuel verbraucht ist, können Sie anhand der unverbrauchten Perlen leicht ausrechnen, wie viele Sie tatsächlich verarbeitet haben.

Perlenstrickerei

PERLENSTRICKEREI MIT ABGEHOBENEN MASCHEN

Diese Technik ist einfach, aber die Perlen müssen von Reihe zu Reihe versetzt eingearbeitet werden. Jede Perle liegt vor der abgehobenen Masche auf einem kurzen Querfaden.

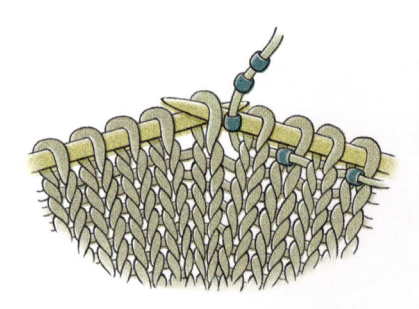

1. In einer Rechtsreihe bis zur Position der Perle stricken. Den Faden zwischen den Nadeln vor die Arbeit legen. Eine Perle dicht an die letzte gestrickte Masche heranschieben, dann die nächste Masche wie zum Linksstricken (siehe S. 77) von der linken auf die rechte Nadel abheben.

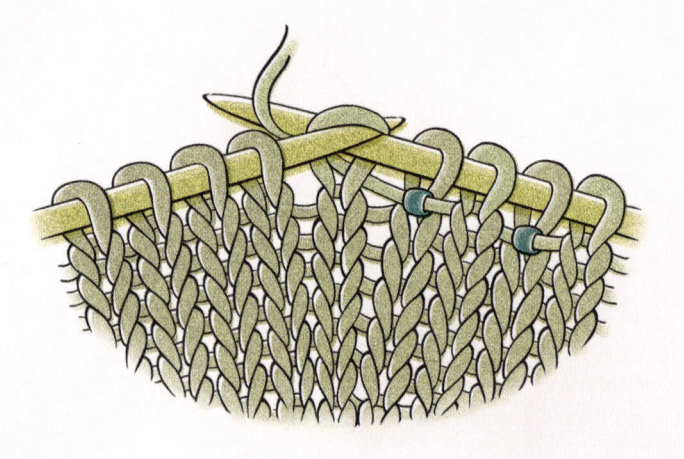

2. Den Arbeitsfaden wieder hinter die Nadel legen. Dabei darauf achten, dass die Perle vor der abgehobenen Masche bleibt. Die folgende Masche recht fest stricken.

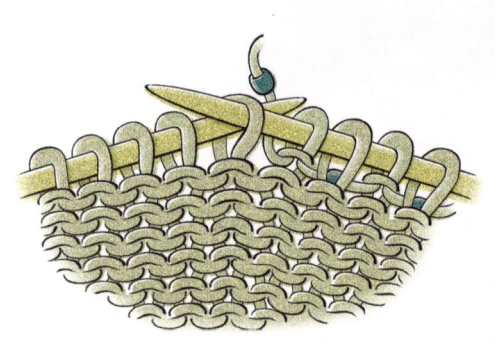

3. In einer Linksreihe bis zur Position der Perle stricken. Den Faden zwischen den Nadeln hinter die Arbeit legen. Eine Perle dicht an die letzte gestrickte Masche heranschieben, dann die nächste Masche wie zum Linksstricken (siehe S. 77) von der linken auf die rechte Nadel abheben.

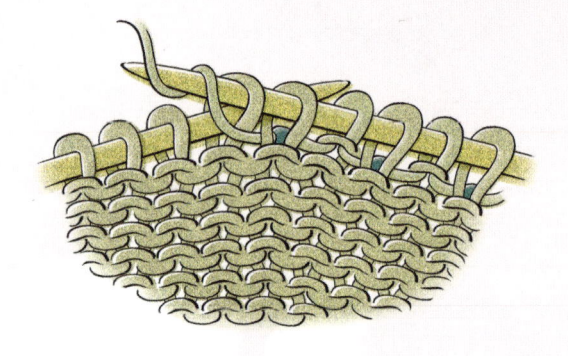

4. Den Faden zwischen den Nadeln nach vorn legen. Dabei darauf achten, dass die Perle vor der abgehobenen Masche bleibt. Die folgende Masche recht fest stricken.

PERLEN EINSTRICKEN

Bei dieser Technik können die Perlen in jeder Masche und in jeder Reihe dicht an dicht angeordnet werden, weil sie in die Maschen eingestrickt werden, statt (wie auf der linken Seite beschrieben) vor abgehobenen Maschen zu liegen. Jede Perle sitzt etwas schräg auf einem Maschenglied. Sie müssen fest stricken, damit die Perlen nicht zur Rückseite der Arbeit rutschen. Das lässt sich auch vermeiden, indem man die Maschen verschränkt strickt (siehe S. 77).

1. In einer Rechtsreihe bis zur Position der Perle stricken. Eine Perle bis dicht an die zuletzt gestrickte Masche schieben. Dann die Spitze der rechten Nadel wie zum Rechtsstricken in die nächste Masche einstechen.

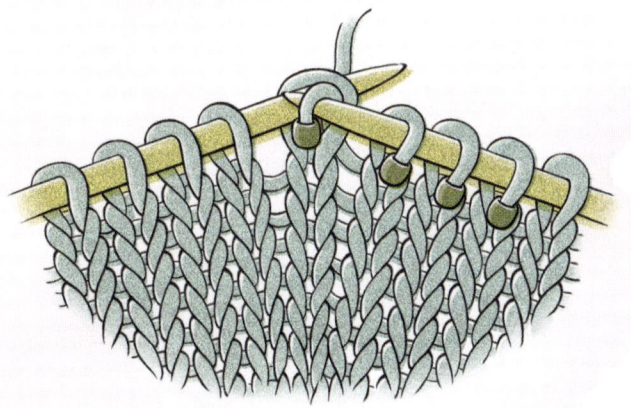

2. Beim Abstricken der Masche die Perle mit durchholen und diese auf das rechte Maschenglied schieben.

3. In einer Linksreihe bis zur Position der Perle stricken. Eine Perle bis dicht an die zuletzt gestrickte Masche schieben. Dann die Spitze der rechten Nadel wie zum Linksstricken in die nächste Masche einstechen.

4. Die Masche links abstricken und dabei die Perle mit durchholen. Sie muss auf der rechten Seite der Arbeit (auf der Ihnen abgewandten Seite) liegen.

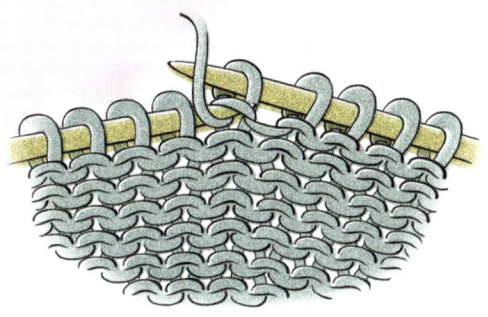

BEILAUFGARN MIT PERLEN

Diese Technik ist ideal, wenn die Perlen so klein sind, dass sie sich nicht auf das Strickgarn auffädeln lassen. Sie werden stattdessen auf ein dünneres Garn aufgezogen, das zusammen mit dem Strickgarn verarbeitet wird. Das Beilaufgarn kann – muss aber nicht – dieselbe Farbe haben wie das Strickgarn. Gearbeitet wird ähnlich wie bei Mustern mit Hebemaschen (siehe S. 200). Die Perle liegt auf dem dünnen Garn vor der Arbeit, während die Masche hinter ihr nur mit dem anderen Garn gestrickt wird.

Mit beiden Garnen zusammen bis zur Position der Perle stricken. Die Garne trennen. Das dünne Garn mit der Perle auf die rechte Seite der Arbeit legen. Die nächste Masche nur mit dem Hauptgarn stricken. Auf dem dünnen Garn eine Perle bis zur zuletzt gestrickten Masche schieben. Dann die Fäden wieder zusammenfassen und die nächste Masche mit beiden stricken.

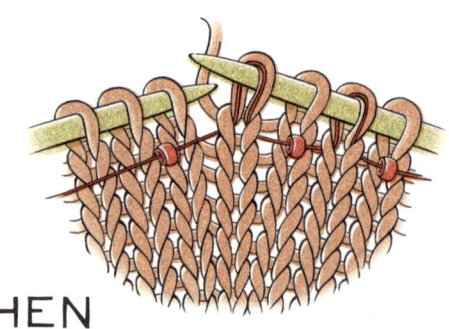

PERLE ZWISCHEN DEN MASCHEN

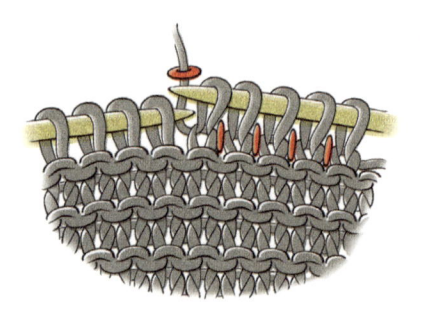

Mit dieser Methode wurden im 17. und 18. Jahrhundert kunstvolle Täschchen gestrickt. Sie eignet sich vor allem für kleine Modelle, die komplett mit Perlen bestückt werden sollen, und wirkt am besten auf kraus rechts gestrickten Mustern.

Bis zur Position der Perle stricken. Eine Perle bis dicht an die zuletzt gestrickte Masche schieben, dann die nächste Masche stricken.

PERLE EINFÜGEN ODER ENTFERNEN

Bei aller Sorgfalt kann beim Zählen und Auffädeln der Perlen für ein Zählmuster (siehe S. 199) ein Fehler passieren. Vielleicht entdecken Sie auch erst beim Stricken, dass eine Perle verformt ist.

Wenn Sie mit Glasperlen arbeiten und von einer Farbe zu viele aufgefädelt haben, können Sie sie einfach mit einer Zange zerdrücken. Setzen Sie eine Schutzbrille auf und legen Sie Papier unter, um alle Splitter aufzufangen. Lässt sich die Unstimmigkeit nicht auf diese Weise beheben, müssen Sie die Arbeit bis zum Beginn der Reihe mit dem Fehler aufribbeln, den Faden abschneiden (dabei ein längeres Ende hängen lassen und später vernähen, siehe S. 227), die Perlen neu auffädeln und den Faden wieder ansetzen (siehe S. 71).

Eine vergessene Perle können Sie, wenn das Loch groß genug ist, mit einer Häkelnadel einfügen. Die Perle auf den Schaft der Häkelnadel schieben, dann die betroffene Masche mit der Häkelnadel erfassen und durch die Perle ziehen. Danach die Masche auf die linke Nadel nehmen und je nach Muster abstricken oder abheben. In jedem Fall wird die Perle in einem etwas anderen Winkel auf der Nadel sitzen als die regulär eingearbeiteten Perlen.

ANSCHLAGEN UND ABKETTEN MIT PERLEN

Mit dieser Technik lassen sich hübsche Zierkanten an Kleidungsstücken oder Accessoires gestalten. Ausgestellte Röcke bekommen durch das zusätzliche Gewicht der Perlenkante einen schönen Schwung. Genaue Anleitungen zum Anschlagen und Abketten finden Sie in Kapitel 2.

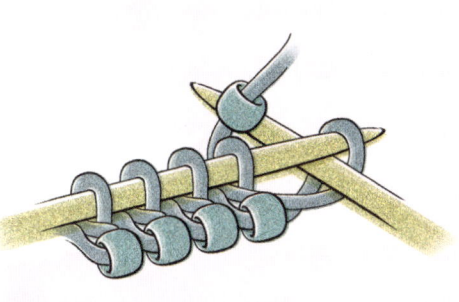

KORDELANSCHLAG MIT PERLEN

Die Arbeitsweise ist ähnlich wie beim Einstricken von Perlen (siehe S. 201).
Eine Perle dicht an die Stricknadeln schieben. Die Spitze der rechten Nadel zwischen den letzten beiden angeschlagenen Maschen einstechen. Den Faden mitsamt der Perle durchholen. Die Masche auf die linke Stricknadel legen.

DAUMENANSCHLAG MIT PERLEN

Das Vorgehen ist ähnlich wie beim Einstricken von Perlen zwischen den Maschen (siehe linke Seite).
Alle Perlen so weit verschieben, dass das Ende des Garns frei ist. In dieses freie Ende eine Anfangsschlinge knüpfen. Eine Perle zur Anfangsschlinge schieben. (Wenn die Seitenkanten zusammengenäht werden, in die Anfangsschlinge und letzte angeschlagene Masche keine Perlen einarbeiten.) Die Maschen anschlagen. Nach jeder angeschlagenen Masche eine Perle dicht heranschieben.

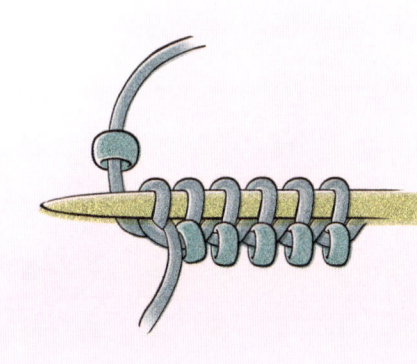

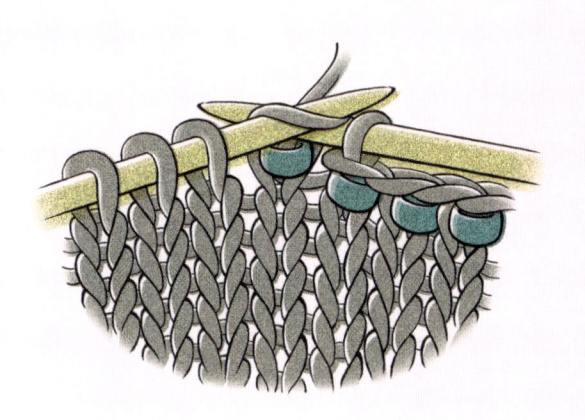

ABKETTEN MIT PERLEN

Hier werden beim gewöhnlichen Abketten (siehe S. 201) Perlen eingestrickt.
Zwei Maschen stricken, dabei Perlen einstricken. Die erste Masche über die zweite ziehen. Danach sitzt die Perle unmittelbar unter der Abkettkante. Wenn Sie nur an der Abkettkante Perlen einarbeiten, stricken Sie das Modell mit normalem Garn (ohne Perlen) und verwenden lediglich zum Abketten einen Faden, auf den Perlen aufgefädelt sind. Der Faden muss mindestens die vierfache Reihenlänge haben.

PAILLETTEN EINARBEITEN

Pailletten, deren Oberfläche das Licht reflektieren, verleihen sogar schlichtesten Modellen einen Hauch von Glamour. Sie können ganzflächig eingearbeitet werden, etwa in einem edlen Abendtop, oder nur entlang der Kanten als dezentere Verzierung. Welche der drei folgenden Techniken Sie wählen, hängt von der Größe der Pailletten ab. Bei manchen sitzt das Loch nicht in der Mitte, sondern am Rand. Sie liegen darum etwas anders auf dem Strick. Am besten probieren Sie zuerst an einem Probestück aus, welche Technik Ihnen am besten zusagt.

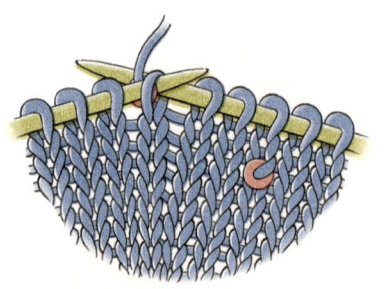

KLEINE PAILLETTEN

Kleine Pailletten können in Rechts- und Linksreihen wie Perlen eingestrickt werden (siehe S. 201).
Die Masche rechts oder links, je nach Muster, stricken. Dabei eine Paillette mit dem Faden durchholen.

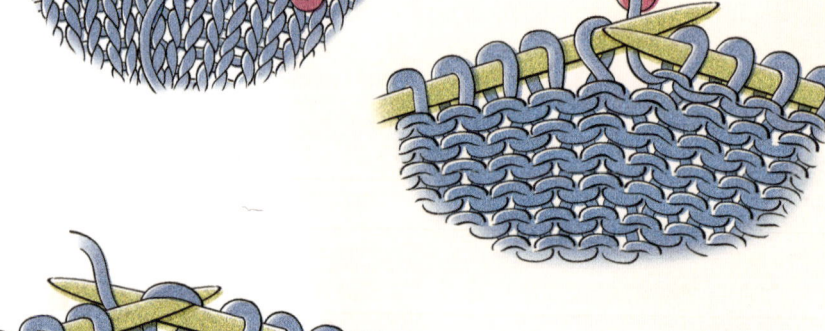

MITTELGROSSE PAILLETTEN

Wenn die Pailletten zu groß sind, um sie durch eine Masche zu holen, versuchen Sie es so:

1. In einer Rechtsreihe bis zur Position der Paillette stricken. Den Faden nach vorn legen, eine Paillette dicht an die zuletzt gestrickte Masche schieben.

2. Die nächste Masche links stricken. Den Faden zwischen den Nadeln wieder nach hinten legen und die Reihe fortsetzen.

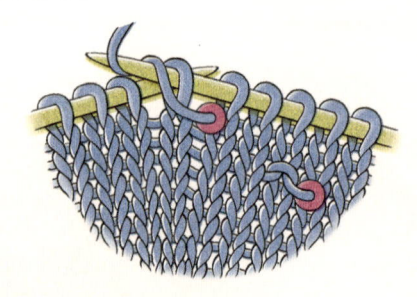

3. In einer Linksreihe bis zur Position der Paillette stricken. Den Faden zwischen den Nadeln hinter die Arbeit legen. Eine Paillette dicht an die zuletzt gestrickte Masche schieben. Die nächste Masche rechts verschränkt stricken (siehe S. 77). Den Faden wieder nach vorn legen und die Reihe fortsetzen.

GROSSE PAILLETTEN

In Rechts- und Linksreihen jeweils die Masche, vor der die Paillette liegen soll, abheben (siehe S. 200).
Neigen die Pailletten dazu, zwischen die Maschen zu rutschen, stricken Sie in einer Rechtsreihe die Masche, die auf die abgehobene folgt, links.

EXTRAS

Dekorative Extras können gestrickte Modelle enorm aufwerten und die meisten sind recht einfach herzustellen. Ich habe eine Schwäche für Pompons, aber auch Fransen können an einem simplen Schal oder an der Saumkante eines Pullovers toll aussehen.

QUASTEN

Quasten lassen sich am besten an der Anschlag- oder Abkettkante eines Modells anbringen. Fertigen Sie zuerst eine Probequaste an, um ein Gefühl dafür zu bekommen, wie viele Wicklungen für das gewünschte Volumen nötig sind und wie lang die Quaste für Ihr Modell sein soll, damit die Proportionen stimmen.

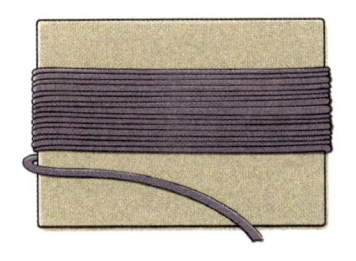

1. Ein Stück Pappe in der gewünschten Länge der Quaste zuschneiden. Mit Garn umwickeln. Je mehr Wicklungen, desto fülliger wird die Quaste.

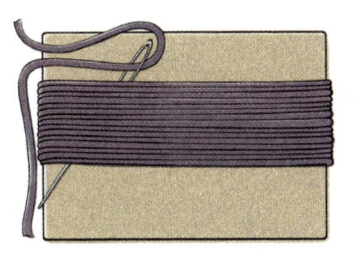

2. Einen Faden zum Annähen an das Modell abschneiden und in eine Sticknadel ohne Spitze einfädeln. Die Nadel unter den Wicklungen durchschieben und das Garn zur Hälfte durchziehen. An einem Ende der Pappe damit einen Knoten um die Wicklungen binden. Dabei die Wicklungen sehr fest zusammenziehen.

3. Nun die gewickelten Fäden am anderen Ende der Pappe durchschneiden.

4. Einen weiteren Faden abschneiden und den »Kopf« der Quaste fest umwickeln. Die Fäden fest verknoten, dann in die Sticknadel einfädeln und unauffällig ins Innere der Quaste ziehen. Falls nötig, die Fäden auf gleiche Länge schneiden.

EINFACHE FRANSEN

Dies ist wohl die einfachste Art, eine Kante zu verzieren. Hier wird die Technik an der Abkettkante gezeigt. An der Anschlagkante gehen Sie ebenso vor. An einer Seitenkante befestigen Sie die Fransen in den Zwischenräumen, wo Sie zum Anstricken Maschen aufnehmen würden (siehe S. 76).

1. Fäden zuschneiden, die etwas mehr als doppelt so lang wie die vorgesehenen Fransen sind. An der Position, an der eine Franse befestigt werden soll, mit einer dicken Häkelnadel von hinten nach vorn durch den Rand der gestrickten Kante stechen. Die Fäden für die Franse zur Hälfte falten und mit der Häkelnadel in der Mitte fassen.

2. Mit der Häkelnadel eine Schlaufe durchziehen.

3. Die Enden der Fäden durch diese Schlaufe führen und an ihnen ziehen, damit sich die Schlaufe zuzieht. Wenn alle Fransen befestigt sind, werden sie auf gleiche Länge geschnitten.

GEKNOTETE FRANSEN

Diese Fransenkante sieht raffiniert aus und eignet sich besonders gut für schwer fallende Garne.

1. In nicht zu kleinen Abständen lange Fransen anbringen (siehe oben). Die Fäden jeder Franse teilen und mit je der Hälfte der Fäden der benachbarten Franse verknoten. Wenn die Fäden sehr lang sind, können Sie diesen Vorgang noch einmal versetzt wiederholen, sodass eine netzartige Verknüpfung entsteht.

PERLENFRANSEN

Durch das Gewicht der Perlen fallen diese Fransen besonders schön. Wenn Sie diesen Ethno-Stil mögen, verwenden Sie Perlen in kräftigen Farben.

1. Perlen wie zum Einstricken auf das Garn fädeln (siehe S. 199). Nun Fäden von etwas mehr als der doppelten vorgesehenen Fransenlänge schneiden, dabei auf jeden Faden die gewünschte Anzahl von Perlen schieben. Knoten in die Fadenenden binden, damit die Perlen nicht herabrutschen können. Dann die Fäden wie normale Fransen (siehe links) festknüpfen.

SCHLAUFENFRANSEN

Diese Fransen entstehen an den Reihenenden – also normalerweise an den Seitenkanten eines gestrickten Teils. Sie müssen schon beim Stricken berücksichtigt werden. Am schönsten fallen die Fransen an kraus rechts gestrickten Modellen aus. Bei glatt rechts gestrickten Flächen können die letzten Maschen sich lockern, das lässt sich aber durch Umsticken mit Langettenstich beheben. Wenn Ihnen die welligen Fäden nicht gefallen, dämpfen Sie sie vorsichtig glatt.

1. Zusätzlich zur Maschenzahl für das Modell die Maschen für die Fransen anschlagen. Aus einer Masche entsteht eine Schlaufe in der dreifachen Länge der Maschenbreite. Das Modell einschließlich der Maschen für die Fransen stricken. In der letzten Reihe eines Werkstücks die Fransenmaschen stricken, die übrigen Maschen abketten. Danach die Maschen entlang der Kante mit einer Sticknadel ohne Spitze aufziehen.

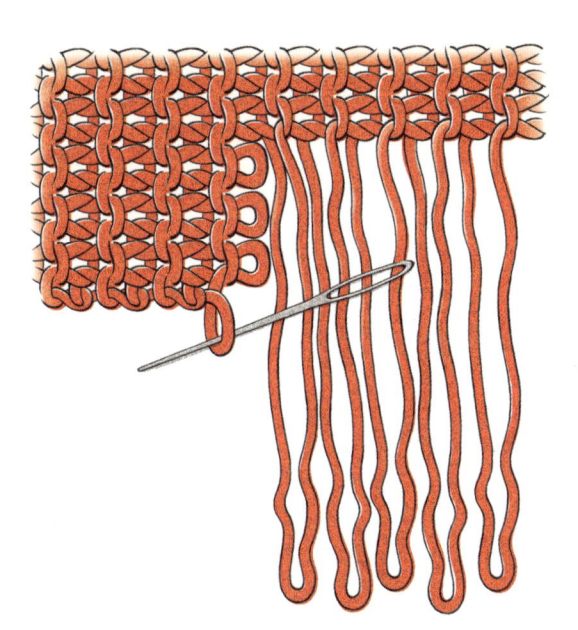

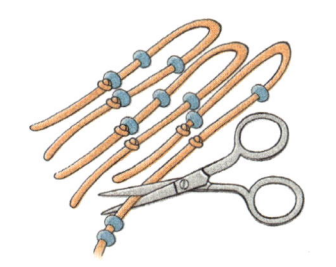

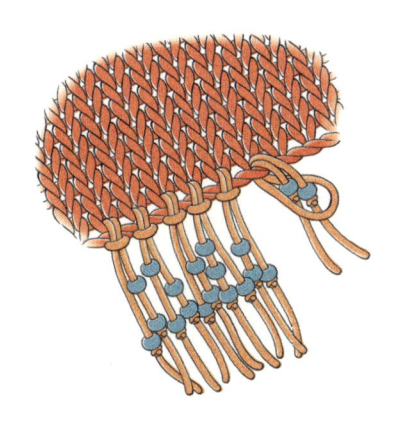

Extras

GEDREHTE KORDEL

Eine gedrehte Kordel kann durch den Strick oder durch eingearbeitete Löcher (siehe S. 252) gefädelt werden, etwa als Zugschnur für einen Beutel oder als Verzierung unter der Passe eines Kleids. Kordeln können auch aus Garn in zwei oder drei Farben hergestellt werden. Am einfachsten geht es mit einem freundlichen Helfer, der ein Ende der Fäden festhält.

1. Fäden in der dreifachen Länge der gewünschten Kordel zuschneiden. Die fertige Kordel liegt doppelt, das heißt, aus zwei Fäden entsteht eine vierfädige Kordel. Die Fäden an beiden Enden verknoten. In jedes Ende eine Stricknadel schieben (siehe Abbildung). Ein Ende hält der Helfer, alternativ befestigen Sie es an einem Türgriff. Nun die Fäden auf Spannung halten und umeinanderdrehen.

2. Die Kordel mit einer Hand in der Mitte greifen. Die beiden Enden zusammenlegen, dabei die Kordel gestrafft halten. Die Mitte loslassen: Die beiden Stränge der Kordel drehen sich nun umeinander. Kleine Unregelmäßigkeiten ausstreichen, dann das Gesamtende verknoten.

GEFLOCHTENE KORDEL

Eine geflochtene Kordel, ein- oder mehrfarbig, ergibt ebenfalls eine hübsche und praktische Zugschnur ab. Sie kann aber auch als interessante Verzierung auf einen Saum genäht werden.

1. Fäden zuschneiden, die ein Drittel länger sind als die Wunschlänge der Kordel. Die Anzahl der Fäden muss durch 3 teilbar sein. Die Fäden an einem Ende verknoten und einem Helfer in die Hand geben oder mit einer Zwinge irgendwo einklemmen. Die Fäden dritteln: ein Strang links, einer in der Mitte, einer rechts. *Den rechten Strang nach links unter den mittleren legen. Er bildet nun den neuen Mittelstrang. Danach den linken Strang unter den mittleren legen, sodass dieser nun die neue Mitte bildet. Ab * wiederholen, bis der Zopf fertig ist, dann die losen Enden verknoten.

208   Strick verzieren

STRICKLIESEL

Als Kinder haben wir Nägel in Garnrollen aus Holz geschlagen. Heute werden Garnrollen aus Kunststoff hergestellt, dafür kann man eine Strickliesel fertig kaufen. Es gibt auch größere Modelle mit mehr als vier Metallkrampen, aber die Arbeitsweise bleibt immer gleich. Diese einfachen Werkzeuge eignen sich gut, um Kinder ans Stricken heranzuführen.

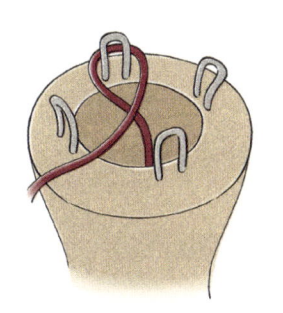

1. Das Ende eines Garnknäuels von oben nach unten durch die Mitte der Strickliesel fädeln. Den Faden im Uhrzeigersinn um eine Metallkrampe legen. Entgegen dem Uhrzeigersinn zur nächsten Krampe führen.

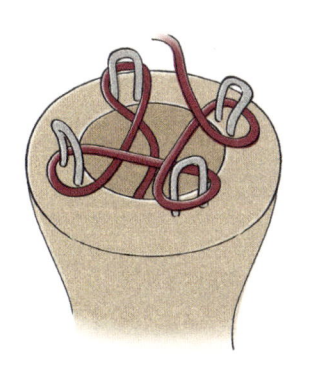

2. Den Faden wieder im Uhrzeigersinn um die Krampe legen und entgegen dem Uhrzeigersinn zur nächsten Krampe führen. So fortfahren, bis um jede Krampe eine Schlaufe liegt.

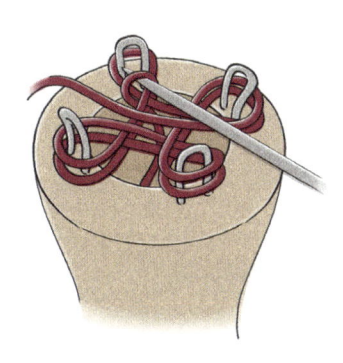

3. Den Vorgang wiederholen, sodass um jede Krampe zwei Schlaufen liegen. Mit einer dünnen Stricknadel oder dem mitgelieferten Werkzeug die untere Schlaufe der ersten Krampe über die obere Schlaufe hinweg über die Krampe heben.

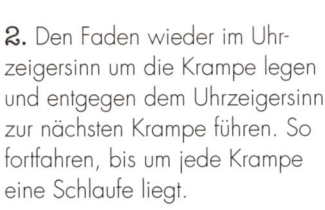

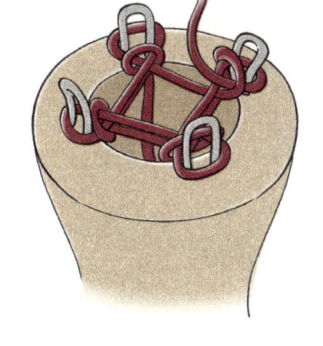

4. An allen Krampen wiederholen. Danach liegt auf jeder Krampe wieder nur eine Schlaufe.

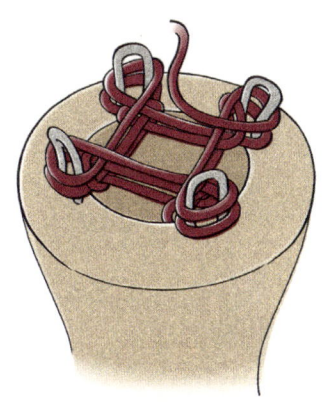

5. Schritt 2 wiederholen, bis wieder zwei Schlaufen auf jeder Krampe liegen. Erneut ringsherum die untere Schlaufe über die obere hinweg über die Krampe heben.

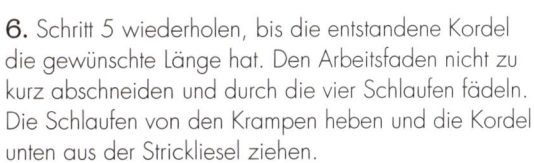

6. Schritt 5 wiederholen, bis die entstandene Kordel die gewünschte Länge hat. Den Arbeitsfaden nicht zu kurz abschneiden und durch die vier Schlaufen fädeln. Die Schlaufen von den Krampen heben und die Kordel unten aus der Strickliesel ziehen.

Extras

TRADITIONELLER POMPON

Ob mittlere Pompons auf einer Pudelmütze, winzige an Fausthandschuhen oder große an den Enden eines Schals: Pompons sehen immer lustig aus. Mithilfe von zwei Pappringen sind sie schnell und einfach gemacht. Achten Sie aber darauf, dass die Pappe stabil ist und beim Aufschneiden der Fäden nicht reißt.

1. Zwei runde Pappscheiben ausschneiden, deren Durchmesser etwas größer als der des fertigen Pompons ist. In die Mitte jeder Scheibe ein Loch schneiden. Sein Durchmesser entspricht etwa dem halben Gesamtdurchmesser. Die Ringe aufeinanderlegen und komplett mit Garn umwickeln, bis das Loch in der Mitte fast ausgefüllt ist. Schneller geht es, wenn Sie mehrere Fäden gleichzeitig um die Pappe wickeln. Für die letzten Runden fädeln Sie das Garn am besten in eine dicke Sticknadel.

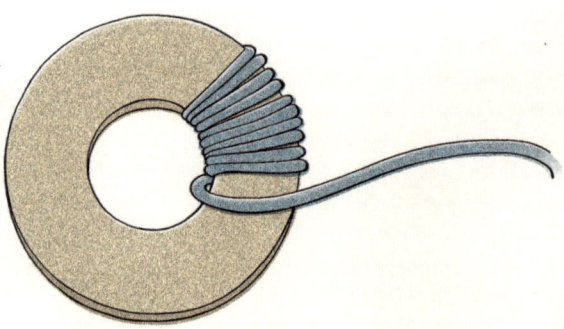

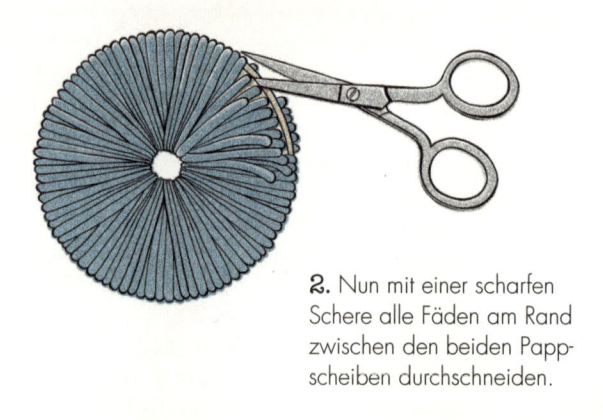

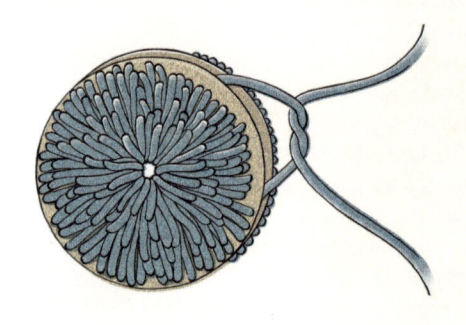

2. Nun mit einer scharfen Schere alle Fäden am Rand zwischen den beiden Pappscheiben durchschneiden.

3. Die Pappscheiben etwas auseinanderziehen. Einen Faden zwischen den Scheiben fest um die Mitte des Pompons wickeln und sorgfältig verknoten. Die Enden des Fadens lang hängen lassen. Sie werden zum Festnähen des Pompons benötigt.

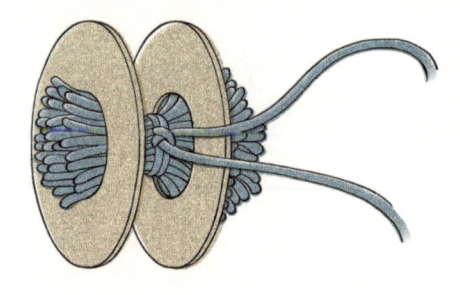

4. Die Pappscheiben vom Pompon ziehen. Eventuell müssen sie dafür zerschnitten werden.

5. Den Pompon aufplustern und eventuell schön rund in Form schneiden.

Strick verzieren

POMPON-WERKZEUG

Wenn Sie häufiger Pompons anfertigen, ist so ein kleines Werkzeug aus robustem Kunststoff eine nützliche Hilfe. Sie brauchen keine Pappringe zuzuschneiden und das Wickeln geht wesentlich komfortabler. Solche Pompon-Werkzeuge werden in vielen Größen und sogar in Herzform angeboten.

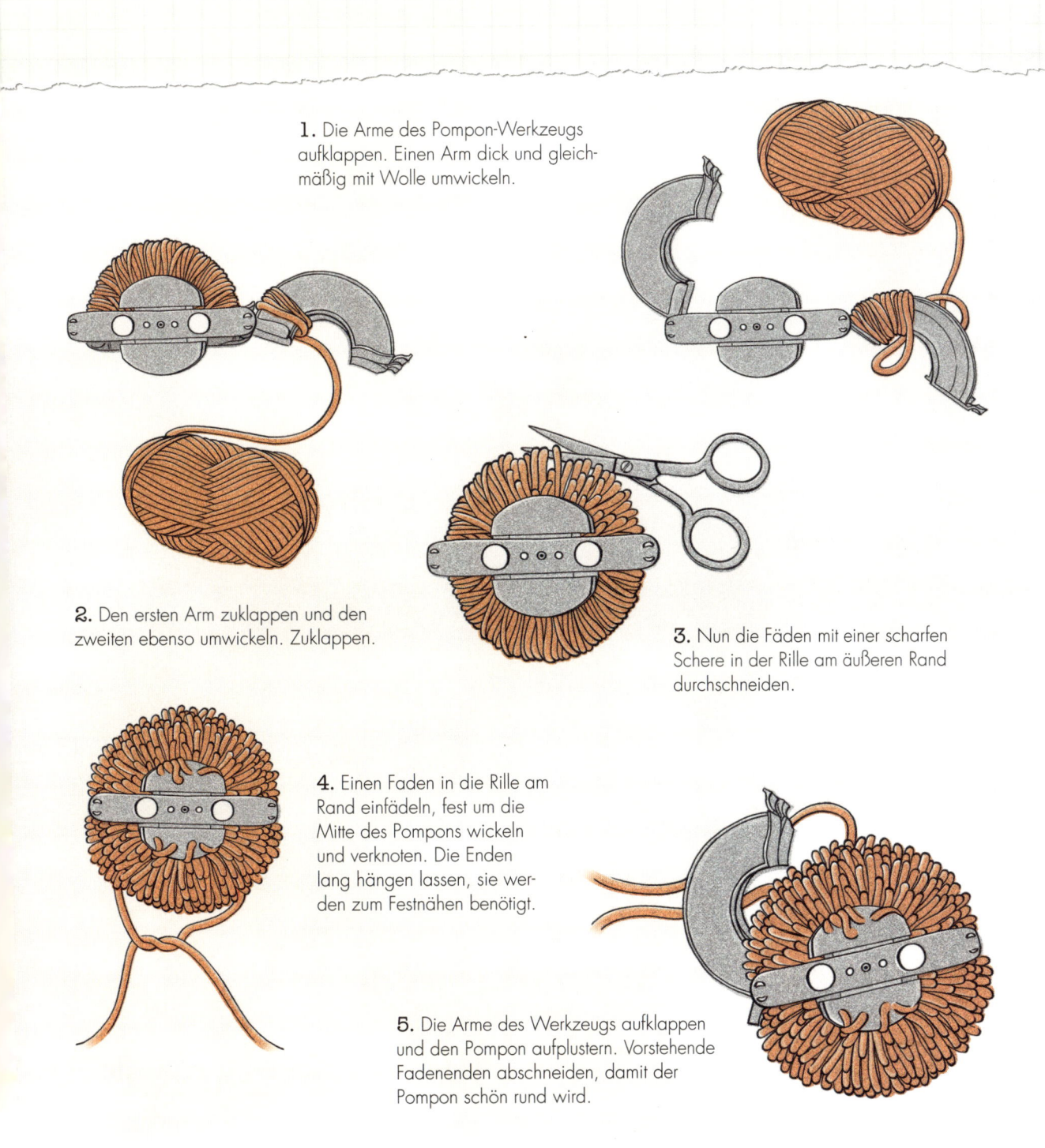

1. Die Arme des Pompon-Werkzeugs aufklappen. Einen Arm dick und gleichmäßig mit Wolle umwickeln.

2. Den ersten Arm zuklappen und den zweiten ebenso umwickeln. Zuklappen.

3. Nun die Fäden mit einer scharfen Schere in der Rille am äußeren Rand durchschneiden.

4. Einen Faden in die Rille am Rand einfädeln, fest um die Mitte des Pompons wickeln und verknoten. Die Enden lang hängen lassen, sie werden zum Festnähen benötigt.

5. Die Arme des Werkzeugs aufklappen und den Pompon aufplustern. Vorstehende Fadenenden abschneiden, damit der Pompon schön rund wird.

Extras

ZIERKANTEN

Schlichte Strickmodelle können nach der Fertigstellung mit dekorativen Kanten verziert werden. An den Ärmel- oder Saumabschlüssen einer Tunika sehen Lochmusterkanten hübsch aus und eine Decke wird durch angestrickte Rüschenkanten gleich viel charmanter.

PASSENDE KANTEN STRICKEN

Kanten können von unten nach oben, von oben nach unten oder in Längsrichtung gestrickt werden. Die letzte Methode ist die gängigste. Eine von oben nach unten gearbeitete Kante kann direkt an die Unterkante des fertigen Modells angestrickt werden. Sie müssen nur prüfen, ob die Maschenzahl der Modellkante sich glatt durch die Maschenzahl eines einzelnen Mustersatzes teilen lässt.
Ebenso können von unten nach oben gearbeitete Kanten direkt, also ohne abzuketten, an ein Werkstück angestrickt werden, sofern die Maschenzahlen von Gesamtreihe und vielfachem Mustersatz identisch ist.
In Längsrichtung gearbeitete Kanten werden meist separat gestrickt und dann angenäht. Stricken Sie ein Probestück der Kante, das mindestens drei Mustersätze hoch ist, und messen Sie es. Dabei den Strick leicht dehnen, denn beim Festnähen wird er auch etwas gedehnt. Nun die Kante des Werkstücks messen. Die Gesamtlänge sollte sich glatt durch die Länge des Probestücks teilen lassen. Liegt die Abweichung bei mehr als einem Zentimeter, wählen Sie für die Kante besser ein anderes Muster.

KANTE ANBRINGEN MIT MASCHENSTICH

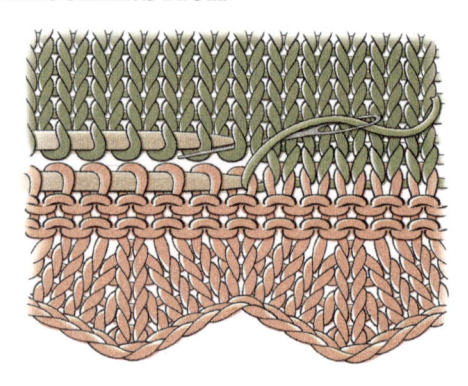

KANTE ANNÄHEN

Wenn Sie am unteren Rand eines Werkstücks eine Kante anbringen wollen, sich aber noch nicht für die genaue Gestaltung entschieden haben, beginnen Sie auf jeden Fall mit einem provisorischen Anschlag (siehe S. 43). So können Sie die Maschen später wieder in Arbeit nehmen, um eine Kante direkt anzustricken oder (wie hier) mit Maschenstich anzunähen.
Wenn für Modell und Kante Garn in gleicher Stärke verwendet wurde, lässt sich eine von unten gestrickte Kante mit Maschenstichen (siehe S. 228) verbinden, nachdem der provisorische Anschlag aufgelöst wurde. Stricken Sie ein Probestück der Kante, um zu prüfen, ob die Maschen tatsächlich 1:1 an die Kante des Werkstücks passen.

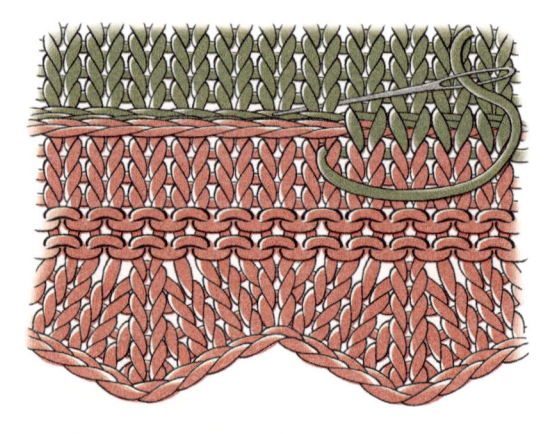

Wenn beide Garne gleich dick sind, kann eine Kante auch nachträglich mit dem Maschenstich festgenäht werden. Hier wird die Abkettreihe der Kante an die Anschlagreihe des Hauptteils genäht. Sind die Garnstärken so unterschiedlich, dass die Maschen nicht genau gegenüberliegen, nähen Sie die Kante mit Rückstich oder überwendlichem Stich (siehe S. 225) fest.
Ebenso kann die Kante einer quer gestrickten Bordüre festgenäht werden.

HÄKELN AUF STRICK

Wenn man gestrickte Kanten umhäkelt, bekommen sie mehr Festigkeit. Kontrastfarbig sehen Häkelkanten außerdem hübsch aus. Mit einer Häkelnadel lassen sich auch attraktive Dekorationen auf der Oberfläche eines gestrickten Werkstücks gestalten.

HÄKELN AUF DER OBERFLÄCHE

Diese Technik eignet sich gut für Effektgarne. Nur Garne mit ausgeprägter Struktur lassen sich schlecht durch den gestrickten Grund ziehen. Die Richtung des Dekors kann beliebig verändert werden. Wichtig ist aber, die Häkelmaschen nicht zu fest zu ziehen.

1. Das Häkelgarn liegt auf der Rückseite der Arbeit. Mit der Häkelnadel am Anfangspunkt der Linie von vorn nach hinten durchstechen, den Faden erfassen und eine Schlaufe durchholen. Ein 10 cm langes Fadenende hängen lassen. Es wird später vernäht (siehe S. 227).

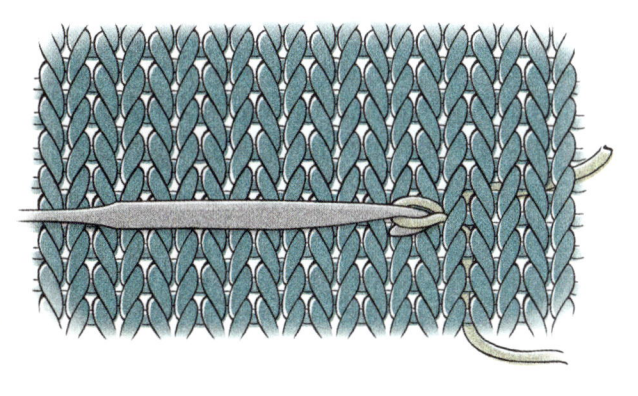

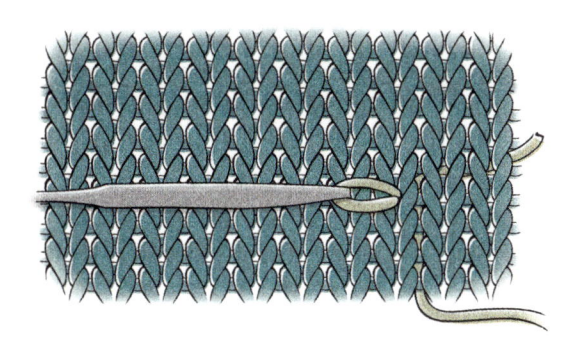

2. *Die Masche bleibt auf der Häkelnadel. Mit etwas Abstand zum ersten Einstich mit der Häkelnadel erneut nach hinten durchstechen. Den Arbeitsfaden erfassen. Eine Schlaufe durch den Strick und durch die Masche auf der Häkelnadel ziehen.

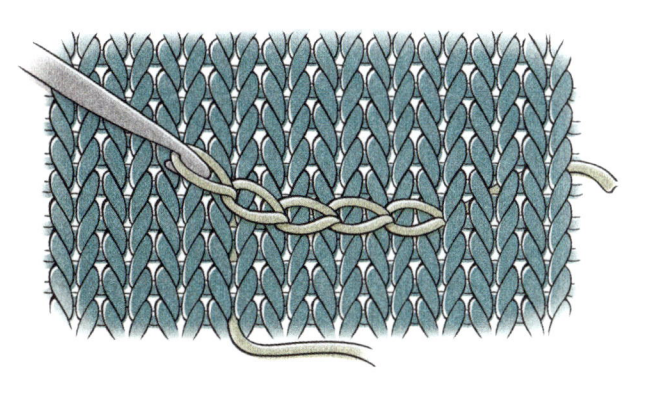

3. Ab * wiederholen. So entsteht eine Luftmaschenkette, die auf der gestrickten Oberfläche liegt.

UMHÄKELN MIT KETTMASCHEN

Kettmaschen werden mit »KM« oder »Kettm« abgekürzt. Sie stabilisieren und versäubern die gestrickte Kante, ohne sie nennenswert zu verbreitern. Häkelt man mit einem kontrastfarbigen Garn, bildet die Kante wegen der geringen Höhe der Maschen nur einen leichten Akzent. Hier wird die Technik an einer Anschlagkante gezeigt. Das Prinzip ist aber an allen gestrickten Kanten gleich.

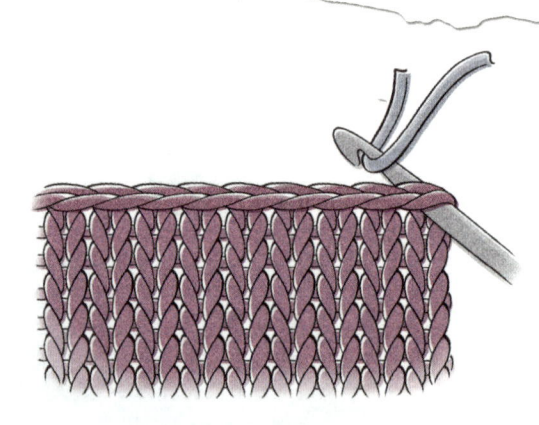

1. Am Beginn der Kante mit der Häkelnadel in den Strick einstechen – nach Belieben in eine Masche oder einen Zwischenraum. Den Arbeitsfaden mit der Häkelnadel erfassen und eine Masche durchholen.

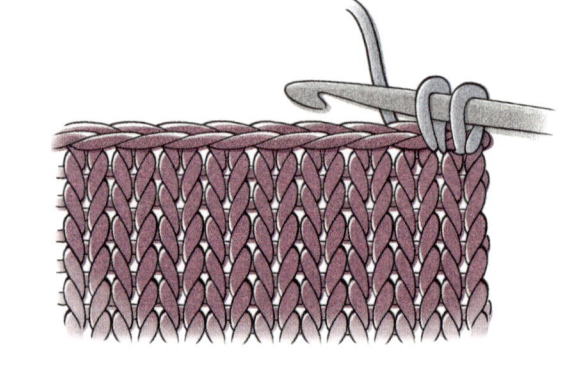

2. *Die Häkelnadel in die nächste Masche (oder den nächsten Zwischenraum) einstechen. Den Faden erfassen und eine Masche durch den Strick ziehen.

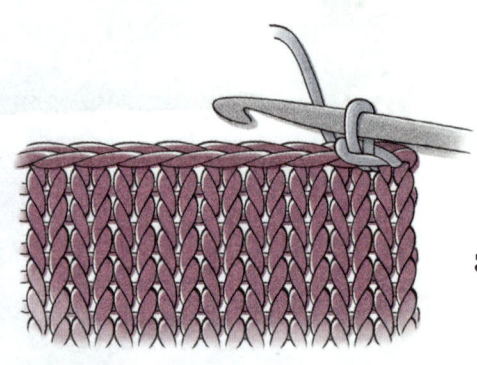

3. Die zweite (linke) Masche durch die erste (rechte) ziehen.

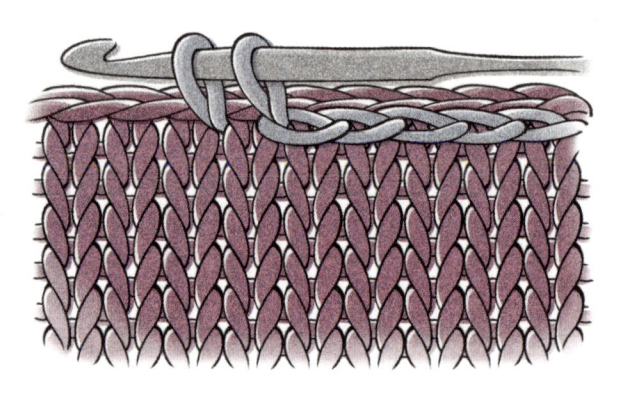

4. Ab * fortlaufend bis zum Ende der Kante wiederholen.

214 Strick verzieren

UMHÄKELN MIT FESTEN MASCHEN

Feste Maschen sind etwas höher als Kettmaschen (siehe linke Seite), darum fallen sie stärker ins Auge. Auch sie eignen sich gut, um gestrickte Kanten an Tascheneingriffen, Kragen, Schals oder Decken zu stabilisieren. Wichtig ist, weder zu fest noch zu locker zu häkeln, damit sich die gestrickte Kante nicht zusammenzieht oder wellt.

1. Die Häkelnadel am Beginn der Kante in den Strick einstechen – nach Belieben in eine Masche oder einen Zwischenraum. Den Arbeitsfaden erfassen und eine Masche durch den Strick holen.

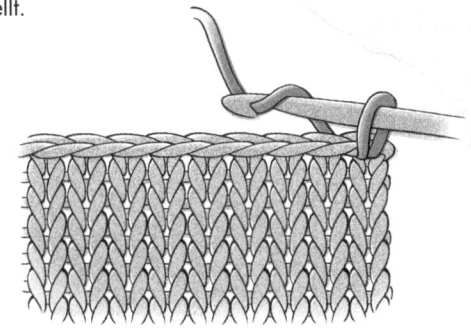

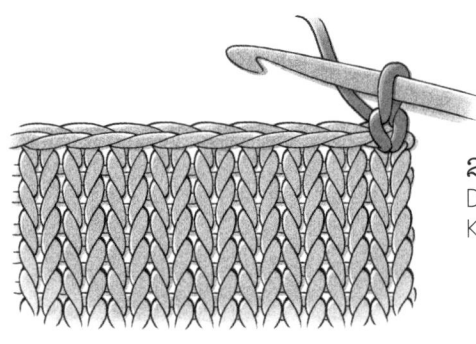

2. Eine zweite Masche durch die erste ziehen. Diese beiden Maschen sorgen am Beginn der Kante für die richtige Höhe.

3. *Die Häkelnadel in die nächste Masche (oder den nächsten Zwischenraum) einstechen. Den Faden erfassen und eine Masche durch den Strick holen.

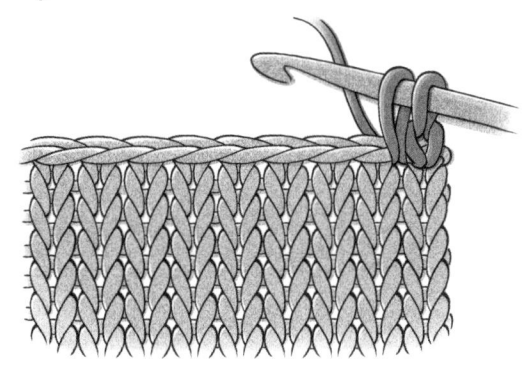

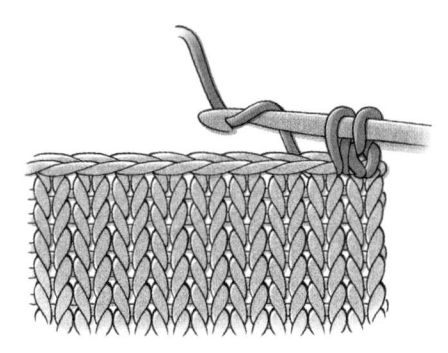

4. Den Faden erfassen und in einem Zug durch beide Maschen auf der Häkelnadel ziehen.

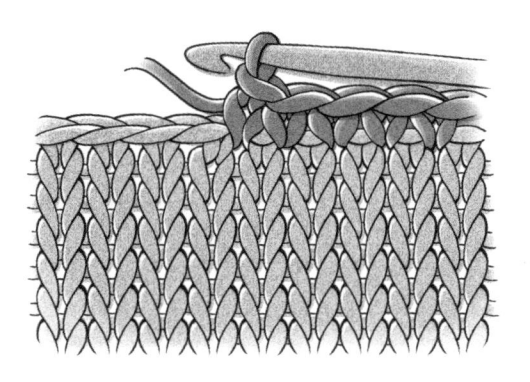

5. Ab * fortlaufend bis zum Ende der Kante wiederholen.

Häkeln auf Strick

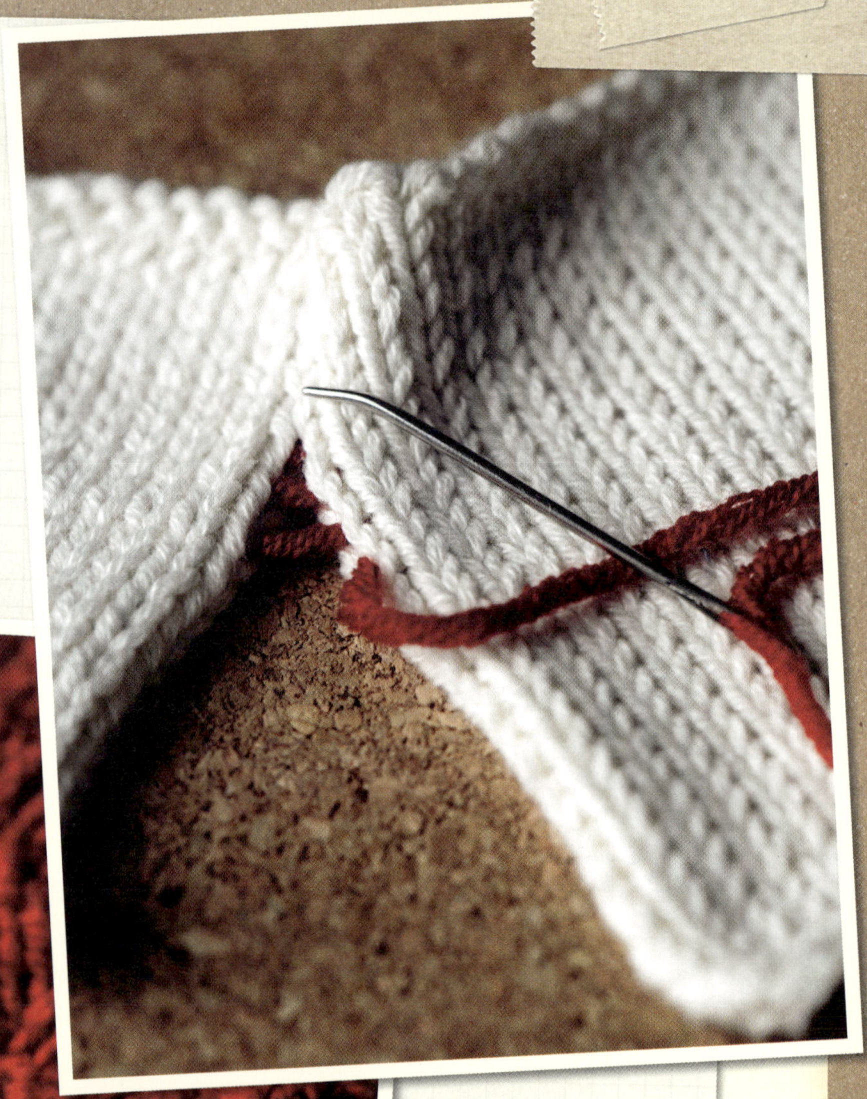

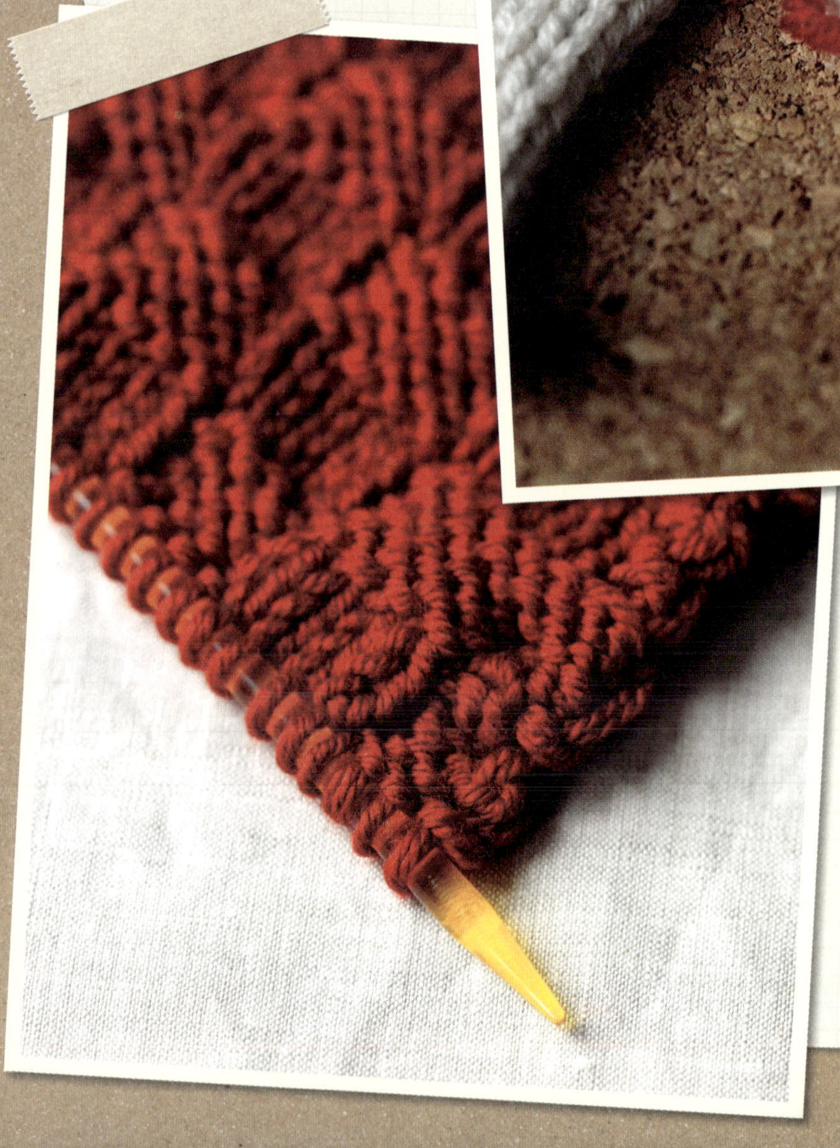

FERTIGSTELLUNG

Oft wird unterschätzt, wie wichtig die sorgfältige Fertigstellung ist. Andererseits scheuen sich viele gerade vor diesem Arbeitsschritt. Ich kenne einige Strickerinnen, die lieber ein neues Modell in Arbeit nehmen, statt am vorherigen die letzten Handgriffe zu erledigen. Natürlich steht und fällt der Erfolg eines Modells mit der Fertigstellung. Sie können noch so perfekt gestrickt haben: Wenn es nachlässig zusammengenäht ist oder die Halsabschlusskante sich wellt, ist die Wirkung dahin.

SPANNEN

Weil Strick elastisch ist, und weil die Festigkeit von Maschenprobe und fertigen Teilen etwas unterschiedlich ausfallen kann, weichen die Abmessungen der Teile möglicherweise leicht von denen in der Anleitung ab. Das lässt sich in geringem Umfang beheben, indem man die Teile vor dem Zusammennähen entsprechend spannt.

EINE SPANNPLATTE BAUEN

Kleine Werkstücke kann man auf einem Bügelbrett spannen. Teile von Kleidungsstücken sind dafür jedoch meist zu groß. Eine Platte zum Spannen ist aber leicht zu bauen und hat den Vorteil, dass man die Teile länger darauf belassen kann. Zum Beziehen empfiehlt sich Vichykaro, weil sich an den Kanten des Karomusters die Strickkanten gut gerade ausrichten lassen.

SIE BRAUCHEN

- Spanplatte oder MDF-Platte, quadratisch oder rechteckig
- Volumenvlies in mittlerer Stärke aus Baumwolle oder Wolle, ringsherum 2,5 cm größer als die Platte
- Baumwollstoff (am besten kariert), ringsherum 5 cm größer als die Platte
- Tacker

Das Volumenvlies ausbreiten. Die Platte mittig darauflegen. Die überstehenden Vliesränder um die Plattenränder falten und festtackern. Die Vliesecken dabei so falten, dass sie schön glatt liegen. Eine Kante nach der anderen festtackern und darauf achten, dass das Vlies auf der Vorderseite der Platte keine Falten wirft.
An allen vier Kanten des Stoffs einen 1 cm breiten Saum umbügeln. Den Stoff so auf die gepolsterte Seite der Platte legen, dass er an allen Seiten gleich weit übersteht. Bei Karostoff ist es besonders einfach, die Plattenkanten gerade am Stoffmuster auszurichten. Die Stoffkanten zur Rückseite der Platte umfalten und ebenfalls festtackern. Auch hier werden die Ecken so gefaltet, dass der Stoff straff und glatt liegt.

FESTSTECKEN VOR DEM SPANNEN

Außer der Spannplatte brauchen Sie lange Stecknadeln mit Glas- oder Metallköpfen. Kunststoffköpfe können durch die Bügeleisenhitze schmelzen. Legen Sie ein Maßband bereit und füllen Sie das Dampfbügeleisen mit destilliertem Wasser, denn Leitungswasser kann Kalkspuren auf dem Strick hinterlassen.

Die gestrickten Teile mit der rechten Seite nach unten auf die Platte legen. Wenn sie mit Karostoff bezogen ist, richten Sie gerade Kanten der Strickteile an dessen Linien aus. Die Teile vorsichtig in Form ziehen und dabei die Maße berücksichtigen, die in der Anleitung vorgegeben sind. Kleine Abweichungen lassen sich in diesem Arbeitsschritt problemlos ausgleichen. Allzu stark dürfen die Teile aber nicht gedehnt werden, sonst leiern sie dauerhaft aus.

Die Teile mit den Stecknadeln auf der Platte fixieren. Dabei die Nadeln durch die Randmaschen in die Wattierung der Platte stecken. Am besten an den Ecken beginnen und dann die Kanten in Abständen von 1–2 cm feststecken. Sorgfältig arbeiten und darauf achten, dass die Kanten gerade liegen und die Teile symmetrisch gespannt werden. Rippenmuster nicht dehnen, sonst kann beim Spannen und Dämpfen seine Elastizität verloren gehen (siehe oben rechts).

Wenn Teile nachlässig gespannt werden, etwa mit welligen Kanten oder asymmetrischer Form (siehe rechts), können die Unregelmäßigkeiten durch das Spannen dauerhaft fixiert werden.

RICHTIG SPANNEN

Lesen Sie auf der Garnbanderole nach, welche Behandlung Ihr Garn verträgt. Im Zweifelsfall lieber mehrmals kurz dämpfen, denn durch zu lange Hitzeeinwirkung kann der Strick schlaff werden. Vor allem Strukturmuster sollten sehr vorsichtig behandelt werden, damit ihre plastische Wirkung nicht verloren geht.

BÜGELN

Verwenden Sie ein Dampfbügeleisen und ein trockenes Tuch oder, wenn sich die Kanten stark rollen, ein feuchtes Tuch. Möglich sind auch ein normales Bügeleisen und ein feuchtes Tuch. Empfindliche Garne immer ohne Dampf und mit einem trockenen Tuch bügeln.

Die Teile feststecken. Nicht mit dem Bügeleisen über den Strick streichen. Stattdessen das Eisen wenige Sekunden lang aufsetzen dann anheben und daneben aufsetzen. Wiederholen, bis das ganze Teil gebügelt ist. Komplett abkühlen lassen, erst dann die Stecknadeln lösen.

DÄMPFEN

Ein Dampfbügeleisen und ein trockenes Tuch verwenden oder, wenn sich die Kanten stark rollen, ein feuchtes Tuch. Möglich sind auch ein normales Bügeleisen und ein feuchtes Tuch. Die Teile feststecken und mit dem Tuch abdecken. Dampfstöße einwirken lassen, ohne das Bügeleisen aufzusetzen. Abkühlen und trocknen lassen, dann erst die Stecknadeln entfernen.

ANFEUCHTEN

Die Teile mit der rechten Seite nach oben feststecken. Mit kühlem Wasser gleichmäßig einsprühen, z. B. mit einem Pflanzensprüher, oder mit einem Schwamm betupfen. Vollständig trocknen lassen, erst dann die Stecknadeln entfernen und die Teile zum Weiterverarbeiten von der Spannplatte nehmen.

NÄHTE

In den folgenden Zeichnungen ist das Garn für die Nähte in einer gut sichtbaren Kontrastfarbe dargestellt. Normalerweise werden Nähte mit dem Garn geschlossen, aus dem das Modell gestrickt wurde. Ist Letzteres zu dick, kann ein dünneres Garn verwendet werden, das dieselbe Waschtemperatur verträgt wie das Hauptgarn. Lassen Sie die Enden der Anschlag- und Abkettfäden lang hängen, um sie zum Zusammennähen zu benutzen.

MATRATZENSTICH AUF GLATT RECHTS: MASCHEN AN MASCHEN

Ich bevorzuge den Matratzenstich, weil mit ihm fast alle Nähte ausgesprochen sauber ausfallen. Weil er von rechts nach links gearbeitet wird, hat man die Arbeit gut im Blick. Und da immer gegenüberliegende Maschen oder Reihen zusammengenäht werden, fallen die Nähte sehr akkurat aus. Hinzu kommt, dass der Stich sehr unauffällig ist. So werden Abkett- und Anschlagkanten zusammengenäht:

1. Die Teile Kante an Kante legen, beide mit der rechten Seite nach oben. Einen langen Faden in eine Sticknadel ohne Spitze einfädeln. Das Fadenende auf der Rückseite des unteren Teils sichern. In der Mitte der ersten Masche des unteren Teils nach oben stechen. Die Nadel unter beiden Maschengliedern der ersten Masche des oberen Teils durchschieben. Sie kommt zwischen der ersten und zweiten Masche heraus.

2. *Am Ausstich im unteren Teil wieder einstechen und zwei Maschenglieder weiter links (also in der Mitte der zweiten Masche) herauskommen. Den Faden vorsichtig nachziehen.

3. Nun die Nadel unter beiden Maschengliedern der nächsten Masche am oberen Teil durchschieben. Ab * bis zum Ende der Naht wiederholen. Wenn Sie den Faden nur leicht festziehen, bleiben die Stiche sichtbar. Sie sind von rechten Maschen kaum zu unterscheiden. Ziehen Sie den Faden fest, verschwinden die Stiche vollständig im Strick, wie beim Zusammennähen von Reihenenden (siehe rechte Seite).

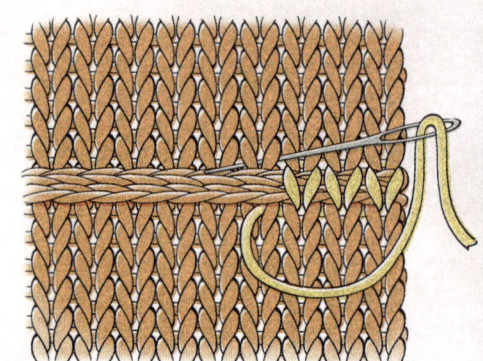

MATRATZENSTICH AUF GLATT RECHTS: REIHEN AN REIHEN

Seitennähte sehen besonders sauber aus, wenn eine ganze Masche eingeschlagen wird. Bei dickerem Garn genügt es, eine halbe Masche einzuschlagen, damit die Nähte nicht auftragen. Eine Naht mit halben Maschen ist nicht ganz so unauffällig, weil die beiden Maschenhälften, die sich gegenüberliegen, nicht absolut symmetrisch sind.

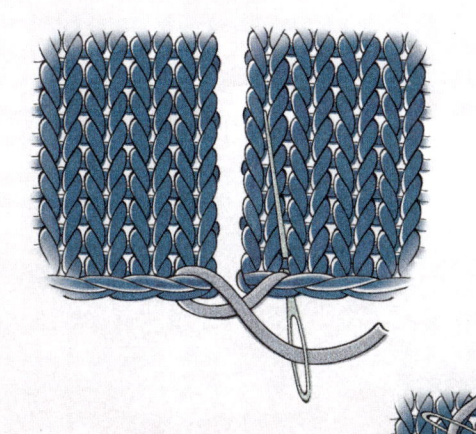

1. Die Teile Kante an Kante legen, rechte Seite nach oben. Einen langen Faden in eine Sticknadel ohne Spitze einfädeln und das Ende auf der Rückseite des rechten Teils sichern. Am rechten gestrickten Teil zwischen der ersten und zweiten Masche direkt über der Anschlagkante zur Vorderseite stechen. Dann am linken Teil zwischen der ersten und zweiten Masche direkt über der Anschlagkante von hinten nach vorn stechen. Am rechten Teil eine Reihe über dem ersten Ausstich (zwischen der ersten und zweiten Masche) von hinten nach vorn durchstechen. Den Faden nachziehen. Er hält die Anschlagkanten mit einem achtförmigen Stich zusammen.

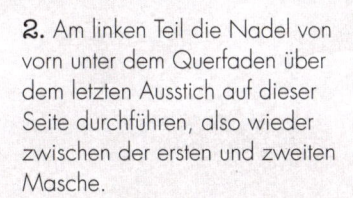

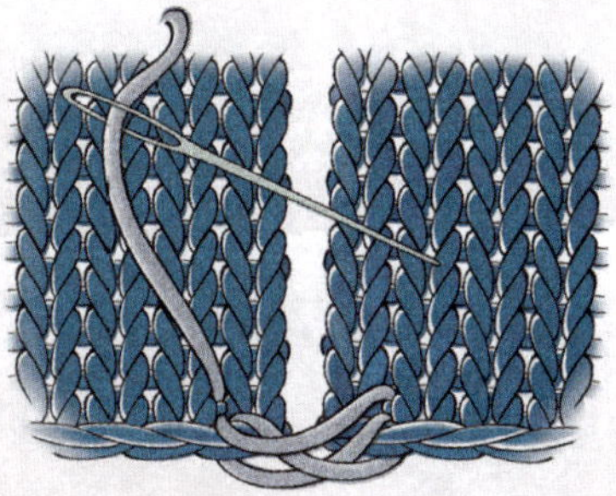

2. Am linken Teil die Nadel von vorn unter dem Querfaden über dem letzten Ausstich auf dieser Seite durchführen, also wieder zwischen der ersten und zweiten Masche.

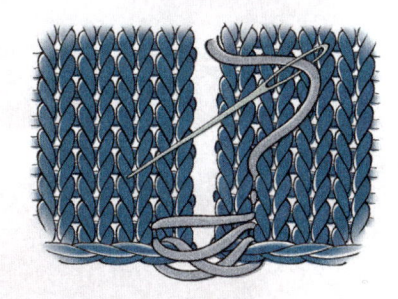

3. *Nun am rechten Teil unter den nächsten beiden Querfäden (zwischen der ersten und zweiten Masche) durchstechen. Den Faden nachziehen. Wieder am linken Teil unter den nächsten beiden Querfäden (zwischen erster und zweiter Masche) durchstechen.

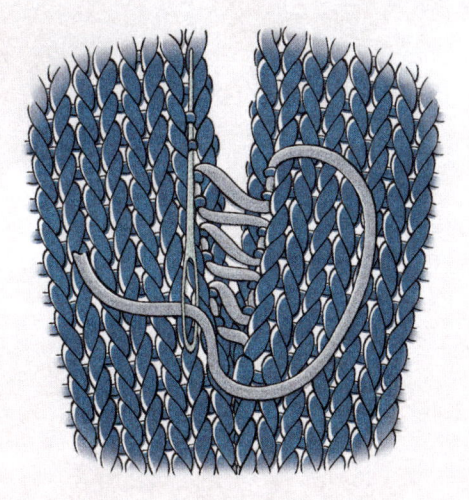

4. Ab * fortlaufend wiederholen. Nach jeweils 3 cm den Faden festziehen, bis die Stiche nicht mehr zu sehen sind. Dann fortfahren.

STRICK MIT MUSTER

Bei Nähten in gemusterten Teilen ist es besonders wichtig, exakt zu arbeiten, damit alles genau zusammenpasst. In diesem Fall wird bei jedem Stich nur ein Querfaden erfasst. Ebenso sollten Sie bei Nähten in Strick aus dickem Garn vorgehen.

Nähte

MATRATZENSTICH AUF GLATT RECHTS: MASCHEN AN REIHEN

Hier werden die beiden zuvor gezeigten Techniken (siehe S. 220 und 221) miteinander kombiniert. Solche Nähte kommen beispielsweise beim Einsetzen von Ärmeln in gerundete oder eckige Armausschnitte vor. Eventuell müssen Sie mit den Reihen- und Maschenabständen etwas experimentieren, damit beide Seiten nach dem Nähen einwandfrei glatt liegen.

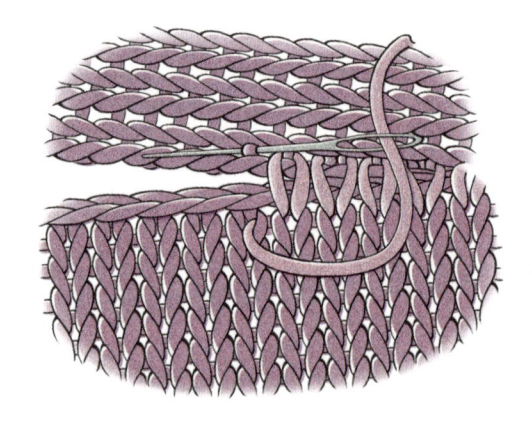

1. Die beiden Teile Kante an Kante legen, rechte Seite oben. Die Kanten etwa in der Mitte zusammenstecken. Dadurch lassen sich die Maschen besser gleichmäßig verteilen. Einen langen Faden in eine Sticknadel ohne Spitze einfädeln und das Ende sichern. An einer Reihenkante die Nadel unter einem Querfaden zwischen der ersten und zweiten Masche durchführen (alternativ unter einem Querfaden zwischen dem ersten und zweiten Glied der ersten Masche, siehe Kasten).

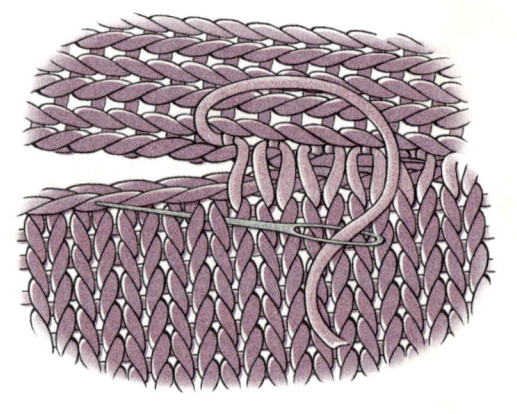

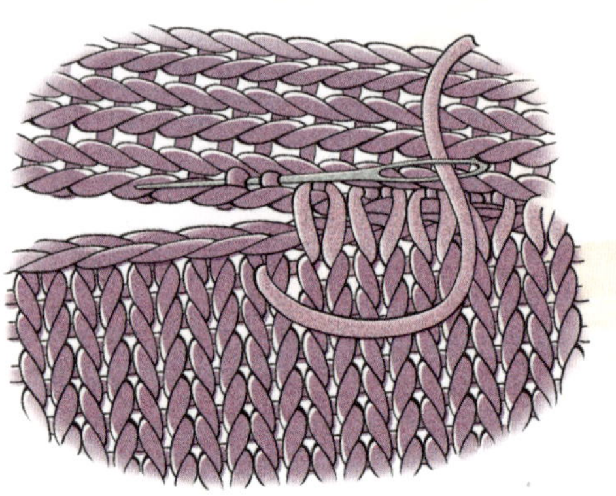

WO EINSTECHEN?

Wenn die Randmaschen sehr locker sind, nähen Sie zwischen der Randmasche und der nächsten Masche. Dabei ergibt sich eine Nahtzugabe von einer Masche. Soll die Nahtzugabe schmaler ausfallen, sodass die Naht weniger aufträgt, stechen Sie unter den Querfäden zwischen dem ersten und zweiten Maschenglied der Randmasche durch.

An Anschlag- und Abkettkante können Sie unter den beiden Maschengliedern einer Masche durchstechen, aber auch unter je einem Maschenglied zweier benachbarter Maschen.

2. An der Maschenkante (Anschlag- oder Abkettkante) die Nadel unter zwei Maschengliedern durchführen (siehe auch Kasten links).

3. Da eine Masche breiter als hoch ist, sollten Sie bei etwa jedem dritten Stich ins Reihenende nicht nur einen, sondern zwei Querfäden aufnehmen, um diesen Unterschied auszugleichen.

222 Fertigstellung

MATRATZENSTICH AUF KRAUS LINKS

Wenn die Ränder der rechten Modellseite kraus links gestrickt sind, beispielsweise bei einem traditionellen Zopfmuster, wird der Matratzenstich wie folgt genäht:

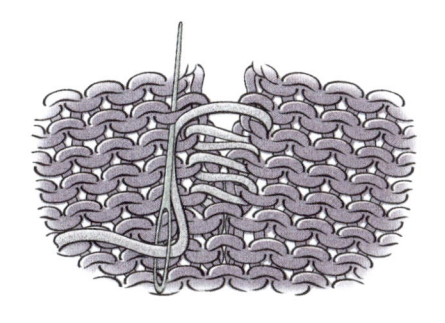

ANDERE RIPPENMUSTER

Dasselbe Prinzip gilt für alle anderen Rippenmuster: Es muss immer darauf geachtet werden, dass die Teile mit gleichen Maschen beginnen und enden, sodass sich beim Zusammennähen mit einer Nahtzugabe von einer ganzen oder halben Masche – je nach Art des Musters – das Muster über die Naht hinweg fortsetzt.

1. Die Arbeitsweise entspricht dem Matratzenstich auf glatt rechts, Reihe an Reihe (siehe S. 221), aber hier wird immer nur ein Querfaden auf jeder Seite aufgenommen, damit die Stiche unauffällig klein ausfallen.

MATRATZENSTICH AUF EINERRIPPEN

Die Randmaschen beider Teile müssen vom gleichen Typ sein. Üblicherweise sind es rechte Maschen, wie hier. Es wird unter den Querfäden in der Mitte der Masche durchgestochen. Dadurch verschwindet nur je eine Maschenhälfte in der Naht. Die beiden anderen Hälften rücken zusammen und sehen aus wie eine Masche. So setzt sich das Rippenmuster über die Naht hinweg gleichmäßig fort.

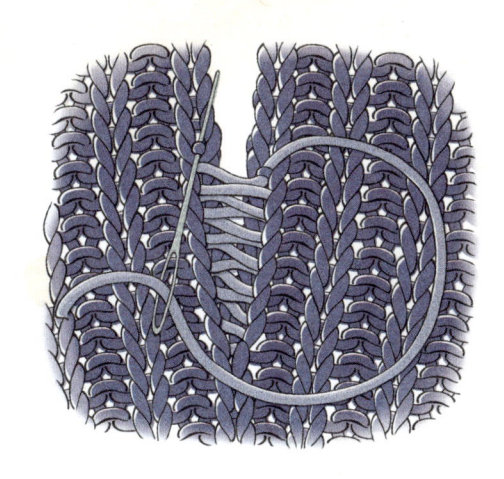

1. Die Arbeitsweise entspricht dem Matratzenstich auf glatt rechts, Reihe an Reihe (siehe S. 221), aber hier wird immer unter dem Querfaden zwischen dem ersten und zweiten Glied der ersten Masche durchgestochen.

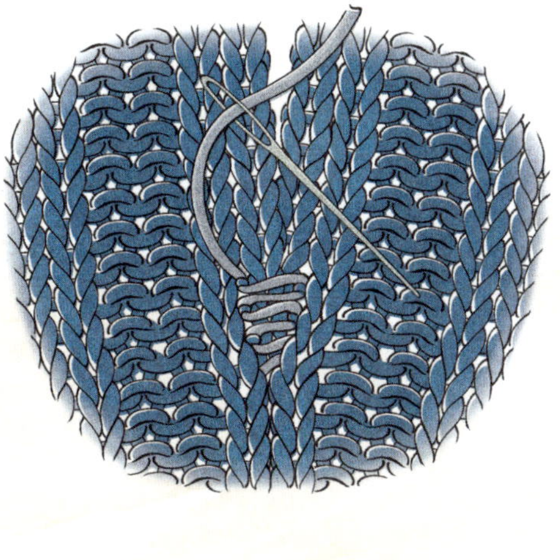

MATRATZENSTICH AUF ZWEIERRIPPEN

Hier wird ähnlich vorgegangen wie bei Einerrippen (siehe oben), aber es werden die Querfäden zwischen der ersten und zweiten Masche aufgenommen. So verschwindet an jeder Seite eine ganze Masche in der Naht und es entsteht eine neue Zweierrippe.

1. Die Arbeitsweise entspricht dem Matratzenstich auf glatt rechts, Reihe an Reihe (siehe S. 221), aber hier wird an beiden Kanten unter den Querfäden zwischen der ersten und zweiten Masche durchgestochen.

Nähte

MATRATZENSTICH AUF PERLMUSTER

Auch hier müssen sich jeweils Maschen desselben Typs an den Kanten gegenüberliegen. Genäht wird in der Mitte der ersten Masche, sodass auf jeder Seite nur eine halbe Masche in der Naht verschwindet. Die Naht ist nicht ganz so unauffällig wie auf glatt rechts (siehe S. 220–222) oder Rippen (siehe S. 223), sieht aber auch sehr ordentlich aus.

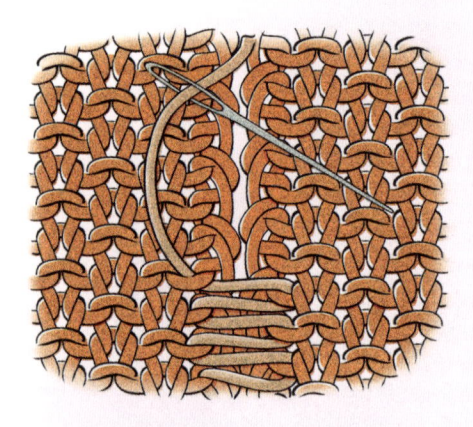

1. Die Arbeitsweise entspricht dem Matratzenstich auf glatt rechts, Reihe an Reihe (siehe S. 221), aber hier wird an beiden Kanten in der Mitte der ersten Masche genäht und nur unter einem Querfaden durchgestochen.

MATRATZENSTICH AUF KRAUS RECHTS

Hier verschwindet auf jeder Seite eine ganze Masche in der Naht. Wenn man die Kanten nicht zu fest zusammenzieht, entsteht eine ziemlich glatte Naht. Eine gute Alternative ist die Naht auf Stoß (siehe rechte Seite).

1. Die Arbeitsweise entspricht dem Matratzenstich auf glatt rechts, Reihe an Reihe (siehe S. 221), aber hier wird stets an der linken Kante unter der oberen Schlaufe und an der rechten Kante unter der unteren Schlaufe durchgestochen.

MATRATZENSTICH AUF ANDEREN STRICKMUSTERN

Der große Vorteil des Matratzenstichs besteht darin, dass auf der rechten Seite des Modells gearbeitet wird, sodass man immer sieht, wie der Stich ausfällt und ob das Muster auf beiden Seiten der Naht genau zusammenpasst. In den meisten relativ dichten Strickmustern können Nähte im Matratzenstich gearbeitet werden. Wie unauffällig die Naht ausfällt, hängt davon ab, ob Sie in der Mitte der ersten Masche oder zwischen erster und zweiter Masche nähen. Bei komplexen Mustern kann eine glatt rechts gestrickte Randmasche hinzugefügt werden, um später das Nähen mit Matratzenstich zu erleichtern. Lochmuster mit fester Kante können im Matratzenstich genäht werden, ansonsten eignet sich für sie der Rückstich (siehe rechte Seite) besser.

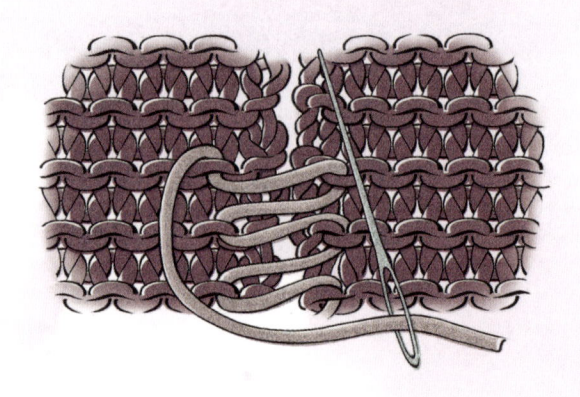

RÜCKSTICH

Der Rückstich oder Steppstich wird auf der linken Seite des Werkstücks genäht. Er eignet sich gut für Rundungen, etwa an Ärmeln, aber es ist schwieriger, Masche für Masche oder Reihe für Reihe genau zusammenzufügen. Weil mit einer Masche Abstand zur Kante genäht wird, tragen diese Nähte manchmal etwas auf. Am besten steckt man die Teile vor dem Nähen auf ganzer Länge zusammen. Dennoch fallen Nähte mit dem Rückstich selten so akkurat aus wie mit dem Matratzenstich.

1. Die beiden Teile rechts auf rechts stecken. Einen langen Faden in eine Sticknadel ohne Spitze einfädeln und eine Masche von der rechten Kante entfernt am hinten liegenden Teils befestigen. Durch beide Lagen nach vorn stechen, dann eine Masche weiter links einstechen und den Faden durchziehen. Das ist der erste Stich. Eine Masche rechts vom ersten Ausstich wieder herauskommen. *Beim vorherigen Ausstich einstechen, zwei Maschen weiter links herauskommen und den Faden nachziehen. Ab * bis zum Ende der Naht wiederholen.

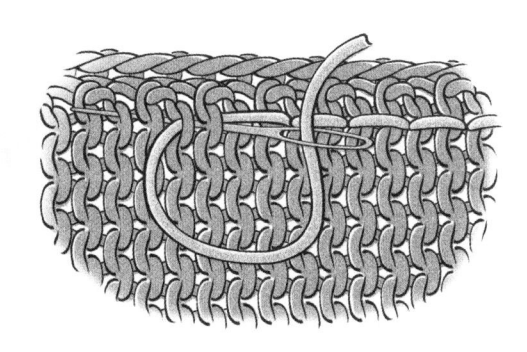

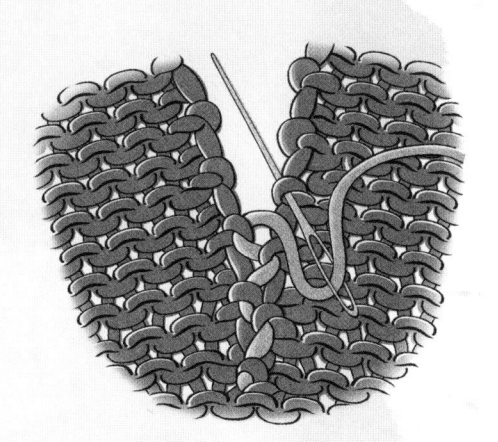

NAHT AUF STOSS

Diese Naht liegt besonders flach, kann also auf empfindlicher Haut nicht scheuern. Allerdings ist sie nicht sehr stabil und die Stiche können sich dehnen. Gearbeitet wird auf der linken Seite des Werkstücks.

1. Die beiden Teile Kante an Kante legen, linke Seite oben. Einen langen Faden in eine Sticknadel ohne Spitze einfädeln und das Ende auf der Rückseite eines Teils befestigen. Unter dem kleinen Buckel der Randmasche an einer Kante durchstechen, dann unter dem Buckel der gegenüberliegenden Randmasche. Abwechselnd wiederholen und zwischendurch die Stiche behutsam festziehen.

ÜBERWENDLICHER STICH

Auch diese Naht ist recht flach, kann aber etwas unsauber aussehen. Genäht wird auf der linken Seite direkt in die Randmasche.

1. Die beiden Kanten rechts auf rechts zusammenstecken. Einen langen Faden in eine Sticknadel ohne Spitze einfädeln und das Ende an der rechten Kante auf der Rückseite des hinteren Teils befestigen. Durch beide Lagen zur Vorderseite durchstechen, *dann die Nadel über beide Kanten führen und wieder von hinten nach vorn durch beide Lagen durchstechen. Ab * bis zum Ende der Naht wiederholen.

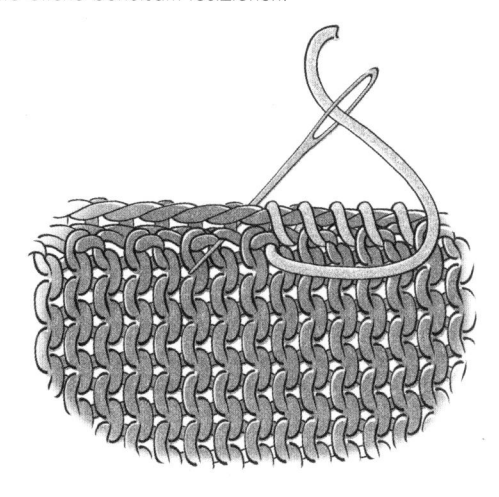

Nähte 225

BLINDSTICH

Der Name lässt es ahnen: Der Blindstich ist besonders unauffällig. Er kann zum Aufsetzen eines gestrickten Teils, etwa einer Tasche, auf ein anderes verwendet werden. Außerdem eignet er sich, um stillgelegte Maschen offen, also ohne sie vorher abzuketten, an eine gestrickte Kante zu nähen.

ZWEI TEILE

Mit dieser Methode kann ein gestricktes Teil mit sehr unauffälligen Stichen auf einem anderen festgenäht werden.

1. Die Teile aufeinanderlegen, dabei die Seitenkante des oberen genau an einer senkrechten Maschenreihe des unteren ausrichten. Einen langen Faden in eine Sticknadel ohne Spitze einfädeln und das Ende auf der Rückseite des unteren Teils befestigen. Durch das untere Teil nach oben stechen. Unter einem Querfaden zwischen zwei Maschen durchstechen, *dann durch das hintere Glied der entsprechenden Masche am oberen Teil stechen. Eventuell müssen Sie die Kante des oberen Teils dafür etwas anheben. Den Stich festziehen. Unter dem nächsten Querfaden des unteren Teils durchstechen. Ab * stets wiederholen.

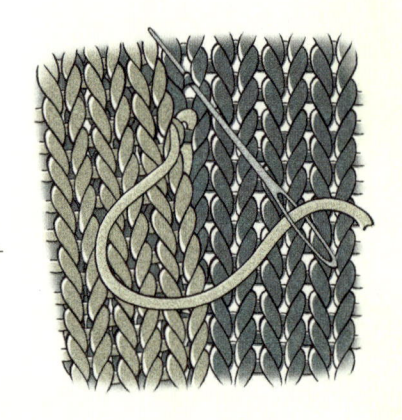

OFFENE MASCHEN

Statt eine Kante abzuketten, können Sie die Maschen auch stilllegen (siehe S. 57) und später offen auf der Rückseite an eine Kante nähen. Hier ist die Methode an einem Halsbündchen gezeigt.

1. Die Kante mit den offenen Maschen in Position legen und feststecken. Einen langen Faden in eine Sticknadel ohne Spitze einfädeln und das Ende befestigen. Durch die erste offene Masche stechen, *dann den Hilfsfaden aus dieser Masche ziehen. Unter dem Querfaden einer direkt darunterliegenden Masche an der anderen Kante durchstechen und den Faden nachziehen. Durch die nächste offene Masche stechen. Ab * wiederholen, bis alle offenen Maschen festgenäht sind. Den Nähfaden nicht zu fest anziehen, sonst kann die Kante wellig werden oder ihre Elastizität verlieren.

NAHTBAND

Wenn Schulternähte schwerer Kleidungsstücke sich durch das Gewicht des Modells zu dehnen drohen, nähen Sie Nahtband auf. Es muss dieselbe Waschtemperatur vertragen wie Ihr Modell.

1. Ein Stück Nahtband zuschneiden, das 1 cm länger als die Naht ist. Ein Ende 5 mm nach links einschlagen und so auf der Innenseite des Kleidungsstücks am rechten Ende der Naht feststecken, dass das Band auf der Naht liegt. Mit Nähgarn in passender Farbe und kleinen, schrägen Saumstichen (siehe S. 243) beide langen Kanten des Nahtbands festnähen. Die Stiche gut festziehen, damit sie zuverlässig halten.

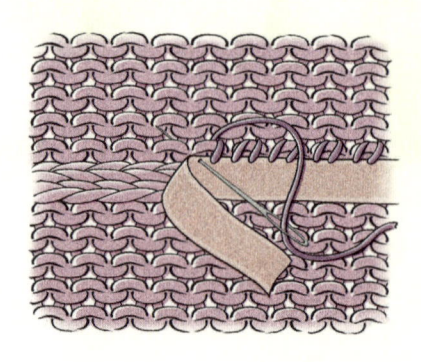

FÄDEN VERNÄHEN AN ANSCHLAG- UND ABKETTKANTE

Lassen Sie beim Anschlagen und Abketten möglichst lange Fadenenden hängen. Sie sind später nützlich zum Zusammennähen der Teile (siehe S. 220–226). Liegt eine Kante aber nicht an einer Naht, muss der Faden auf der Rückseite vernäht werden.

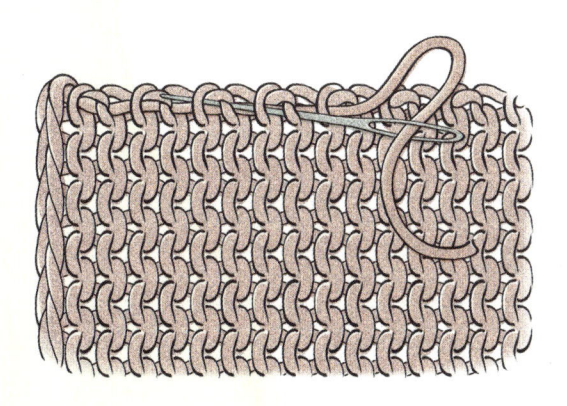

1. Wenn die Kante nicht mit einer anderen zusammengenäht wird, den Faden in eine Sticknadel ohne Spitze einfädeln. Die Nadel unter einigen Maschen am Rand des Werkstücks durchschieben. Danach in entgegengesetzter Richtung unter den Maschen durchschieben, dabei jedoch die erste überspringen. Wenn das Garn sehr dick ist, vernähen Sie den Faden nur in einer Richtung. Anschließend das Ende kurz abschneiden.

FÄDEN VERNÄHEN BEI STREIFEN UND INTARSIEN

Wenn Ihnen der Farbwechsel bei Intarsienstrickereien (siehe S. 177–178) nicht ganz perfekt gelingt, können Sie dies möglicherweise beim Vernähen der Fäden korrigieren, indem Sie zu große Maschen oder Lücken nachträglich zusammenziehen. Selbst wenn Sie kleine Motive in vielen Farben eingestrickt haben, sollten Sie die Fäden nie auf der Rückseite der Hintergrundfarbe vernähen: Sie schimmern durch, und der Hintergrund wirkt unregelmäßig. Immer direkt am Farbwechsel auf der Rückseite des Motivs vernähen.

1. Ein Fadenende in eine Sticknadel ohne Spitze einfädeln. Auf der Rückseite der Arbeit abwechselnd auf- und abwärts unter drei oder vier Querfäden von Maschen in derselben Farbe durchstechen. Den Faden nachziehen, aber nicht zu straff, sonst verziehen sich die Maschen.

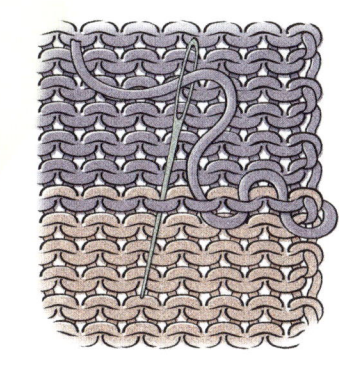

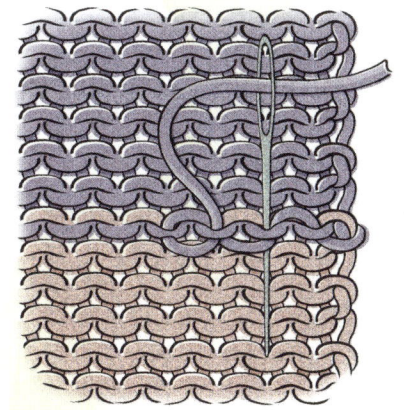

2. Dann in entgegengesetzter Richtung arbeiten (siehe Abbildung). Dabei durch die Fäden stechen, sodass das Garn gespalten wird. So wird verhindert, dass sich der vernähte Faden wieder löst.

OFFENE MASCHEN GLATT RECHTS: MASCHEN AN MASCHEN

Mit dieser Technik lassen sich zwei Kanten mit derselben Anzahl offener Maschen unsichtbar zusammennähen. Typische Anwendungen sind Maschen eines provisorischen Anschlags (siehe S. 43) oder stillgelegte Maschen (siehe S. 57). Das Zusammennähen ist einfacher, wenn die Maschen nicht auf einem Hilfsfaden liegen, sondern auf einer Stricknadel.

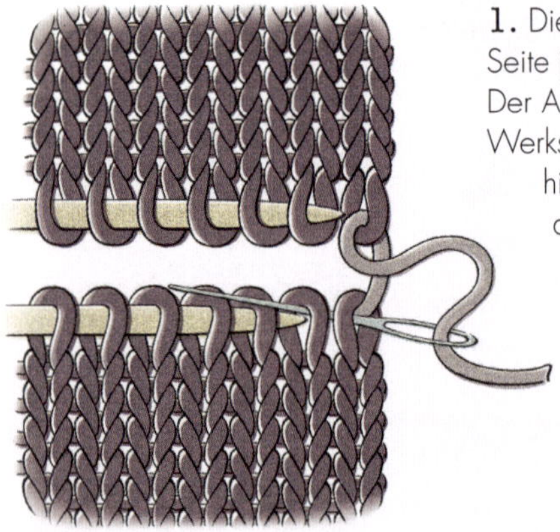

1. Die Teile auf einer Arbeitsfläche offene Kante an offene Kante legen, rechte Seite jeweils oben. Die Nadeln liegen parallel, die Spitzen zeigen nach rechts. Der Arbeitsfaden hängt noch am unteren Teil. Er muss viermal so lang wie die Werkstückkanten sein. Den Faden in eine Sticknadel ohne Spitze einfädeln. Von hinten durch die erste Masche des unteren Teils stechen, dann von hinten durch die erste Masche des oberen Teils. Danach von vorn durch die erste Masche des unteren Teils und von hinten durch die zweite Masche des unteren Teils.

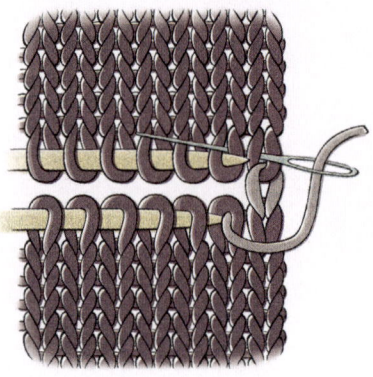

2. Von vorn durch die erste Masche des oberen Teils und dann von hinten durch die zweite Masche desselben Teils stechen.

3. Fortlaufend wiederholen. Immer von vorn durch eine Masche und von hinten durch die links danebenliegende Masche stechen. Dann an der anderen Kante von vorn in die Masche einstechen, aus der zuletzt ausgestochen wurde, und von hinten in die links danebenliegende Masche. Die Stiche nicht zu fest ziehen. Sie sollen dieselbe Größe haben wie die Maschen der gestrickten Teile.

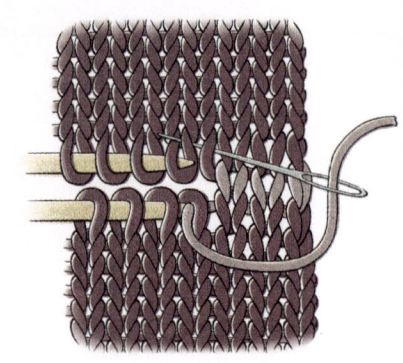

OFFENE MASCHEN GLATT RECHTS: MASCHEN AN REIHEN

Dies ist eine gute Methode, um offene Maschen an eine Seitenkante zu nähen. Die Naht trägt kaum auf und ist elastisch. Da Maschen breiter als hoch sind, müssen Sie eventuell etwas mit den Stichabständen experimentieren, damit die Naht sich nicht wellt. Diese Technik eignet sich gut, um die Oberkanten von Ärmeln an überschnittene Schulterkanten zu nähen.

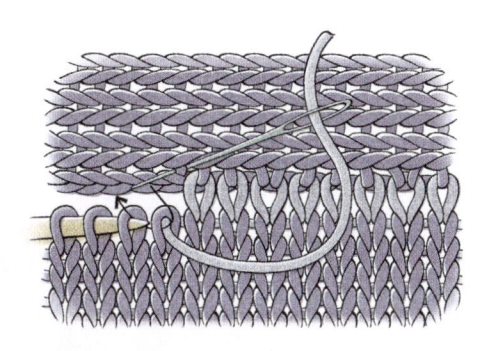

1. Die Teile auf einer Arbeitsfläche Kante an Kante legen, rechte Seite jeweils oben. Der Arbeitsfaden hängt noch am unteren Teil. Er muss viermal so lang wie die Werkstückkanten sein. In die offenen Maschen auf der Nadel wird ebenso eingestochen wie beim Zusammennähen Masche an Masche (siehe linke Seite). Gegenüber jeweils unter einem Querfaden zwischen der ersten und zweiten Reihe stechen.
Um den Unterschied zwischen Breite und Höhe der Maschen auszugleichen, stechen Sie bei jedem dritten oder vierten Stich unter zwei Querfäden durch. Den Nähfaden nicht zu fest ziehen. Die Stiche sollen dieselbe Größe haben wie die gestrickten Maschen.

OFFENE MASCHEN KRAUS RECHTS: MASCHEN AN MASCHEN

Die Arbeitsweise entspricht dem Zusammennähen offener Maschen glatt rechts (siehe linke Seite). Damit hier keine Unterbrechung des Musters entsteht, muss ein Teil umgedreht werden.

1. Die Teile auf einer Arbeitsfläche Kante an Kante legen, Vorderseite jeweils oben. Die Nadeln liegen parallel, die Spitzen zeigen nach rechts. Das Teil, an dem die Maschen der obersten Reihe wie linke Maschen aussehen, liegt unten. Der Arbeitsfaden hängt noch am unteren Teil. Er muss viermal so lang wie die Werkstückkanten sein. Den Faden in eine Sticknadel ohne Spitze einfädeln. Von hinten durch die erste Masche des unteren Teils stechen, dann von hinten durch die erste Masche des oberen Teils und von vorn durch die zweite Masche des oberen Teils. Von vorn durch die erste Masche des unteren Teils stechen, von hinten durch die zweite Masche des unteren Teils stechen.

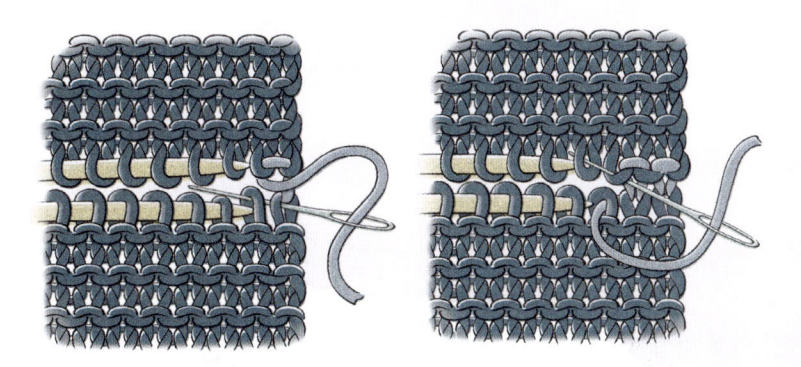

2. Fortlaufend wiederholen, dabei durch die unteren Maschen immer zuerst von vorn und dann von hinten einstechen, durch die oberen Maschen zuerst von hinten und dann von vorn. Dadurch entsteht am oberen Teil ein kleiner Wulst, der wie eine Linksreihe aussieht. Den Nähfaden nicht zu fest ziehen. Die Stiche sollen dieselbe Größe haben wie die gestrickten Maschen.

Nähte 229

OFFENE MASCHEN IN RIPPEN: MASCHEN AN MASCHEN

Mit dieser Technik werden zwei gerippte Teile zusammengenäht, die in entgegengesetzter Richtung gestrickt wurden. Ein typisches Beispiel ist die Naht eines Schalkragens in der hinteren Mitte des Halsausschnitts. Sie brauchen dafür zwei Stricknadeln gleicher Stärke. Die Naht ist nicht ganz so unauffällig wie in anderen Strickmustern, sieht aber sauber aus und liegt schön glatt.

1. Beide Teile bleiben bis zum Zusammennähen auf den Nadeln. An jedem Teil die rechten und linken Maschen jeweils auf separate Nadeln abstricken (siehe Abbildung).

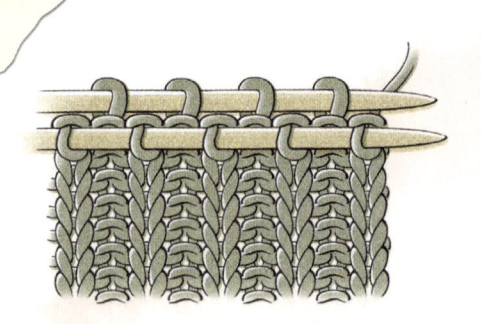

2. Die Teile Kante an Kante auf eine Arbeitsfläche legen. Die Nadeln mit den rechten Maschen liegen oben, parallel und zeigen mit den Spitzen nach rechts. (Die Nadeln mit den linken Maschen etwas unter die Werkstücke rollen, damit sie nicht stören.) Der Nähfaden hängt am unteren Teil. Er muss viermal so lang sein wie die Kante des Werkstücks. In eine Sticknadel ohne Spitze einfädeln. Von hinten durch die erste Masche des unteren Teils stechen, dann von vorn durch die erste Masche des oberen Teils und von hinten durch die nächste Masche desselben Teils. Weiter geht es am unteren Teil. Von vorn durch die Masche stechen, aus der der Faden zuletzt herauskam, dann von hinten durch die nächste Masche an derselben Kante. Fortlaufend wiederholen, dabei jeweils von vorn in eine Masche und von hinten in die nächste Masche an derselben Kante einstechen. Die Maschen währenddessen nach und nach von den Stricknadeln nehmen und den Faden (nicht zu fest) anziehen. Die Stiche sollten dieselbe Größe wie die gestrickten Maschen haben, flach liegen und die Rippen nicht verziehen.

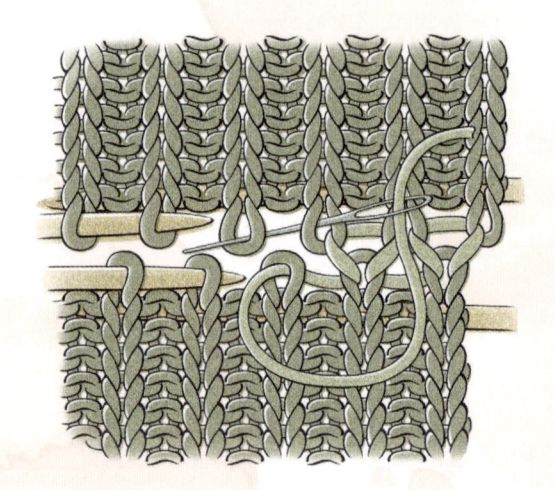

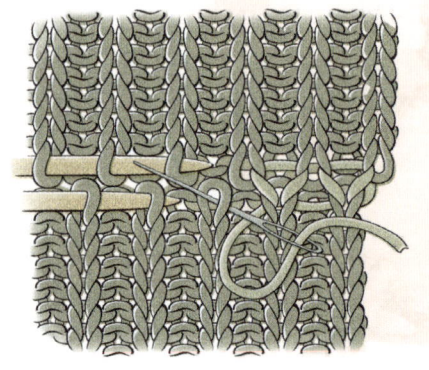

3. Das gesamte Werkstück wenden. Die ehemals linken Maschen liegen nun oben und erscheinen als rechte Maschen. Schritt 2 komplett wiederholen, um auch diese Maschen zusammenzunähen.

GEHÄKELTE NAHT

Diese Technik eignet sich gut für plastische, dekorative Nähte auf der rechten Seite eines Modells. Sie kann auch auf der Rückseite gearbeitet werden, allerdings fallen die Nähte dann recht dick und wulstig aus. Verwenden Sie eine Häkelnadel passend zur Garnstärke. Wenn Sie auf der Außenseite des Modells arbeiten, könnten Sie auch eine Kontrastfarbe verwenden.

1. Für eine sichtbare Naht an Anschlag- oder Abkettkante die Teile Kante an Kante legen, rechte Seiten oben. Von vorn mit einer Häkelnadel in eine Masche der unteren Kante und in die entsprechende Masche der oberen Kante einstechen. Den Faden erfassen und eine Masche durch beide Kanten holen. *Mit der Häkelnadel unter den nächsten beiden gegenüberliegenden Maschen an beiden Kanten einstechen und den Faden erfassen.

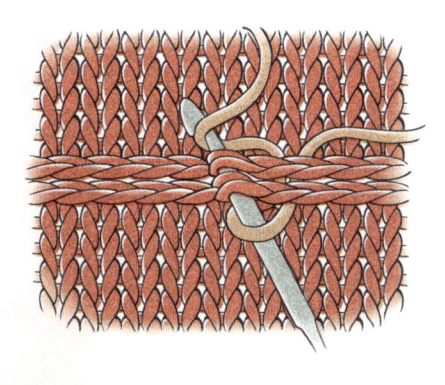

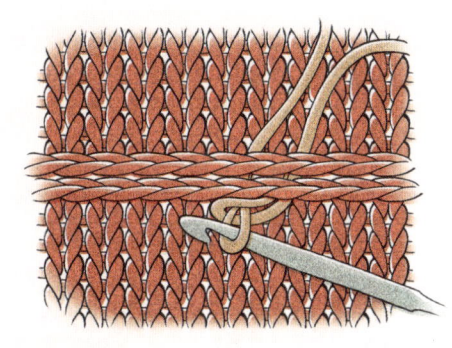

2. Eine Masche in einem Zug durch beide Kanten und die Masche auf der Häkelnadel ziehen.

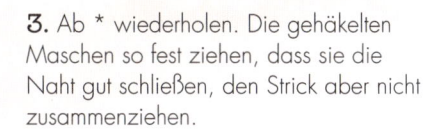

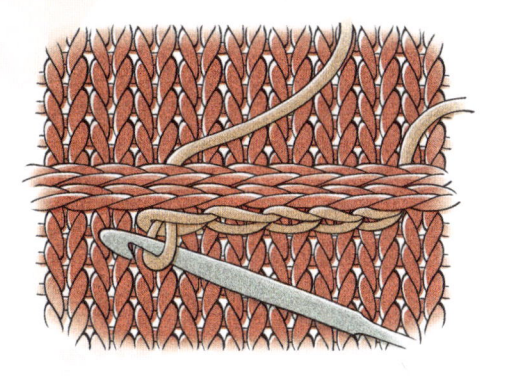

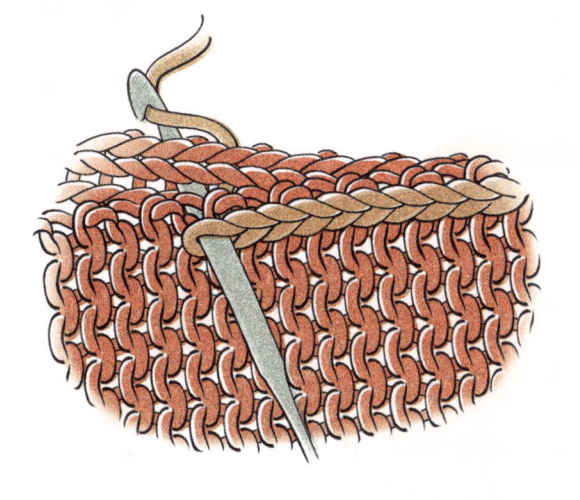

3. Ab * wiederholen. Die gehäkelten Maschen so fest ziehen, dass sie die Naht gut schließen, den Strick aber nicht zusammenziehen.

4. Für eine gehäkelte Naht auf der linken Seite des Werkstücks die Kanten rechts auf rechts legen und bei Bedarf zusammenstecken. An Anschlag- und Abkettkante wie in Schritt 1–3 vorgehen. Beim Zusammenhäkeln von Reihenenden (siehe Abbildung) nicht in die Randmasche jeder Kante einstechen, sondern in die darauffolgende. Die Häkelmaschen werden ebenso gearbeitet wie oben.

Nähte

ZUSAMMENHÄKELN VON DEN NADELN

Diese Methode ähnelt zusammen abgeketteten Kanten (siehe S. 53). Die Arbeit geht schnell, aber man muss gut aufpassen, dass die Naht nicht zu fest wird. Der Arbeitsfaden sollte am oberen Teil hängen, auf dessen linke Seite Sie schauen. Verwenden Sie eine Häkelnadel in derselben Stärke wie die Stricknadeln, mit denen Sie das Modell gearbeitet haben.

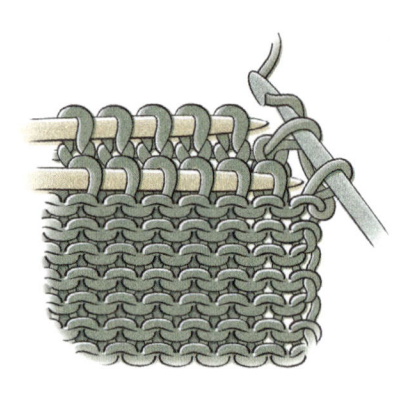

1. Die Teile rechts auf rechts legen und mit der linken Hand beide Stricknadeln halten. Die Nadelspitzen zeigen nach rechts. Hier sind die Nadeln mit etwas Abstand abgebildet, um den Vorgang zu veranschaulichen. Bei der Arbeit sollten sie direkt nebeneinanderliegen und sich berühren. Mit der Häkelnadel in das rechte Maschenglied der beiden ersten Maschen auf den Stricknadeln einstechen und beide von den Stricknadeln gleiten lassen. Den Faden mit der Häkelnadel erfassen.

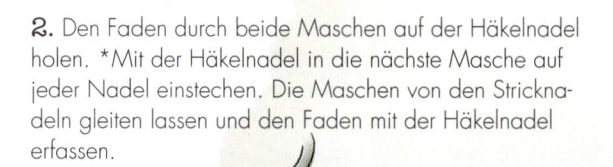

2. Den Faden durch beide Maschen auf der Häkelnadel holen. *Mit der Häkelnadel in die nächste Masche auf jeder Nadel einstechen. Die Maschen von den Stricknadeln gleiten lassen und den Faden mit der Häkelnadel erfassen.

3. Eine Masche in einem Zug durch alle drei Maschen auf der Häkelnadel ziehen. Ab * wiederholen, bis nur noch eine Masche auf der Häkelnadel liegt. Den Faden abschneiden und durch diese Masche ziehen.

ZWEI TEILE ZUSAMMEN ABKETTEN

Bei der üblichen Methode, zwei Kanten zusammen abzuketten (siehe S. 53), kann es allzu leicht passieren, dass Maschen von den Nadeln rutschen. Das lässt sich mit der folgenden Arbeitsweise vermeiden. Auch hierfür wird eine dritte Nadel benötigt, aber das gemeinsame Abketten ist weniger knifflig.

1. Die Teile rechts auf rechts legen und mit der linken Hand festhalten. Beide Nadelspitzen zeigen nach rechts. Hier sind die Nadeln mit etwas Abstand abgebildet, um den Vorgang zu veranschaulichen. Bei der Arbeit sollten sie direkt nebeneinanderliegen und sich berühren.

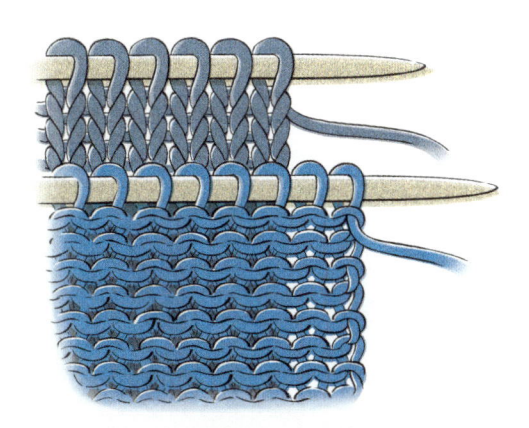

2. Eine dritte Stricknadel gleicher Stärke in die rechte Hand nehmen. *Mit der rechten Nadel von vorn in die erste Masche auf der vorderen linken Nadel einstechen, dann von hinten in die erste Masche auf der hinteren linken Nadel. Beide Maschen auf die rechte Nadel abheben. Mit der Spitze der vorderen linken Nadel die erste Masche über die zweite heben. Eine Masche bleibt auf der rechten Nadel zurück. Ab * wiederholen, bis alle Maschen auf die rechte Nadel abgestrickt sind.

3. Alle Maschen auf eine andere Nadel heben, damit der Arbeitsfaden am rechten Ende der Reihe hängt. Die Maschen wie gewohnt abketten (siehe S. 50).

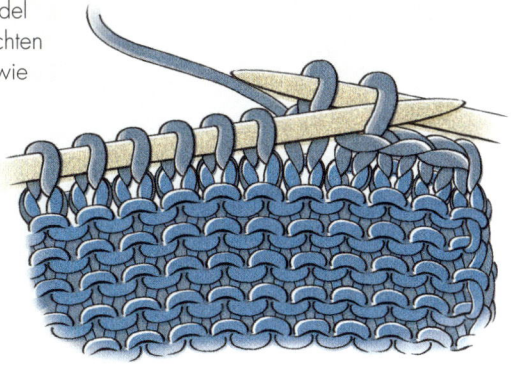

Nähte

ANSTRICKEN AN REIHENENDEN

Dies ist eine andere Methode, um offene Maschen mit den Reihenenden einer Seitenkante zu verbinden. Wenn Sie es schwierig finden, die offenen Maschen durch die gestrickte Kante zu ziehen, können Sie eine Häkelnadel verwenden. Dann müssen Sie aber gut aufpassen, dass die Naht nicht zu fest wird.

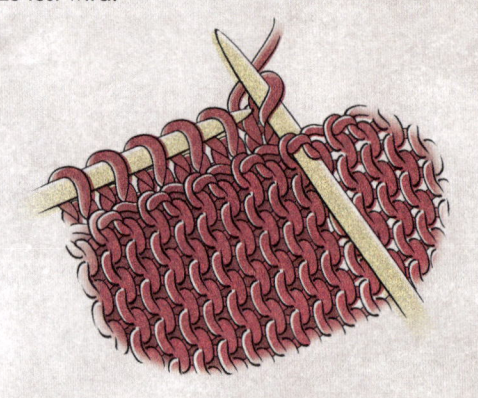

1. Die Teile rechts auf rechts legen und mit der linken Hand halten. Das Teil mit den offenen Maschen auf der Stricknadel liegt hinten, die Nadelspitze zeigt nach rechts. Hier sind die Teile mit etwas Abstand abgebildet, um den Vorgang zu veranschaulichen. Bei der Arbeit sollten sie direkt nebeneinanderliegen und sich berühren. Eine zweite Stricknadel in die rechte Hand nehmen. *Mit der rechten Nadel in die Randmasche oder zwischen erster und zweiter Masche des vorderen Teils einstechen. Dann die erste Masche auf der Stricknadel stricken.

2. Die rechte Nadel mit der daraufliegenden Masche durch die Kante des vorderen Teils holen.

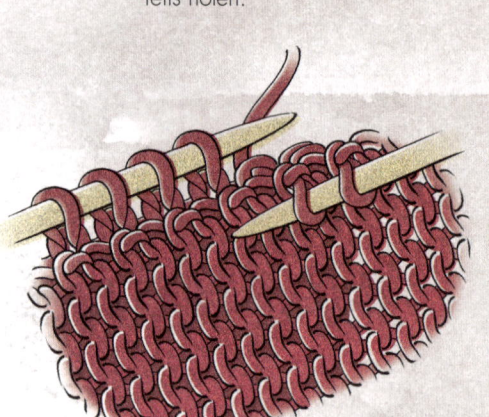

3. *Mit der rechten Nadel in den nächsten Zwischenraum am Reihenende einstechen, die nächste Masche auf der linken Nadel stricken. Nun liegen zwei Maschen auf der rechten Nadel.

4. Mit der Spitze der linken Stricknadel die erste Masche auf der rechten Nadel über die zweite ziehen. Ab * wiederholen, bis alle Maschen von der linken Nadel abgestrickt und abgekettet sind und auf der rechten Nadel nur noch eine Masche liegt. Den Faden abschneiden, durch das Reihenende und diese letzte Masche ziehen.

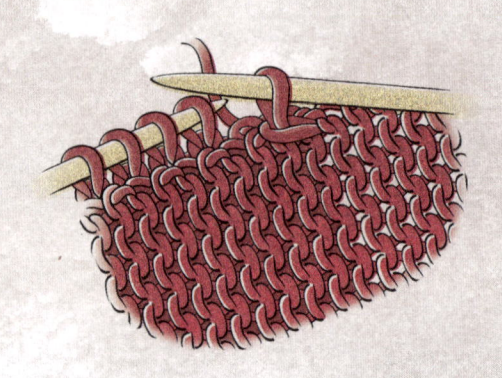

TASCHEN

Ich liebe Taschen an Kleidungsstücken, weil sie praktisch und zugleich dekorativ sind. Für Kinder stricke ich gern Taschen mit Kante oder Taschenbeutel in Kontrastfarbe oder Kapuzenpullis mit Kängurutasche. Gerade auf einer größeren Fläche mit einem schlichten Strickmuster kann eine Tasche ein toller Akzent sein.

AUFGESETZTE TASCHE

Diese Taschen sind leicht zu stricken, aber es ist nicht so einfach, sie sauber aufzunähen. Am besten näht man sie nach dem Spannen aller Teile (siehe S. 218–219), aber vor dem endgültigen Zusammennähen des Modells auf.

1. Die Tasche an der gewünschten Position auf das Hauptteil stecken. Mit Garn in einer Kontrastfarbe Vorstiche entlang beider Seiten und der Unterkante nähen. Exakt gerade nähen und eine halbe Masche Abstand zu den Taschenkanten halten.

2. Nun die Tasche mit farblich passendem Garn und einer Sticknadel ohne Spitze aufnähen. Die kontrastfarbigen Vorstiche dienen dabei als Hilfslinien, um die Position einzuhalten. Am einfachsten ist es, sie mit überwendlichem Stich aufzunähen, allerdings sind die Stiche sichtbar. Alternativ können Sie es mit dem Blindstich (siehe S. 226), dem Matratzenstich (siehe S. 220–221) oder dem Maschenstich (siehe unten) versuchen.

AUFNÄHEN MIT MASCHENSTICH

Diese Naht ist stabil und sieht sehr sauber aus. Sie können Garn in der Farbe der Tasche oder in der Farbe des Hintergrunds verwenden. Die Stiche liegen auf der untersten Maschenreihe der Tasche.

1. Die Tasche feststecken, dabei genau an Maschen und Reihen des Hintergrunds ausrichten. Mit einer Sticknadel ohne Spitze entlang der Unterkante waagerechte Maschenstiche (siehe S. 192) durch beide Lagen arbeiten. An den Seitenkanten werden senkrechte Maschenstiche (siehe S. 193) ebenfalls durch Tasche und Hintergrund genäht.

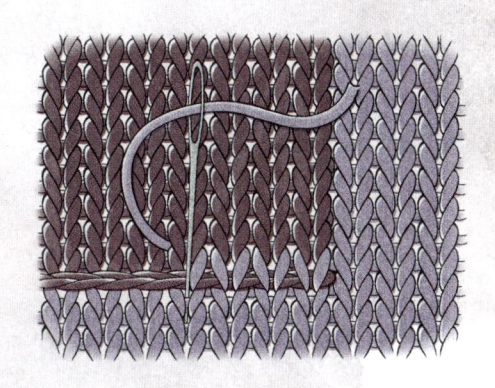

Taschen

ANGESTRICKTE TASCHE

Diese Methode hat den Vorteil, dass auf Nähte ganz verzichtet werden kann. Die Arbeitsweise wird hier nur über wenige Maschen gezeigt, aber die Breite der Tasche kann nach Wunsch variiert werden. Wenn Sie die obere Taschenkante in Rippen oder einem anderen Muster stricken wollen, müssen die Randmaschen in diesem Bereich rechte Maschen sein.

1. Von rechts nach links auf Höhe der Taschenunterkante mit einer Häkelnadel die gewünschte Anzahl von Maschen aus einer gestrickten Reihe aufnehmen (siehe S. 75) und auf eine Stricknadel legen.

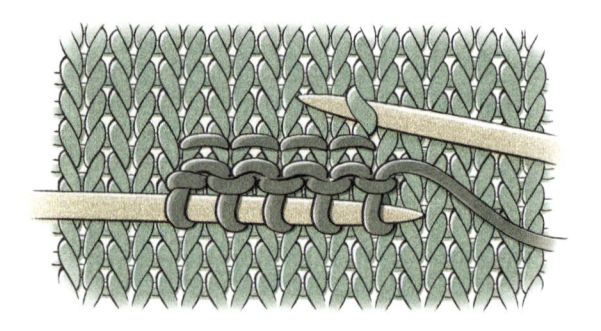

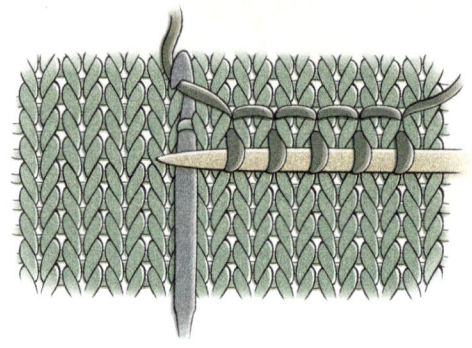

2. *Eine Rückreihe links stricken. In der nächsten Reihe mit der rechten Nadel am Hauptteil das linke Maschenglied der ersten Hintergrundmasche aufnehmen. Diese Masche mit der ersten Masche der Tasche zusammenstricken. Normalerweise muss in jeder zweiten Reihe des Hintergrunds eine Masche aufgenommen und mit der Tasche zusammengestrickt werden.

3. Die Taschenreihe fortsetzen. Die letzte Masche wie zum Rechtsstricken (siehe S. 77) auf die rechte Nadel abheben. Mit der linken Nadel das linke Maschenglied der letzten Hintergrundmasche auf Höhe der Taschenreihe aufnehmen. Die letzte Masche der Tasche wieder auf die linke Nadel heben und verschränkt (siehe S. 77) mit der Hintergrundmasche zusammenstricken. Ab * wiederholen, bis die Tasche die gewünschte Höhe hat. In einer Rechtsreihe abketten, auch dabei am Anfang und Ende je eine Hintergrundmasche einstricken.

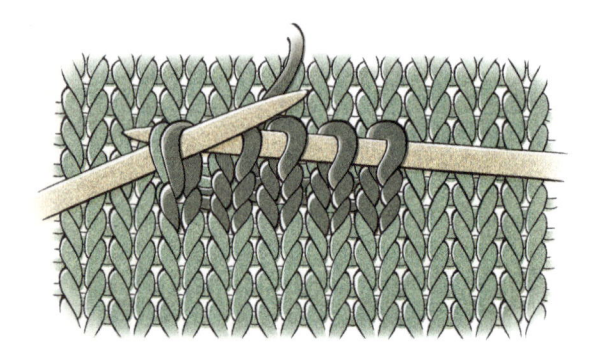

TASCHEN MIT KANTEN

Mit einer Oberkante in einem anderen Muster oder einer Kontrastfarbe sehen Taschen noch interessanter aus. Hier werden die Kanten an aufgesetzten Taschen gezeigt. Sie können aber auch an eingesetzten Taschen (siehe S. 238) vor dem Abketten ein anderes Muster oder eine andere Farbe verwenden.

1. Für eine Kante als Farbakzent stricken Sie einfach die letzten Reihen der Tasche in einer anderen Farbe. Die andersfarbigen Fäden vor dem Aufnähen der Tasche vernähen (siehe S. 227).

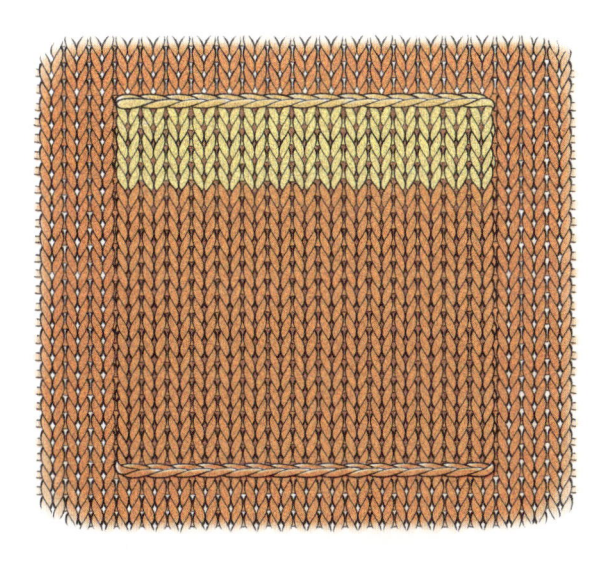

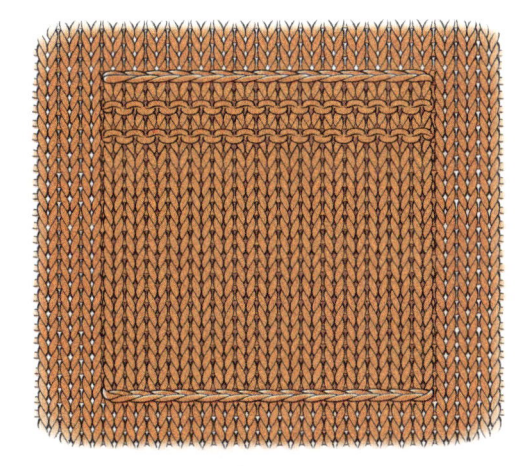

2. Kraus rechts (siehe S. 60) gestrickte Kanten sehen hübsch aus. Weil aber die Maschen niedriger sind als glatt rechts gestrickte Maschen, kann eine breite Taschenkante an den Seiten, wo sie auf den glatt rechts gestrickten Hintergrund genäht ist, ein bisschen gedehnt aussehen.

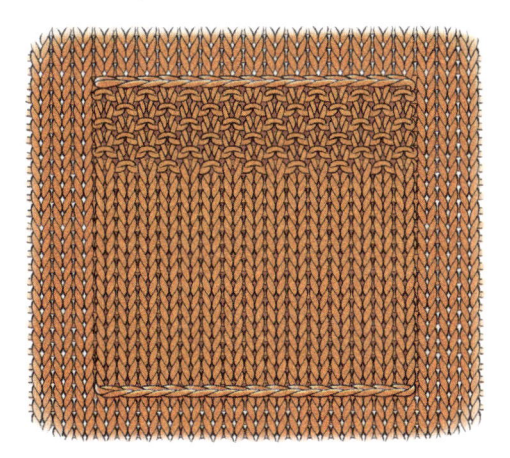

3. Perlmuster (siehe S. 61) eignet sich gut für Kanten, weil es sich nicht einrollt. Das Aufnähen ist unproblematisch, weil die Maschen ebenso hoch sind wie glatt rechts gestrickte.

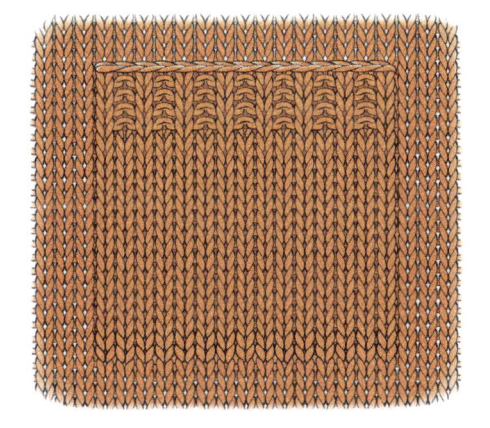

4. Einerrippen (siehe S. 61) sind ein klassisches Kantenmuster. Bei Taschen können sie aber bewirken, dass die Oberkante sich zusammenzieht und nicht ganz glatt liegt. Das lässt sich vermeiden, indem man in Rückreihen alle Maschen links strickt.

EINGESETZTE TASCHE: WAAGERECHT

Eingesetzte Taschen sind eine saubere und professionelle Lösung. Es kann reizvoll aussehen, wenn der Taschenbeutel in einer Kontrastfarbe gestrickt wird und am Eingriff hervorblitzt. Wenn Sie am oberen Rand eine Kante anstricken wollen, können Sie die Maschen auf einem Maschenraffer vorübergehend stilllegen. Dann müssen die Seiten der nachträglich gestrickten Kante wie eine aufgesetzte Tasche auf dem Hauptteil festgenäht werden (siehe S. 235).

Zuerst wird der Taschenbeutel gestrickt. Er sollte zwei Maschen breiter sein als der Tascheneingriff und eine Reihe höher als für die gewünschte Länge nötig ist. Als letzte Reihe eine Hinreihe stricken, dann die Maschen auf einer freien Stricknadel oder einem Maschenraffer stilllegen.

1. Bis zur Position der Taschenoberkante stricken, dabei mit einer Rückreihe enden. Soll der obere Rand der Tasche ein anderes Muster bekommen (siehe S. 237), stricken Sie die letzten Reihen des Taschenbereichs in diesem Muster. Hier wurden Einerrippen gearbeitet (siehe S. 61). In der nächsten Reihe bis zur Position der Tasche stricken. Die erforderliche Anzahl von Maschen für den Eingriff abketten, dann die Reihe beenden.

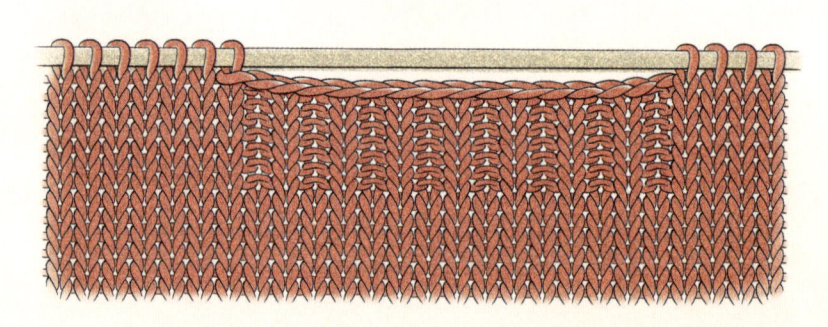

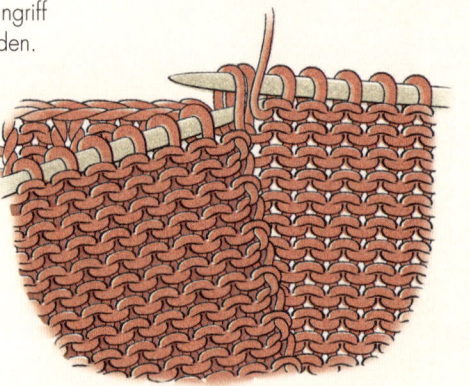

2. In der Rückreihe linke Maschen stricken, bis vor dem Eingriff noch eine Masche übrig ist. Den Taschenbeutel anlegen, rechts auf links, und die letzte Masche des Hauptteils mit der ersten Masche des Taschenbeutels links zusammenstricken.

3. Nun die Maschen des Taschenbeutels links abstricken, bis noch eine Masche übrig ist. Diese mit der ersten Masche nach dem abgeketteten Eingriff links zusammenstricken. Die Reihe beenden, dann das Teil fertig stricken. Den Taschenbeutel mit kleinen, schrägen Stichen an der Rückseite des Teils festnähen.

EINGESETZTE TASCHE: SENKRECHT

Die Arbeitsweise ist ähnlich wie bei der Tasche mit waagerechtem Eingriff (siehe linke Seite), nur verläuft in diesem Fall der Eingriff senkrecht, also etwa für Kängurutaschen. Sie brauchen zwei freie Stricknadeln oder eine freie Stricknadel und zwei Maschenraffer. Taschen dieser Art sehen auch an lässigen Jacken im Blousonstil besonders gut aus.

1. Bis zur Reihe vor dem unteren Ansatz der Taschenöffnung stricken. Die letzte Reihe muss eine Rückreihe sein. In der nächsten Reihe bis zur Position der Taschenöffnung stricken. Die restlichen Maschen auf einer Stricknadel oder einem Maschenraffer stilllegen. Die Arbeit wenden. Die aktiven Maschen liegen vor der Taschenöffnung. Bis zur gewünschten Höhe des Eingriffs stricken, mit einer Rückreihe enden. Soll die Tasche eine Kante haben, stricken Sie am Ende jeder Hinreihe und am Anfang jeder Rückreihe einige Maschen in dem gewünschten Muster (hier kraus links). Wenn die gewünschte Höhe erreicht ist, diese Maschen auf einer freien Stricknadel oder einem Maschenraffer stilllegen.

2. Nun die zuerst stillgelegten Maschen wieder in Arbeit nehmen, einen neuen Faden ansetzen (siehe S. 71) und im Kordelanschlag (siehe S. 88) die erforderliche Maschenzahl für den Taschenbeutel anschlagen. Über alle Maschen stricken, bis diese Seite ebenso hoch ist wie die zuerst gestrickte.

3. Die stillgelegten Maschen vor der Tasche wieder in Arbeit nehmen. Das Garn neu ansetzen und die Reihe stricken, bis die Position der oberen inneren Ecke des Taschenbeutels erreicht ist. Die Nadel mit dem Taschenbeutel zusätzlich in die linke Hand nehmen und jeweils eine Maschen vom Taschenbeutel und eine vom Teil vor dem Eingriff zusammenstricken. Danach die Reihe beenden und das Teil fertig stricken. Die noch offenen Kanten des Taschenbeutels an der Rückseite des Hauptteils mit kleinen schrägen Stichen festnähen.

KANTEN, SÄUME & BELEGE

Einsteiger beginnen oft mit ganz einfachen Modellen, etwa Jacken ohne Verschluss. Knopfleisten, Kragen und Kanten können gleich mitgestrickt oder später angesetzt werden. Säume können Bündchen ersetzen, und Ausschnitte können mit einem Beleg versehen werden. Auf den folgenden Seiten finden Sie Tipps für solche Details, die Ihre Strickmodelle professionell aussehen lassen.

SEITENRÄNDER

Kanten von Schlitzen und anderen Öffnungen, die nicht zusammengenäht werden, müssen besonders sauber aussehen und sollen sich nicht einrollen. Dafür gibt es verschiedene Techniken. Einige der hier gezeigten Kanten können nicht nachträglich in Nähte umgewandelt werden, und es ist auch nicht möglich, Maschen aus ihnen aufzunehmen.

RAND RECHTS ABGEHOBEN

Hier entstehen durch das Abheben am Rand längere Maschen.

In jeder Reihe die erste Masche abheben (siehe S. 77).
Anleitung für ein glatt rechts gestricktes Werkstück:
Reihe 1 (Hin-R): 1 M re abh, re M str bis Ende.
Reihe 2: 1 M re abh, Fv, li M str bis Ende.

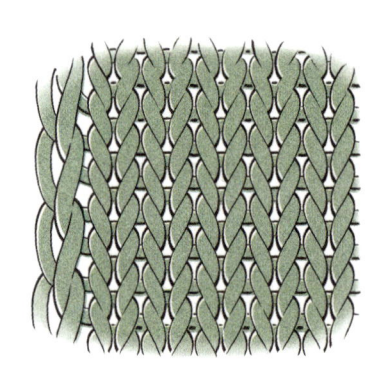

RAND KRAUS RECHTS

Bei dieser Technik fallen die beiden Seitenränder etwas unterschiedlich aus. Die linke Abbildung zeigt den linken Rand, die rechte den rechten.

In jeder Reihe die erste und letzte Masche rechts stricken.
Anleitung für ein glatt rechts gestricktes Werkstück:
Reihe 1 (Hin-R): Re M str.
Reihe 2: 1 M re, Fv, li M str, enden mit Fh, 1 M re.

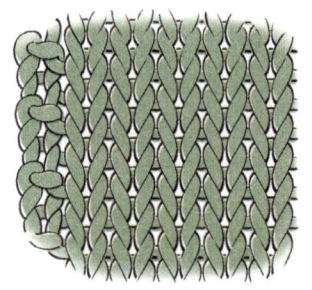

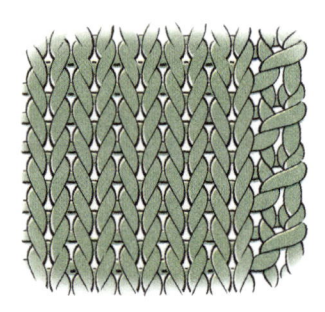

RAND KRAUS RECHTS ABGEHOBEN

Kanten über zwei Maschenbreiten sehen dekorativ aus und sind recht stabil. Hier werden abgehobene und gestrickte Maschen kombiniert.

In jeder Reihe die erste Masche rechts verschränkt abheben (siehe S. 77) und die zweite Masche rechts stricken. Die letzten beiden Maschen jeder Reihe rechts stricken. Anleitung für ein glatt rechts gestricktes Werkstück:
Reihe 1 (Hin-R): 1 M re verschr abh, re M str bis Ende.
Reihe 2: 1 M re verschr abh, 1 M re, Fv, li M str, enden mit Fh, 2 M re.

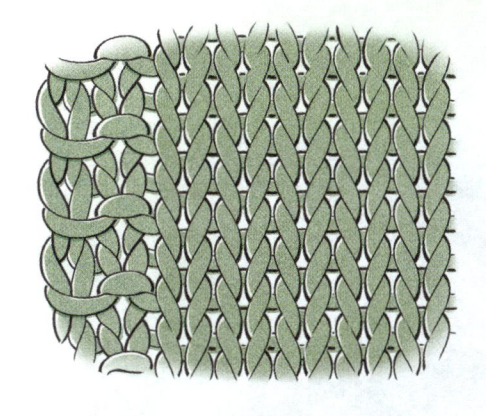

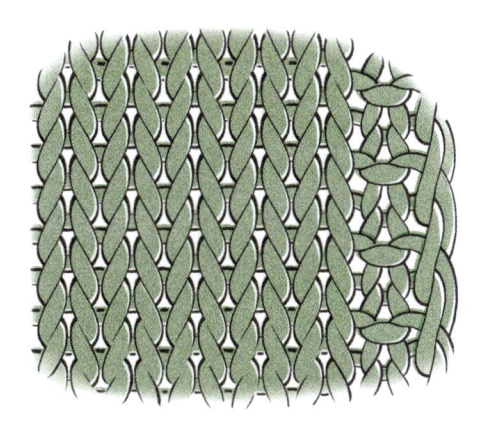

KETTENKANTE

Diese flache Kante aus abgehobenen und linken Maschen eignet sich gut zum Aufnehmen von Maschen und zum Anhäkeln.

In jeder Hinreihe die erste Masche rechts abheben (siehe S. 77) und die zweite links stricken, die vorletzte links stricken und die letzte abheben. In Rückreihen erste und letzte Maschen links stricken.
Anleitung für ein glatt rechts gestricktes Werkstück:
Reihe 1 (Hin-R): 1 M re abh, Fv, 1 M li, Fh, re M str, enden mit Fv, 1 M li, Fh, 1 M re abh.
Reihe 2: Li M str.

PICOTKANTE

Die hübsche Kante ist einfacher zu stricken, als sie aussieht. Passend dazu können Picots auch an Anschlagkante (siehe S. 41) und Abkettkante (siehe S. 55) gearbeitet werden.

Am Anfang jeder Reihe die gewünschte Maschenzahl für ein Picot (hier 2 M) im Kordelanschlag (siehe S. 88) anschlagen. Die Maschen gleich wieder abketten, dann die Reihe stricken.
Anleitung für ein glatt rechts gestricktes Werkstück:
Reihe 1 (Hin-R): 2 M anschl, 2 M abk, re M str bis Ende.
Reihe 2: 2 M anschl, 2 M abk, li M str bis Ende.

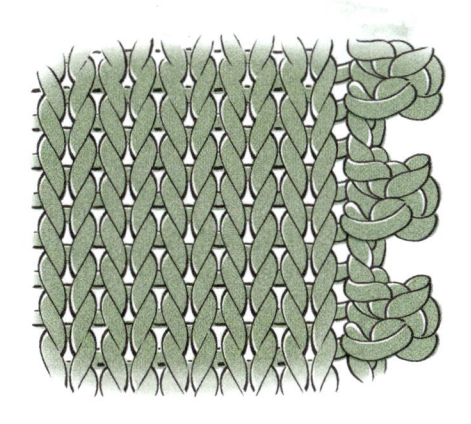

SAUM, BRUCHKANTE KRAUS RECHTS

Mit dieser Technik entsteht eine klare Linie, an der ein Saum umgefaltet wird. Die linken Maschen bilden an der Saumkante kleine Buckel, die aber besonders in dickerem Garn dekorativ aussehen. Die Bruchkante kann in einer Rechts- oder in einer Linksreihe gestrickt werden.

1. Die erforderliche Maschenzahl anschlagen und den Saum bis zur gewünschten Breite stricken. Dann folgt die Reihe für die Bruchkante: auf der rechten Seite eine Reihe linker Maschen oder auf der linken Seite eine Reihe rechter Maschen. Danach das Teil fertig stricken.

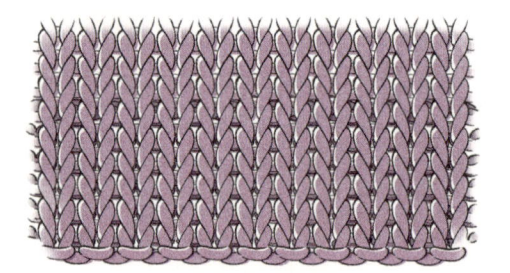

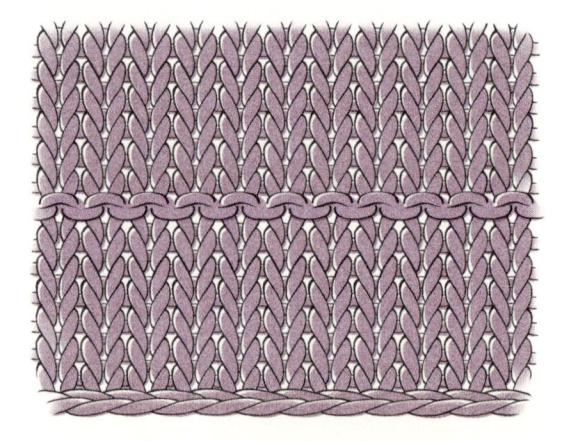

2. Den Saum an der Bruchkante nach innen einschlagen und festnähen (siehe rechte Seite).

BRUCHKANTE MIT HEBEMASCHEN

Mit dieser Technik ergibt sich eine klare Bruchkante ohne die kleinen Buckel. Sie kann in Hin- oder Rückreihen gearbeitet werden, aber nur über eine ungerade Maschenzahl.

1. Die erforderliche Maschenzahl anschlagen (ungerade Zahl) und bis zur gewünschten Saumbreite glatt rechts stricken. Für die Bruchkante in einer Hinreihe die Maschen abwechselnd rechts stricken und links abheben (siehe S. 174). Beim Abheben liegt der Faden vorn (siehe S. 175). Mit einer rechten Masche enden. In einer Rückreihe die Maschen abwechselnd links stricken und links abheben (siehe S. 174), wobei beim Abheben der Faden vorn liegt (siehe S. 175). Mit einer linken Masche enden. Das Teil beenden.

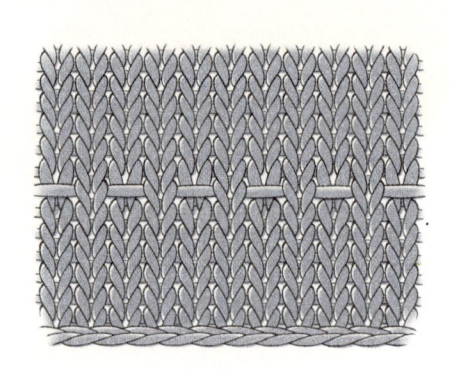

Anleitung für eine Hinreihe:
Bruchkante (Hin-R): [1 M re, Fv, 1 M abh, Fh] stets wdh, enden mit 1 M re.
ODER: Anleitung für eine Rückreihe:
Bruchkante (Rück-R): [1 M li, Fv, 1 M abh, Fh] stets wdh, enden mit 1 M li.

2. Den Saum an der Bruchkante nach links umfalten und festnähen (siehe rechte Seite).

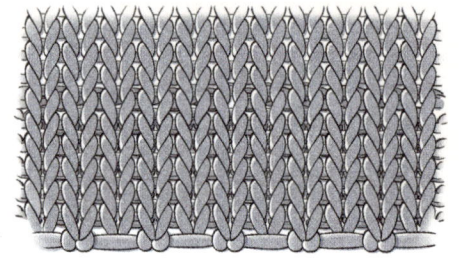

SCHRÄGER SAUMSTICH

Obwohl die Saumkante selbst sich meist etwas auf der Außenseite des Modells abzeichnet, sollen die einzelnen Stiche, mit denen sie festgenäht ist, nicht zu sehen sein. Nähen Sie mit dem Garn, mit dem das Modell gestrickt wurde, wenn es stabil genug ist. Die Abbildung zeigt nur zur Verdeutlichung ein andersfarbiges Garn.

1. Einen langen Faden in eine Sticknadel ohne Spitze einfädeln und am rechten Ende des Saums auf der Rückseite des Stricks befestigen. Den Saum umschlagen und feststecken, falls nötig. *Von rechts nach links nähen. Von oben nach unten unter dem Querfaden einer Masche knapp oberhalb der Saumkante einstechen, dann durch eine Masche der Saumkante. Den Faden nicht zu fest ziehen. Ab * wiederholen, dabei in jede zweite Masche einstechen.

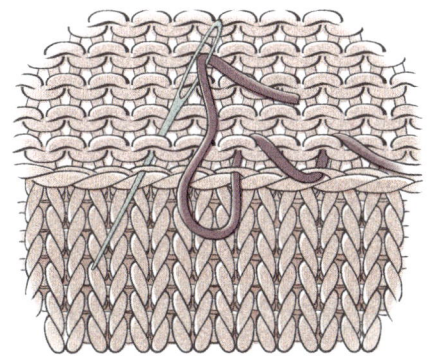

SAUM MIT HEXENSTICH

Dieser Stich ist haltbarer als der schräge Saumstich (siehe oben), aber das Nähen dauert länger. Er eignet sich gut für Strick aus dickem Garn. Zum Nähen sollte allerdings ein dünneres Garn in gut passender Farbe verwendet werden.

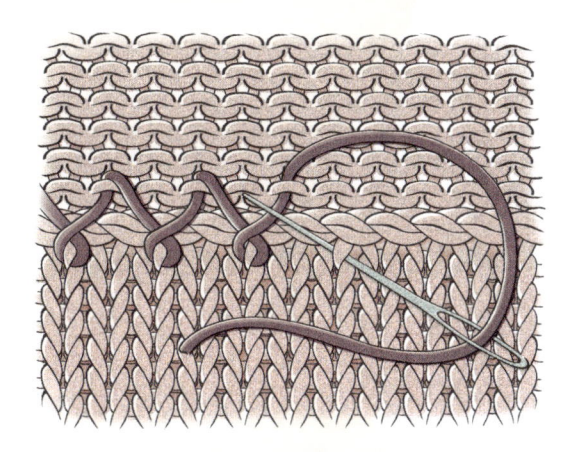

1. Einen langen Faden in eine Sticknadel ohne Spitze einfädeln und am linken Ende des Saums auf der Rückseite befestigen. Den Saum umschlagen und bei Bedarf feststecken. *Von links nach rechts arbeiten. Von unten nach oben unter dem Querfaden einer Masche knapp oberhalb der Saumkante durchstechen, dann von rechts nach links unter dem rechten Maschenglied einer Masche direkt unter der Saumkante. Den Faden nicht zu fest anziehen. Ab * wiederholen, dabei durch jede zweite Masche stechen.

ANGESTRICKTER SAUM

Wenn Sie den Saum gleich anstricken, brauchen Sie ihn später nicht festzunähen – allerdings kann er auch nicht herausgelassen werden. Sie brauchen eine zusätzliche Stricknadel in der Stärke, mit der Sie das Modell gestrickt haben. Diese Technik eignet sich vor allem für Modelle ohne Seitennähte, beispielsweise Decken und rund gestrickte Arbeiten.

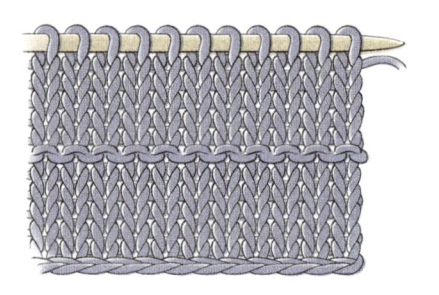

1. Die erforderliche Maschenzahl anschlagen und bis zur gewünschten Breite des Saums glatt rechts stricken. Falls gewünscht, eine Reihe für die Bruchlinie stricken – hier kraus rechts (siehe S. 242). Weiterstricken, bis die Arbeit oberhalb der Bruchlinie ebenso breit ist wie der Saum. Mit einer Rückreihe enden.

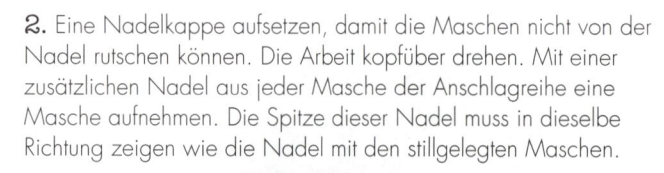

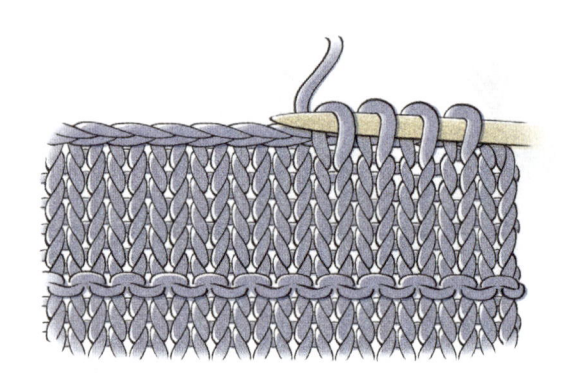

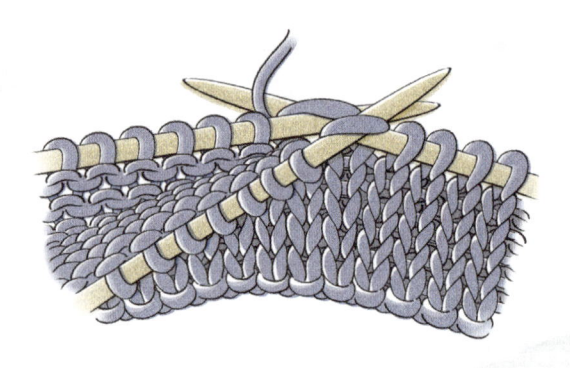

2. Eine Nadelkappe aufsetzen, damit die Maschen nicht von der Nadel rutschen können. Die Arbeit kopfüber drehen. Mit einer zusätzlichen Nadel aus jeder Masche der Anschlagreihe eine Masche aufnehmen. Die Spitze dieser Nadel muss in dieselbe Richtung zeigen wie die Nadel mit den stillgelegten Maschen.

3. Den Saum an der Bruchkante links auf links falten und beide Nadeln in die linke Hand nehmen. Mit einer dritten Stricknadel jeweils eine Masche von der vorderen und der hinteren linken Nadel zusammenstricken. Dann das Teil fertig stricken.

SAUM MIT MASCHENSTICH

Wird der offene Saum mit Maschenstichen auf der Rückseite der Arbeit festgenäht, liegt er flacher und zeichnet sich auf der Vorderseite weniger ab, weil er keine Anschlagkante hat. Genäht wird mit dem Garn, aus dem das Modell gestrickt wurde.

1. Mit einem provisorischen Anschlag (siehe S. 43) beginnen und das gesamte Teil stricken. Den provisorischen Anschlag auflösen und die Maschen auf eine Stricknadel nehmen.

2. Den Saum umschlagen und bei Bedarf feststecken. Einen langen Faden in eine Sticknadel ohne Spitze einfädeln und am rechten Ende des Saums der Arbeit befestigen. Von rechts nach links arbeiten. Von hinten durch die erste offene Masche stechen. *Von unten nach oben unter dem Querfaden einer Masche direkt über der oberen Saumkante durchstechen.

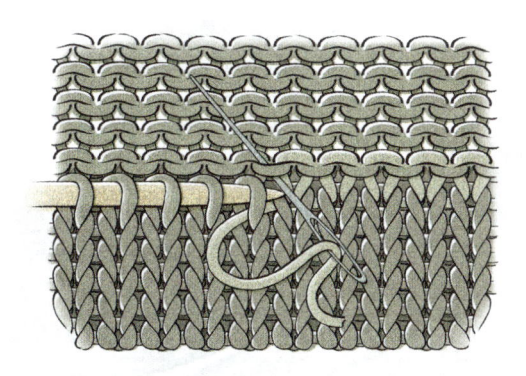

3. Von oben nach unten unter dem Querfaden der nächsten Masche durchstechen, dann wieder in die offene Masche an der Saumkante einstechen, aus der der Faden herauskommt. Von hinten durch die links danebenliegende offene Masche auf der Nadel stechen. Die Stricknadel nach und nach herausziehen und die Stiche behutsam festziehen. Ab * bis zum Ende des Saums wiederholen.

Kanten, Säume & Belege

BELEG, BRUCHKANTE KRAUS RECHTS

Jacken ohne Verschluss benötigen auch keine Knopfleiste. Die Vorderkanten sitzen aber besser, wenn ein Beleg angestrickt wird. An einer kraus rechts gestrickten Bruchkante entstehen kleine Buckel, darum passt sie gut zu einem Saum mit ebenfalls kraus rechts gearbeitetem Bruch (siehe S. 242).

1. Die erforderliche Maschenzahl für das Teil anschlagen, zusätzlich eine Masche für die Bruchkante und die Maschen für den Beleg. In Hinreihen alle Maschen rechts stricken. In Rückreihen alle Maschen links stricken, nur die Masche für die Bruchkante muss rechts gestrickt werden.

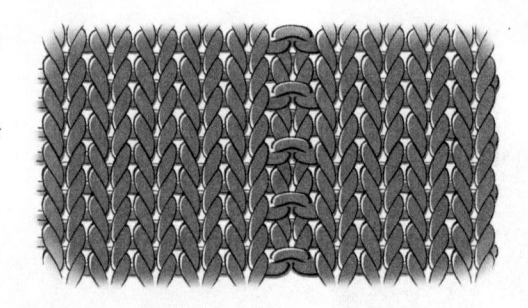

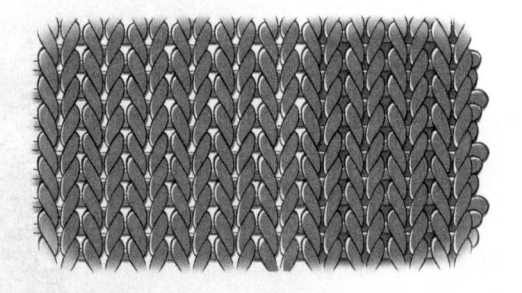

2. Wenn das Teil fertig ist, den Beleg an der Bruchkante nach innen einschlagen und mit schrägen Saumstichen (siehe S. 243) an der Rückseite festnähen. Die kraus rechts gestrickte Linie bildet nun die Außenkante des Modells.

BELEG, BRUCHKANTE MIT HEBEMASCHE

Eine Bruchkante mit Hebemaschen liegt glatter, weil sich keine kleinen Buckel bilden. Für einen verdeckten Verschluss können in Belege aller Art Knopflöcher eingearbeitet werden.

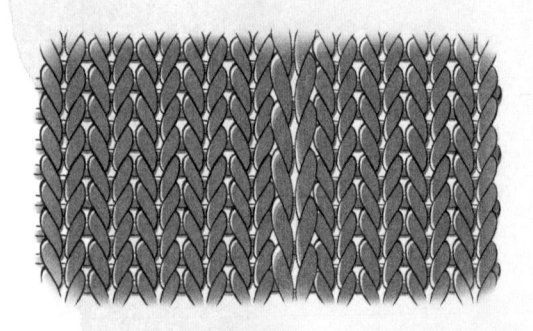

1. Die erforderliche Maschenzahl für das Teil anschlagen, zusätzlich eine Masche für die Bruchkante und die Maschen für den Beleg. In Hinreihen alle Maschen rechts stricken, nur die Masche für die Bruchkante wird links abgehoben (siehe S. 77). In Rückreihen werden alle Maschen links gestrickt.

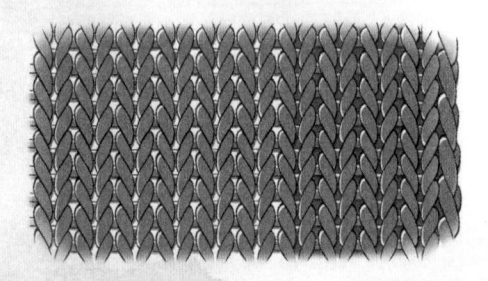

2. Wenn das Teil fertig ist, den Beleg an der Bruchkante nach innen einschlagen und mit schrägen Saumstichen (siehe S. 243) an der Rückseite festnähen. Die Linie aus abgehobenen Maschen bildet nun die Außenkante des Modells.

BELEG MIT BRIEFECKE

Dies ist eine Lösung für Belege an zwei benachbarten Kanten, beispielsweise an einer Decke oder an Unter-/Vorderkante einer Jacke. Die Bruchkante des Saums ist hier kraus rechts gearbeitet (siehe S. 242), die des Belegs mit Hebemaschen (siehe linke Seite). Natürlich können auch beide Bruchkanten in gleicher Art gestrickt werden.

1. Zuerst die Breite des Saums festlegen – hier sind es sechs Reihen. Beim Anschlagen die für das Teil erforderliche Maschenzahl um 6 reduzieren (eine Masche für jede Reihe des Saums). Den Saum glatt rechts stricken, dabei an seiner Vorderkante in jeder Reihe eine Masche zunehmen. So ist die volle Maschenzahl erreicht, wenn der Saum fertig gestrickt ist. In der Reihe für die Bruchkante des Saums ebenfalls eine Masche zunehmen: für die Bruchkante des Belegs. Das Teil stricken, dabei an der Vorderkante in jeder Reihe eine Masche zunehmen, bis der Beleg so viele Maschen hat wie der Saum Reihen (hier 6).

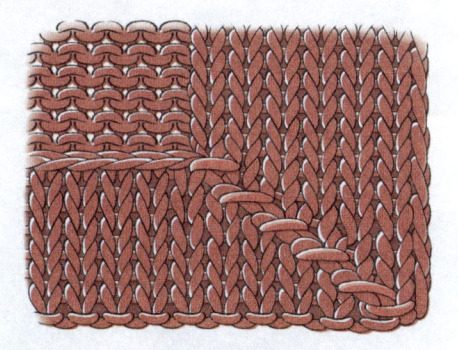

2. Wenn das Teil fertig gestrickt ist, Saum und Beleg an den Bruchkanten nach innen falten und festnähen. Auch die kurze schräge Naht der Ecke mit kleinen Stichen zunähen.

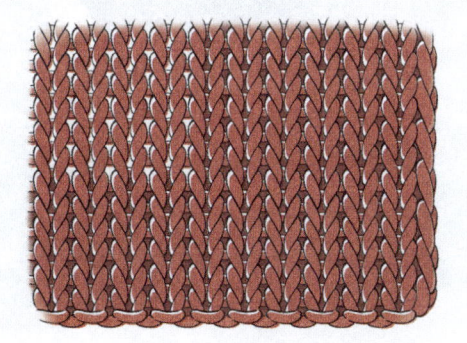

3. Auf der rechten Seite bilden jetzt die Bruchlinien von Saum und Beleg die Außenkanten.

Kanten, Säume & Belege

QUER ANGESTRICKTE KNOPFLEISTE

Ich bevorzuge diese Art der Knopfleiste. Sie bildet einen sauberen Abschluss und man kann ihre Breite noch während der Arbeit bestimmen. Die Maschen der Knopfleiste verlaufen im rechten Winkel zu denen des Hauptteils. Knopflöcher werden waagerecht gestrickt, erscheinen also am fertigen Modell senkrecht. Wichtig ist, nicht zu viele Maschen aufzunehmen, sonst wird die Knopfleiste wellig.

1. Um zu ermitteln, wie viele Maschen aufgenommen werden müssen, markieren Sie zuerst mit Stecknadeln gleiche Abschnitte (etwa 4–5 cm) an der Vorderkante. Die Anzahl der aufzunehmenden Maschen durch die Anzahl der markierten Abschnitte teilen. Das Ergebnis gibt an, wie viele Maschen in jedem Abschnitt aus der Kante aufgenommen werden.

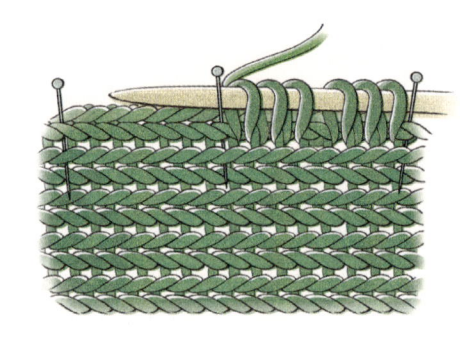

2. Die Knopfleiste im gewünschten Muster stricken. Hier sind es Einerrippen. Dabei Knopflöcher mit der bevorzugten Methode einstricken (siehe S. 252–255).

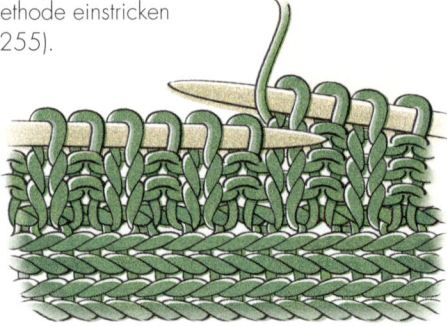

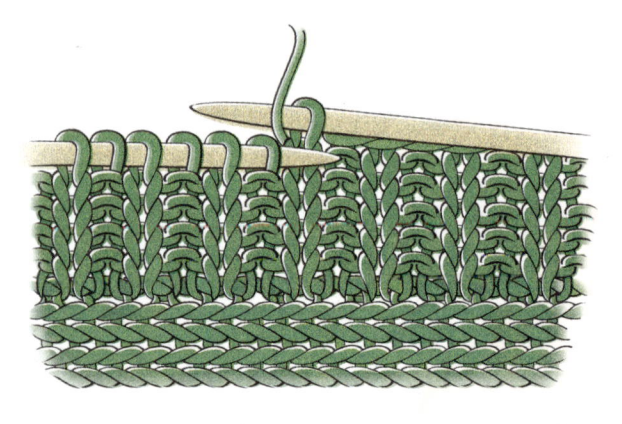

3. Wenn die gewünschte Breite erreicht ist, mustergemäß und nicht zu fest abketten.

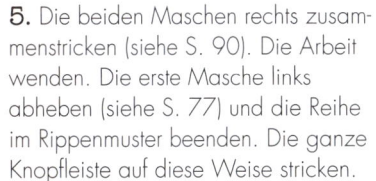

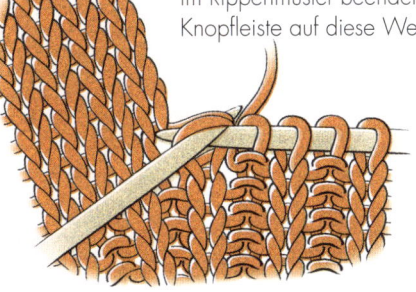

LÄNGS ANGESTRICKTE KNOPFLEISTE

Bei dieser Knopfleiste verlaufen die Maschen waagerecht zum Hauptteil. Es gibt verschiedene Methoden, Knopflöcher einzustricken (siehe S. 252–255). Bei Modellen für Mädchen und Frauen werden sie in der rechten Knopfleiste gearbeitet, bei Modellen für Männer und Jungs in der linken. Eine Knopfleiste kann auch direkt beim Arbeiten des Teils mitgestrickt werden. Die folgende Methode hat aber den Vorteil, dass sie an Ausschnitten und anderen Rundungen fortlaufend weitergeführt wird. Außerdem kann sie in einer Kontrastfarbe gestrickt werden.

1. Für beide Vorderteile die Maschen für das untere Bündchen und die Knopfleiste anschlagen. Auf der rechten Seite muss die letzte Masche der Knopfleiste eine rechte Masche sein. Im Bündchenmuster über alle Maschen stricken, mit einer Hinreihe vor der Knopfleiste enden. Die Maschen der Knopfleiste stilllegen. Das Hauptteil stricken, dabei mit einer Rückreihe beginnen.

2. Für die linke Knopfleiste die stillgelegten Maschen auf eine Stricknadel nehmen. Das Garn neu ansetzen und mit einer Rückreihe beginnen. Bis zur letzten Masche stricken. Dies ist eine linke Masche. Den Faden nach vorn legen und mit der rechten Nadel wie zum Linksstricken in die letzte Masche sowie in die Randmasche des Hauptteils einstechen.

3. Die Arbeit wenden. Die erste Masche links abheben (siehe S. 77) und die Reihe im Rippenmuster beenden. Die ganze Knopfleiste auf diese Weise stricken.

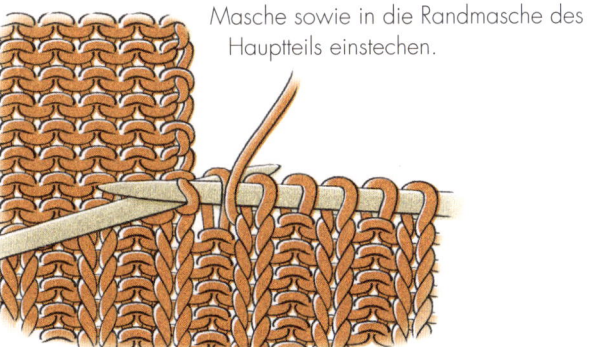

4. Für die rechte Knopfleiste die stillgelegten Maschen wieder auf eine Stricknadel nehmen. Das Garn neu ansetzen und mit einer Hinreihe beginnen. Bis zur letzten Masche der Knopfleiste stricken. Dies ist eine rechte Masche. Den Faden nach hinten legen und mit der rechten Nadel wie zum Rechtsstricken in die letzte Masche sowie in die Randmasche des Hauptteils einstechen.

5. Die beiden Maschen rechts zusammenstricken (siehe S. 90). Die Arbeit wenden. Die erste Masche links abheben (siehe S. 77) und die Reihe im Rippenmuster beenden. Die ganze Knopfleiste auf diese Weise stricken.

Kanten, Säume & Belege

ANGENÄHTE KNOPFLEISTE

Weil die Maschen dieser Knopfleiste in derselben Richtung verlaufen wie die Maschen des Hauptteils, erscheinen waagerecht gestrickte Knopflöcher auch am fertigen Modell waagerecht. Durch die Naht bekommt die Knopfleiste eine feste innere Kante, was vor allem bei Strick aus weichen, fließenden Garnen ein Vorteil sein kann.

1. Für beide Vorderteile die Maschen für das untere Bündchen und die Knopfleiste anschlagen. Von der rechten Seite muss die letzte Masche der Knopfleiste außen eine linke Masche sein. Das Bündchen über alle Maschen stricken, dann die Maschen für die Knopfleiste stilllegen. In der ersten Reihe des Hauptteils an der Vorderkante eine Masche zunehmen, dann das Teil fertigstellen. Die stillgelegten Maschen der Knopfleiste auf eine Stricknadel nehmen. Das Garn neu ansetzen und mit einer Rückreihe beginnen. An der dem Hauptteil zugewandten Kante eine linke Masche zunehmen. Die Knopfleiste fertig stricken, dabei leicht dehnen, damit sie sich sauber an die Ausschnittrundung – falls vorhanden – anschließt.

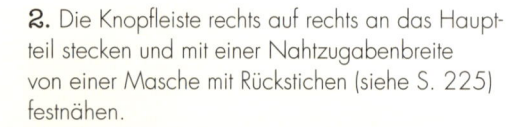

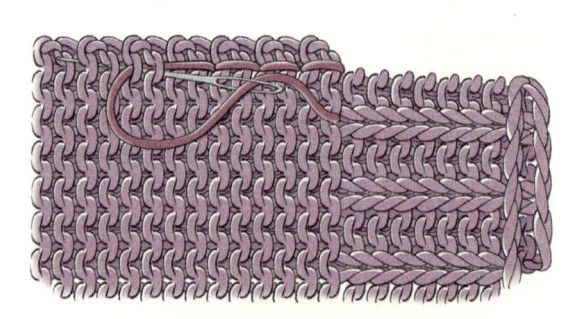

2. Die Knopfleiste rechts auf rechts an das Hauptteil stecken und mit einer Nahtzugabenbreite von einer Masche mit Rückstichen (siehe S. 225) festnähen.

VERSTÄRKTE KNOPFLEISTE

Direkt angestrickten Knopfleisten fehlt es manchmal an Festigkeit. Das lässt sich ändern, indem man sie mit feinem Ripsband verstärkt. Bei eng sitzenden Modellen hat diese Verstärkung außerdem den Vorteil, dass die Knopfleiste zwischen den Knöpfen nicht spannt. Es genügt, den geraden Teil der Knopfleiste mit Band zu verstärken, der Halsausschnitt kann frei bleiben. Wählen Sie das Band in einer Farbe, die gut zum Strick passt und möglichst wenig durchschimmert. Alternativ können Sie mit einem Band in einer Kontrastfarbe einen Akzent setzen.

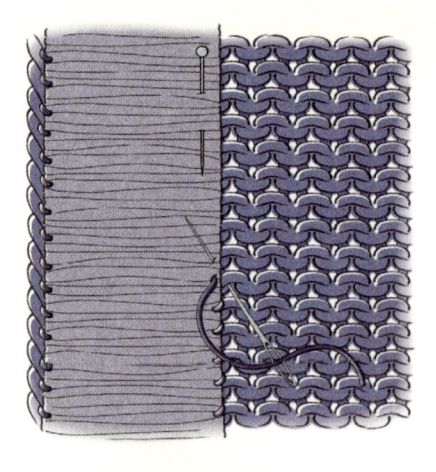

1. Ein Stück Ripsband zuschneiden, das 2 cm länger als die zu verstärkende Knopfleiste ist. Beide Enden 1 cm einschlagen und fingerbügeln. Das Band so auf der Rückseite der Knopfleiste feststecken, dass es von rechts nicht sichtbar ist. Beide langen Kanten des Bands mit einer spitzen Nähnadel und farblich gut passendem Garn mit winzigen Stichen festnähen.

VERSCHLÜSSE

Knöpfe und Knopflöcher sind die gängigste Form des Verschlusses, Sie könnten sich aber auch für Knopfschlaufen oder einen Reißverschluss entscheiden oder auf einen Verschluss verzichten und stattdessen ein Gummiband einarbeiten.

KNOPFLÖCHER ANORDNEN

Knöpfe und Knopflöcher müssen einander genau gegenüberliegen, damit sich die Knopfleiste nicht wellt oder verzieht. In Strickanleitungen wird normalerweise vorgegeben, je ein Knopfloch am Anfang und Ende der Knopfleiste zu arbeiten und die anderen gleichmäßig dazwischen zu verteilen. Natürlich soll eine Knopfleiste zwischen den einzelnen Knopflöchern nicht spannen oder ausbeulen. Um das zu vermeiden, arbeiten Sie im Zweifelsfall lieber mehr Knopflöcher als zu wenige.

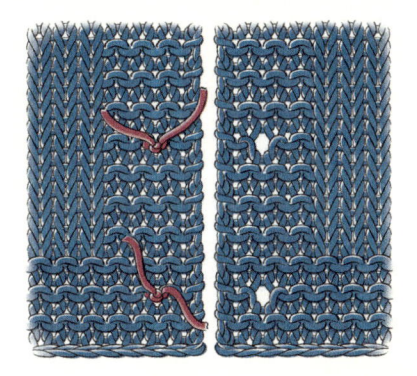

1. Wenn die Anleitung genaue Anweisungen für die Knopflöcher enthält, stricken Sie die Teile und nähen das Modell zusammen. Dann das Modell so hinlegen, dass sich die beiden Knopfleisten genau gegenüberliegen. Die Reihen zwischen den Knopflöchern zählen. An der anderen Knopfleiste an der Position jedes Knopfs einen andersfarbigen Faden durch die entsprechende Masche knoten. Die Reihenabstände zwischen den Knöpfen müssen denen der Knopflöcher entsprechen. Zur Kontrolle die Knopflochseite auf die Knopfseite legen und die farbigen Fäden durch die Knopflöcher ziehen.

2. Wenn Sie ohne Anleitung stricken oder wenn Ihre Anleitung keine genauen Angaben enthält, stricken Sie zuerst die Knopfseite. Flach ausbreiten und mit Maßband und Stecknadeln die Positionen der Knöpfe markieren. Der unterste Knopf sollte etwa 1 cm Abstand zum Saum haben, der oberste etwa 1 cm Abstand zum Ausschnitt. Bei einem V-Ausschnitt sitzt er dort, wo die Abnahmen beginnen. Die anderen Knöpfe werden gleichmäßig zwischen diesen beiden verteilt. Zuerst die Abstände ausmessen und mit Stecknadeln markieren, dann die Reihen zwischen den Knöpfen zählen und gegebenenfalls einige Positionen korrigieren. Kontrastfarbige Fäden durch die entsprechenden Maschen ziehen und verknoten.

Auf der Knopflochseite sollte ein senkrechtes Knopfloch etwa eine Reihe unter der Markierung beginnen und eine Reihe über ihr enden. Waagerechte Knopflöcher liegen exakt auf gleicher Höhe mit den Markierungsfäden und alle Knopflöcher sitzen mittig auf der Knopfleiste.

Nehmen Sie sich Zeit, um die Abstände genau auszuzählen, und berücksichtigen Sie dabei auch die Reihen, über die das Knopfloch gestrickt wird. Notieren Sie sich die Zahlen. Es ist auch kein Fehler, zur Probe eine kurze Knopfleiste mit zwei Knopflöchern zu stricken, um zu prüfen, ob die Berechnungen exakt zu den Knopfmarkierungen passen.

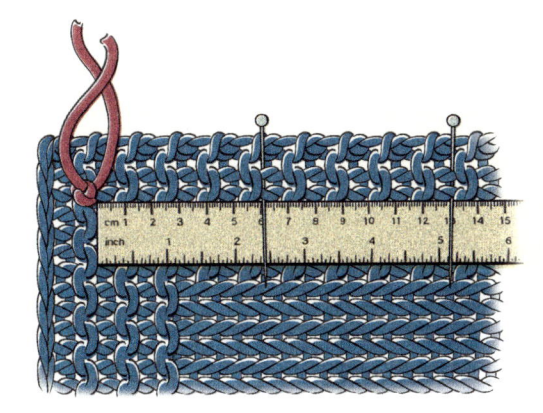

Verschlüsse

KNOPFLOCH MIT UMSCHLAG

Bei Strick aus dünnem Garn entsteht mit dieser Methode ein sehr kleines Knopfloch – perfekt für Kinderkleidung. Die Methode eignet sich aber auch für dicke Garne, in denen Knopflöcher mit anderen Techniken zu groß ausfallen würden. Die kleinen, runden Löcher eignen sich auch zum Durchziehen von Bändern oder Kordeln.

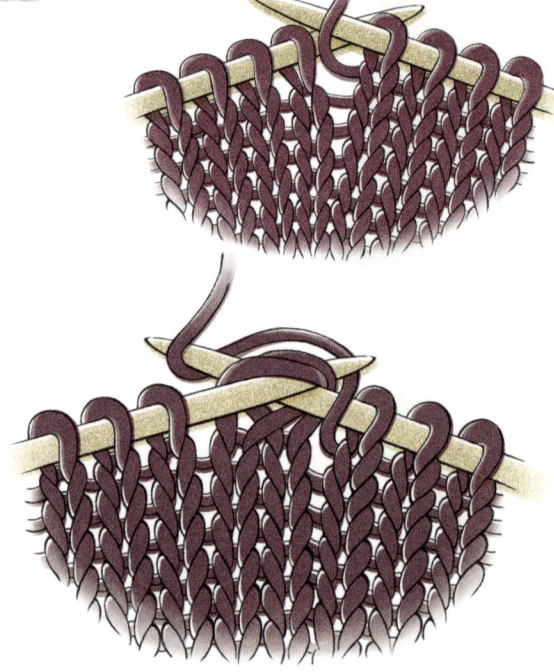

1. In einer Rechtsreihe bis zur Position des Knopflochs stricken. Den Faden zwischen den Nadeln nach vorn legen.

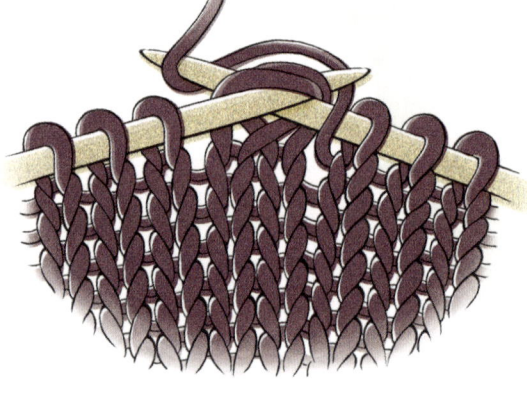

2. Einen Umschlag um die Nadel legen (siehe S. 136) und die nächsten beiden Maschen rechts zusammenstricken (siehe S. 90), damit die Gesamtmaschenzahl gleich bleibt.

3. In einer Linksreihe bis zur Position des Knopflochs stricken. Einen Umschlag um die Nadel legen (siehe S. 136).

4. Die nächsten beiden Maschen links zusammenstricken (siehe S. 91), damit die Gesamtmaschenzahl gleich bleibt.

WAAGERECHTES KNOPFLOCH ÜBER EINE REIHE

Wie das Knopfloch mit Umschlag (siehe linke Seite) wird auch dieses über eine Reihe gearbeitet, aber seine Länge kann beliebig variiert werden. Die Anzahl der abgeketteten Maschen richtet sich nach der gewünschten Knopflochgröße. Knopflöcher dieser Art können in jedem beliebigen Strickmuster gearbeitet werden.

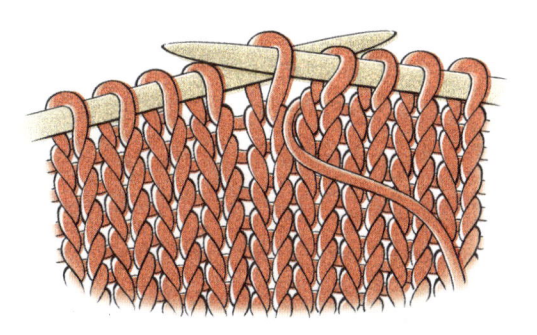

1. Bis zur Position des Knopflochs stricken. Den Faden zwischen den Nadeln vor die Arbeit legen und die nächste Masche links abheben (siehe S. 77).

2. Den Faden zwischen den Nadeln hinter die Arbeit legen. Die nächste Masche links abheben, dann mit der linken Nadelspitze die umwickelte Masche über die zuletzt abgehobene ziehen. Von der Nadel gleiten lassen. *Die nächste Masche links abheben. Mit der Spitze der linken Stricknadel die erste abgehobene Masche über die zweite ziehen. Ab * wiederholen, bis die Maschen für das Knopfloch abgekettet sind.

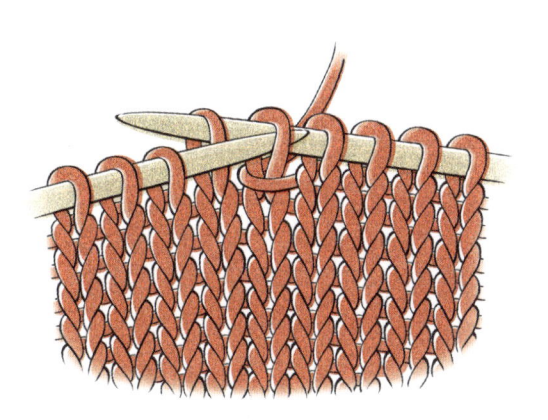

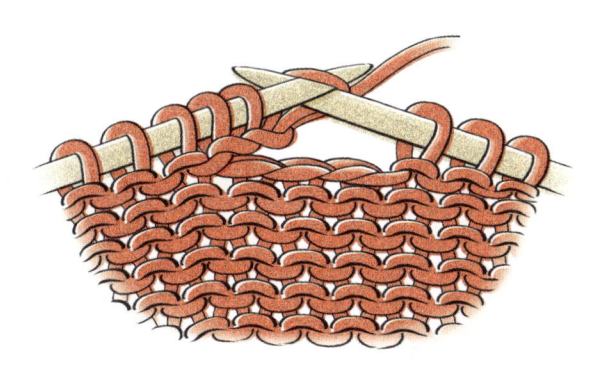

3. Die Arbeit wenden. Im Kordelanschlag (siehe S. 88) so viele Maschen anschlagen, wie abgekettet wurden, und eine Masche zusätzlich.

4. Die Arbeit wenden (Sie sehen auf die rechte Seite) und den Faden nach hinten legen. Die nächste Masche von der linken Nadel auf die rechte abheben. Mit der Spitze der linken Stricknadel die zusätzlich aufgenommene Masche über die abgehobene ziehen und von der Nadel gleiten lassen. Die Reihe normal beenden.

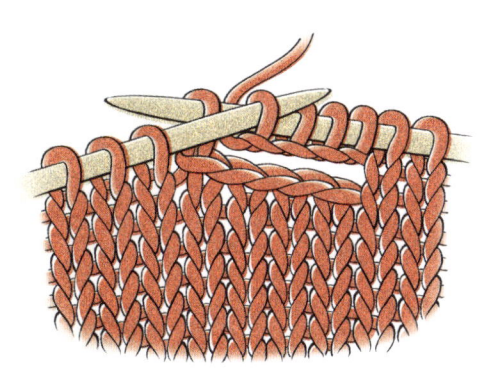

Verschlüsse

WAAGERECHTES KNOPFLOCH ÜBER ZWEI REIHEN

Dies ist wahrscheinlich der meistverwendete Knopflochtyp. Wieder entscheidet die gewünschte Größe darüber, wie viele Maschen abgekettet werden. Hier wird die Technik an einem glatt rechts gestrickten Stück gezeigt, sie kann aber auch in jedem anderen Strickmuster gearbeitet werden.

1. Bis zur Position des Knopflochs stricken. Die erforderliche Maschenzahl für das Knopfloch abketten (siehe S. 50). Die Reihe beenden.

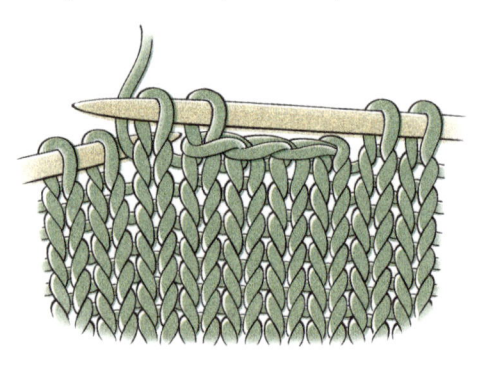

2. In der nächsten Reihe bis zu den abgeketteten Maschen stricken.

3. Die Arbeit wenden und mit der Spitze der rechten Nadel in die erste Masche auf der linken Stricknadel einstechen.

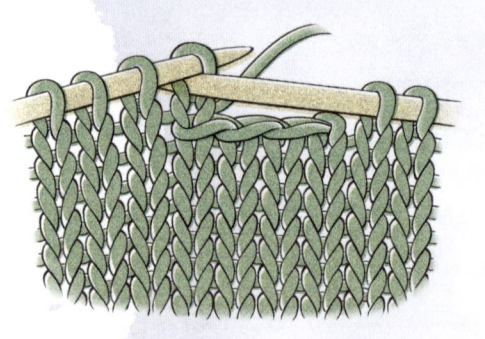

4. Im Kordelanschlag (siehe S. 88) so viele Maschen anschlagen, wie für das Knopfloch abgekettet wurden.

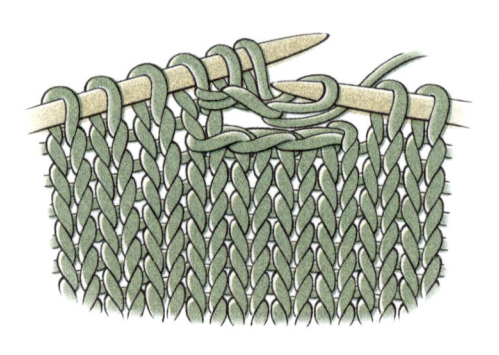

5. Bevor die letzte angeschlagene Masche auf die linke Nadel gelegt wird, den Faden zwischen den Nadeln vor die Arbeit legen. Dann erst die Masche auf die linke Stricknadel legen. Die Arbeit wieder wenden, den Arbeitsfaden fest anziehen und die Reihe beenden.

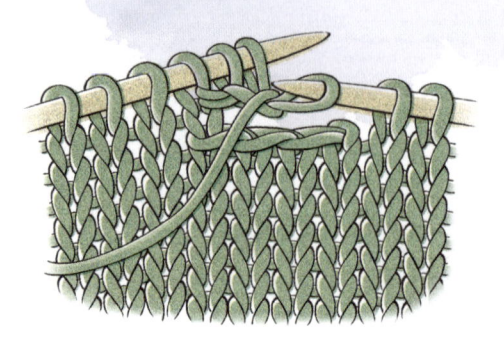

SENKRECHTES KNOPFLOCH

Für dieses Knopfloch brauchen Sie einen Maschenraffer, ein zweites Knäuel Garn und eine zusätzliche (kleine) Stricknadel. Senkrechte Knopflöcher müssen an ihrem oberen und unteren Ende verstärkt werden. Lassen Sie beim Abschneiden und Ansetzen des Garns lange Enden hängen und verwenden Sie diese dafür.

1. Bis zur Position des Knopflochs stricken. Die restlichen Maschen der Reihe auf einem Maschenraffer stilllegen. Die Arbeit wenden und nur über die Maschen auf der Nadel stricken, bis das Knopfloch die gewünschte Höhe hat. Mit einer Hinreihe enden. Den Faden nicht abschneiden.

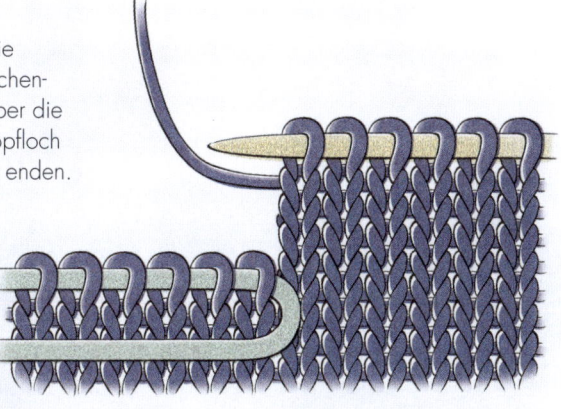

2. Die stillgelegten Maschen auf eine Stricknadel nehmen und neues Garn ansetzen (siehe S. 71). Mit einer dritten Stricknadel die andere Seite des Knopflochs stricken, jedoch eine Reihe weniger als für die erste Hälfte – also mit einer Rückreihe enden. Dann die Nadeln mit der ersten Hälfte des Knopflochs in die rechte Hand nehmen und über den Knopflochspalt hinweg die Maschen der zweiten Hälfte stricken.

3. Mit den Fadenenden, die am Knopfloch hängen, einige Stiche quer über sein oberes und unteres Ende nähen, um sie zu verstärken. Danach die Fäden vernähen (siehe S. 227).

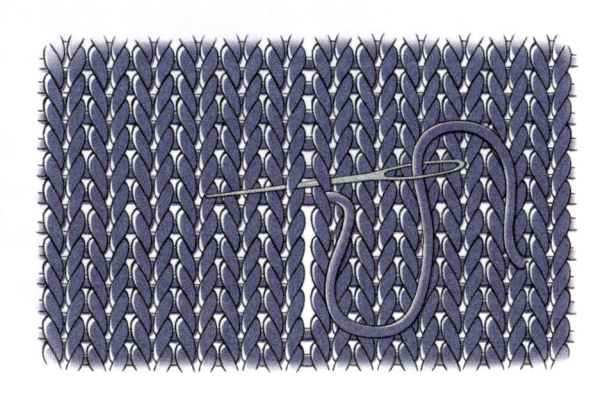

Verschlüsse

KNOPFLÖCHER VERSTÄRKEN

Gestrickte Knopflöcher leiern durch ständigen Gebrauch leicht aus. Das lässt sich vermeiden, indem man sie einzeln verstärkt oder indem man ein Band auf die Rückseite der Knopfleiste näht (siehe auch S. 250). Ein Band hat den zusätzlichen Vorteil, dass die Knopflöcher nicht offen stehen, wenn kein Knopf darin ist.

1. Einzelne Knopflöcher werden zur Verstärkung mit kleinen Langettenstichen umstickt (siehe S. 194). Sie können dafür das Garn verwenden, aus dem das Modell gestrickt wurde, oder auch eine Kontrastfarbe.

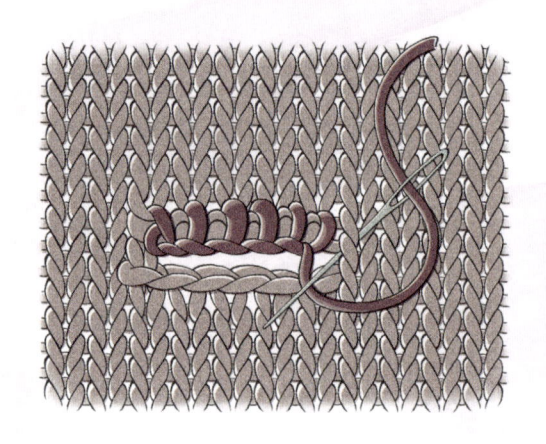

2. Ein Stück Ripsband zuschneiden, das 2 cm länger als die zu verstärkende Knopfleiste ist. Beide Enden 1 cm einschlagen und fingerbügeln. Das Band so auf der Rückseite der Knopfleiste feststecken, dass es von rechts nicht sichtbar ist. Die Arbeit wenden und durch die gestrickten Knopflöcher Position und Länge jedes Knopflochs genau anzeichnen. Das Band wieder lösen und die Knopflöcher arbeiten. Entweder von Hand mit kleinen Langettenstichen (siehe S. 194) oder mit der Nähmaschine. Das Band wieder auf die Rückseite der Knopfleiste stecken, dabei die gestrickten und die genähten Knopflöcher genau ausrichten. Beide langen Kanten des Bands mit einer spitzen Nähnadel und farblich gut passendem Garn mit winzigen Stichen festnähen. Ebenso rund um die Knopflöcher Strick und Band zusammennähen.

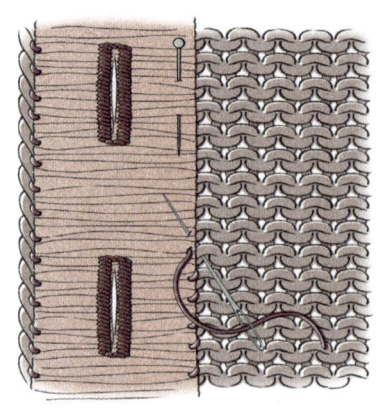

KNÖPFE BEZIEHEN

Sets mit allem Zubehör zum Beziehen von Knöpfen kann man im Fachhandel kaufen. Stricken Sie ein Quadrat, das etwas größer ist als die Knopfform. Der Strick zum Beziehen muss sehr, sehr fest sein, verwenden Sie darum mindestens eine Nadelstärke weniger als für das Modell selbst. In der Gebrauchsanweisung des Herstellers wird genau erklärt, wie beim Beziehen des Knopfs vorzugehen ist.

KNOPFSCHLAUFEN

Knopfösen sind eine hübsche Alternative zu Knopflöchern. Man kann sie stricken, häkeln oder mit Sticknadel und Faden ummanteln. Ich bevorzuge gehäkelte Ösen.

1. Eine Luftmaschenkette häkeln. Dafür eine Anfangsschlinge knüpfen und auf eine Häkelnadel legen. *Den Faden erfassen und eine Masche durch die Masche auf der Häkelnadel ziehen. Ab * bis zur gewünschten Länge wiederholen. Den Faden nicht zu kurz abschneiden. Das Ende durch die letzte Masche führen und festziehen. Die Öse mit den Fäden an Anfang und Ende an der gestrickten Kante festnähen.

256 Fertigstellung

GUMMIBAND IM TUNNEL

Für einen elastischen Taillenabschluss wird ein breiter Saum nach innen eingeschlagen, um einen Tunnel zum Einziehen eines Gummibands zu erhalten. Auf der Abbildung ist zu sehen, wie die Gummibandenden zusammengenäht werden. Ein Tunnel eignet sich nur für Strick aus relativ dünnem Garn. In dickem Strick würde er einen zu dicken Wulst bilden.

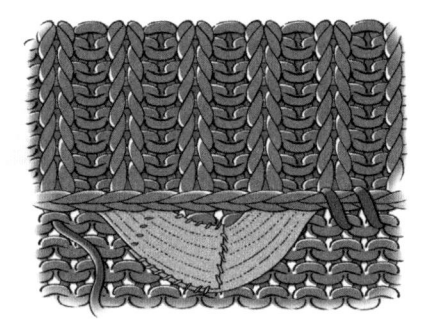

1. Ein Tunnel ist nichts anderes als ein Saum an der Kante eines Kleidungsstücks. Die Bruchkante (siehe S. 242) kann nach Belieben gestaltet werden. Beim Festnähen der Saumkante (siehe S. 243) muss ein kleines Stück zum Einziehen des Gummibands offen bleiben. Gummiband in passender Länge zuschneiden und an einem Ende eine Sicherheitsnadel befestigen. Das Gummiband durch den Tunnel fädeln und gut aufpassen, dass es dabei nicht verdreht wird. Die Enden des Gummibands überlappend sorgfältig zusammennähen.

GUMMIBAND EINNÄHEN

Diese Methode eignet sich für Modelle aus dickerem Garn, weil der Strick im Gegensatz zum Tunnel einlagig bleibt.

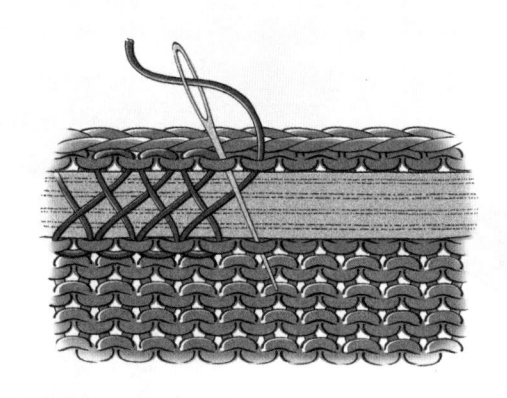

1. Gummiband in passender Länge zuschneiden und die Enden überlappend zusammennähen. Dabei das Gummiband nicht verdrehen. Den Gummibandring auf der linken Seite des Kleidungsstücks knapp unter der Oberkante feststecken. Einen langen Faden in eine Sticknadel ohne Spitze einfädeln und das Ende auf der Rückseite über dem Gummiband befestigen. *Von links nach rechts arbeiten. Von unten nach oben unter dem Querfaden einer Masche direkt über dem Gummiband durchstechen, dann von oben nach unten unter dem Querfaden der links danebenliegenden Masche durchstechen. An der unteren Kante des Gummibands eine Masche weiter rechts (also leicht schräg) von oben nach unten unter dem Querfaden einer Masche und von unten nach oben unter dem Querfaden der links danebenliegenden Masche durchstechen. An der oberen Kante des Gummibands eine Masche weiter rechts (also leicht schräg) fortfahren. Ab * wiederholen. Die Stiche festziehen, aber den Strick dabei nicht zusammenraffen.

GUMMIFADEN EINZIEHEN

Wenn Rippenbündchen nicht elastisch genug sind oder mit der Zeit ausleiern, kann man Gummifaden einziehen.

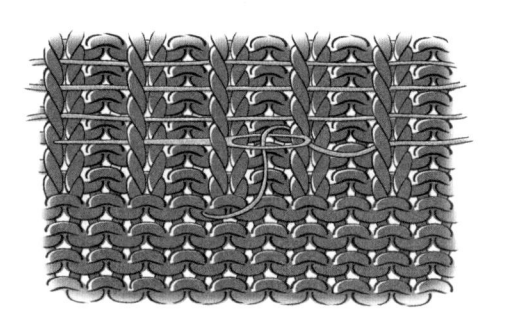

1. Ein langes Stück Gummifaden in eine Sticknadel ohne Spitze einfädeln und auf der Rückseite am Beginn der elastischen Partie befestigen. Es kann verknotet oder mit Nähgarn festgenäht werden. Auf der Innenseite der Arbeit die Gummikordel unter einem Maschenglied jeder rechten Masche durchziehen und dabei gleichmäßig straffen. Damit das Bündchen gleichmäßig sitzt, durch jede Reihe einen Gummifaden ziehen.

Verschlüsse

REISSVERSCHLUSS EINSETZEN

Jacken mit Reißverschluss sind praktisch und sehen modern aus. Das Einnähen ist verblüffend einfach, weil der Strick kleine Ungenauigkeiten der Nähte verdeckt. Ich verwende Reißverschlüsse gern für lässige Kindermodelle. Sparen Sie nicht am falschen Ende. Billige Reißverschlüsse können klemmen und halten oft nicht lange.

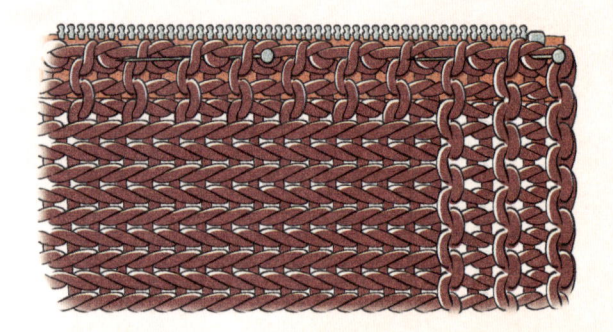

1. Den Reißverschluss öffnen und so feststecken, dass die gestrickte Kante dicht neben den Zähnchen liegt – aber nicht so dicht, dass sie sich in ihnen verfangen kann.

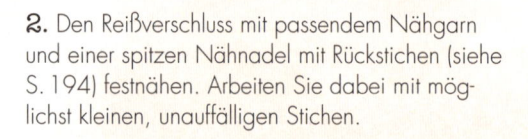

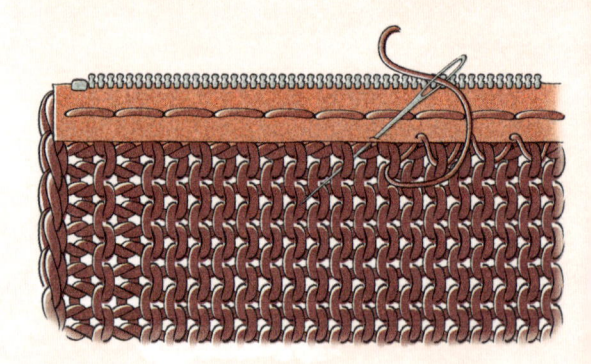

2. Den Reißverschluss mit passendem Nähgarn und einer spitzen Nähnadel mit Rückstichen (siehe S. 194) festnähen. Arbeiten Sie dabei mit möglichst kleinen, unauffälligen Stichen.

3. Auf der Innenseite des Modells die Kante des Reißverschlusses zusätzlich mit kleinen, schrägen Stichen festnähen. Dabei durch die Querfäden der Maschen stechen, damit die Stiche auf der Außenseite nicht zu sehen sind.

REISSVERSCHLUSS MIT HÄKELKANTE

Eine sehr saubere Lösung ist es, die gestrickten Kanten zunächst zu umhäkeln, statt den Reißverschluss direkt an die Randmaschen zu nähen. Durch das Umhäkeln werden die Kanten gleichzeitig etwas verstärkt, was bei Strick aus weich fließendem Garn ein zusätzlicher Vorteil sein kann.

1. Vor dem Einnähen des Reißverschlusses die Kanten der Öffnung mit festen Maschen (siehe S. 215) umhäkeln. Dann den Reißverschluss mit Rückstich (siehe linke Seite) dicht an der Kante der gehäkelten Maschen festnähen.

2. Wenn die Kante sehr weich ist, häkeln Sie zusätzlich eine Reihe Kettmaschen (siehe S. 214) in die festen Maschen. Das kann auch noch nach dem Einnähen des Reißverschlusses erfolgen.

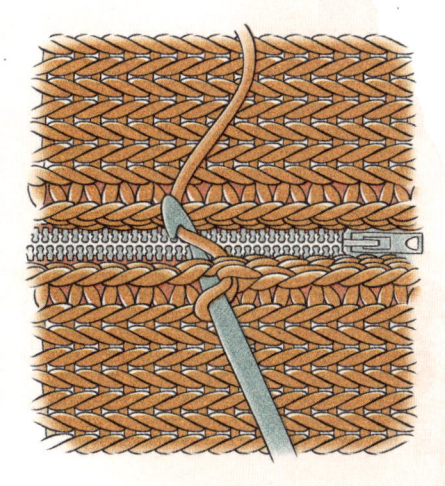

STRICK UND STOFF ZUSAMMENNÄHEN

Beim Zusammennähen von gestrickten Teilen mit gewebtem Stoff müssen die Unterschiede der beiden Materialien berücksichtigt werden. Ich habe einmal ein Kleid entworfen, das mir sehr gut gefiel. Es hatte ein gestricktes Oberteil mit Zopf- und Perlmuster und einen Rock aus geblümtem Stoff.

In erster Linie muss berücksichtigt werden, dass Strick sich dehnt, gewebter Stoff jedoch nicht. Selbst Stretchstoff ist selten so elastisch wie Strick. Der Strick muss aber auch nach dem Zusammennähen noch dehnbar sein, beispielsweise um das Kleidungsstück anzuziehen.
Am besten näht man Strick und Gewebe mit einem Overlocker zusammen. Diese Maschinen sind für elastische Stoffe konzipiert und produzieren Stiche, die einerseits stabil und haltbar sind, aber andererseits nachgeben. Moderne Haushaltsnähmaschinen verfügen meist über einen geraden Stretchstich. Wenn Ihre Maschine diesen Stich nicht bietet, versuchen Sie es mit einem schmalen Zickzackstich. Die Naht sieht nicht ganz so sauber aus, reißt aber bei Zugbelastung nicht so leicht.
Wenn Sie von Hand nähen, muss die Kante des gewebten Stoffs vorher versäubert werden. Sie können dann mit Steppstich (siehe S. 225) oder überwendlichem Stich (siehe S. 225) arbeiten.

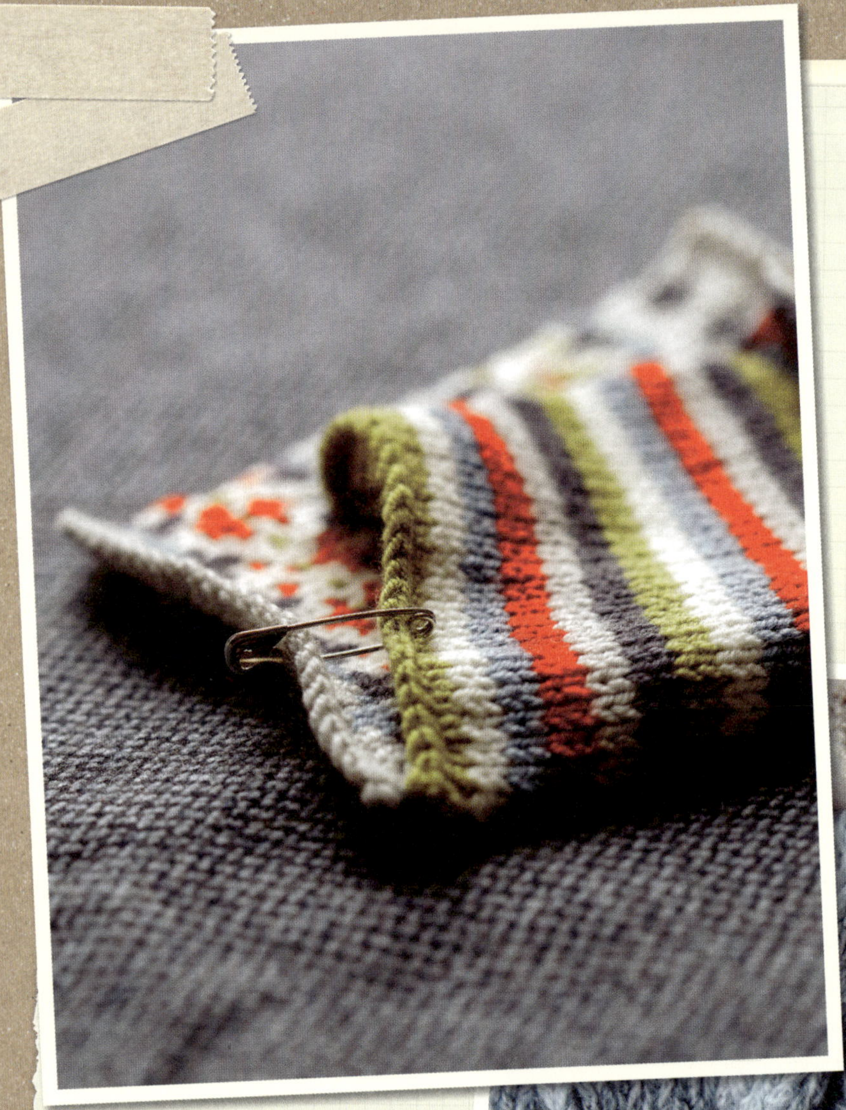
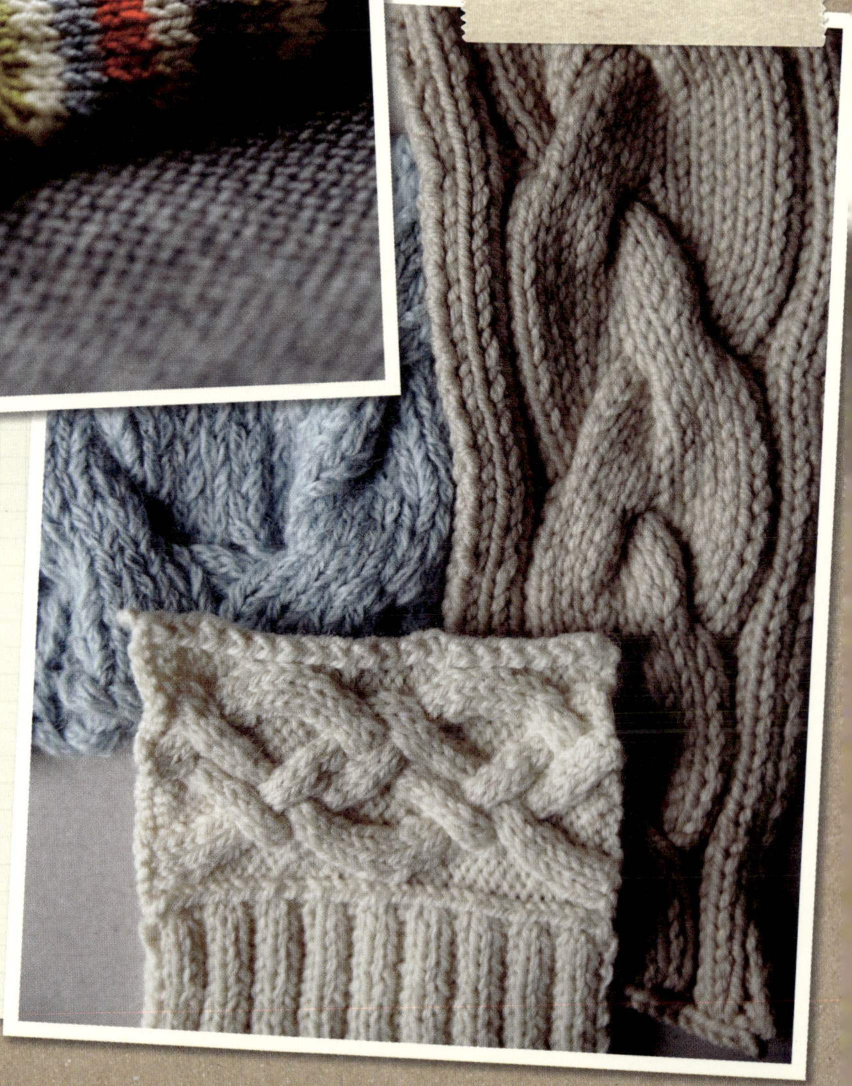

EIGENE ENTWÜRFE

Immer wieder höre ich, dass selbst versierte Strickerinnen sich nicht zutrauen, Modelle selbst zu entwerfen. Sie wissen nicht so recht, wo sie anfangen sollen. Frage ich dann aber nach, stellt sich oft heraus, dass schon ihr allererstes Modell ein eigener Entwurf war: ein Schal. Der Weg vom Schal zum selbst entworfenen Pullover ist gar nicht so lang und kompliziert, wie Sie vielleicht glauben.

IDEENSUCHE

Der Weg, auf dem Ideen entstehen, vollzieht sich bei jedem Menschen auf individuelle Weise, an unterschiedlichen Orten und mit verschiedenen Inspirationsquellen. Experimente gehören dazu, und manchmal fallen die Ergebnisse anders aus als erwartet. Das ist aber kein Problem. Im Gegenteil, gerade bei der Ideenfindung können Überraschungen wertvolle neue Anstöße geben. Auch die Erfahrungen anderer Menschen können Impulse geben oder Alternativen aufzeigen. Darum erzähle ich hier darüber, wie ich bei der Ideensuche vorgehe.

FOTOS

Viele Menschen nutzen Fotos als Inspirationsquelle – eigene Aufnahmen ebenso wie Fotos aus Büchern oder Zeitschriften oder aus dem Internet. Es müssen gar keine meisterhaften Aufnahmen sein. Ein paar Schnappschüsse genügen, um Formen, Farben und Texturen eines Motivs festzuhalten. Außerdem sind solche Fotos ja nur für den eigenen Gebrauch gedacht. Andere Menschen brauchen sie nicht zu sehen.

Noch vor fünf Jahren hatte ich mein Handy selten bei mir. Ich nahm es nur mit, wenn ich verreiste und zu Hause anrufen wollte. Dann bekam ich ein Blackberry und lernte schnell zu schätzen, dass ich unterwegs – auch ohne »richtigen« Computer – E-Mails lesen und beantworten konnte. Das Grauen, nach der Rückkehr Hunderte von E-Mails bearbeiten zu müssen, hatte damit ein Ende.

Seit ich ein Handy habe, mit dem ich außerdem fotografieren kann, hat sich mein Umgang mit dem Gerät geändert, und gleichzeitig meine Art der Ideenfindung. Wenn ich in dem Multikultiviertel von London, in dem ich wohne, über eine belebte Straße gehe, lösen die vielen Eindrücke Überlegungen aus, die in ein Design münden können: von den intensiven Farben eines indischen Saris bis zu Schnitt oder Detail eines Modells in einem Schaufenster. Heute brauche ich diese Bilder nicht mehr im Kopf zu behalten, um mir später Notizen zu machen, sondern kann sie schnell fotografieren – und aufbewahren. Das gibt mir die Möglichkeit, auch ältere Fotos durchzusehen, wenn ich auf der Suche nach Ideen für die aktuelle Kollektion bin. Kürzlich sah ich auf einer Reise nach New York beim Blick aus dem Hotelfenster die Spiegelung von Neonlichtern in den Fenstern eines Wolkenkratzers. Diese Kombination von Rosa und Grau brachte mich auf die Idee für ein Fair-Isle-Muster überwiegend in Grautönen mit Akzenten in Rosa.

MOODBOARDS, SCRAPBOOKS UND SKIZZENBÜCHER

Ein Moodboard ist eine Art Miniatur-Scrapbook für ein einzelnes Projekt: ein Bogen Zeichenkarton mit Fotos, Stoff- und Wollproben, Skizzen, ausgerissenen Bildern und anderen Fundstücken, die Denkprozesse und Fantasie auf Touren bringen.

Ich liebe Moodboards. Man kann mit wenigen Elementen beginnen, den Bogen an einem gut sichtbaren Platz aufhängen und ihn jederzeit um weitere Bilder oder Proben ergänzen. So kann eine Idee langsam wachsen und Gestalt annehmen. Ebenso ist denkbar, eine Vielzahl von Kleinigkeiten auf dem Moodboard anzubringen, die sich im Lauf der Zeit angesammelt haben und die, sobald sie geordnet sind, einer Idee eine Richtung geben. Mich faszinieren die Moodboards anderer Designer, und manchmal betrachte ich ihre Skizzenbücher geradezu neidisch. Kürzlich blätterten meine Kollegin Teresa und ich in dem Skizzenbuch, das eine Studentin zu einem Vorstellungsgespräch mitgebracht hatte. Kaum war sie gegangen, raunten wir einander zu: »Hast du gesehen, was sie mit den kleinen Zweigen gezaubert hat?« Und: »Was für eine Handschrift!«

Natürlich ist auch das Internet ein reicher Fundus. Ich schaue mich besonders gern auf Pinterest um, weil mich interessiert, was andere Menschen inspiriert. Außerdem bietet die Plattform die Möglichkeit, sogar unterwegs jederzeit Ideen festzuhalten. Da ich nicht sonderlich gut skizzieren und tolle Moodboards zusammenstellen kann, gefällt mir auch die Möglichkeit, Bilder am Computer zu sammeln.

Weil ich aber noch old school arbeite, bevorzuge ich im wirklichen Leben eine Pinnwand. In meinem Atelier nimmt sie fast eine ganze Wand ein. Dort hänge ich Zeitschriftenbilder, Stoffmuster, Proben aus meinen Garnkollektionen und gestrickte Probestücke auf, die ich immer wieder aus der Distanz betrachte, ergänze, neu arrangiere oder ganz wegnehme.

EINE KOLLEKTION ENTWERFEN

Wahrscheinlich bringen Sie den Begriff »Kollektion« nur mit professionellen Designern in Zusammenhang. Denken Sie um! Die meisten Menschen haben eine Lieblingsfarbe, bevorzugen bestimmte Garne oder stricken vorzugsweise bestimmte Modelle. Wenn Sie dann beginnen, eigene Modelle zu entwerfen, entsteht ganz von allein eine Kollektion.

Wenn ich an einer Serie von Modellen arbeite, möchte ich, dass sie eine gemeinsame Geschichte erzählen. Fotos von Landschaften, Hintergründen und Farbkombinationen gehören zu meinem Arbeitsmaterial und helfen mit, Stylisten und Fotografen meine Ideen zu verdeutlichen.

Auf Websites wie style.com informiere ich mich über Modetrends für die kommende Saison. Für professionelle Designer ist diese Vorausschau unerlässlich, doch auch wenn Sie für sich selbst entwerfen, möchten Sie vielleicht wissen, welche Schnitte oder Farben im Kommen sind.

Ideen kommen mir jederzeit und überall in den Kopf. Ich nehme mir zwar immer wieder vor, allzeit ein Skizzenbuch bei mir zu tragen, um sie schnell festzuhalten, doch meist vergesse ich es. Darum habe ich viele meiner Skizzen auf irgendein Papier gezeichnet, das gerade zur Hand war. Oft sind es Papierservietten, was vermuten lässt, dass Restaurants meine Fantasie beflügeln. Was auch immer Sie benutzen, um Ihre Ideen festzuhalten: Bewahren Sie diese groben Skizzen auf, denn sie sind der allererste Schritt jedes Gestaltungsprozesses.

GUTE PASSFORM

Beim Entwerfen von Kleidungsstücken sind einige Aspekte zu bedenken, allen voran die Figur der Person, die das fertige Modell einmal tragen soll.

GRÖSSE

Wenn Sie die Konfektionsgröße, die Sie normalerweise kaufen, für die Wahl der Größe einer Strickanleitung zugrunde legen, kann es sein, dass das fertige Modell trotzdem nicht optimal sitzt. Das liegt daran, dass sich die einzelnen Maße, auf die sich Modeindustrie und Strickmusterdesigner stützen, natürlich nicht für jedes Individuum stimmen.

Es gefällt mir gut, Modelle für Kinder, aber auch Kollektionen für Damen – und manchmal Herren – zu entwerfen, weil alle unterschiedliche Herangehensweisen erfordern. Besonders schätze ich, dass ich beim Entwerfen von Strickmode für Damen die verschiedenen Figurtypen berücksichtigen muss. Diese Typen werden gern den Kategorien Birne, Apfel, Rechteck und Stundenglas zugeordnet. Den ersten drei Typen habe ich in unterschiedlichen Lebensphasen entsprochen, eine Stundenglasfigur hatte ich leider nie.

Auf Reisen, wenn ich meine neuen Kollektionen und Garne in Geschäften vorstelle, ergibt es sich oft, dass Frauen die Modelle anprobieren, die selbst gut stricken können. Fülligere Frauen zögern oft, die Modelle anzuziehen, wenn ich ihnen sage, dass es dieselben Modelle wie auf den Fotos sind und dass alle eine Brustweite von 86 cm haben. Wenn sie dann hineinschlüpfen, stellen sie oft fest, dass sie ein falsches Bild von ihrer eigenen Figur haben und dass sie vielleicht nur eine Größe mehr brauchen.

Dafür gibt es verschiedene Gründe. Handgestrickte Modelle sind dehnbar, sie passen sich also ein Stück weit der Figur an. Fast alle Modelle, ausgenommen nur die wirklich körpernahen, haben eine Bequemlichkeitszugabe von mindestens 5 cm, je nach Modell und Stil auch mehr. Um einen Eindruck der Gesamtweite zu bekommen, sollten Sie nicht nur die Brustweite prüfen, sondern alle Maße des Modells. Möglicherweise werden Sie sich dann für eine andere Größe entscheiden.

Manchmal werde ich gefragt, warum ich keine XXL-Größen mit mehr als 120 cm Brustweite anbiete. Ich bin der Meinung, dass das Vergrößern und Verkleinern von Standardmodellen seine Grenzen hat. Die menschlichen Körpermaße unterliegen keinen mathematischen Formeln. So kann eine kleine Frau mit schmalen Schultern dennoch einen Brustumfang von 100 cm haben. Würden Designer nun ihre Modelle vergrößern, indem sie zu allen Maßen – Weite, Länge, hintere Ausschnittbreite etc. – schrittweise jeweils etwas zugeben, sähen sie am Ende wie Zelte aus. Das Modell beutelt an den Schultern, die Ärmel sind zu lang, der Ausschnitt verzieht sich und Sie fühlen sich hässlich. Ich kenne eine Reihe von Frauen, die aufgehört haben, für sich selbst zu stricken, weil sie sich in ihren eigenen Modellen unattraktiv fanden. Meistens lag es jedoch nur daran, dass ihnen die fertigen Kleidungsstücke zu groß waren.

GRUNDFORMEN

Für Pullover und Jacken gibt es einige klassische Grundformen, die sich bewährt haben, weil sie fast jedem Figurtyp stehen. Natürlich müssen Sie sich beim Entwickeln eigener Modelle nicht darauf beschränken, aber es ist trotzdem sinnvoll, sich mit ihnen zu beschäftigen.

Die Entscheidung, ein Kleidungsstück zu stricken, ist ein mutiger Schritt. Ich kaufe selten Kleidung online, weil ich alles anprobieren muss. Kleider sind am schwierigsten, denn wenn mir das Oberteil passt, ist die Hüftpartie zu eng. Menschen, die Garne meines Labels oder Anleitungen zu meinen Modellen kaufen, bringen mir viel Vertrauen entgegen. Das nehme ich als Designerin nicht als Selbstverständlichkeit hin, denn wie gut ein Modell sitzt, weiß die Kundin erst nach stundenlanger Arbeit. Wir Designer wissen, dass jede Figur einzigartig ist. Dennoch können wir nicht alle Einzelfälle berücksichtigen, sondern müssen uns an gewissen Standards orientieren. Außerdem lässt sich eine große Bandbreite von Größen nicht einfach dadurch erzielen, dass man beim Schreiben von Anleitungen Zahlen addiert oder subtrahiert. Wenn ich ein längeres Oberteil oder eine Tunika entwerfe, entscheide ich mich oft für eine dezente A-Linie. Ich finde nichts hässlicher als ein Bündchen, das Po oder Hüftbereich einschnürt. Hinzu kommt, dass sich die Figur mit zunehmendem Alter verändert (von meiner Taille habe ich mich schon vor Jahren verabschiedet). Es hat aber wenig Sinn, unförmige Kleidung zu tragen, um das zu verstecken, was uns nicht gefällt. Viel schöner ist figurfreundliche Mode, die unsere Pluspunkte besonders hervorhebt.

Eine kastige Jacke sitzt schmeichelhafter, wenn die Seitennähte leicht abgeschrägt sind oder wenn der untere Teil mit einer dünneren Nadel gestrickt wird. Frauen mit großer Oberweite stehen schlichte Modelle mit V-Ausschnitt oder längere, nach unten hin leicht ausgestellte Tuniken viel besser als übergroße Pullover im Boyfriend-Stil. Strick kann der Figur schmeicheln, aber er kann sie auch formlos wirken lassen. Wählen Sie Modelle darum mit Bedacht.

Wenn Sie sich für eine Form entschieden haben, zeichnen Sie eine Skizze. In diesem Stadium darf sie noch sehr grob sein, weil sie nur als Vorbereitung für den nächsten Gestaltungsschritt dient.

RICHTIG MESSEN

Wenn Sie eine grobe Vorstellung von Ihrem gewünschten Modell haben, müssen Sie die richtige Größe finden, damit es später gut sitzt. Nehmen Sie sich dafür Zeit und messen Sie genau. Sonst ist die ganze Strickarbeit womöglich umsonst.

Wenn Sie ein Modell für sich selbst entwerfen, sollten Sie zuerst Ihre Körpermaße ermitteln. Messen Sie auch vorhandene Kleidungsstücke, die Ihnen gut passen. Es müssen keine gestrickten Kleidungsstücke sein. Falls Sie allerdings ein Modell aus unelastischem Stoff messen, beispielsweise eine Leinenbluse, bedenken Sie, dass Strick nachgibt und dadurch mehr Bewegungsfreiheit lässt.

Denken Sie an die Nahtzugaben. Kleidungsstücke messen Sie von Naht zu Naht, aber an den gestrickten Teilen müssen die Maschen oder Reihen zugegeben werden, die später in den Nähten verschwinden. Wenn Sie ein Kleidungsstück auf links drehen, lassen sich die Maße exakt bis zu den Nahtlinien ermitteln. Sie können auch die Nahtzugaben messen, allerdings können diese beim gestrickten Modell abweichen, weil sie durch die Größen einzelner Maschen vorgegeben werden.

Probieren Sie Stücke aus Ihrem Schrank an, bis Sie eins finden, dessen Passform Ihnen zusagt und dessen Form der ähnelt, die Sie stricken möchten. Breiten Sie das Kleidungsstück flach aus, ohne es zu dehnen. Vergrößern Sie Ihre grobe Skizze mit einem Fotokopierer, um Platz für Notizen zu gewinnen. Dann wird das Kleidungsstück mit einem Maßband (kein Meterstab und kein starres Stahlbandmaß) ausgemessen. In der Zeichnung gegenüber sehen Sie, welche Maße nützlich sein können. Tragen Sie Ihre ermittelten Maße mit einem farbigen Stift an den entsprechenden Positionen in die Skizze ein.

EIN KLEIDUNGSSTÜCK VERMESSEN

Hier wird die Vorgehensweise an einem Pullover erklärt, sie gilt jedoch auch für andere Kleidungsstücke. Um eine Jacke mit überlappenden Vorderteilen (siehe Foto linke Seite) auszumessen, falten Sie ein Vorderteil aus dem Weg, damit Sie das andere messen können, ohne seine Form zu verzerren. Normalerweise sind Vorderteile symmetrisch. Ist das nicht der Fall, falten Sie zuerst eins und dann das andere aus dem Weg, um das jeweils freie zu messen.

Die Abbildung zeigt alle Maße, die für einen Pullover mit Taillenkontur relevant sein können. Je nach Art Ihres Modells brauchen Sie vielleicht nicht alle hier aufgeführten Werte.

A Rückenlänge (Unterkante Halsbündchen bis Taille)

B Länge von Taille bis Saum

C Höhe des Armausschnitts (Schulternaht bis Seitennaht)

D Breite des hinteren Halsausschnitts (ohne Bündchen oder Kragen)

E Tiefe des hinteren Ausschnitts (ohne Bündchen oder Kragen)

F Länge einer Schulternaht (Halsausschnitt bis Armausschnitt)

G Schulterbreite (über beide Schultern gemessen, von Armausschnitt zu Armausschnitt/oben)

H Breite des vorderen Ausschnitts (ohne Bündchen oder Kragen)

I Tiefe des vorderen Ausschnitts (ohne Bündchen oder Kragen)

J Breite auf Brusthöhe (ca. 2 cm unter den Armausschnitten)

K Breite auf Taillenhöhe (Seitennaht bis Seitennaht)

L Breite auf Hüfthöhe (oder Unterkante, je nach Modell, von Seitennaht bis Seitennaht)

M Ärmellänge (Schulteransatz bis unterer Abschluss)

N Länge der Unterarmnaht

O Breite auf Bizepshöhe (maximale Breite des Ärmels)

P Breite des unteren Armabschlusses

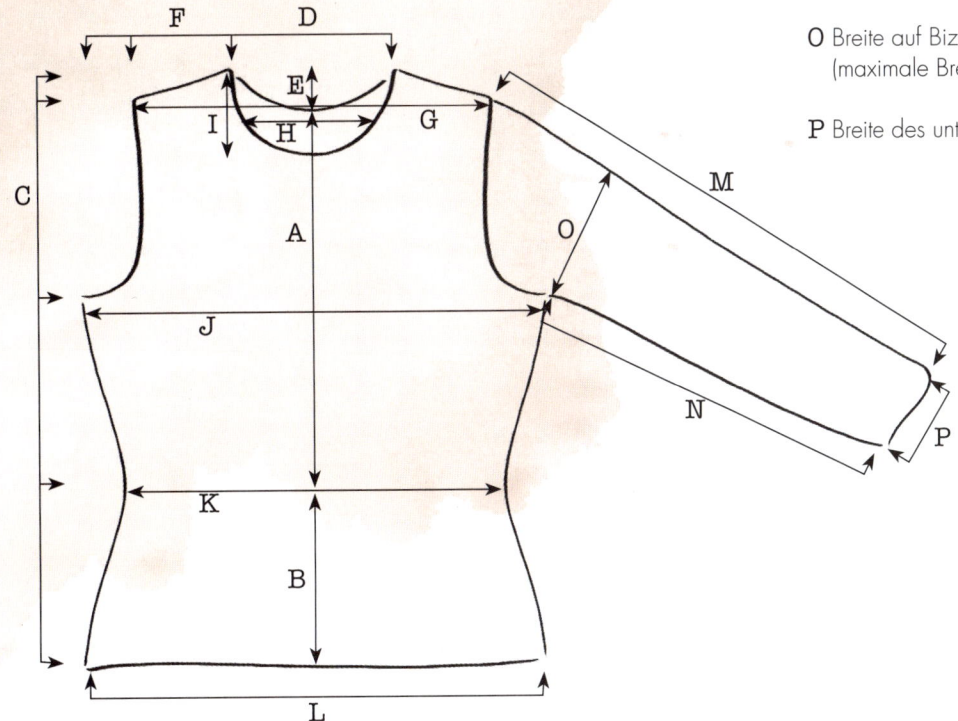

Gute Passform

MASSNEHMEN AM KÖRPER

Seien Sie beim Messen ehrlich! Nicht den Bauch einziehen, sonst riskieren Sie, sich beim Stricken viel Arbeit umsonst zu machen.

Lassen Sie sich beim Maßnehmen helfen. Allein müssten Sie sich verrenken, um das Maßband in die richtige Position zu bringen; dadurch kommen falsche Ergebnisse zustande. Wenn Sie weitere Maße benötigen, die Sie nicht von einem Kleidungsstück abnehmen können (beispielsweise weil es zu kurz ist), nehmen Sie auch diese direkt am Körper.

Die Abbildungen zeigen, wo das Maßband um den Körper gelegt werden muss.

A Brustumfang (An der breitesten Stelle messen. Das Maßband muss im Rücken gerade verlaufen.)

B Natürliche Taille (Um sie zu finden, die Hände an die Taille legen und seitwärts beugen.)

C Hüftumfang (An der breitesten Stelle messen.)

D Vordere Oberkörperlänge (von der Schulter über die Brust zur natürlichen Taillenlinie)

E Rückenlänge (in der Mitte des Rückens vom Nacken zur natürlichen Taille)

F Unterleibshöhe: Abstand von Taille bis Hüfte

G Schulterbreite (Armkugel bis Armkugel)

H Armlänge (Armkugel bis Handgelenk)

I Bizeps (Umfang an der stärksten Stelle des Oberarms)

J Handgelenk (Umfang der dünnsten Stelle)

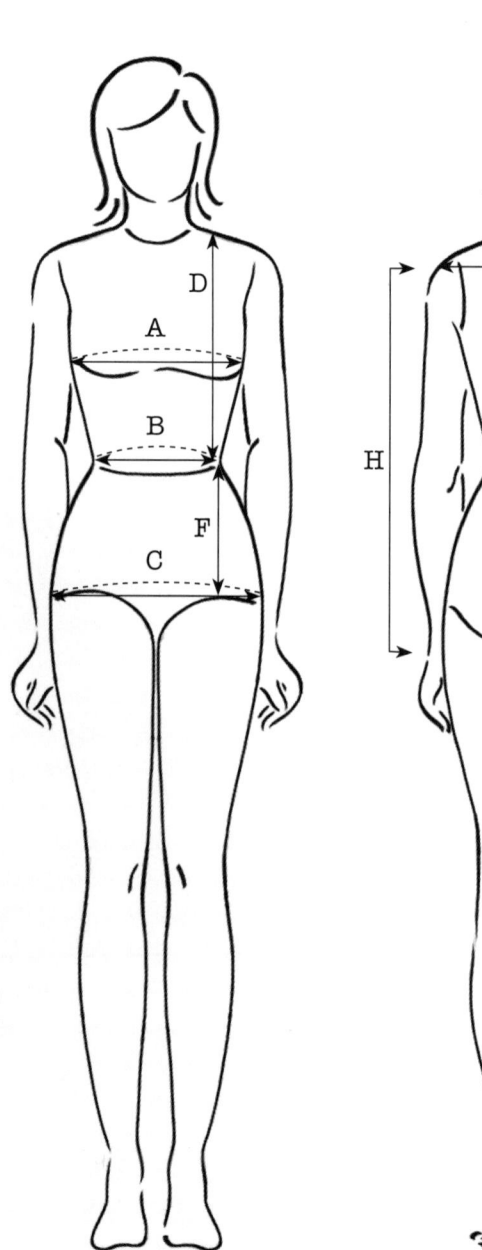

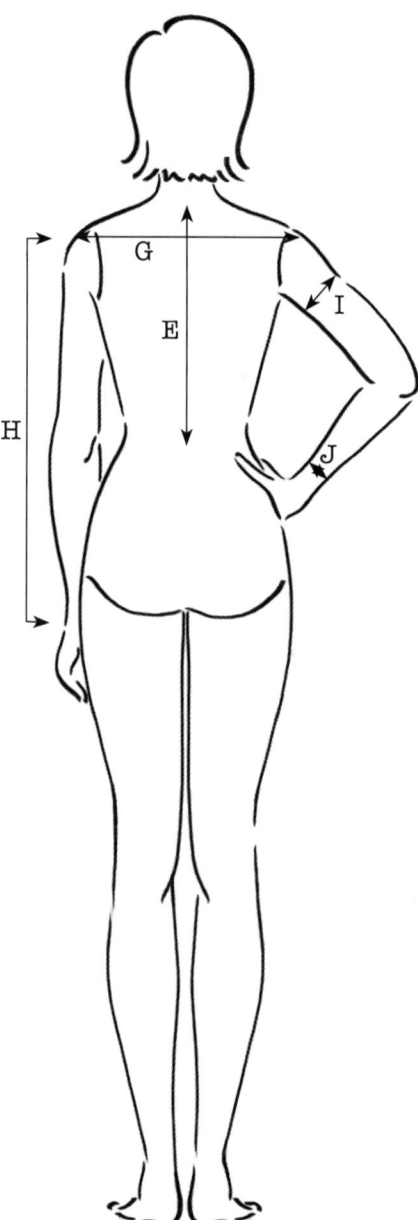

GENAUERE SKIZZE

Wenn alle nötigen Maße ermittelt sind, sollten Sie Ihre Skizze maßstabsgetreu ins Reine zeichnen. Benutzen Sie für gerade Linien ein Lineal. Bögen können Sie aus freier Hand oder mit einem Kurvenlineal zeichnen.

Wählen Sie einen einfachen Maßstab, beispielsweise 1:10. Dann werden 20 cm des Originalmodells zu 2 cm in der Zeichnung. Die Zeichnung sollte auf ein normales Blatt Papier passen, braucht aber noch nicht ganz akkurat zu sein. Sie dient nur dazu, Idee und Form genauer auszuarbeiten.

Vielleicht stellen Sie jetzt auch fest, dass ein Element, das Ihnen in der ersten Skizze gut gefiel, in der maßstabsgetreuen Zeichnung doch nicht mehr so vorteilhaft auf Sie wirkt.

Das Maßnehmen für Schals und Mützen oder für Wohnaccessoires wie Kissen und Decken ist viel einfacher als für Kleidung. Trotzdem kann es sich lohnen, eine Skizze zu zeichnen und alle Maße darin zu notieren. So gehen Sie sicher, dass Sie nichts vergessen haben, und können unbesorgt losstricken. Skizzieren und Maßnehmen sind auch sehr hilfreich, um in einer gekauften Anleitung die optimale Größe zu wählen. Kopieren Sie einfach die Zeichnung zur Anleitung, tragen Sie Ihre eigenen Maße ein und schauen Sie dann, ob im Text weitere hilfreiche Maße angegeben werden. Dies könnte die Höhe sein, die vor den Abnahmen für die Armausschnitte gerade hochgestrickt wird.

Je genauer Sie Ihre eigenen Maße kennen, desto besser können Sie sie mit den Angaben in der Anleitung vergleichen und die für Sie richtige Größe wählen. Es ist zwar kein Problem, Rumpf oder Ärmel eines schlichten Modells um einige Reihen zu verlängern oder zu kürzen, aber wenn viele Abnahmen und Zugaben zu berücksichtigen sind oder ein komplexes Strickmuster gearbeitet wird, sind solche Änderungen schon schwieriger.

Gute Passform

AUSARBEITUNG DES ENTWURFS

Wenn Form und Größe festgelegt sind, kommt der kreative Teil – meiner Meinung nach der spannendste aller Arbeitsschritte. Manchmal greife ich ein Modell über mehrere Tage immer wieder auf, um Details zu verfeinern.

FARBEN

Auf dem Weg von der Gestaltungsidee zum konkreten Modell muss frühzeitig die Farbgebung festgelegt werden. Wir sind ständig von Farben umgeben. Einige haben wir selbst ausgesucht, manche geben andere Menschen vor und viele Farben steuert auch die Natur bei. An Inspirationsquellen herrscht also kein Mangel.

Bei manchen Menschen lösen bestimmte Gerüche Erinnerungen aus, bei mir kann eine Farbe bewirken, dass ich plötzlich an ein neues Kleid denken muss, das ich im Alter von fünf Jahren zu Ostern bekam, oder an die Streifen auf dem Holzgriff meines Springseils. Als ich zum ersten Mal den Zeichentrickfilm *Dornröschen* sah, beeindruckte mich besonders die Szene, in der die Feen mit Zauberkraft die Farbe des Kleides, das sie für die Prinzessin geschneidert hatten, immer wieder veränderten, bis der perfekte Ton gefunden war. Es wandelte sich von Grün über Blau, Mauve und Rosa bis Rot. Für mich war das die faszinierendste Szene des ganzen Films.

Natürlich sind nicht alle Erinnerungen schön. Ein bestimmtes Rosa werde ich beispielsweise immer mit der Galmei-Lotion assoziieren, mit der ich eingerieben wurde, als ich die Windpocken hatte.

Das Farbempfinden ist eine subjektive Sache und jeder hat seine Lieblingsfarben. Ich mag Blau- und Grautöne, während mir Orange und Rot weniger gefallen. Beim Zusammenstellen der Farbpalette für neue Garne orientiere ich mich auch an den Fasern. Wenn ich das Garn durch die Finger laufen lasse, fallen mir bestimmte Farben ein, beispielsweise kühle Eiscremetöne zu weichem Baumwollgarn oder satte, intensive Farben zu Seide.

Wenn ich eine bestehende Garnserie durch neue Farben ergänze, wähle ich Töne, die mit den vorhandenen harmonieren, berücksichtige aber auch kommende Modetrends. Interessant finde ich, wie sich der Kontext auf unsere Farbwahrnehmung auswirkt. Für sich betrachtet spricht mich beispielsweise die Kombination von Orange und Pink gar nicht an, aber ein Schal in dieser Farbkombination zu einem Mantel in Grau oder Schokoladenbraun kann hinreißend aussehen.

MUSTER

Selbst wenn Sie vorhaben, ein einfarbiges Modell zu stricken, sollten Sie das Thema Muster nicht ganz außen vor lassen. Muster müssen ja nicht flächendeckend gearbeitet werden. Auch kleine Farbakzente, Details oder farbige Kanten fallen in diese Kategorie.

Ein wichtiger Gesichtspunkt ist die proportionale Verteilung der Farben. Vielleicht haben Sie schon einmal wunderschöne Farben für ein Norwegermuster zusammengestellt und waren trotzdem vom Ergebnis enttäuscht, weil die Farben nach der Verarbeitung ganz anders wirkten als beim Betrachten der Knäuel. Das liegt meist an der proportionalen Verteilung: Sie haben die Farben nicht in gleichen Mengen verarbeitet und das hat Folgen für die Wirkung der Kombination. Ich brauche oft zwei oder drei Versuche, bevor ich mit einer Kombination zufrieden bin. Manchmal stricke ich Probestücke in verschiedenen Streifenbreiten, um eine ausgewogene Zusammenstellung zu finden, bevor ich das eigentliche Muster entwerfe. Wenn nur eine Reihe verändert werden muss, übersticke ich sie im Maschenstich (siehe S. 192–193). Bewahren Sie Ihre Probestücke immer auf, selbst wenn Sie Ihnen nicht gefallen. Anhand dieses Fundus können Sie später rekonstruieren, welche Kombinationen ungünstig waren. An Fair-Isle- und Norwegermustern gefällt mir besonders, dass sie allein durch die Kombination der Farben eine beinahe dreidimensionale Wirkung bekommen können. Darum setze ich sie so gern in meinen Modellen ein. Norweger- und Fair-Isle-Muster haben grundsätzlich eine traditionelle Ausstrahlung, doch wenn man sie in frechen, trendigen Farben strickt, wirken sie absolut zeitgemäß. Probieren Sie einmal ein Muster mit verschiedenen Hintergrundfarben oder stricken Sie ein Probestück mit dickerem Garn, um zu beurteilen, wie solche Veränderungen die Gesamtwirkung beeinflussen.

Vielleicht möchten Sie auch dezente Farben Ton in Ton kombinieren. Ein Muster in Schwarz, Grau und Weiß wirkt viel interessanter, wenn Sie hier und dort ein bisschen Farbe einstreuen.

Ideen für Farbkombinationen finden sich überall. Manche Designer lassen sich von der Natur inspirieren. Die Farben eines winterlich verschneiten Gartens können ebenso schön sein wie sommerliche Blütenfarben vor einem Hintergrund aus erdigem Braun und Grau. Für mich sind auch Städte eine tolle Inspirationsquelle. Ich wohne in einem lebhaften Viertel und brauche nur vor die Tür zu gehen, um hinreißende Saris in Rot, Pink und Gold oder die sehr bunten Kleider afrikanischer Frauen zu sehen.

Halten Sie die Augen nach Inspirationen offen. Am besten haben Sie immer eine Kamera dabei. Für eins meiner Muster stand ein Foto eines Wohnhauses in Griechenland Pate. Es war hellgrau mit dunkelgrauen Fensterläden, nur ein Fenster hatte Läden in Apricot. Es gab mir den Anstoß, mit Schwarz-Weiß-Grau-Tönen in Kombination mit Terrakotta zu experimentieren. Ich bewahre oft Fotos aus Zeitschriften auf, um die Farbkombinationen später aufgreifen zu können. Analysieren Sie die Farben solcher Bilder und heften Sie Garnproben in ähnlichen Tönen daran, um eine Basis für die Farbgestaltung zu schaffen.

ÜBERLEGUNGEN ZUR MACHBARKEIT

Bei einem bunten Muster für ein Strickstück sind ästhetische Gesichtspunkte zu berücksichtigen, aber es gibt auch praktische und technische Voraussetzungen.

Denken Sie beim Entwerfen eines mehrfarbigen Modells an Bündchen oder andere Kanten, die den »Rahmen« oder Abschluss bilden. Sie wirken am harmonischsten, wenn ihre Farben im Muster des Hauptteils vorkommen. Ich bin ein großer Fan von Anschlag- und Abkettkanten in einer Kontrastfarbe. Auch farblich abgesetzte Picotkanten gefallen mir gut.

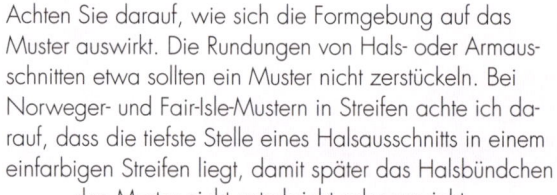

Achten Sie darauf, wie sich die Formgebung auf das Muster auswirkt. Die Rundungen von Hals- oder Armausschnitten etwa sollten ein Muster nicht zerstückeln. Bei Norweger- und Fair-Isle-Mustern in Streifen achte ich darauf, dass die tiefste Stelle eines Halsausschnitts in einem einfarbigen Streifen liegt, damit später das Halsbündchen das Muster nicht unterbricht oder verzieht.

Bei einzelnen Motiven muss auf ausreichenden Abstand zu Hals- und Armausschnitten und zu den Seitennähten geachtet werden. Für die ausgewogene Wirkung des Designs haben nämlich die Flächen zwischen den Motiven ebenso viel Bedeutung wie die Motive selbst.

Ich zeichne die Form eines Modells meist auf Karopapier und skizziere die Motive separat im gleichen Maßstab. Dann schneide ich die Motive mit etwas Zugabe aus und schiebe sie auf dem Modellumriss hin und her, bis mir die Anordnung zusagt. Natürlich kann man das auch am Computer tun, aber ich finde diese Methode zumindest in der Anfangsphase schneller. Jüngere Designer mögen anderer Meinung sein.

Es ist außerordentlich wichtig, bei gutem Licht zu arbeiten. Farben wirken bei Tageslicht völlig anders als bei Kunstlicht und sogar die Art des Kunstlichts spielt eine Rolle. Helle Farben können bei Lampenlicht bräunlicher wirken, dunkle noch dunkler. Wenn Sie bei Kunstlicht arbeiten müssen, verwenden Sie ein Tageslicht imitierendes Leuchtmittel. Weitere Überlegungen zur Farbgestaltung finden Sie auf den Seiten 157–163.

FARBEFFEKTGARNE

Eine interessante Alternative zu selbst entworfenen Mustern stellen die mehrfarbigen Effektgarne dar, die es in verschiedenen Stärken und einer großen Auswahl von Farbkombinationen gibt.

Die Bandbreite der Farbeffektgarne reicht von speziellen Sockengarnen, die beim Stricken quasi von selbst kleine Muster im Fair-Isle-Stil ergeben, bis zu hinreißenden Farbverlaufs- und Streifengarnen. Mit allen lassen sich erstaunliche Farbeffekte erzielen, ohne ständig die Farbe wechseln zu müssen. Es empfiehlt sich aber, zuerst nur ein Knäuel zu kaufen und ein Probestück zu stricken, um die Farben und ihre proportionale Verteilung beurteilen zu können. Ein Garn, das auf dem Knäuel großartig aussieht, kann auf der gestrickten Fläche ganz anders wirken – und enttäuschen. Stricken Sie die Probe in der endgültigen Breite des vorgesehenen Modells, denn die Farbverteilung wirkt in einer Maschenprobe von 10 x 10 cm völlig anders als in einem Stück mit der vierfachen Maschenzahl pro Reihe. Es kann sogar sinnvoll sein, mehrere Proben zu stricken, weil die Wirkung bei 80 Maschen für das Rückenteil einer Jacke wieder anders ist als bei 45 Maschen für ein halbes Vorderteil. Auch auf einem Ärmel verändert sich die Farbverteilung durch die regelmäßigen Zunahmen.
Farbeffektgarne eignen sich gut für Details an ansonsten einfarbigen Modellen, etwa Ärmelbündchen, Kragen oder aufgesetzte Taschen. Die Hauptfarbe sollte sich im Effektgarn wiederholen. Garne, die in mehreren Nuancen einer einzigen Farbe gefärbt sind, können ebenfalls einen reizvollen Farbverlauf ergeben. Wie bei mehrfarbigen Effektgarnen beeinflusst aber die Reihenbreite die Verteilung der Farbflächen und es können manchmal unvorteilhafte »Farbinseln« entstehen.
Tweedgarne gibt es in kräftigen Farben mit knallig-bunten Sprenkeln, aber auch in den sanften Tönen der irischen und schottischen Landschaft, woher sie ursprünglich stammen. Bei diesen Garnen genügt es, ein kleines Probestück zu stricken, um ihre Wirkung auf der Fläche zu beurteilen.
Zuletzt sei erwähnt, dass Pompons (siehe S. 210–211) und Kordeln (siehe S. 208–209) aus Farbeffektgarnen enorm interessant aussehen können.

STRUKTURMUSTER

Das Spektrum der Strukturmuster reicht von einfachem Perlmuster, das auch Einsteigern leicht gelingt, bis zu raffiniert verschlungenen Zopfmustern oder Noppen (siehe S. 121–135), die selbst Geübten einige Konzentration abverlangen. In jedem Fall sind aber Strukturen und Handarbeitsgarne ein ideales Paar.

Meiner Meinung nach bringen Strukturmuster das Wesen von Strick am besten zum Ausdruck. Farbige Muster, und seien sie noch so schön, lassen sich auch weben oder auf verschiedene Materialien drucken. Strukturmuster, von denen sich viele über Jahrhunderte entwickelt haben, können hingegen nur mit gestrickten Maschen umgesetzt werden. Gerade die Geschichten, die an den traditionellen Mustern aus verschiedenen Ländern hängen, faszinieren viele Strickerinnen. Lesenswert sind auch die Bücher von Barbara G. Walker, die mithilfe ihrer strickbegeisterten Leserschaft viele Muster zusammengetragen hat. Manche Muster wurden in Familien von Generation zu Generation weitergegeben oder stehen für einen bestimmten Berufsstand oder eine Familie. So konnten verunglückte Fischer am Muster ihres Pullovers identifiziert werden!

Wenn ich Strukturmuster designe, habe ich immer das Gefühl, eine Geschichte zu erfinden. Bei einem Design im Aran-Stil muss jedes Muster mit den anderen harmonieren. Es kommt mir vor, als ob ich bei jedem neuen Entwurf die Möglichkeiten des Strickens aufs Neue auslote. Ich stricke separate Probestücke der einzelnen Muster, sodass ich sie verschieben kann, bis die Anordnung stimmt. Manchmal vergrößere oder verkleinere ich ein Muster oder ich füge Rippen statt kraus links gestricktem Grund ein, um eine Sequenz hervorzuheben. Oft liegen die Proben tagelang auf meinem Tisch, und ich schaue sie immer wieder im Vorbeigehen an. Das macht mir viel Freude.

Besonders gut gefällt mir, dass man dieselben Muster für zwei verschiedene Entwürfe verwenden kann. Man braucht nur die Anordnung, die Farbe oder die Garnstärke zu verändern, vielleicht kleine Details hinzuzufügen, und schon entsteht etwas völlig Neues.

STRUKTUR UND MODELL

Einfache Strukturmuster können ganzflächig gearbeitet werden. Bei komplexeren Mustern ist es aber sinnvoll, sich über die Anordnung Gedanken zu machen. Das kostet etwas Zeit, aber die Mühe lohnt sich, weil eine gekonnte Ordnung die Wirkung des Modells enorm aufwerten kann.

Ich stelle gern Verbindungen zwischen Maschen und Formen her. Enthält ein Zopf Perlmuster-Elemente, kombiniere ich dazu Kanten oder Knopfleisten im Perlmuster. Zum schrägen Verlauf eines Rautenzopfs passt ein Zackenmuster und mit einem Lochmuster harmoniert eine luftige Zierkante. Zopfmuster sehen viel interessanter aus, wenn man einfache Rippenmuster variiert oder eine Alternative wählt. Ein mittiges Muster kann beispielsweise fließend ins Rippenbündchen übergehen. Enthält es Noppen, können diese in den linken Maschen eines Rippenmusters oder an den Spitzen einer Zackenkante platziert werden. Ein glatt rechts gestrickter Rollrand sieht an einem langen Oberteil attraktiver aus als ein Rippenbündchen, das über den Hüften spannt.

Klassische Strickmuster liefern viele Anregungen. Selbst schlichte Ganseys weisen eine Vielzahl von Details auf, etwa kraus rechts gestrickte Kanten mit Seitenschlitzen, Unterkanten mit Picots, eingestrickte Zwickel unter den Armen oder Halsabschlüsse mit Knopfverschluss. Bei Ganseys von der Insel Eriskay besteht die Passe aus einem Patchwork von quadratischen Feldern verschiedener Struktur- und Lochmuster. Obwohl sie aus dünner Wolle gestrickt wurden, erfüllten sie einen praktischen Zweck: Sie schützten vor der rauen Witterung. Pullover und Jacken von den Aran-Inseln faszinieren mit Kombinationen aus raffinierten Flechtstrukturen und schlichteren Zopfmustern, die durch das Spiel von Licht und Schatten sehr plastisch wirken.

PRAKTISCHE ASPEKTE

Bei Designs mit Strukturmustern sind einige praktische Aspekte zu berücksichtigen. Diese schränken die Möglichkeiten der Musterwahl aber nicht stark ein.

Bei sehr komplexen Strukturmustern ist darauf zu achten, dass das fertige Modell nicht zu schwer wird. Gerade Strick aus dickeren Garnen kann durch viele dichte Muster so steif wie Pappe werden. Die Proportionen müssen so ausgelegt sein, dass das Modell bequem sitzt. Zeigen Sie, wer der Boss ist. Sie tragen das Kleidungsstück – und nicht umgekehrt.
Für den Tragekomfort spielt die Höhe des Armausschnitts eine Rolle. Aus ihr ergibt sich meist die Oberarmweite. Sie sollte nicht zu eng sein, denn gerade Wollpullover tragen viele Menschen nicht gern direkt auf der Haut, sondern ziehen lieber etwas darunter.
Ich liebe lässige Strickmodelle im Boyfriend-Stil. Seit ich aber älter und etwas fülliger geworden bin, stehen sie mir nicht mehr so gut. Jetzt brauche ich Modelle, die mehr Form haben. Meine geliebten Arans kann ich immer noch tragen, allerdings bringe ich sie jetzt mit Abnahmen und Zunahmen auf Taille oder ich stricke die Taillenpartie mit dünneren Nadeln. Klassische Modelle stricke ich gern in Tunika-Länge und nehme nach oben hin etwas ab, sodass sie eine dezente A-Silhouette bekommen.

WELCHES MUSTER?

Es gibt eine Reihe von Büchern mit großartigen Strickmustern. Besonders gut gefallen mir die Sammlungen von Barbara G. Walker.

Wenn ich Zeit habe, stricke ich gern mehrere Probestücke im gleichen Muster, verändere aber bei jedem eine Kleinigkeit. Auf diese Weise gewinne ich technische Sicherheit, bin gleichzeitig kreativ und kann die Gedanken schweifen lassen. Manchmal baue ich Noppen in ein Muster aus verkreuzten Maschen ein oder ich ersetze kraus rechts durch Perlmuster … Es gibt so viele Variationsmöglichkeiten. Sie könnten Strukturmuster auch durch Stickerei (siehe S. 192–197) akzentuieren.
Die Charakteristika bestimmter Muster können zur Formgebung genutzt werden. Traditionelle Ganseys haben eine Passe im Rippenmuster, die den Strick etwas zusammenrafft. Ich finde diesen Effekt an Männerpullovern aber nicht sonderlich vorteilhaft, darum nehme ich in der Reihe vor dem Rippenmuster zu, um diese Raffung zu vermeiden. Wenn Sie aber ein Kinderkleid oder ein Oberteil in A-Linie stricken wollen, können Sie anstelle von Abnahmen eine engere Passe stricken, beispielsweise Rippen, die in Zopfmuster übergehen, oder ein Gittermuster über einem glatt rechts gestrickten Hauptteil.

GARNE FÜR STRUKTURMUSTER

Verwenden Sie für Strukturmuster unbedingt ein glattes Garn, in dem die einzelnen Maschen gut zu erkennen sind und sich plastische Elemente vom Hintergrund abheben.

Garne aus Baumwolle und Baumwollmischungen ergeben ein besonders klares Maschenbild, weil sich die Fasern weniger miteinander verbinden als bei Wollgarnen. Allerdings können beim Wechsel von rechten und linken Maschen am Rand von Zopfmustern unansehnliche »Leitern« entstehen. Probieren Sie verschiedene Garne aus. Im Idealfall sollte das Garn das Muster gut zur Geltung bringen, dabei aber so elastisch sein wie Wolle. Seide, Seidenmischungen oder Mischungen aus Baumwolle und Wolle sind einen Versuch wert. Außerdem gibt es Tricks, um die unschönen Leitern zu reduzieren (siehe S. 305). Selbst bei einfachen Strukturmustern spielt das Garn eine wichtige Rolle. Ein schlichtes Modell kann durch einen Bubikragen im Perlmuster aufgewertet werden und ein bretonischer Matelot wirkt durch einen Senkrechtstreifen aus linken Maschen gleich interessanter – aber nur, wenn diese Details gut zu erkennen sind. Anderenfalls war die Mühe vergebens.

Strukturen müssen nicht das Modell dominieren. Fully-Fashioned-Abnahmen, die mit einigen Maschen Abstand zum Halsausschnitt gearbeitet werden, heben sich bei Strick aus dickem Garn hervor und können für sich ein dekoratives Detail sein.

Es macht viel Freude, Modelle zu entwerfen, für die man sogar den »Stoff« selbst herstellt und dabei die besonderen Eigenschaften verschiedener Garne und Fasern so nutzen kann, dass sie dem Modell perfekt entsprechen.

Ausarbeitung des Entwurfs

DEKORATIONEN

Klassische Strickmodelle bekommen durch Dekorationen mehr Pfiff. Auch im Sinne des aktuellen Upcycling-Trends lohnt es sich, einige Techniken zu kennen, mit denen ältere Modelle einen zweiten Frühling erleben dürfen. Manchmal genügen Kleinigkeiten, um aus einem älteren Pulli ein neues Lieblingsstück zu machen.

Bei Dekorationen an Strickmodellen sind zwei verschiedene Typen zu unterscheiden. Die einen werden nachträglich angebracht, beispielsweise Stickereien. Andere, darunter Perlen und manche Zierkanten, werden beim Stricken des Modells eingearbeitet. Der erste Typ kann die Rettung sein, wenn Sie Stunden mit dem Stricken eines Kleidungsstücks zugebracht haben und nach dem Zusammennähen feststellen, dass es doch nicht so toll aussieht, wie Sie es sich vorgestellt hatten. Dekorationen, die eingestrickt werden, können sich auf die Maschengröße auswirken. Stricken Sie darum unbedingt eine Maschenprobe in der geplanten Technik. Außerdem beeinflussen Dekorationen den Fall des Modells. Eine Tunika mit Perlen im Saum sitzt anders als eine schlichte und durch großflächige Stickereien kann der Strick recht dick und steif werden.

PERLEN

Normalerweise werden Perlen eingestrickt. Wie das geht, können Sie auf Seite 200–203 nachlesen. Es ist aber auch möglich, sie nachträglich aufzunähen. Verwenden Sie dafür Nähgarn in der Farbe des Stricks und eine dünne Nähnadel.

Stark glitzernde oder matt glänzende Perlen können aus einem »hässlichen Entlein« einen Schwan machen. Wenn Sie es lieber folkloristisch mögen, probieren Sie es mit Holzperlen. Sie könnten die Passe einer schlichten Strickjacke mit Perlen im Vintage-Stil verzieren oder vielleicht ein Blumenmotiv mit kleinen, farbigen Perlen aufsticken. Warum nicht beides?
Ich habe auch schon Perlen auf die Spitzen der Sternmotive in Fair-Isle-Mustern gestickt und die einfarbigen Streifen mit Kreuzstichen verziert. Sehr edel sehen Kragen oder Ärmelabschlüsse mit Perlendekorationen aus, vor allem auf Strick aus seidigem Garn.
Nicht alle Perlen vertragen die Wäsche, einige nicht einmal die Handwäsche. Perlen zum Stricken sind normalerweise wasserfest, aber im Zweifelsfall sollten Sie immer die Maschenprobe waschen, bevor Sie Ihr Modell beginnen.
Pailletten können ebenfalls eingestrickt werden, die meisten sind aber definitiv nicht waschmaschinenfest.

278 Eigene Entwürfe

STICKEREI

Maschen und Reihen ergeben ein Raster, das sich gut besticken lässt. Dabei muss auf die Spannung der Stiche geachtet werden. Ist sie zu stark, wird der Strick zusammengezogen. Ist sie zu locker, sieht die Stickerei unordentlich aus. Auf den Seiten 192–197 werden verschiedene Stickstiche vorgestellt.

Ich habe eine leichte Schwäche für folkloristische Strickmode. Vor allem die bestickten Modelle im Tiroler Stil, die in den 1940er- und 1950er-Jahren modern waren, gefallen mir gut. Ein einfarbiger Zopfpullover kann mit Stickereien zwischen den Zöpfen oder in den Rauten aufgepeppt werden. Neben Blüten im Margeritenstich sieht auch Kreuzstich hübsch aus. Langettenstich eignet sich zum Umsticken der Kanten einer Jacke oder Babydecke.

Das Schöne an der Stickerei ist, dass sie nicht perfekt ausfallen muss. Behaupten Sie einfach, Unregelmäßigkeiten seien gewollt, damit das Modell rustikal wirkt. Geschenke werden durch etwas Stickerei viel persönlicher. Auf Babydecken sticke ich beispielsweise gern ein Monogramm oder das Geburtsdatum. Solche Kleinigkeiten werden sehr geschätzt, obwohl sie im Grunde gar nicht viel Mühe machen.

BORTEN & CO.

Viele hübsche Dekorationen kann man leicht selbst machen (siehe S. 205–212). Natürlich können Sie auch fertig gekaufte Borten oder Litzen an Ihre Strickmodelle nähen. Achten Sie aber darauf, dass Besatz und Garn die gleiche Waschtemperatur vertragen. Im Zweifelsfall nähen Sie ein Stück Borte an Ihre Maschenprobe und führen damit einen Waschtest durch.

Ich persönlich bin ein Fan vom Pompons. Eine dicke Girlande mit Pompons in Cremeweiß schmückt den Spiegel über meinem Kaminsims und kleinere hängen wir jedes Jahr in den Weihnachtsbaum. Ich nähe Pompons an die Ecken von Decken oder an die zusammengerafften Enden von Schals. Auf einer Pudelmütze können sie für mich gar nicht groß genug sein. Schnüren Sie Pompons sehr fest zusammen. Nichts sieht hässlicher aus als ein Pompon, dem die Fäden ausfallen, und für kleine Kinder kann das sogar gefährlich werden.
Ich bastele Pompons auf die altmodische Art mit Pappscheiben, damit ich die Größe selbst bestimmen kann. Andere Leute schwören für kleine Pompons auf die Gabelmethode, die in vielen Internetvideos gezeigt wird. Meiner Meinung nach werden diese Pompons aber nicht so fest.
Fransen an Kleidungsstücken sind nicht jedermanns Geschmack, aber an Schals und Decken kommen sie wohl nie aus der Mode. Ich habe sie auch schon an ausladende Kragen und am Saum von Oberteilen im Tunika-Stil angebracht.
Knöpfe können ein Strickmodell veredeln oder, wenn sie billig aussehen, fies abwerten. Wenn ich keine Knöpfe in passender Farbe finde, verwende ich meist Perlmuttknöpfe, die edel schimmern und den Farbton des Garns reflektieren. Winzige Knöpfe betonen die zarte Wirkung eines Modells aus dünnem Garn, während Metallknöpfe als deutliche Anspielung auf den Uniformstil eingesetzt werden können.

Ausarbeitung des Entwurfs

DAS RICHTIGE GARN

Die Auswahl an schönen Handarbeitsgarnen ist so groß, dass es gar nicht leicht ist, für ein Modell das optimale Material zu finden. Andererseits haben Sie dadurch einen guten Vorwand, jede Menge einzelne Knäuel zu kaufen, um Probestücke zu stricken.

Als ich vor 15 Jahren die Gelegenheit erhielt, ein eigenes Garn-Label zu gründen, beschränkte sich mein Wissen über Fasern und Fasermischungen auf das, was zu Hause in England zu haben war. Es handelte sich im Wesentlichen um Wolle, Baumwolle und Wolle mit Nylon. Dann besuchte ich meinen amerikanischen Vertriebspartner Knitting Fever und eine Mitarbeiterin unternahm mit mir einen Rundgang durch New Yorks Wollläden. Die Händler haben sich vermutlich über diese Britin mittleren Alters gewundert, die vor den Regalen auf und ab lief, dabei murmelte: »Sagenhaft! Wolle mit Seide und Alpaka! Kamelhaar!«, und hingerissen Knäuel um Knäuel massierte. Ich war restlos begeistert von der Vielfalt der Faserkombinationen und Farben. Natürlich sind tolle Garne heute überall zu bekommen, aber meinen ersten Eindruck werde ich nie vergessen, weil er mir die Türen zu ganz neuen Design-Möglichkeiten öffnete.

Jeder Handwerker muss sein Material kennen, um optimale Ergebnisse zu erzielen. Darum gehört zum Stricken auch etwas Wissen über die verschiedenen Fasern und ihre Eigenschaften. Im Lauf der Jahre habe ich viele Fachleute aus Betrieben kennengelernt, die Handarbeitsgarne produzieren. Von ihnen konnte ich viel über die Merkmale verschiedener Fasern lernen.

Zweimal im Jahr reise ich nach Florenz zur Handelsmesse Pitti Filati und schaue mir Garne – hauptsächlich von italienischen Herstellern – an, die für die kommende Saison produziert werden. Ich suche Garne aus, die mir spontan gefallen, und warte dann gespannt auf die Lieferung, damit ich sie ausprobieren kann. Es kommt häufiger vor, dass ein Garn, das mir als Knäuel gefiel, in verarbeiteter Form enttäuscht, beispielsweise weil es ihm an Elastizität mangelt. Dann wende ich mich an den Hersteller und bitte darum, eine andere Faser hinzuzunehmen oder das Verhältnis der Fasermischung zu verändern. Durch einen Zusatz von Wolle beispielsweise wird ein Garn elastischer. Durch eine Beimischung von Alpaka- oder Seidenfasern kann ein Garn, das sich verstrickt kratzig anfühlt, glatter werden. Solche Kenntnisse sind nicht nur zum Entwerfen wichtig, sondern auch, wenn Sie das in einer Anleitung vorgegebene Garn austauschen wollen (siehe S. 70). Ohne guten Grund sollte man nicht von den Vorgaben der Anleitung abweichen, denn der Designer hat die Garnwahl hoffentlich gut durchdacht. Es kann aber vorkommen, dass ein Austausch nötig ist, beispielsweise wenn Sie sich in ein Modell aus Wolle verliebt haben, aber keine Wolle auf der Haut tragen können.

Achten Sie beim Austausch nicht nur darauf, dass Garnstärke und Maschenprobe übereinstimmen. Berücksichtigen Sie auch die Eigenschaften der Garne. Wenn Sie einen Zopfpullover, der für Woll- oder Wollmischgarn konzipiert ist, aus Baumwollgarn stricken, wird er ganz anders aussehen. Die Teile fallen breiter aus und der Strick fällt anders. Umgekehrt würde das klare Maschenbild, das sich mit Baumwollgarnen ergibt, in flauschigem Garn verloren gehen. Es gibt nur einen Weg, um die Eigenschaften von Garnen zu beurteilen: jede Menge Proben stricken. Weitere Informationen zu Fasern und Fasermischungen finden Sie auf Seite 16–17.

DIE ENTWURFSZEICHNUNG

Angesichts der Tatsache, dass ich nicht sonderlich gut zeichnen kann, frage ich mich noch heute, wie ich die Aufnahmeprüfung der Kunstschule bestanden habe. Zum Glück habe ich nach dem ersten Jahr erkannt, dass ich nicht zur Grafikdesignerin taugte, und mich dem Mode- und Textildesign zugewandt.

Natürlich muss ich meine Ideen zu Papier bringen. In den ersten Entwurfsphasen skizziere ich Stil und Form meiner Modelle aber nur sehr grob und deute Details wie Kragen oder Rippenbündchen an. Dann wähle ich Garnqualitäten, Farben und Strickmuster aus.

Im nächsten Schritt erstelle ich eine Schemazeichnung mit Maßen. Weite, Länge, Ärmellänge, Höhe des Armausschnitts sowie Breite und Tiefe des vorderen und hinteren Halsausschnitts notiere ich, manchmal auch weitere Maße (siehe S. 266–268). Damit sind erst einmal alle Informationen, die zum Schreiben der Anleitung nötig sind, zusammengetragen.

Meist wird jetzt deutlich, dass meine erste Skizze ein reines Fantasieprodukt war und überarbeitet werden muss. Vielleicht passt der Stil nicht zum geplanten Strickmuster, oder ein Musterrapport ist zu groß für die Länge oder Weite des Modells. Also muss ich den Stil abwandeln oder ein anderes Muster wählen.

Meist zeichne ich mehrere Skizzen und stricke verschiedene Probestücke, bevor ich mich festlege und die Anleitung zu Papier bringe.

Natürlich macht es einen Unterschied, ob man ein Design nur für sich selbst zeichnet oder es einem Kunden, etwa einer Zeitschrift, vorlegen will. Was für den Privatgebrauch durchgeht, erfüllt meist keine professionellen Ansprüche. Wenn ich selbst Modellentwürfe in Auftrag gebe, berücksichtige ich immer, dass großartige Designer nicht immer begnadete Zeichner sind. Es kann aber auch vorkommen, dass ich von einer Zeichnung begeistert bin – und vom fertigen Modell enttäuscht. Trotzdem meine ich, dass man sich auch mit Zeichnungen für den Eigenbedarf Mühe geben sollte. Onlinetutorials oder Einführungsbücher ins Modezeichnen können dabei helfen, Ihre zeichnerischen Fähigkeiten weiterzuentwickeln.

Viele Designer arbeiten mit sogenannten Croquis – einer Entwurfszeichnung menschlicher Figuren, die »angezogen« werden. Solche Vorlagen in verschiedenen Posen kann man herunterladen und ausdrucken, um von Hand den Modellentwurf über die Figur zu zeichnen. Diese können auch digital mit einem Zeichenprogramm bearbeitet werden, das erfordert jedoch etwas Übung.

Es kann hilfreich sein, einem Klienten Fotos aus Zeitschriften oder dem Internet vorzulegen, die Modelle in einem ähnlichen Stil zeigen. Nehmen Sie auch Ihre Skizze mit Maßangaben mit, um Missverständnisse auszuschließen.

ZEICHNEN AUF STRICKMUSTERPAPIER

Einsteiger zeichnen Strickentwürfe oft auf normales Karopapier aus dem Schreibwarengeschäft und sind später enttäuscht, wenn das Endergebnis eine andere Form hat als ihr Entwurf.

Manche Designer zeichnen das gesamte Modell auf Karopapier, andere beschränken sich auf Ausschnitte und andere Teile mit Zu- oder Abnahmen und wieder andere verwenden gar kein Karopapier. Gerade für Einsteiger ist kariertes Papier hilfreich, es sollte aber unbedingt proportionale Kästchen haben. Eine Strickmasche ist nicht quadratisch! Zeichnet man einen Entwurf auf herkömmliches Karopapier, wird die Form des fertigen Modells verzerrt sein (siehe auch S. 65–67).

Im Anhang dieses Buchs finden Sie Strickmusterpapier mit proportionalen Karos (siehe S. 314–315). Beim Verhältnis 4:5 ergeben vier Maschen und fünf Reihen ein Quadrat. Beim Verhältnis 2:3 ergeben zwei Maschen und drei Reihen ein Quadrat. Die meisten Strickmuster entsprechen einem dieser beiden Verhältnisse. Messen Sie einfach auf der Maschenprobe nach und fotokopieren Sie dann das entsprechende Karoraster. Im Internet finden Sie Strickmusterpapier zum Herunterladen und Ausdrucken auch mit anderen Proportionen.

Die Teile werden so gezeichnet, dass ein Kästchen des Spezialpapiers einer Masche entspricht. Sie können den Text zuerst schreiben und dann die Teile zeichnen. Dabei überprüfen Sie automatisch, ob der Text schlüssig ist. Alternativ zeichnen Sie zuerst und orientieren sich beim Schreiben an der Grafik.

Wenn Sie einen kompletten Pullover zeichnen, beginnen Sie mit dem Rücken. Das Vorderteil kann später mit einer anderen Farbe auf den Rücken gezeichnet werden. So stimmen Zu- und Abnahmen an beiden Teilen überein.

Wird die Zeichnung vor dem Text angefertigt, können Sie Rundungen zuerst mit Bleistift einzeichnen und danach anhand der Karos in Maschen und Reihen umwandeln. Ebenso können lange Schrägungen, beispielsweise an Ärmeln, zuerst mit einem durchgehenden Bleistiftstrich gezeichnet werden, bevor sie eine gestufte Kontur bekommen. Bei symmetrischen Teilen zeichnen Sie zuerst eine Seite und spiegeln diese dann, damit beide Hälften konturgleich ausfallen. Besonders nützlich ist Strickmusterpapier mit proportionalen Karos zum Zeichnen von farbigen Mustern und Motiven. Um die Anordnung von Motiven auf einem Kleidungsstück festzulegen, zeichnen Sie die Umrisse der einzelnen Teile auf Strickmusterpapier. Die Motive im gleichen Maßstab zeichnen und einzeln ausschneiden, damit Sie sie auf den Basisteilen verschieben und anordnen können, bis die besten Positionen gefunden sind.

ABMESSUNGEN IN MASCHEN UND REIHEN UMRECHNEN

Keine Angst, diese Berechnungen sind recht einfach und mit einem Taschenrechner schnell erledigt.

Das Modell ist gezeichnet, alle Maße sind notiert und Proben der Strickmuster gestrickt? Dann können Sie jetzt beginnen, die Anleitung zu entwickeln. Im ersten Schritt müssen die Maße in Maschen und Reihen umgerechnet werden. Messen Sie Ihre Maschenprobe sehr genau (siehe S. 68). Wichtig ist, dass die Maschenprobe im gleichen Muster gestrickt ist wie das Modell. Für dieses Rechenbeispiel nehmen wir an, dass 22 Maschen und 28 Reihen ein Quadrat von 10 × 10 cm ergeben.
Außerdem brauchen Sie die Abmessungen des Modells. Für ein Kissen von 40 cm Breite und 50 cm Höhe sieht die Rechnung so aus:

Breite = 22 (Maschen der Maschenprobe) ÷ 10 (Breite der Maschenprobe) = 2,2 (Maschen auf 1 cm) × 40 (Kissenbreite in cm) = 88. Sie brauchen also 88 Maschen plus eine auf jeder Seite für die Nahtzugaben. Folglich müssen insgesamt 90 Maschen angeschlagen werden.

Höhe = 28 (Reihen der Maschenprobe) ÷ 10 (Höhe der Maschenprobe) = 2,8 (Reihen auf 1 cm) × 50 (Kissenhöhe) = 140. Sie müssen insgesamt 140 Reihen stricken. Die Anschlag- und Abkettkanten bilden die Nahtzugaben.

Nach demselben Prinzip werden auch komplexere Formen berechnet. Oft ist es aber einfacher, auf Strickmusterpapier zu arbeiten. Zeichnen Sie zuerst Länge und Breite an. Für das Rückenteil einer Tunika mit 58 cm Breite und 65 cm Länge müssten Sie – bei gleicher Maschenprobe wie oben – ein 128 Kästchen (= Maschen) breites und 182 Kästchen (= Reihen) hohes Rechteck zeichnen. (Falls sich beim Rechnen Bruchzahlen ergeben, runden Sie zur nächsten ganzen Zahl auf.) Nahtzugaben am besten erst anfügen, wenn alle Konturen gezeichnet sind.
Wenn der hintere Ausschnitt 23 cm breit und jede Schulter 7,5 cm breit ist, brauchen Sie für den Ausschnitt 51 Maschen und für jede Schulter 17 Maschen. Das sind zusammen 85 Maschen, also bleiben 43 Maschen für Armausschnitte und Seitenschrägen. Damit das Teil symmetrisch wird, brauchen Sie eine gerade Maschenzahl. Reduzieren Sie den Halsausschnitt um eine Masche, dann bleiben 44 Maschen, also 22 Maschen auf jeder Seite für Armausschnitte und Seitenschräge.
Ausschnitt und Schulterbreite mittig ins Rechteck einzeichnen. Dann folgen die Schulterschrägung und die Armlochtiefe.

Für Zu- oder Abnahmen an schrägen Kanten muss etwas mehr gerechnet werden. Nehmen wir an, Sie stricken einen gerade eingesetzten Ärmel, der oben 37 cm und unten 20 cm breit ist. Anhand unserer Maschenprobe ergeben sich 82 Maschen oben (aufgerundet auf die nächste ganze Zahl) und 44 Maschen unten. Nun die untere Breite von der oberen subtrahieren: 82 − 44 = 38 Maschen. Diese werden durch 2 dividiert (wegen der Symmetrie), also ergeben sich 19 beidseitige Zunahmen.
Wenn der Ärmel 43 cm lang ist, hat er insgesamt 120 Reihen. Das Rippenbündchen ist 6 cm hoch, also bleiben 103 Reihen für die Formgebung. 103 ÷ 19 (Anzahl der Zunahmen) = 5 (diesmal abrunden!). Sie müssen am Anfang und Ende jeder 5. Reihe je eine Masche zunehmen, bis 82 Maschen erreicht sind. Dann weitere acht Reihen gerade hochstricken und abketten.
Soll der weitere Bereich am Oberarm länger sein, können Sie in jeder 4. Reihe zunehmen, bis 82 Maschen erreicht sind, und die letzten 27 Reihen gerade hochstricken.
Wenn Sie methodisch vorgehen und jeden Bereich gleich nach dem Berechnen zeichnen, werden Sie eventuelle Fehler sofort bemerken.

DIE ANLEITUNG

Selbst wenn Sie ein Modell nur für den Eigenbedarf entwerfen, lohnt es sich, die Anleitung sorgfältig zu schreiben. Vielleicht möchten Sie dasselbe Modell später noch einmal stricken. Dann wäre es ärgerlich, über kryptischen Notizen zu brüten. Schreiben Sie die Anleitung für andere, muss sie absolut klar und unmissverständlich sein, sonst riskieren Sie Nachfragen und Beschwerden.

Legen Sie beim tatsächlichen Stricken des Modells immer ein Notizbuch bereit und protokollieren Sie jede Reihe. Verlassen Sie sich nicht auf Ihr Gedächtnis – dabei riskieren Sie nur, dauernd nachzählen oder neu stricken zu müssen. Schauen Sie sich andere Anleitungen an. Vielleicht finden Sie darin Abkürzungen, die sich gut einprägen, oder Formulierungen, die leicht verständlich sind. Notieren Sie, was Ihnen gefällt, und ergänzen Sie Ihre eigene Liste gelegentlich. So entsteht mit der Zeit ein Repertoire von Ausdrücken, das Ihnen beim Formulieren von Anleitungen helfen wird. (Gängige Abkürzungen finden Sie auf Seite 63, Fachausdrücke werden auf Seite 64 erklärt.) Listen Sie zuerst alle Materialien und Werkzeuge auf, die für das Modell benötigt werden: Stricknadeln, Garn, andere Hilfsmittel (Sticknadel zum Zusammennähen, Zopfnadel etc.), außerdem Dekorationen und Verschlüsse. Geben Sie dann die Größe des fertigen Modells an.

Danach folgt die Maschenprobe einschließlich Angabe der Nadelstärke und des Strickmusters. Falls Sie weniger gängige Abkürzungen verwenden, notieren Sie auch diese.

Beschreiben Sie dann das Stricken der einzelnen Teile. Nach der Überschrift folgt die Anzahl der anzuschlagenden Maschen. Dann geht es methodisch weiter bis zur Abkettkante. Falls die Nadelstärke gewechselt wird, muss dies natürlich angegeben werden.

Formulieren Sie Angaben zu Zu- und Abnahmen sehr präzise, um Missverständnisse auszuschließen. Geben Sie auch die Art der Zu- oder Abnahme an (siehe S. 80–97).

Geben Sie bei mehrfarbigen Modellen gegebenenfalls die Arbeitstechnik an. Zu einem Zählmuster gehört eine Legende, in der alle Farben oder Symbole erklärt werden.

Vergessen Sie nicht, Hinweise zur Fertigstellung zu geben – selbst wenn Ihnen völlig klar ist, wie die Teile zusammengehören.

Seien Sie konsequent. Wenn Sie zur Beschreibung eines Arbeitsschritts eine bestimmte Formulierung gewählt haben, verwenden Sie dieselbe Formulierung für alle gleichartigen Arbeitsschritte – immer wieder. Das erleichtert es dem Leser, die Anleitung problemlos nachzuvollziehen.

DEN GARNBEDARF BERECHNEN

Der Garnbedarf für ein selbst entworfenes Modell muss berechnet werden, aber das ist nicht schwierig. Es ist keine gute Idee, den Bedarf nur grob zu schätzen. Wenn Sie später nachkaufen müssen, besteht die Gefahr, dass Sie kein Garn mehr aus derselben Farbpartie bekommen.

Zuerst muss die Fläche des Modells berechnet werden. Dafür multiplizieren Sie die Länge mit der Breite. Am Beispiel eines Schals vom 22 cm Breite und 120 cm Länge ergäbe sich diese Rechnung: 22 cm × 120 cm = 2 640 Quadratzentimeter (cm^2).
Dann brauchen Sie Größe und Gewicht Ihrer Maschenprobe. Nehmen wir an, sie ist 13 × 13 cm groß (also 169 cm^2) und wiegt 25 g.
Teilen Sie jetzt die Fläche des Modells durch die Fläche der Maschenprobe: 2 640 cm^2 ÷ 169 cm^2 = 15,62.
Das Ergebnis multiplizieren Sie mit dem Gewicht der Maschenprobe: 15,62 × 25 g = 390,5 g.
Sie benötigen insgesamt 390,5 g Garn.
Wird das Garn, das Sie verarbeiten möchten, in 50-g-Knäueln verkauft, müssen Sie noch das Gesamtgewicht durch das Gewicht eines Knäuels teilen: 390,5 g ÷ 50 g = 7,81.
Das Ergebnis runden Sie auf die nächste ganze Zahl auf, also 8. Kaufen Sie acht Knäuel Garn für den Schal, zur Sicherheit noch eines mehr.
Ebenso gehen Sie vor, um den Garnbedarf für ein Kleidungsstück zu ermitteln. In diesem Fall müssen aber die Flächen aller Einzelteile berechnet werden. Am einfachsten ist es, um die Zeichnungen auf dem Strickmusterpapier jeweils an den längsten und breitesten Stellen der Teile mit Bleistift Rechtecke zu zeichnen.
Nun die Einzelflächen berechnen und alle addieren. Die Gesamtfläche durch die Fläche der Maschenprobe dividieren und mit dem Gewicht der Maschenprobe multiplizieren, um die Gesamtgarnmenge zu berechnen.
Weil Sie anstelle der genauen Formen der Teile Rechtecke zugrunde legen, ist genug Garn für kleine Details wie Ärmelbündchen oder einen Halsabschluss vorhanden. Taschen und andere größere Elemente sollten Sie aber in Ihre Flächenberechnung einbeziehen. Auch hier ist es vernünftig, wenigstens ein Knäuel mehr zu kaufen, als Sie berechnet haben.

Ausarbeitung des Entwurfs

MODELLE ENTWERFEN

Das Entwerfen ist eine kreative Arbeit, aber in jedem Fall müssen auch praktische Gesichtspunkte berücksichtigt werden. Ein Babylätzchen muss waschbar sein, Kaschmir wäre also die gänzlich falsche Wahl. Und ein dunkellila Kissenbezug kann in einem Wohnzimmer ganz in Weiß zu aufdringlich wirken.

ENTWERFEN FÜR ERWACHSENE

Auf schmeichelhafte Schnitte für Frauen bin ich schon auf Seite 264 eingegangen. Hier geht es nun um praktische Aspekte, die bei Modellen für Erwachsene eine Rolle spielen.

Ich habe das Entwerfen von Strickmodellen langsam und mühselig gelernt. Leslie Stanfield, Handarbeitsredakteurin bei der Zeitschrift »Woman«, war dabei eine gute Mentorin. Als ich ein fertig gestricktes Modell vorlegte, erklärte sie mir eine elegantere Methode für die Abnahmen am Ausschnitt.

Ich habe mich eingehend mit gekauften Anleitungen beschäftigt, um herauszufinden, wie diese aufgebaut waren. Das war besonders hilfreich, um Modelle für verschiedene Größen zu entwickeln. In meinen Anfangsjahren waren großzügige Pullover modern, die fast nur aus rechteckigen Teilen bestanden. Darüber war ich froh, denn solche Anleitungen waren recht einfach zu schreiben. Ich selbst trug aber lieber feine Strickmodelle im Stil der 1940er-Jahre. Als ich solche Modelle für Vintage-Strickmusterbücher anfertigte, lernte ich, sie durch gezielte Zu- und Abnahmen auf Figur zu bringen. Dieses Wissen ist bis heute wertvoll, weil ich Kleidung in diesem Stil noch immer sehr gern trage und entwerfe.

Die ersten Schritte – Ideenfindung und erste Skizzen – sind der einfachste Teil, aber oft auch der spannendste. Immer wieder skizziere ich komplexe Zopfmuster, die fließend in Rippenbündchen übergehen oder sich am Halsausschnitt teilen. Auf Papier ist alles möglich. Leider stelle ich bei den ersten Strickversuchen fest, dass sich meine gezeichneten Ideen nicht immer leicht umsetzen lassen. Jetzt rückt das Probestück in den Vordergrund. Mustersatz und Maschenprobe beeinflussen, ob die ursprünglich geplanten Maße und Proportionen des Modells zu verwirklichen sind. Wenn Sie nach einer gekauften Anleitung stricken und Ihre

Maschenprobe nicht den Vorgaben entspricht, wird das fertige Modell andere Abmessungen haben als das Originalmodell. Und oft entscheiden schon wenige Zentimeter Größenunterschied, ob ein Modell gut sitzt oder unvorteilhaft aussieht.

Dasselbe gilt für eigene Entwürfe. Möglicherweise müssen Sie die Maße verändern, um ein bestimmtes Strickmuster realisieren zu können. Oder Sie müssen das Strickmuster verändern, um Ihre Maße einhalten zu können. Denkbar wäre auch, ein dünneres Garn zu verarbeiten, um mehr Maschen auf der Modellbreite unterbringen zu können. Wenn Sie für sich selbst entwerfen, sind solche Entscheidungen meist unproblematisch. Beim Entwickeln kommerzieller Anleitungen in mehreren Größen kann dadurch aber alles durcheinandergeraten.

Die Passform bedingt oft auch das Strickmuster. Möglicherweise ist ein Ärmel mit abgerundeter Armkugel nicht machbar, weil die Abnahmen mit dem Muster kollidieren. Dann könnten Sie sich noch für einen gerade eingesetzten Ärmel oder eine überschnittene Schulter entscheiden. Prüfen Sie auch, wie die gewünschte Ausschnitttiefe zum Muster passt. Liegt die Ausschnittkante beispielsweise in einer Reihe mit einer Zopfverkreuzung, kann sie sich unvorteilhaft verziehen. Falls Sie den Ausschnitt darum höher ansetzen und der Pullover insgesamt länger wird, müssen Sie auch die Rückenlänge anpassen.

Schließlich muss auch die Gesamtpassform bedacht werden. Ein Pullover mit großzügiger Länge und Weite beispielsweise muss ebenso großzügige Armausschnitte haben – nicht nur der Optik wegen, sondern auch, weil er anderenfalls unbequem wäre und schlecht sitzen würde. Wenn Sie unsicher sind, wie Sie die Proportionen bemessen sollen, messen Sie gut sitzende Strickmodelle aus Ihrem Bestand aus (siehe S. 266–267) – das ist eine bewährte Methode.

Modelle entwerfen

ENTWERFEN FÜR BABYS

Ich entwerfe besonders gern Modelle für Babys und Kinder. Das liegt einerseits daran, dass die Modellfotos oft entzückend aussehen. Andererseits sind bei diesen Modellen praktische Aspekte zu bedenken, die ich als Herausforderung empfinde.

Bald nach der Geburt meines ersten Sohns lernte ich, dass die Optik nicht alles ist. Die Modelle, die ich für ihn gestrickt hatte, sahen niedlich aus, aber der zappelige kleine Junge ließ sich gar nicht gern an- und ausziehen. Also musste ich andere Prioritäten setzen. Gerade Babykleidung muss vorrangig praktisch und bequem sein. Babys können panisch reagieren, wenn man versucht, ihnen einen zu engen Halsausschnitt über den Kopf zu ziehen. Das lässt sich relativ leicht nachvollziehen. In anderen Fällen sind wir nicht so sicher, was dem Kleinen unangenehm ist – vielleicht ein Knopfverschluss am hinteren Halsausschnitt oder eine dicke Naht, die drückt. Um auf der sicheren Seite zu sein, sollten Sie eine Checkliste zusammenstellen, bevor Sie ein Modell für ein Baby entwerfen.

Meiner Erfahrung nach sind Jacken praktischer als Pullover, es sei denn, der Pullover hat einen Knopfverschluss auf der Schulter oder überlappende Schulterpartien. Ich mag auch Wickeljacken, die seitlich gebunden werde. Generell genügen an Jacken einige Knöpfe im oberen Bereich. Wenn sie nach unten hin weiter werden, passen sie bequem über die Windeln. Die ausgestellte Form kann durch Abnahmen vom Saum bis zum Armausschnitt erreicht werden. Alternativ können Sie anstelle eines Rippenbündchens an der Unterkante einen Streifen kraus rechts stricken, eventuell mit Seitenschlitzen.

Farbige Muster sollten möglichst klein sein. Große Muster, die auf Modellen für Erwachsene toll aussehen, wirken für Babykleidung erdrückend. Eins meiner Lieblingsmodelle aus meiner Kollektion ist eine ausgestellte Kapuzenjacke mit Rollsäumen und einem einzigen Knopf. Sie ist glatt rechts gestrickt und hat als dekoratives Detail an den Seiten sichtbare Abnahmen. Das Garn aus Kaschmirmischung ist weich genug für zarte Babyhaut. Die A-Linie sitzt locker über dem Windelpaket, die Rollsäume können weder einschnüren noch drücken und die Kapuze ist kuschelig und warm.

Eigene Entwürfe

ENTWERFEN FÜR KINDER

Größere Kinder haben oft klare Vorstellungen davon, was sie gern anziehen. Wenn Sie für ein Kind entwerfen, das Sie kennen, sollten Sie diese Vorlieben berücksichtigen.

Für Kinder, die sonst gern sportlich-lässige Sweatshirts tragen, sollten die Maße großzügig bemessen sein. Strick fühlt sich oft schwerer an, als Kinder es heute gewohnt sind. Planen Sie bei Kindermodellen darum die Weite unter den Ärmeln und die oberen Ärmel weit und locker. Eine Kapuze sieht immer lässig aus und ist obendrein praktisch. Knöpfe können durch einen sportlichen Reißverschluss ersetzt werden. Kinder wachsen schnell. Kalkulieren Sie die Abmessungen des Modells ruhig so, dass es bestenfalls zwei Jahre getragen werden kann, bevor es endgültig zu klein wird. Sie könnten Rumpf und Ärmel von oben nach unten stricken, um das Modell später zu verlängern.

Für Mädchen könnten Sie klassische Modelle als Basis verwenden und mit dekorativen Details wie einer Spitzenkante oder einer Rüsche verzieren. Taillenkurze Jacken und Boleros kommen nicht aus der Mode und passen auch zu festlicher Kleidung. Ganz wichtig ist die Wahl des Garns: Kinder finden Strick oft unangenehm und kratzig. Möglicherweise ist dem Kind das Gefühl von Strick auf der Haut einfach fremd, weil es daran gewöhnt ist, weiche Kunstfasern zu tragen. Verwenden Sie deshalb ein Garn, das sich auf der Haut weich anfühlt und problemlos gewaschen werden kann.

SCHALS ENTWERFEN

Schals sind ideal für alle, die erste Versuche mit eigenen Entwürfen unternehmen wollen. Die notwendigen Berechnungen sind nicht kompliziert, und wenn am Ende die Abmessungen etwas anders ausfallen, ist es auch kein Drama.

Selbst bei einem Schal sind kreative und praktische Fragen zu beachten. Schließlich soll er angenehm am Hals sein und schön fallen. Es empfiehlt sich, ein Strickmuster zu verwenden, das von beiden Seiten gut aussieht (was durchaus nicht bei allen Mustern der Fall ist). Manche Muster neigen dazu, sich an den Kanten einzurollen. In diesem Fall kann eine schmale, kraus rechts oder im Perlmuster gestrickte Kante Abhilfe schaffen.

Viele junge Menschen haben das Stricken für sich entdeckt, weil ihnen die neuen Effektgarne so gut gefallen. Ich persönlich mag zwar lieber klassische Garne, aber ich verstehe schon, dass die Vielfalt der Farben und Strukturen Lust darauf weckt, die Geheimnisse der klappernden Nadeln zu erforschen.

Es liegt nahe, dass Einsteiger sich zuerst an einem Schal versuchen. Die neuen Effektgarne machen es ihnen auch in technischer Hinsicht leicht, denn eine heruntergefallene Masche fällt in der Flächenstruktur, die durch die Konstruktion des Garns bedingt ist, kaum auf.

Schals waren bei der neuen Generation von Strickerinnen so beliebt, dass einige Hersteller sogar spezielle Schalgarne auf den Markt brachten: große Knäuel, aus denen man an einem Abend einen Schal stricken und ihn schon am nächsten Tag tragen konnte. Wer hätte gedacht, dass der bescheidene Halswärmer einmal so trendy mit Schlaufen, Fransen und Rüschen daherkäme?

ANDERE ACCESSOIRES

An modischen Accessoires können Einsteiger gut neue Techniken lernen. Viele dieser Modelle sind relativ klein, sodass man schon in kurzer Zeit ein fertiges Resultat in Händen hält.

Eine lässige Mütze ist im Handumdrehen fertig und man muss nicht mehr können als Maschen anschlagen, rechte und linke Maschen stricken sowie abnehmen. An einem Schlauchschal kann man das Stricken mit einer Rundnadel wunderbar erlernen. An einem schlichten Schal lässt sich die Technik perfektionieren – vor allem die Nadelhaltung und die Führung des Garns mit gleichmäßiger Spannung. An einem gestreiften Schal lernt man den Farbwechsel und das Vernähen von Fäden.

Mützen gibt es in zahllosen Varianten. Ich persönlich mag Beanies und Baskenmützen gern. Eine Beanie mit Rollrand ist besonders einfach zu stricken. Wählt man zum Anschlagen die Daumenmethode (siehe S. 36), die eine besonders elastische Kante ergibt, passt die Mütze nahezu jeder Kopfgröße. Eine Baskenmütze kann zierlich-knapp oder üppig sitzen, je nachdem, wie viele Maschen zu- und abgenommen werden. Und wer sich an Handschuhe nicht herantraut, könnte es erst einmal mit Handgelenkstulpen versuchen.

Ich habe im Lauf der Jahre viele Taschen entworfen, von Strandtaschen aus Baumwolle bis zu eleganten Handtaschen. Ein einfacher Einkaufsbeutel aus zwei Rechtecken ist einfach zu stricken. Am oberen Rand bekommt er eine Lochkante, durch die eine Kordel gezogen wird (siehe S. 115 und 208–209). Mehr Form bekommt die Tasche durch einen verstärkten Boden und eine Röhrenform und die eingestrickten Löcher können mit Metallringen verstärkt werden. Mir gefallen auch eckige Taschen mit seitlich eingesetzten Streifen, die in den Henkel übergehen. Man kann sie mit Stoff füttern oder mit Bügeleinlage versteifen. Eine Clutch mit eingestrickten Perlen und kontrastfarbigem Satinfutter macht am Abend Furore.

Natürlich fallen auch Socken in die Kategorie der Accessoires. Als ich in den 1990er-Jahren meine ersten beruflichen Reisen in die USA unternahm, staunte ich über die Begeisterung, mit der dort Socken gestrickt wurden. In England war das damals eher ein Thema für die ältere Generation. Ich lernte handgestrickte Socken aber schnell zu schätzen: Sie sind haltbar, praktisch und man kann sie prima unterwegs stricken.

Ich weiß allerdings nicht, ob die Sockenbegeisterung zur Entwicklung der tollen Sockengarne geführt hat oder umgekehrt. Traditionelles Sockengarn bestand aus Wolle mit einem Acrylanteil gegen Durchscheuern.

Heutige Garne, oft mit Farbverlauf, brauchen sich nicht mehr in Stiefeln und unter Hosenbeinen zu verstecken. Sie sind haltbar und waschmaschinenfest.

Mir gefallen Strümpfe mit Strukturmustern, zum Beispiel Kniestrümpfe oder Overknees aus dünnem Garn mit Aranmustern. Wenn die Strümpfe nicht ausschließlich fürs Sofa gedacht sind, stricke ich den Fuß aber glatt rechts, damit er gut in Schuhe passt. Grundsätzlich ist es aus Gründen des Tragekomforts sinnvoll, Strümpfe auf einem Nadelspiel in Runden zu stricken. Es ist zwar auch möglich, Socken flach auf zwei Nadeln zu stricken, doch dann haben sie später Nähte, die unweigerlich drücken. Eine Ausnahme bilden Babysocken, die sich wegen der geringen Maschenzahl leichter auf zwei Nadeln stricken lassen. Da Babys noch nicht laufen, stören flache Nähte auch nicht.

WOHNACCESSOIRES

Die Strickwelle hat auch die Wohnung längst erfasst. Ebenso wie kleine Kleidungsstücke eignen sich Wohnaccessoires gut, um Techniken einzuüben oder zu perfektionieren, ohne sich viele Gedanken über komplizierte Abnahmen oder exakte Maße machen zu müssen.

Für viele schöne Wohnaccessoires braucht man lediglich ein Rechteck zu stricken. Voluminöses Baumwollgarn, doppelt oder dreifach genommen und mit dicken Nadeln verstrickt, ergibt einen tollen Läufer. Sie könnten auch einen länglichen Streifen stricken, mit aufbügelbarer Schabrackeneinlage versteifen, aufrollen und Bindebänder anbringen: Fertig ist eine praktische Aufbewahrungslösung für Zeitschriften. Vielleicht möchten Sie einen Sofaläufer stricken, einfach kraus rechts oder im Perlmuster und mit einer hübschen Lochmusterkante. So ein Läufer sieht auf einem einfarbigen Möbelstück interessant aus, auch wenn sein ursprünglicher Zweck – Schutz des Polsterbezugs vor Pomade! – heute nicht mehr von Bedeutung ist.

In Räumen, die ganz in Creme oder Weiß gestaltet sind, sehen einfache Zopfmuster (siehe S. 122–123) aus glattem Baumwollgarn toll aus. Hübsch sind Kissen mit Lochmuster (siehe S. 136–140) über einem grauen Stoffbezug.

Zu einem sommerlich-maritimen Stil passen Kissen und Decken mit blau-weißen Streifen. Sie könnten auch einen Läufer aus dickem Denimgarn stricken.

Wer es farbenfroh mag, entscheidet sich vielleicht für Decken und Kissen aus Wolle und Wollmischungen mit geometrischen Navajo-Mustern in Intarsientechnik (siehe S. 176–179) , vielleicht in warmem Terrakotta und Ocker, kombiniert mit frischem Türkis. Alternativ orientieren Sie sich an den Mustern mediterraner Kelims.

Und wenn ein allzu ruhiger Raum einen kräftigen Farbakzent braucht, lassen Sie sich beim Entwerfen von Wohnaccessoires von den Gemälden von Piet Mondrian oder den Papiercollagen von Matisse inspirieren.

DECKEN

Eine Decke kann für einen angehenden Strickdesigner dasselbe sein wie eine leere Leinwand für einen Maler. Sie allein bestimmen, ob es eine Minidecke für den Hundekorb oder eine riesige Tagesdecke für ein Doppelbett werden soll.

Decken kommen nie aus der Mode. Kein Wunder, denn sie sind herrlich gemütlich. Ich drapiere meine Decken immer dekorativ über die Sofalehne, aber es dauert nie lange, bis sie über mich drapiert sind – sogar im Sommer. Wer viele Maschenproben und Musterstücke hat, könnte sie alle zu einer großen Decke zusammensetzen. Ich stricke die Kanten meiner Probestücke immer kraus rechts, damit sie sich nicht einrollen. So lassen sie sich gut aufbewahren und leicht ausmessen, ohne dass man sie bügeln muss, denn dabei könnten sie sich verziehen. Und wenn eine Decke daraus werden soll, nähen Sie einfach alle an den Kanten zusammen.

Angesichts meiner Schwäche für Strukturmuster liegt nahe, dass ich auch Aran-Decken liebe. Die Muster können in Bahnen oder als Patchwork angeordnet sein. Besonders gern kombiniere ich klassische Muster von den Aran-Inseln und von Guernsey, sodass sich eine Landschaft aus Zöpfen, Noppen und Lochmustern ergibt. Da diese Muster den Strick unterschiedlich zusammenziehen, muss dabei zu- und abgenommen werden, damit die Decke schön glatt liegt. Natürlich lassen sich Decken auch wunderbar einfach personalisieren. Babydecken beispielsweise besticke ich gern mit einem Monogramm oder dem Geburtsdatum des neuen Erdenbürgers.

KISSEN

Kann man überhaupt zu viele Sofakissen haben? Das Stricken macht so viel Spaß, dass man gar nicht mehr aufhören mag. Und wenn das Sofa wirklich voll ist, findet sich bestimmt auf dem Bett noch ein Plätzchen.

Kissen eignen sich gut, um Strukturmuster oder farbige Strickereien zu üben. Momentan liegen auf meinem Sofa Kissen mit verschiedenen Zopfmustern neben einem mit der britischen Flagge und verschiedenen Modellen mit Tupfen- und Zickzackmustern in Intarsientechnik. Kissen aus Baumwollgarn mit Lochmustern wirken sommerlich frisch, vor allem wenn ein Futterstoff in Kontrastfarbe durch die Löcher schimmert. Sie könnten auch einfach ein vorhandenes Kissen aufpeppen, indem Sie ein gestricktes Viereck auf die Vorderseite applizieren.
Nicht alle Kissen müssen eine gestrickte Rückseite haben. Große Bodenkissen sind praktisch als Reserve-Sitzgelegenheit, die Unterseite sollte aber aus robustem Polsterstoff bestehen. Einfache Kissen arbeite ich gern mit einem Hotelverschluss und eventuell Knöpfen auf der Rückseite. Das sieht in Strick sauberer aus als ein Reißverschluss. Wenn Sie einen Bezug glatt rechts in einem Stück stricken, sodass er um das Inlett gewickelt werden kann, könnten Sie an den späteren Faltkanten jeweils in der Rückreihe eine Reihe rechts stricken (wie eine Saumkante, siehe S. 242).

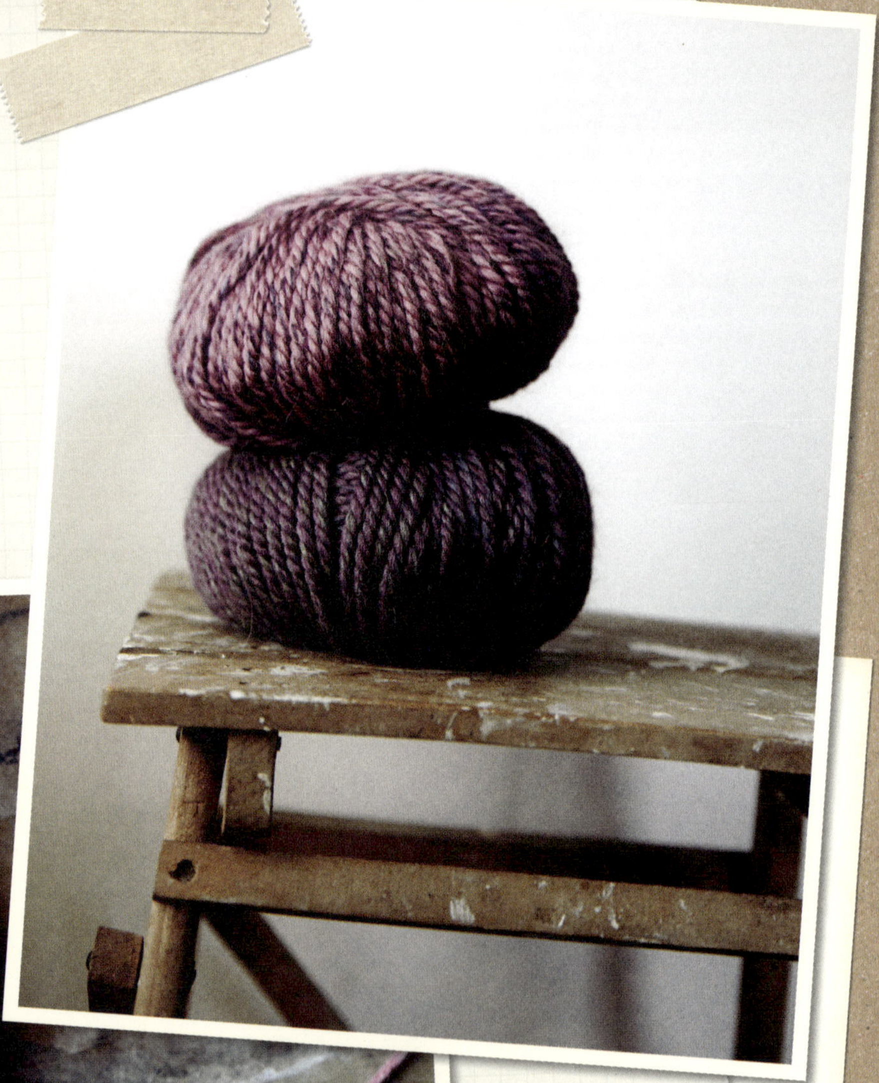
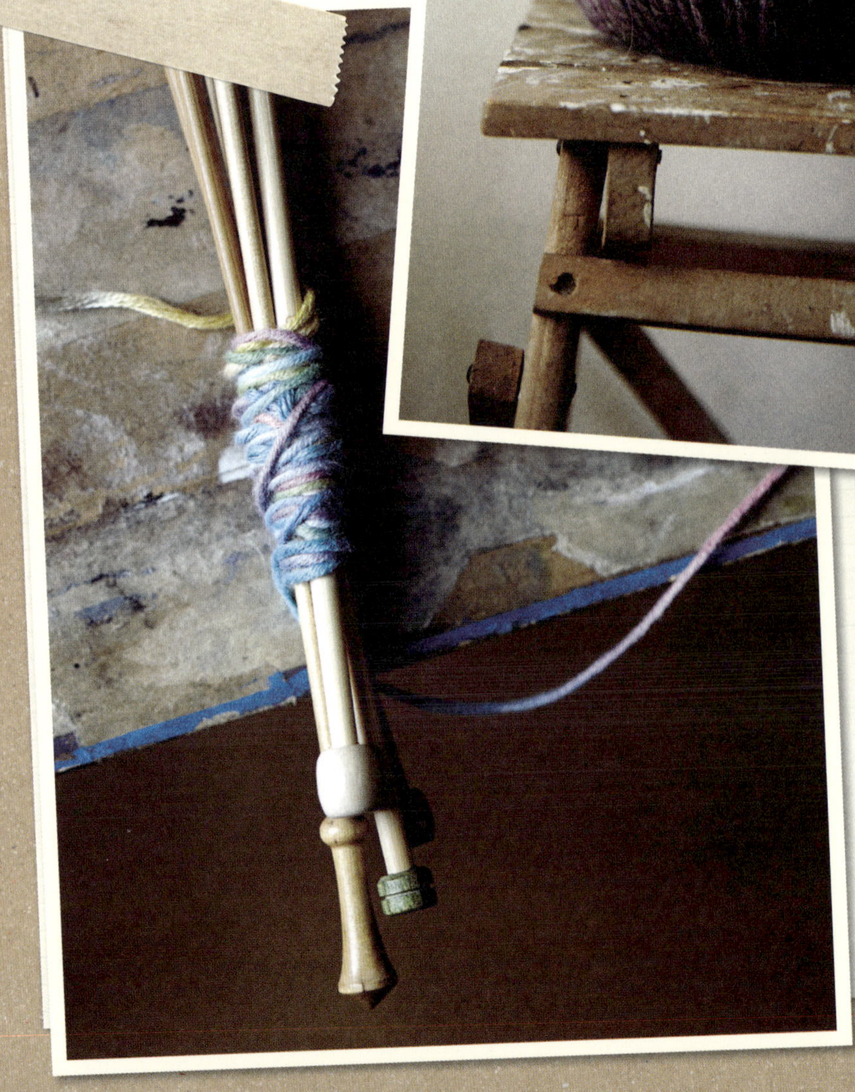

PANNENHILFE

Wer Kleidung oder Accessoires selbst strickt, hat die wunderbare Möglichkeit, unverwechselbare Unikate zu gestalten. Ein bisschen Konzentration ist notwendig, sonst können leicht Fehler passieren. Zum Glück lassen sich die meisten Probleme beheben, und wenn man sie frühzeitig erkennt, ist es selten nötig, viele Reihen wieder aufzuribbeln.

MASCHE VERLOREN: EINE RECHTSREIHE TIEFER

Es kann vorkommen, dass eine Masche von der Nadel rutscht oder dass man sie versehentlich nur abhebt, statt sie abzustricken. Das lässt sich leicht beheben, allerdings muss man schnell handeln, bevor die Masche weiter herunterläuft. Legen Sie eine Sicherheitsnadel in Ihren Handarbeitsbeutel. Damit können Sie die heruntergefallene Masche fixieren, bis sie wieder eingestrickt wird.

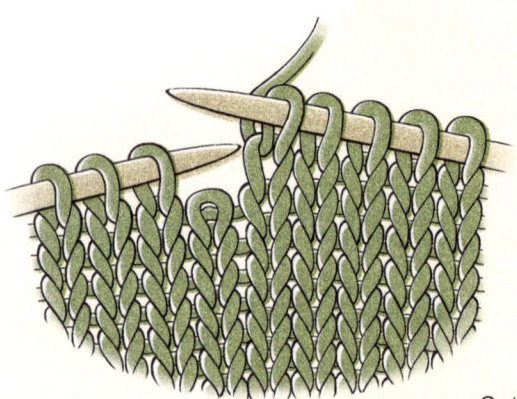

1. Der Querfaden zwischen den Maschen muss hinter der heruntergefallenen Masche liegen. Er wird benötigt, um die heruntergefallene Masche wieder aufzustricken.

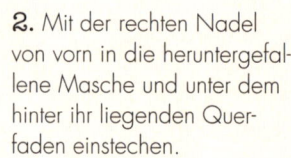

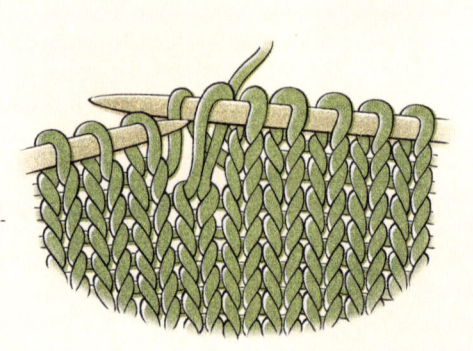

2. Mit der rechten Nadel von vorn in die heruntergefallene Masche und unter dem hinter ihr liegenden Querfaden einstechen.

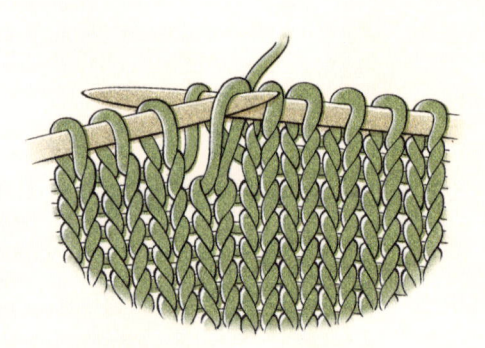

3. Die linke Nadel von hinten in die heruntergefallene Masche auf der rechten Nadel einstechen und diese über den Querfaden heben. So wird aus dem Querfaden eine neue Masche gestrickt. Sie liegt allerdings auf der falschen Nadel und zeigt in die falsche Richtung.

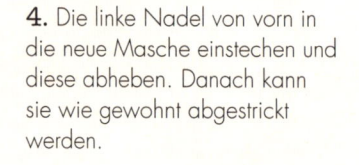

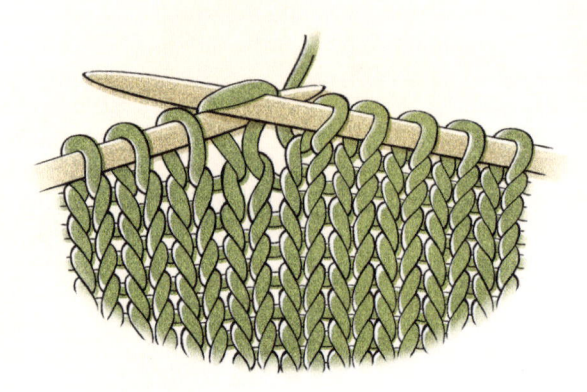

4. Die linke Nadel von vorn in die neue Masche einstechen und diese abheben. Danach kann sie wie gewohnt abgestrickt werden.

MASCHE VERLOREN: EINE LINKSREIHE TIEFER

Beim Einstricken einer heruntergefallenen Masche in einer Linksreihe gehen Sie im Grunde ebenso vor. Sie schauen jedoch auf die andere Seite des Werkstücks. Wenn Sie Schwierigkeiten haben, auf der krausen Rückseite zu überblicken, welcher Faden wohin gehört, drehen Sie das Strickzeug einfach um und beheben den Fehler von der rechten Seite.

1. Der Querfaden zwischen den Maschen muss vor der heruntergefallenen Masche liegen. Er wird benötigt, um die heruntergefallene Masche wieder aufzustricken.

2. Mit der rechten Nadel von hinten in die heruntergefallene Masche und unter dem vor ihr liegenden Querfaden einstechen.

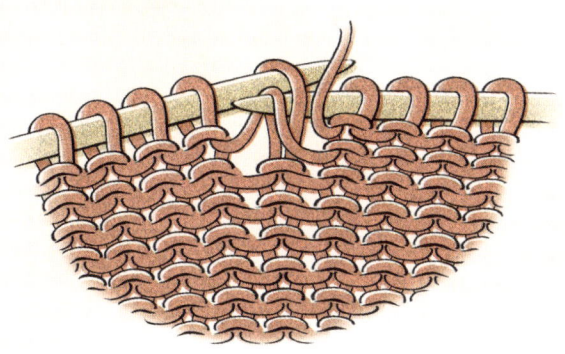

3. Die linke Nadel von vorn in die heruntergefallene Masche auf der rechten Nadel einstechen und diese über den Querfaden heben. So wird aus dem Querfaden eine neue Masche gestrickt. Sie zeigt in die richtige Richtung, liegt aber auf der falschen Nadel.

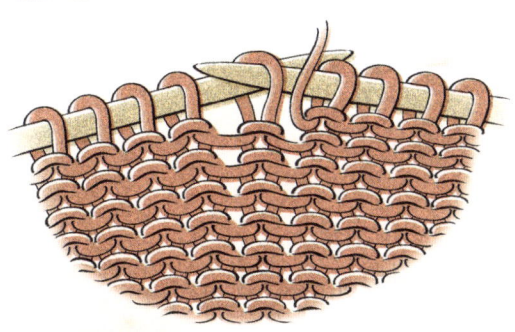

4. Die linke Nadel von vorn in die neue Masche einstechen und diese auf die linke Nadel abheben. Nun kann sie wie gewohnt links gestrickt werden.

Masche verloren

LAUFMASCHE AUF DER RECHTEN SEITE

Wenn eine Masche mehrere Reihen heruntergelaufen ist, bevor Sie den Fehler bemerken, sind die Querfäden zwischen den Maschen länger und sehen aus wie eine Leiter. Diesen Fehler beheben Sie am besten mit einer dünnen Häkelnadel. Wenn keine Häkelnadel zur Hand ist, benutzen Sie eine Stricknadel. Das ist allerdings etwas schwieriger.

1. Aus den längeren Querfäden der Laufmasche werden die neuen Maschen gehäkelt. Der unterste Querfaden muss hinter der heruntergefallenen Masche liegen.

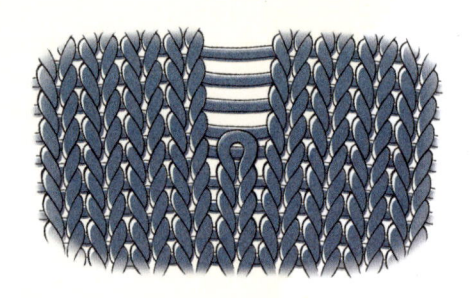

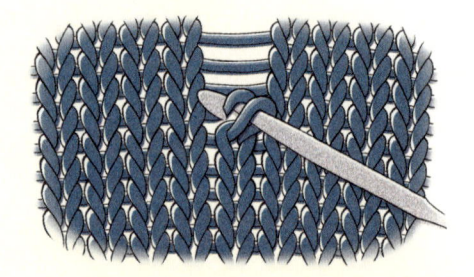

2. Mit der Häkelnadel von vorn in die heruntergefallene Masche und unter dem untersten Querfaden einstechen. Den Querfaden durch die Masche holen: Das ist die erste gerettete Masche. Ebenso aus jedem weiteren Querfaden eine Masche arbeiten, bis Sie oben angekommen sind. Die letzte hochgehäkelte Masche so auf die linke Nadel legen, dass sie wie gewohnt rechts abgestrickt werden kann.

LAUFMASCHE AUF DER LINKEN SEITE

Hier gilt dasselbe Prinzip wie oben, Sie arbeiten lediglich auf der anderen Seite des Werkstücks. Deutlich einfacher ist es, wenn Sie die Arbeit zum Hochstricken der Laufmasche umdrehen und auf der rechten Seite arbeiten.

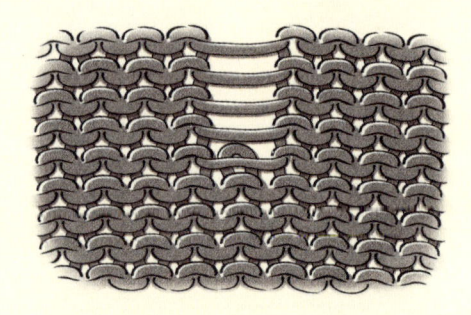

1. Aus den längeren Querfäden der Laufmasche werden die neuen Maschen gehäkelt. Der unterste Querfaden muss vor der heruntergefallenen Masche liegen.

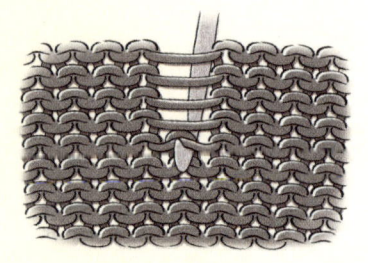

2. Von der Rückseite der Arbeit mit der Häkelnadel in die heruntergefallene Masche und unter dem vor ihr liegenden Querfaden einstechen. Den Querfaden durch die Masche ziehen: Die erste Masche wurde hochgehäkelt. Ebenso mit allen weiteren Querfäden verfahren. Die letzte hochgehäkelte Masche so auf die linke Nadel legen, dass sie wie gewohnt links gestrickt werden kann.

HERUNTERGEFALLENE RANDMASCHE

Die erste Masche auf der Nadel fällt besonders leicht herunter, weil sie fast immer etwas lockerer ist als die übrigen. Beim Beheben dieses Fehlers gehen Sie etwas anders vor als bei einer Laufmasche mitten in der Reihe. Gearbeitet wird immer auf der rechten Seite des Werkstücks und Sie sollten hier in jedem Fall eine Häkelnadel verwenden.

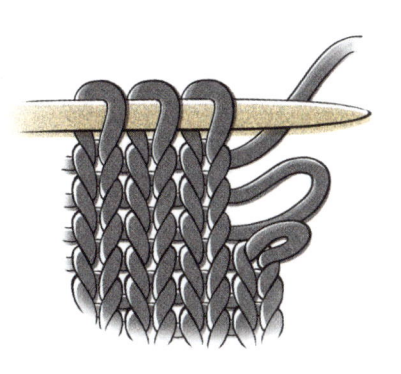

1. Wenn eine Randmasche einige Reihen herunterfällt, bildet sich am Ende jeder Reihe eine größere Schlaufe. Aus diesen Schlaufen müssen neue Maschen gehäkelt werden.

2. Mit der Häkelnadel in die heruntergefallene Masche einstechen und die darüberliegende große Schlaufe erfassen. Eine Masche durchholen, die aber nicht größer sein darf als die heruntergefallene. Nicht die ganze große Schlaufe durchholen.

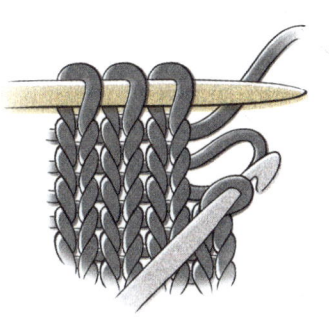

3. Nun dieselbe große Schlaufe nochmals erfassen und eine zweite Masche durch die Masche auf der Häkelnadel holen. Aus jeder großen Randschlaufe werden zwei Randmaschen gehäkelt. Ist die Randmasche also mehrere Reihen heruntergefallen, häkeln Sie aus jeder der großen Schlaufen zwei neue Maschen.

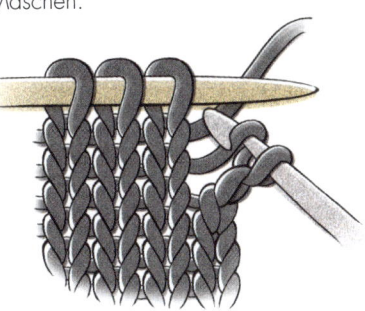

4. Ganz oben wird die letzte neue Masche aus dem Arbeitsfaden gehäkelt: Den Arbeitsfaden mit der Häkelnadel erfassen, eine Masche durchholen und so auf die Stricknadel legen, dass sie in die richtige Richtung zeigt (siehe S. 302).

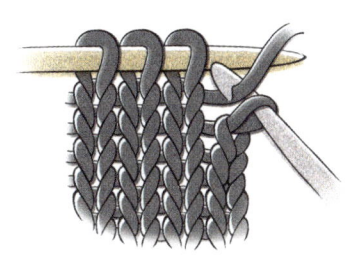

MASCHE FÜR MASCHE AUFLÖSEN

Wenn Sie in der aktuellen Reihe einen Fehler gemacht haben, besteht die sicherste Methode darin, die Maschen einzeln rückwärts aufzulösen, bis die Fehlerstelle erreicht ist. Die Technik ist einfach und nimmt nicht viel Zeit in Anspruch.

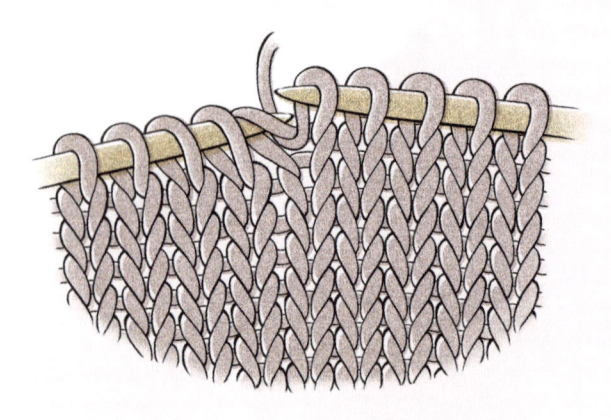

1. In einer Rechtsreihe die linke Nadel von vorn in die Masche unter der ersten Masche auf der rechten Nadel einstechen. Die Masche von der rechten Nadel gleiten lassen und vorsichtig am Arbeitsfaden ziehen, um sie aufzulösen. Auf diese Weise die Reihe Masche für Masche »rückwärts« auflösen, bis der Fehler erreicht ist.

2. In einer Linksreihe gehen Sie ähnlich vor, Sie müssen lediglich mit der linken Nadel von vorn in die Masche unter der nächsten Masche auf der rechten Nadel einstechen. Die Masche von der rechten Nadel gleiten lassen und vorsichtig am Arbeitsfaden ziehen, um sie aufzulösen. Fortfahren, bis der Fehler erreicht ist.

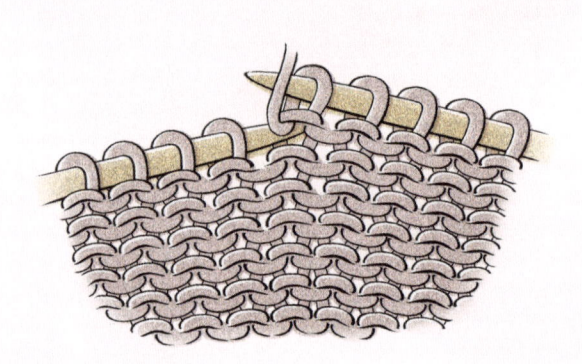

MEHRERE REIHEN AUFRIBBELN

Wenn der Fehler einige Reihen tiefer liegt, dauert es zu lange, jede Masche einzeln aufzulösen. In diesem Fall haben Sie keine andere Wahl, als ein Stück Ihrer Arbeit wieder aufzuribbeln.

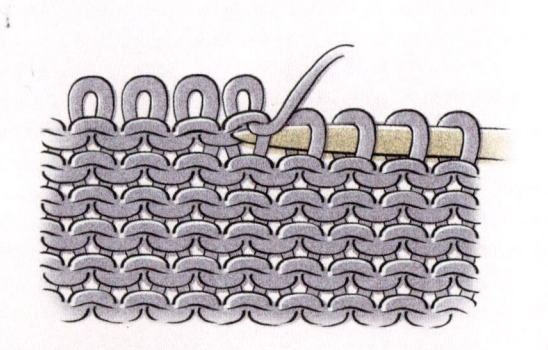

1. Beide Stricknadeln aus dem Werkstück nehmen. Langsam und vorsichtig am Arbeitsfaden ziehen, bis die Reihe mit dem Fehler erreicht ist. Es spielt keine Rolle, ob dies eine Rechts- oder eine Linksreihe ist. Das Werkstück in die linke Hand nehmen, eine Stricknadel in die rechte. Die Nadel in die erste Masche *unter* der offenen Reihe einstechen und den Arbeitsfaden herausziehen. Masche für Masche fortfahren, bis die ganze Reihe mit dem Fehler aufgelöst ist und alle Maschen wieder auf einer Nadel liegen.

AUFRIBBELN MIT HILFSFADEN

Wenn Sie mehrere Reihen aufribbeln müssen und befürchten, dass beim Aufnehmen der Maschen Laufmaschen oder andere Pannen entstehen, ziehen Sie vorher einen Hilfsfaden ein. Er sollte dieselbe Stärke haben wie Ihr Strickgarn, aber glatt sein.

1. Einen Faden, der länger ist als das Werkstück breit, in eine Sticknadel ohne Spitze einfädeln. Mit der Nadel unter dem rechten Glied jeder Masche der Reihe durchstechen, bis zu der das Werkstück aufgelöst werden muss. Das Strickgarn darf dabei auf keinen Fall mit der Nadel durchstochen werden.

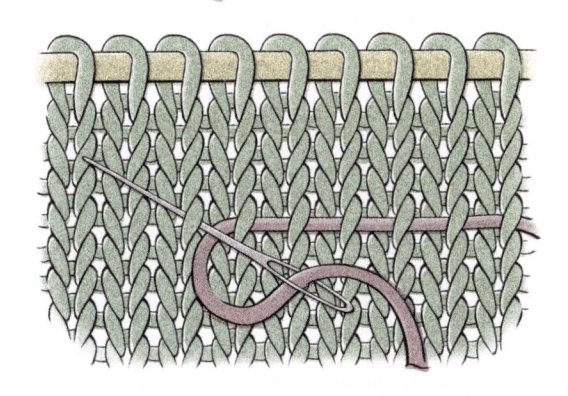

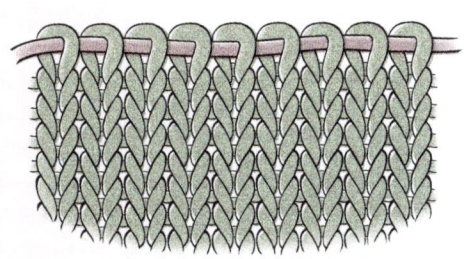

2. Die Stricknadeln herausziehen und langsam am Arbeitsfaden ziehen, um die Reihen aufzuribbeln. Der Hilfsfaden fixiert die Maschen, sodass diese nicht aufgelöst werden können. Außerdem liegen die Maschen richtig herum auf ihm.

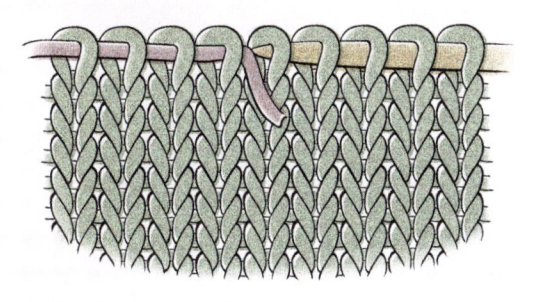

3. Eine Masche nach der anderen vom Hilfsfaden auf eine Stricknadel nehmen und dabei den Hilfsfaden nach und nach herausziehen. Die Maschen dabei nicht verdrehen. Wenn der Arbeitsfaden danach an der falschen Seite hängt, alle Maschen noch einmal auf die freie Stricknadel heben.

RUNDNADEL ALS STOPPER

Wenn Sie eine Rundstricknadel in passender Stärke und Länge haben, fädeln Sie diese anstelle eines Hilfsfadens in ihr Werkstück. Die Nadel so weit durchziehen, bis alle Maschen nur noch auf dem Kabel liegen, erst dann die Reihen bis zum Fehler aufribbeln. Danach können Sie die nächste Reihe direkt von der Rundnadel auf eine gerade Stricknadel abstricken, egal wo der Arbeitsfaden hängt.

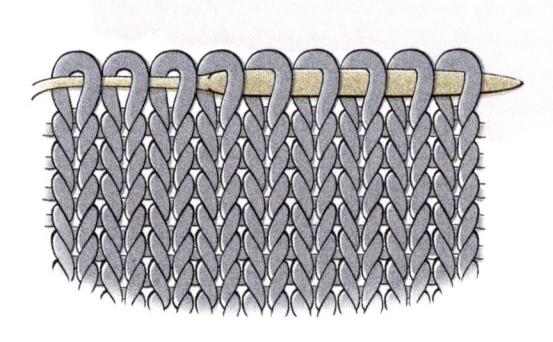

VERDREHTE MASCHE IN EINER RECHTSREIHE

Beim Aufhäkeln einer Laufmasche kann es vorkommen, dass man sie verdreht auf die Nadel legt. Die Verdrehung lässt sich aber auch in der folgenden Reihe noch leicht beheben.

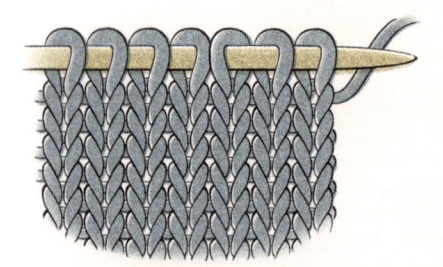

1. Die beiden Maschenglieder sitzen auf der Nadel wie die Beine eines Reiters auf dem Pferd. Das rechte Maschenglied ist immer vor der Nadel, das linke hinter ihr. Auf der Abbildung befindet sich bei der dritten Masche ab Nadelspitze das linke Maschenglied vorn: Diese Masche ist verdreht.

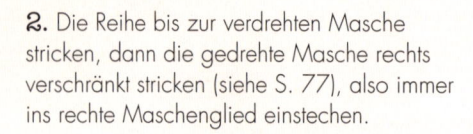

2. Die Reihe bis zur verdrehten Masche stricken, dann die gedrehte Masche rechts verschränkt stricken (siehe S. 77), also immer ins rechte Maschenglied einstechen.

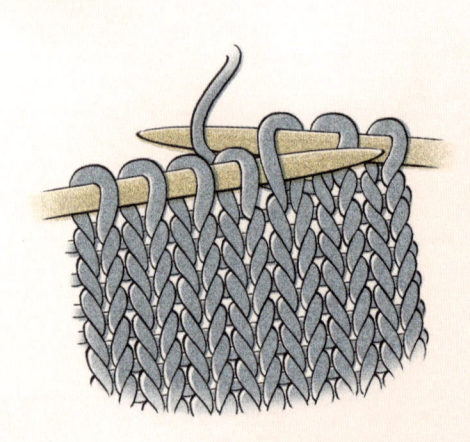

VERDREHTE MASCHE IN EINER LINKSREIHE

Dasselbe Prinzip gilt für verdrehte Maschen in einer Linksreihe. Es gibt zwar Strickmuster, in denen Maschen absichtlich verdreht werden, ansonsten muss die Drehung aber korrigiert werden, weil man sie auf glatt rechts gestricktem Grund sieht.

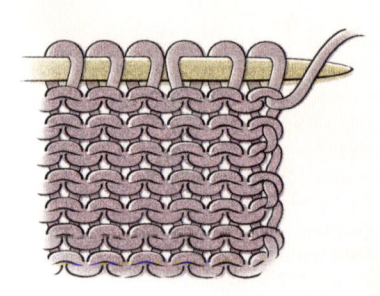

1. Wie bei einer rechten Masche liegt das rechte Maschenglied immer vor der Nadel und das linke dahinter. Auch hier ist die dritte Masche ab Nadelspitze verdreht.

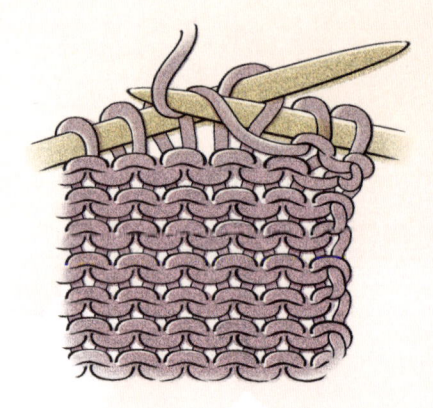

2. Bis zur verdrehten Masche stricken. Die gedrehte Masche links verschränkt stricken (siehe S. 77), also ins hintere Maschenglied einstechen statt wie üblich ins vordere. Dadurch liegt die Masche wieder richtig herum.

MASCHE ZU VIEL: RECHTSREIHE

Anfängern passiert es öfter, dass sich eine überflüssige Masche in eine Reihe hineinmogelt. Meistens geschieht das direkt am Reihenanfang. Achten Sie darum genau darauf, die Randmasche korrekt zu stricken.

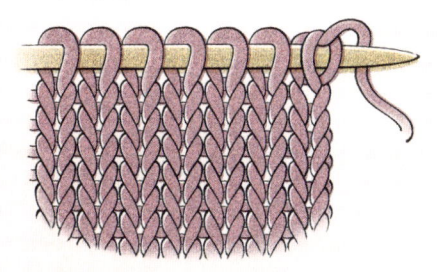

1. Verläuft der Arbeitsfaden in einer Rechtsreihe über der Nadel, gerät die erste Masche aus der Form, weil beide Maschenglieder vorn liegen. Dann besteht Gefahr, beide Maschenglieder abzustricken und eine Masche zuzunehmen.

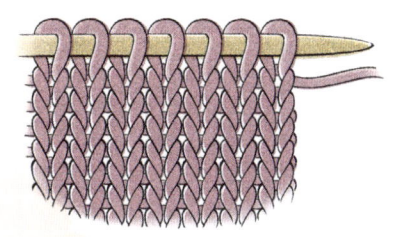

2. Um das zu vermeiden, ziehen Sie den Arbeitsfaden am Anfang einer Reihe immer zuerst nach unten. Dann hinter die Nadel legen, um die erste Masche rechts zu stricken.

MASCHE ZU VIEL: LINKSREIHE

Für die Masche am Anfang einer Linksreihe gilt dasselbe Prinzip. Wenn die Randmasche zu locker ausfällt, lässt sich dies nachträglich ebenso leicht ausgleichen wie bei anderen zu lockeren Maschen (siehe S. 305).

1. Wird der Arbeitsfaden in einer Linksreihe über die Arbeit nach hinten gelegt, liegen beide Maschenglieder der ersten Masche vor der Nadel, und es kann leicht passieren, dass man beide abstrickt. Dadurch wird jedoch eine Masche zugenommen.

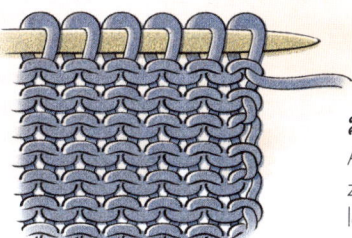

2. Um das zu vermeiden, ziehen Sie den Arbeitsfaden am Anfang einer Reihe immer zuerst nach unten. Erst dann vor die Arbeit legen, um die erste linke Masche zu stricken.

UNVOLLSTÄNDIGE MASCHE IN EINER RECHTSREIHE

Das unvollständige Abstricken ist ein anderer Fehler, der Anfängern öfter unterläuft: Sie stechen mit der rechten Nadel in eine Masche ein und legen den Faden um die Nadelspitze, heben dann aber die Masche ab, statt den Faden durchzuholen. So liegt neben oder über der Masche ein Faden über der Nadel. Wird dieser Umschlag in der nächsten Reihe abgestrickt, entsteht eine überflüssige Masche.

1. Hier wurde die vierte Masche von rechts unvollständig gearbeitet. Der Fehler ist in einer Linksreihe entstanden, kann aber in der folgenden Rechtsreihe behoben werden.

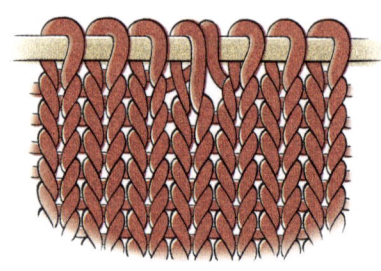

2. Bis zur unvollständigen Masche stricken. Mit der rechten Nadel von hinten in die versehentlich abgehobene Masche einstechen und diese über den Umschlag ziehen und von der linken Nadel gleiten lassen. Damit ist die unvollständige Masche der vorherigen Reihe korrekt gestrickt. Die neue Masche liegt bereits richtig auf der linken Nadel und kann nun in der aktuellen Reihe rechts gestrickt werden.

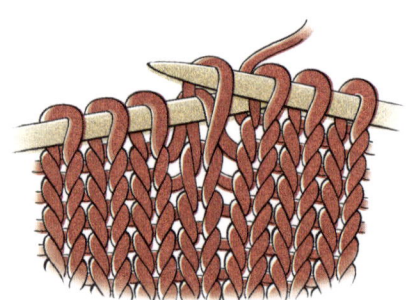

UNVOLLSTÄNDIGE MASCHE IN EINER LINKSREIHE

In einer Linksreihe kann eine unvollständige Masche ebenso entstehen wie in einer Rechtsreihe. Sie sieht aus wie ein Umschlag, auf den eine abgehobene Masche folgt.

1. Auch hier ist vierte Masche von rechts unvollständig. Der Fehler ist in der vorangegangenen Rechtsreihe entstanden, kann aber in der aktuellen Linksreihe korrigiert werden.

2. Bis zur unvollständigen Masche stricken. Mit der rechten Nadel von vorn in die versehentlich abgehobene Masche auf der linken Nadel einstechen. Die Masche über den Umschlag ziehen und von der Nadel gleiten lassen. Damit ist die unvollständige Masche der vorherigen Reihe korrekt gestrickt. Sie liegt bereits richtig auf der linken Nadel und kann in der aktuellen Reihe wie gewohnt links gestrickt werden.

ZU LOCKERE MASCHEN

Selbst versierten Strickerinnen kann es passieren, dass hier und dort eine Masche viel zu locker ausfällt. Solche Unregelmäßigkeiten sollten ausgeglichen werden, weil sie das gleichmäßige Maschenbild stören.

GLATT RECHTS

Breiten Sie glatt rechts gestrickte Teile vor dem Spannen aus, um das Maschenbild zu prüfen. Sind einzelne Maschen viel zu locker, verteilen Sie die überschüssige Fadenlänge auf die benachbarten Maschen. Mit einer Sticknadel ohne Spitze unter ein Maschenglied der benachbarten Masche einstechen und behutsam ziehen, bis die zu große Masche etwas kleiner wird. Mit der Nachbarmasche auf der anderen Seite wiederholen.

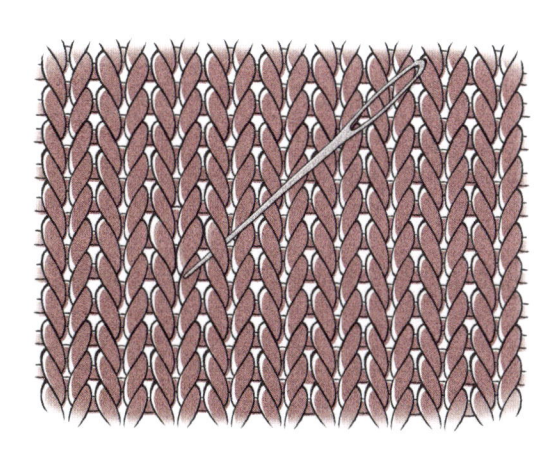

RIPPENMUSTER

Bestehen Rippen aus zwei oder mehr Maschen, fällt die linke Masche jeder Gruppe meist etwas größer aus. Das liegt am Verlauf des Arbeitsfadens beim Wechsel zwischen rechten und linken Maschen. Hier ist gut zu erkennen, dass die linke rechte Masche größer ist als die beiden anderen. Sie könnten einfach versuchen, die letzte Masche jeder Rippe fester zu stricken, aber das ist schwer durchzuhalten. Alternativ stricken Sie die letzte Masche rechts verschränkt (siehe S. 77). Dadurch wird die Masche zwar in sich gedreht, aber das fällt im Rippenmuster weniger auf als eine zu große Masche. Wenn die betreffende Masche in der Rückreihe links gestrickt wird, legen Sie den Arbeitsfaden im Uhrzeigersinn um die Nadel und nicht wie üblich entgegen dem Uhrzeigersinn.

ZOPFMUSTER

Bei glatt rechts gestrickten Zopfmustern auf kraus links gestricktem Grund entstehen am linken Rand des Zopfs – vor allem in der Reihe einer Verkreuzung – oft unansehnlich lange Querfäden. Um das Problem zu verringern, versuchen Sie, die erste linke Masche nach dem Zopf sehr fest zu stricken. Sie können diese erste Masche des Hintergrunds auch verschränkt stricken.

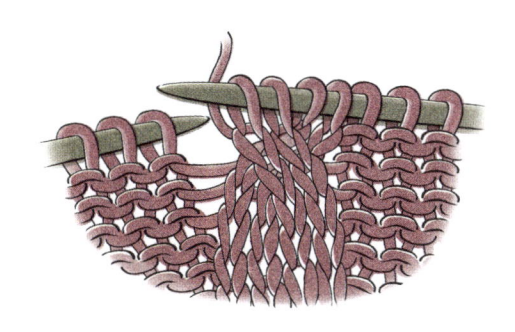

UNREGELMÄSSIGES MASCHENBILD

Wenn man unkonzentriert strickt, fällt das Maschenbild manchmal unregelmäßig aus. Meist liegt die Ursache aber darin, wie Garn, Nadeln oder beides gehalten werden. Und da Unregelmäßigkeiten vor allem bei glatt rechts gestrickten Modellen unschön aussehen, lohnt es sich, verschiedene Möglichkeiten auszuprobieren, um ein gleichmäßigeres Strickbild zu erzielen.

UNREGELMÄSSIGE MASCHEN

Sehr unregelmäßige Maschen ergeben sich meistens durch eine ungünstige Garn- und Nadelhaltung. Wenn Sie die Nadeln wie ein Messer halten (siehe S. 32) und womöglich noch die rechte Nadel loslassen, um den Faden um die Nadel zu legen, können Sie keine gleichmäßige Fadenspannung aufrechterhalten. Dasselbe gilt, wenn Sie den Faden auf eine Art um Ihre Finger führen (siehe S. 30–31), die ihn nicht unter gleichmäßiger Spannung hält. Experimentieren Sie mit verschiedenen Methoden und probieren Sie aus, wie sie sich auf Ihre Strickergebnisse auswirken.

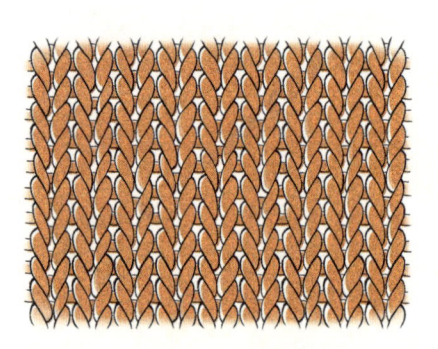

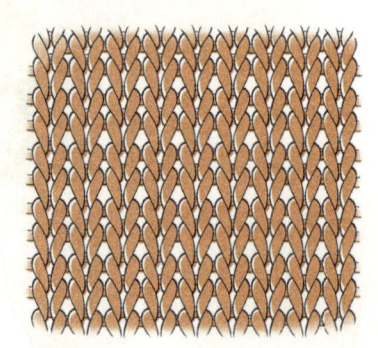

UNREGELMÄSSIGE REIHEN

Bei manchen Menschen sind deutliche Unterschiede zwischen Hinreihen und Rückreihen zu erkennen. Wenn Sie dieses Problem bei sich beobachten und durch Übung nicht in den Griff bekommen, versuchen Sie, die Reihe mit den größeren Maschen mit einer dünneren Nadel zu stricken. Wenn die Anleitung beispielsweise Nadelstärke 4,5 vorgibt, verwenden Sie diese für den Anschlag und die »guten« Reihen. Die anderen stricken Sie mit Nadelstärke 4. Abwechselnd wiederholen. Durch das Stricken mit der dünneren Nadel fallen die Maschen etwas kleiner aus.

UNTERSCHIEDLICH LANGE KANTEN

Dieses Problem tritt auf, wenn der Faden am Ende einer Rechtsreihe und vor dem Wenden nicht sorgfältig festgezogen wird. Gewöhnen Sie sich an, die letzte rechte Masche einer Reihe bewusst festzuziehen, und achten Sie auch darauf, die erste linke Masche in der folgenden Rückreihe fest zu stricken.

STRICK KÜRZEN

Stellen Sie sich vor, Sie haben ein großes Teil gestrickt, etwa das Vorderteil eines Pullovers, und es ist zu lang. Wegen der Abnahmen an Schultern und Ausschnitt können Sie aber nicht einfach einige Reihen aufribbeln. Trotzdem kann das Teil noch gekürzt werden. Dabei wird eine Reihe Maschenstich genäht, die bei der Berechnung der neuen Länge berücksichtigt werden muss.

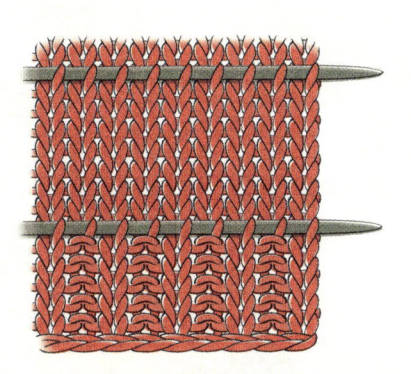

1. Am einfachsten ist die Methode auf glatt rechts gestrickten Stücken. Hat Ihr Teil ein Rippenbündchen, kürzen Sie es oberhalb. In der Reihe über dem Bündchen eine Stricknadel durch das rechte Maschenglied jeder Masche schieben. Ebenso in einer anderen Reihe verfahren. Der Abstand zwischen den beiden Nadeln entspricht der Kürzung.

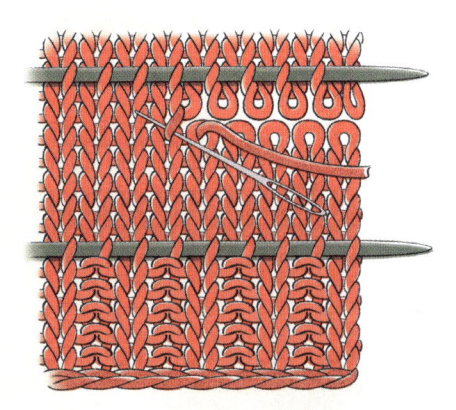

2. Zwei Reihen unter der oberen Nadel eine Randmasche durchschneiden, dann die Maschen dieser Reihe mit einer Sticknadel ohne Spitze auflösen. Das Fadenende auf der Rückseite vernähen. Den unteren Teil, der dadurch abgetrennt wurde, bis zur unteren Stricknadel aufribbeln. Dann die beiden Teile im Maschenstich (siehe S. 228) zusammennähen. Dabei kann das Garn verwendet werden, das beim Aufribbeln angefallen ist.

STRICK VERLÄNGERN

Auch diese Technik gelingt am besten an glatt rechts gestrickten Flächen und sollte deshalb oberhalb des Bündchens angewandt werden. Bevor Sie den Strick einschneiden, prüfen Sie unbedingt, ob Ihr Garn noch für die Verlängerung ausreicht.

1. In der Reihe über dem Bündchen eine Stricknadel durch das rechte Maschenglied jeder Masche schieben. Ebenso zwei Reihen höher mit der zweiten Stricknadel verfahren. Eine Masche in der Reihe zwischen den beiden Nadeln vorsichtig durchschneiden, dann alle Maschen dieser Reihe mithilfe einer Sticknadel ohne Spitze auflösen. Die Fäden auf den Rückseiten beider Teile vernähen.

2. Am Bündchen neues Garn ansetzen und bis zur gewünschten Höhe stricken. Dann die letzte Reihe des neuen Stücks im Maschenstich (siehe S. 228) an die letzte Reihe des oberen Stücks nähen.

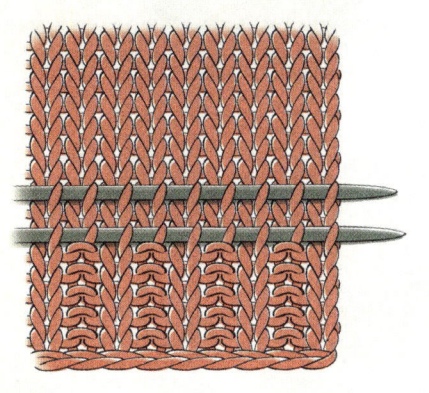

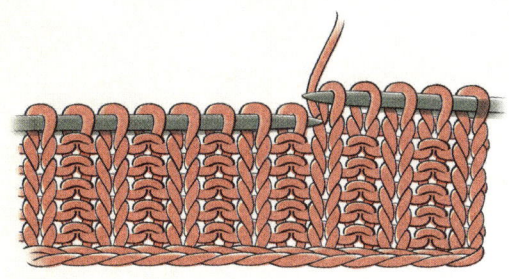

FEHLER IN FARBIGEN MUSTERN

Fehler in farbigen Mustern lassen sich meist beheben, ohne das ganze Teil aufzuribbeln. Sie können vorgehen wie beim Kürzen von Strick (siehe S. 307). Kleine Fehler können auch mit Maschenstichen (siehe S. 192–193) in der richtigen Farbe überstickt werden, allerdings können solche Korrekturen auffallen, weil sie etwas dicker sind als die umgebenden Maschen.

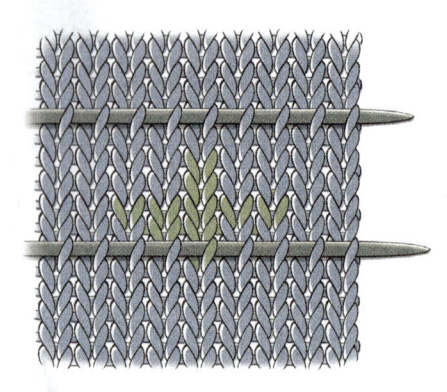

1. Zuerst eine einfarbige Reihe über der Reihe mit dem Fehler finden. In diesem Fall liegt sie vier Reihen über der fehlerhaften Reihe. In dieser einfarbigen Reihe eine Stricknadel durch das rechte Maschenglied jeder Masche schieben. Ebenso mit den Maschen in der Reihe unter dem Fehler verfahren.

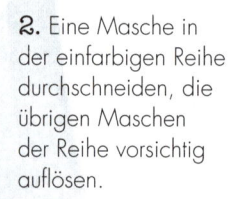

2. Eine Masche in der einfarbigen Reihe durchschneiden, die übrigen Maschen der Reihe vorsichtig auflösen.

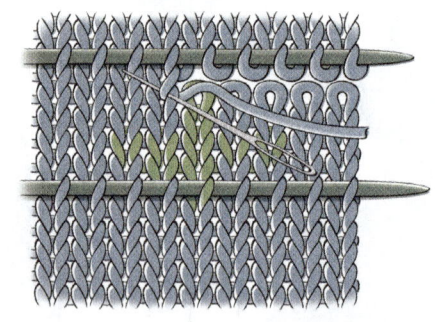

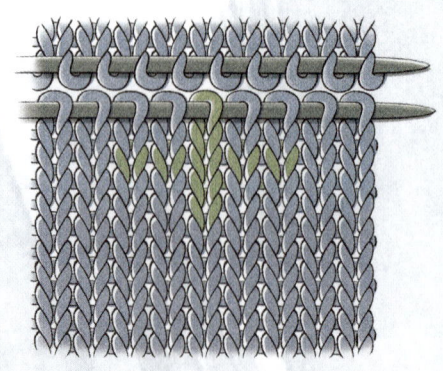

3. Die Reihen bis zur unteren Nadel aufribbeln und mit der richtigen Farbanordnung neu stricken, bis die Reihe unter der einfarbigen Reihe mit der oberen Stricknadel fertig ist.

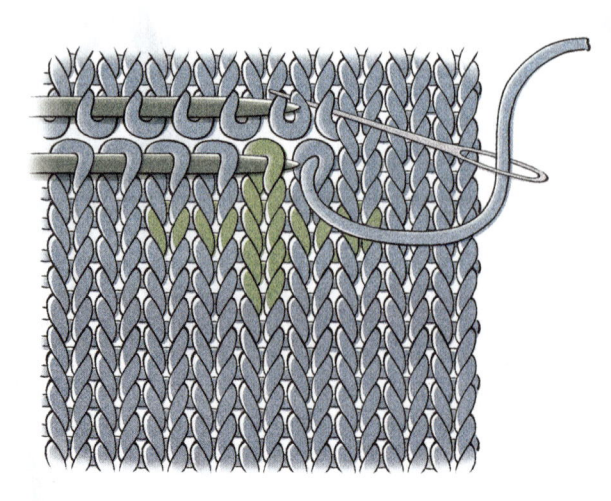

4. Nun die Teile mit Maschenstichen (siehe S. 228) zusammennähen. Dafür einen Faden in der Unifarbe verwenden.

308 Pannenhilfe

FEHLER IN ZOPFMUSTERN

Wenn Sie beim Stricken eines Zopfmusters feststellen, dass Sie viele Reihen tiefer einmal falsch verkreuzt haben, war nicht die ganze Arbeit umsonst. Hier lernen Sie eine Möglichkeit kennen, die Panne zu beheben. Sie ist etwas knifflig. Arbeiten Sie langsam und konzentriert, um nicht mehr Maschen aufzulösen, als unbedingt nötig ist.

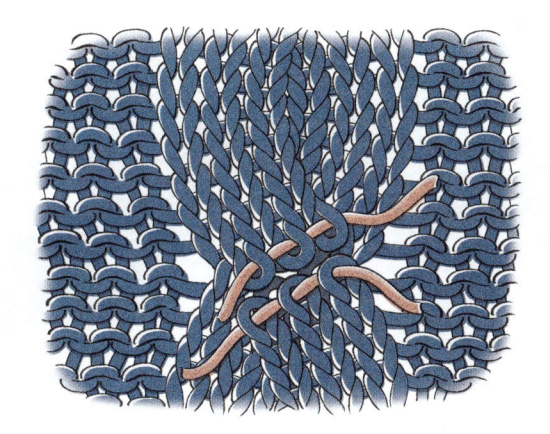

1. Sie brauchen mehrere Sticknadeln ohne Spitze. In jede einen Garnrest einfädeln – am besten in einer anderen Farbe. Die Mittelmasche mit der falschen Verkreuzung durchschneiden. Die Maschen des Zopfs – und möglichst nicht mehr – vorsichtig auflösen, dabei rechts und links lange Fadenenden hängen lassen. Schnell einen vorbereiteten Hilfsfaden durch die offenen Maschen ziehen, damit sie sich nicht weiter lösen.

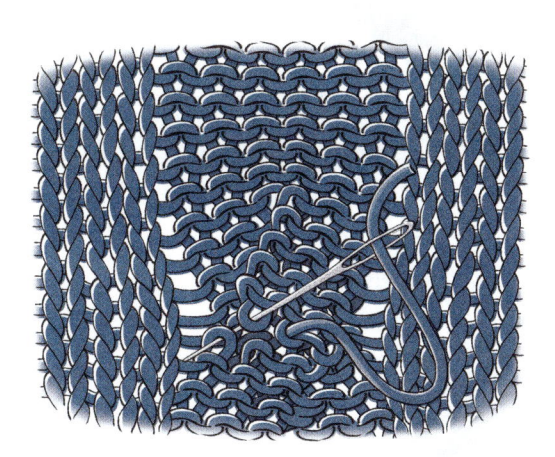

2. Um die falsche Verkreuzung zu berichtigen, die unteren Maschen nach oben legen. Dann die Arbeit wenden und auf der Rückseite die offenen Maschen mit dem Strickgarn zusammennähen. Den Hilfsfaden entfernen und die Fadenenden vernähen. Wenn Sie sehr kurz sind, können sie auf der Rückseite der Arbeit mit farblich passendem Nähgarn zusätzlich festgenäht werden.

Fehler in farbigen Mustern und Zopfmustern

ZIEHFÄDEN

Die wichtigste Regel lautet, Ziehfäden niemals abzuschneiden. Ein Ziehfaden ist eine versehentlich vergrößerte Masche. Schneidet man sie durch, lösen sich schnell weitere Maschen auf und es entsteht ein Loch.

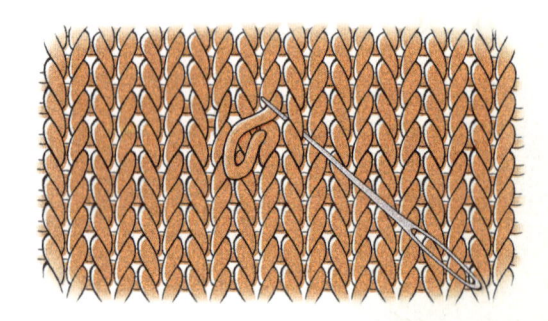

1. Die Maschen beiderseits des Ziehfadens sind zusammengezogen worden. Wenn der Ziehfaden nicht zu lang ist, lassen sie sich manchmal mit einer Sticknadel ohne Spitze wieder so weit zurechtzupfen, dass der Ziehfaden ganz verschwindet.

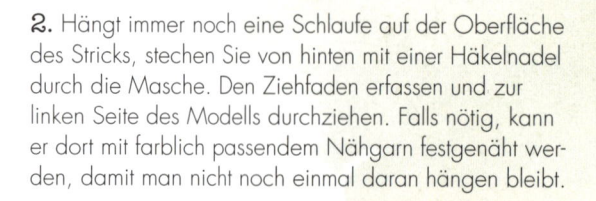

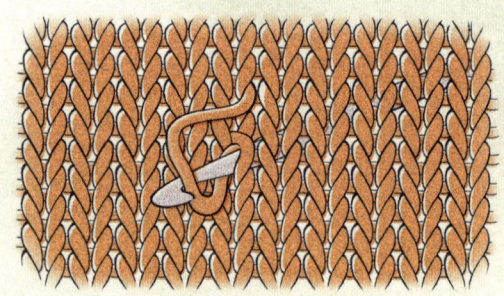

2. Hängt immer noch eine Schlaufe auf der Oberfläche des Stricks, stechen Sie von hinten mit einer Häkelnadel durch die Masche. Den Ziehfaden erfassen und zur linken Seite des Modells durchziehen. Falls nötig, kann er dort mit farblich passendem Nähgarn festgenäht werden, damit man nicht noch einmal daran hängen bleibt.

KLEINE LÖCHER

Falls ein Faden gerissen ist und sich ein kleines Loch gebildet hat, muss schnell gehandelt werden, bevor sich weitere Maschen auflösen. Dafür wird mit der Sticknadel eine neue Masche produziert. Es ist sinnvoll, von jedem gestrickten Modell etwas Garn aufzubewahren, um Schäden unauffällig zu reparieren.

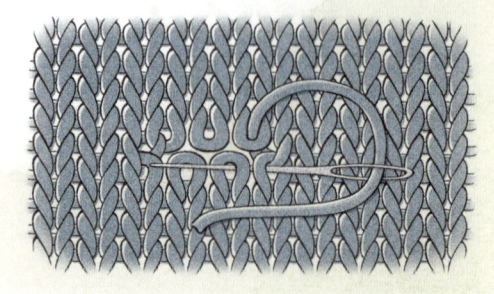

1. Zuerst lose Garnenden vernähen, damit das Loch nicht größer wird. Ein Stück des Garns, aus dem das Modell gestrickt wurde, in eine Sticknadel ohne Spitze einfädeln. Das Ende auf der Rückseite neben dem Schaden vernähen. Von hinten durch die Masche stechen, die rechts oberhalb des Lochs liegt. Dann von vorn in die darunterliegende Masche einstechen und von hinten durch die links danebenliegende Masche wieder herauskommen.

2. Weitere offene Maschen in derselben Reihe mit Maschenstich (siehe S. 228) verbinden, bis das Loch geschlossen ist.

STOPFEN

Wenn bereits ein größeres Loch über mehrere Reihen entstanden ist, muss gestopft werden. Normalerweise stopft man möglichst unauffällig, aber die Reparatur kann auch als sichtbares Detail im Vintage-Stil ausgeführt werden. Es gibt verschiedene Methoden, Löcher zu stopfen. Dies ist eine der einfachsten. Sie wird hier nur zur Verdeutlichung in einer Kontrastfarbe gezeigt.

1. Zuerst lose Fadenenden vernähen. Das Stopfgarn in eine Sticknadel ohne Spitze einfädeln und mit Vorstichen ein Viereck um das Loch herum sticken. Der Abstand zum Loch sollte mindestens eine halbe Masche betragen.

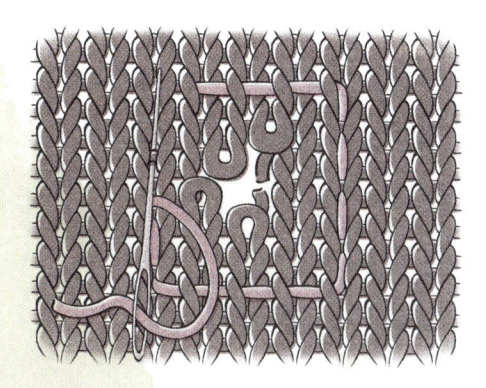

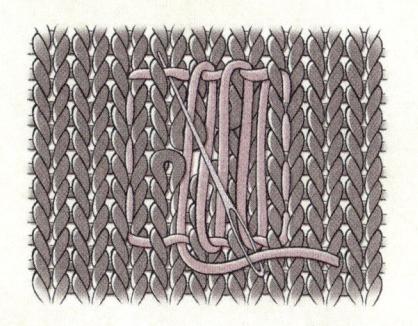

2. In einer Ecke mit Spannstichen beginnen. Den Faden über das Loch führen, unter einem Vorstich hindurch, dann zurück über das Loch und wieder unter einem Vorstich hindurch. Den Faden so fest ziehen, dass er glatt anliegt, ohne den Strick zusammenzuziehen. Weitere Stiche dicht an dicht arbeiten, bis das ganze Loch überspannt ist.

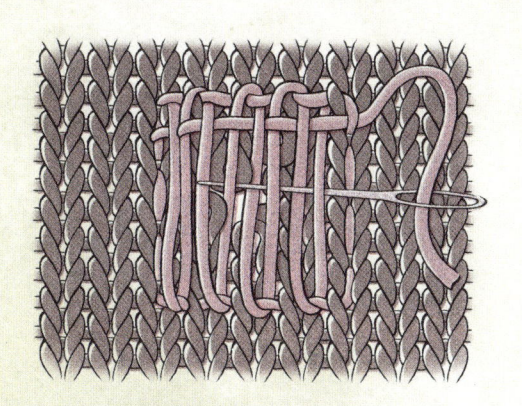

3. Dann in Querrichtung »weben«: Die Nadel abwechselnd über und unter die Spannstiche führen. In jeder Reihe muss der Faden über dem Stich verlaufen, unter dem er in der vorherigen Reihe liegt, und umgekehrt.

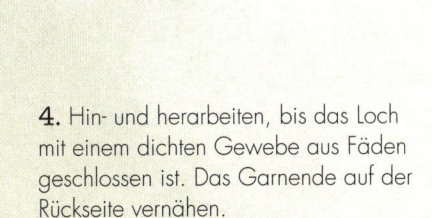

4. Hin- und herarbeiten, bis das Loch mit einem dichten Gewebe aus Fäden geschlossen ist. Das Garnende auf der Rückseite vernähen.

ADRESSEN

Handstrickgarne der Marke Debbie Bliss gibt es in allen Stärken von Lace bis extradick. Garne, Modelle und Farbzusammenstellungen für dieses Buch wurden von mir ausgewählt.

Handarbeitszubehör, Wohnaccessoires und Geschenkartikel von Debbie Bliss sind online unter www.debbieblissonline.com erhältlich. Dort finden Sie auch den Link zu meinem Blog. In der wirklichen Welt kann man die Artikel auch in einem Geschäft kaufen: Debbie Bliss Home, 36 Orford Road, Walthamstow, London E17 9NJ.
Folgen Sie mir auf Facebook debbieblissonline / auf Twitter @debbieblissnews / auf Instagram debbieblissknits / auf Pinterest debbieblissnews.

Im Juni 2015 wurde ich im Rahmen der jährlichen Feierlichkeiten zum Geburtstag der britischen Königin mit dem Orden Member of the British Empire ausgezeichnet. Damit wurde ich für meine Verdienste im Bereich Handstricken/Handarbeiten geehrt.

FACHHÄNDLER
mit Ladenlokal in Ihrer Nähe finden Sie unter:
www.designeryarns.de/fachhaendler/fachhaendler-suchen/

Designer Yarns ist ein Vertriebszusammenschluss von fünf Herstellern, unter anderem Debbie Bliss.

ONLINE-SHOPS
mit Debbie-Bliss-Garnen:

shop.handgemacht-wolle.de
www.designeryarns.de
www.die-hofwerkstatt-shop.de
www.loveknitting.com
www.schmeichelgarne.de
www.stecknadel-online.de
www.strickpunkt.de
www.tollewolle.de
www.umgarnt.de
www.wolleunddesign.de
www.wollkultur-shop.de
www.wollsucht.de
www.wollywood.de
www.wollzauber.de

Schweiz:
www.wollwirrware.ch

Österreich:
woolmarket.at

BLOGS
für Strickbegeisterte

www.gemachtmitliebe.de
www.maschenfein.de
www.meinefabelhaftewelt.de
www.strickmich.de
www.tichiro.net

STRICKMUSTERPAPIER
zum Download:
sweaterscapes.com/lcharts3.htm

NÜTZLCHE WEBSITES

Ravelry
Handarbeits-Community, viele Anleitungen

Pinterest
Online-Moodboards und viele Inspirationen für eigene Projekte

Instagram
Plattform für Bilder und Videos, die nach Wunsch durch Filter verändert werden können

Mehr Inspiration beim Stricken und tolle Strickideen

Pullover & Jacken in großen Maschen
144 Seiten mit rund
80 farbigen Abbildungen
€ 14,95 (D)/€ 15,40 (A)
978-3-8310-2840-5

Große Maschen
96 Seiten mit rund
50 Farbfotografien
€ 12,95 (D)/€ 13,40 (A)
978-3-8310-2397-4

Lieblingsjacken stricken und häkeln
144 Seiten mit über
150 Farbfotografien
€ 16,95 (D)/€ 17,50 (A)
978-3-8310-2684-5

Alpenstrick
144 Seiten mit über
100 Farbfotografien
€ 14,95 (D)/€ 15,40 (A)
978-3-8310-2636-4

Schuhe stricken
160 Seiten mit rund
150 farbigen Abbildungen
€ 12,95 (D)/€ 13,40 (A)
978-3-8310-2687-6

Elfenstrick
128 Seiten mit rund
90 farbigen Abbildungen
€ 12,95 (D)/€ 13,40 (A)
978-3-8310-2685-2

Weitere großartige Strickbücher unter
www.dorlingkindersley.de

STRICKMUSTERPAPIER

Diese Vorlagen mit proportionalen Kästchen können Sie für den eigenen Bedarf fotokopieren.
Auf Seite 65 und 282 wird der Umgang mit dem Strickmusterpapier erklärt.

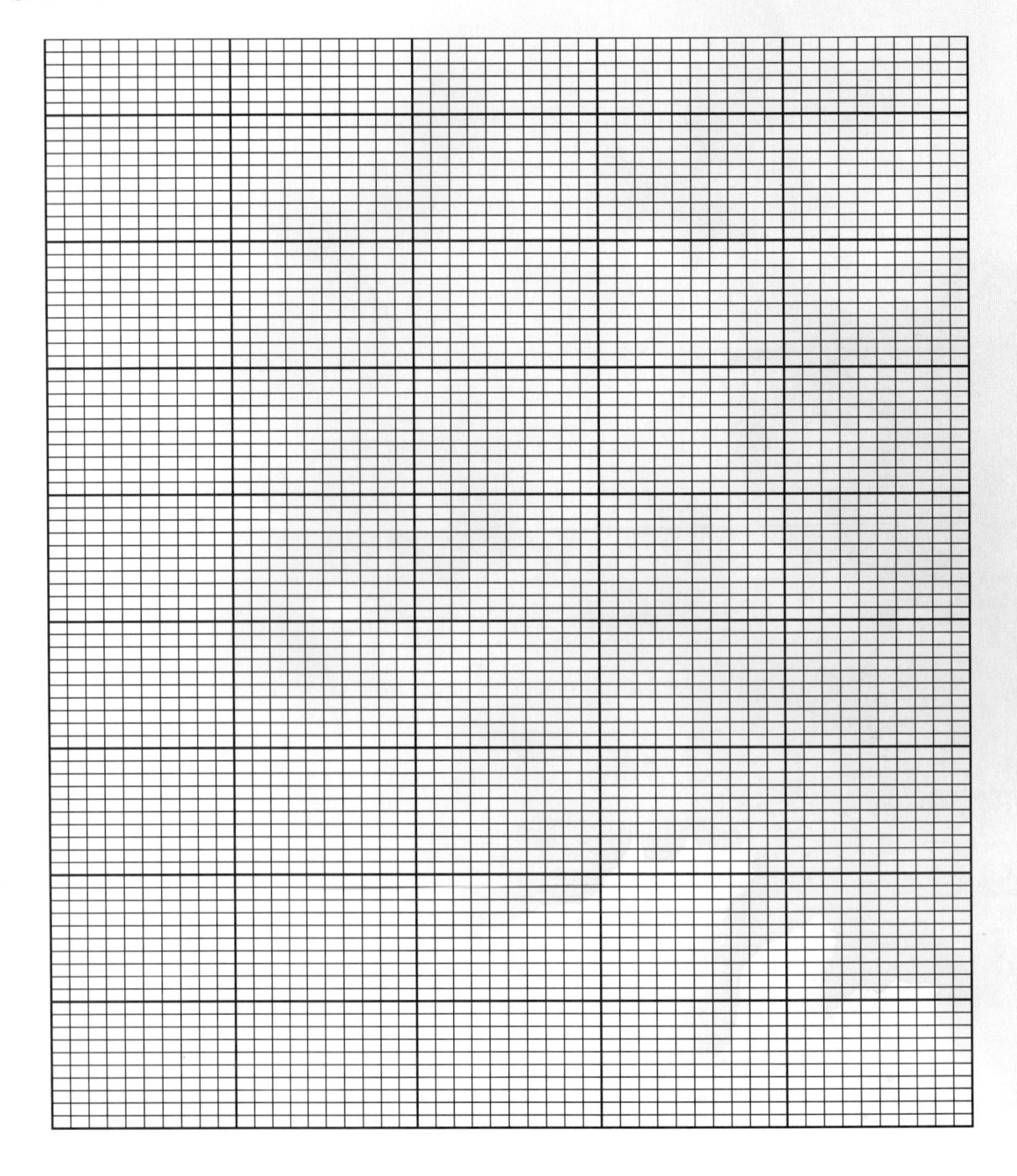

SEITENVERHÄLTNIS 2:3

SEITENVERHÄLTNIS 4:5

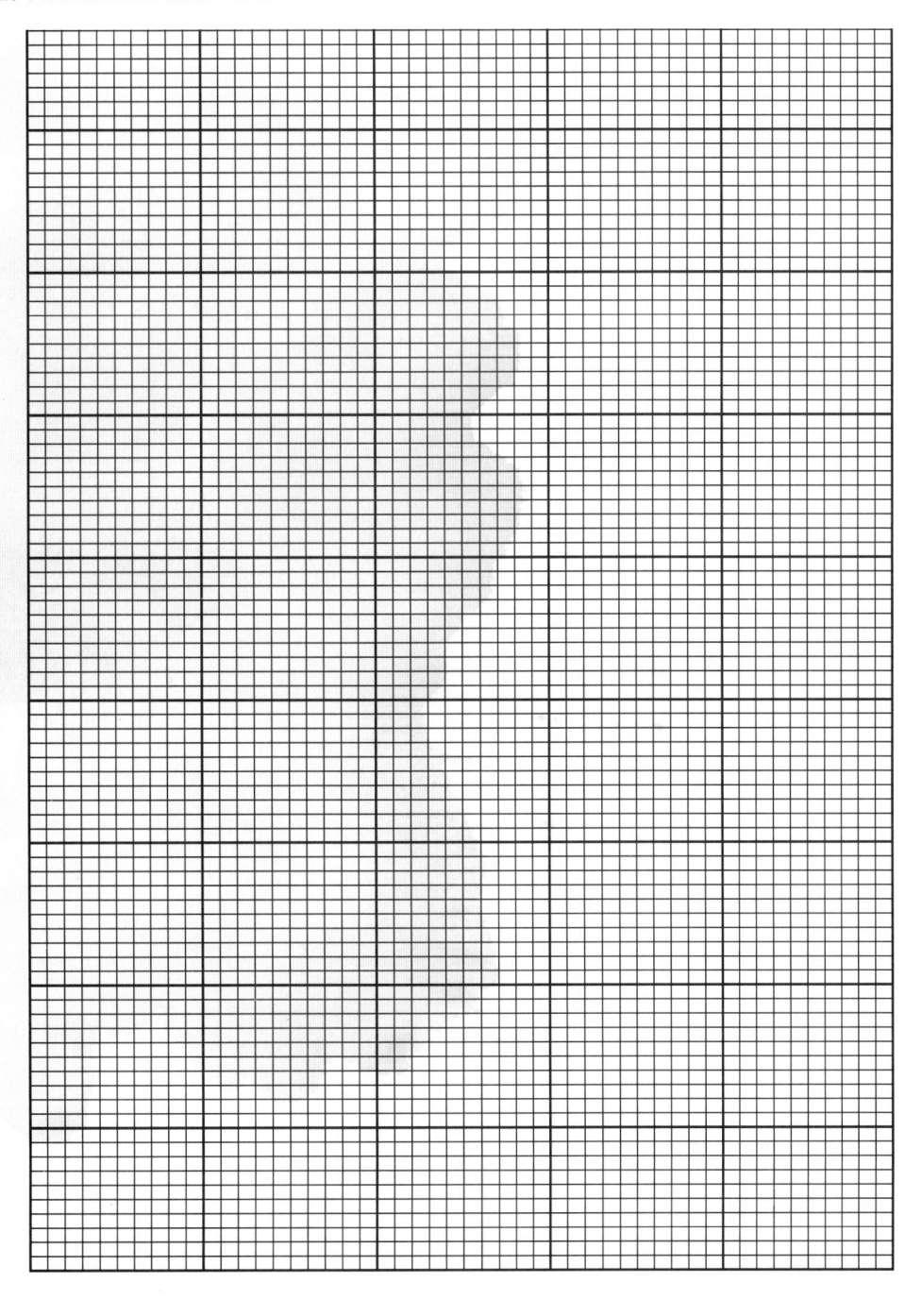

Strickmusterpapier

REGISTER

A
abketten 50–57
  abhäkeln 57
  elastisch 52
  genähte Kante 54
  Kordel 56
  links 51
  mit drei Nadeln 53
  mustergemäß 51
  Perlen 203
  Picots 55
  provisorisch 57
  rechts 50
  Zopfmuster 121
  zwei Teile zusammen abketten 233
Abkürzungen 63
abnehmen 90–97, 103, 105
  doppelte Abnahme: rechts 95
  doppelter Überzug: links 97
  doppelter Überzug: rechts 96
  links abgehoben zusammenstricken 94
  links überzogen zusammenstricken 93
  paarweise 97
  rechts abgehoben zusammenstricken 94
  rechts überzogen zusammenstricken 93
  zwei Maschen links verschränkt zusammenstricken 92
  zwei Maschen links zusammenstricken 91
  zwei Maschen rechts verschränkt zusammenstricken 92
  zwei Maschen rechts zusammenstricken 90
Absätze in der Abkettkante 112
Absätze in Streifen 113
Accessoires 290–291
Anfangsschlinge, anschlagen mit 34
anschlagen 34–43
  Absätze in der Anschlagkante 112
  am Rand 88
  Anschlag für Einerrippen 40
  aufschlingen 39
  Daumenmethode 36
  einfacher Kreuzanschlag 38
  Fäden vernähen 227
  Kordelanschlag 37, 121
  Kordelanschlag für Rippen 37
  Lace und Lochmuster 39
  mit Anfangsschlinge 34
  ohne Anfangsschlinge 35
  Picots 41
  Picotsaum 42
  provisorisch 43
  zum Rundstricken 108–110
Anstricken an Reihenenden 234
aufribbeln 300–301

B
Babys, Strickmodelle für 288
Baumwolle 16
Belege 246–247
  mit Briefecke 247
Biesen 152
Bruchkanten 242
bügeln 219

D
dämpfen 219
Daumenanschlag mit Perlen 203
Decken 292
doppelte Abnahme: rechts 95
doppelter Überzug: links 97
doppelter Überzug: rechts 96

E
Ecken 103
Einerrippen 61, 223, 237
einsprühen 219
Entwürfe, eigene 261–293
  Accessoires 290–291
  Ausarbeitung des Entwurfs 270–285
  Babys, Modelle für 288
  Erwachsene, Modelle für 286–287
  Ideensuche 262–263
  Karopapier, Umgang mit 282
  Kinder, Modelle für 289
  Passform 264–269
  Wohnaccessoires 292–293
  zeichnen 281

F
Fachausdrücke 64
Fäden mitlaufen lassen 165–166, 180–189
Falten 150–151
Federstich 195
Fertigstellung 217–259
  Belege 246–247
  Gummiband 257
  Kanten (seitliche) 240–241
  Knopfleisten 249–250
  Knopflöcher 251–256
  Nähte 220–234
  Reißverschlüsse 258–259
  Säume 242–245
  spannen 218–219
  Taschen 235–239
feststecken vor dem Spannen 219
Flechttechnik 154–155
Fliegenstich 195
Formgebung 79–105
  abnehmen 90–97
  Ecken 103–105
  fully fashioned 97
  verkürzte Reihen 79
  zunehmen 80–89
Fransen 206–207

G
Garne 12–19
  ansetzen 71, 111
  Arten 12–13
  aussuchen 280
  Banderolen 19
  einzeln halten (mehrfarbige Muster) 181
  ersetzen 70
  Farbeffektgarne 273
  Faserarten 16–17, 19
  für Strukturmuster 277
  Garnhaltung 30–31
  Knäuel wickeln 18
  Maschenstich 193
  mehrfarbige Modelle 168–169
  Mengen 285
  mit zwei Enden stricken 188
  mitführen an der Seitenkante 171
  mitführen auf der Rückseite 179
  Perlen auffädeln 199
  Probestücke 280
  Stärken 14, 19
  Struktur 15
  trennen 169
Garnringe 27
Garnstärken 14
Garnwickler 27, 168
gedrehte Kordel 208
gestricktes Smokmuster 146
gewebten Stoff an Strick nähen 259
glatt rechts 60, 72
  Leitermaschen 141
  lockere Maschen 305
  Nähte 220–223, 228–229
  Stickerei auf 192–197
  unregelmäßige Maschen, beheben 306
Größen 62, 264
Grundformen, Kleidung 265
Gummiband 257

H
häkeln
  abketten mit Häkelnadel 57
  auf gestrickten Flächen 213–215
  Nähte 231–232
  Oberfläche 213
  Reißverschluss, Kante 259
  zwei Teile zusammen abketten 232
Häkelnadeln 24, 75, 133
Hebemaschen 76, 167, 174–175, 226
  Beleg 246
  Bruchkante 242
  Perlenstrickerei 200
  Seitenrand 240
Hexenstich für Säume 243
Hilfsfaden 73, 301

I
Ideensuche 262–263
Intarsientechnik 164–166, 176–179, 227

K
Kanten
  farbige 189
  feste Maschen (häkeln) 215
  Kettmaschen (häkeln) 214

Kettenkante 241
Kettenstich 194
Kinder, Strickmodelle für 289
Kissen 293
Knäuelhalter 27
Knöpfe beziehen 256
Knopfleisten 249–250
    verstärkte 250
Knopflöcher 251–256
    Position 251
    senkrecht 255
    Umschlag 252
    verstärken 256
    waagerecht über eine Reihe 253
    waagerecht über zwei Reihen 254
Knopfschlaufen 256
Knoten 196
kontinentale Strickmethode 33, 46–47
Kordel, gestrickt 115
    abketten 56
    Kordelnoppen 132
    verzierte 115
Kordeln
    drehen 208
    flechten 208
    stricken 115
kraus links 60, 120, 223
kraus rechts 60, 72, 237
    Belegkante 246
    Bruchkante 242
    Leitermaschen 141
    Nähte 224, 229
    Seitenkante 240
kräuseln 104
Kreuze 126–127
Kreuzstich 196
Kunstfasern 17

L
Lace siehe Lochmuster
Langettenstich 194
Laufmaschen
    gewollte 143
    reparieren 298
linke Masche
    englisch 45
    kontinental 47
    Linkshänder 49
links abgehoben zusammenstricken 94
links überzogen zusammenstricken 93
links
    abheben 76, 174
    abketten 51
    verschränkt 77
Linksreihen
    hinten verkreuzen 127
    links hochgezogene Zunahme 86
    Masche zu viel 303
    rechts hochgezogene Zunahme 86
    Umschlag am Anfang 138
    unvollständige Masche 304
    verdrehte Masche 302
    verlorene Maschen 297, 298
    vorn verkreuzen 127
    wenden mit Wicklung 99
    Wicklung mitstricken 100
    Zunahme aus dem Querfaden, Linksneigung 83
    Zunahme aus dem Querfaden, Rechtsneigung 83
    zunehmen 81
    zwei Maschen zunehmen 89
Löcher reparieren 310
Lochmuster und Lace 136–140, 212
lockere Maschen 109, 305

M
Margeritenstich 196
Markierungen anbringen 73
Masche zu viel 303
Maschen aufnehmen 74–76
Maschen zählen 50, 72
Maschen, Arten 44–49
Maschenmarkierer 23
Maschenprobe 68–69
Maschenraffer 23
Maschenstich 192–193, 235
    Nähte 228–230
    Säume 245
Maße 62, 264–269
    in Maschen und Reihen umrechnen 283
maßstabsgetreue Zeichnung 269
Material 62
Matratzenstich 220–224
Medaillons 114
Mehrfachschlaufen 149
mehrfarbig stricken 157–189
    analoge Farben 159, 162
    anfangen 164–169
    Farben auswählen 158–159, 270
    Farben gruppieren 159
    Farbfamilien 159, 160
    Farbkreis 159, 161
    Farbwechsel an Schrägungen 177
    Fehler in Mustern beheben 308
    Garnwickler 168
    Hebemaschen 174–175
    Intarsientechnik 164–166, 176–179, 227
    Komplementärfarben 159, 162
    kühle Farben 159–161
    mehrere Fäden 169
    neue Farbe ansetzen 170, 176, 180
    Noppen, andersfarbige 135
    Randmaschen 189
    senkrechter Farbwechsel 178
    Streifen 170–173
    Tonwerte 163
    warme Farben 159–161
Messwerkzeuge 26
mitstricken der Wicklung bei verkürzten Reihen 100
Mood Boards 263
Mützen 291

N
Nadelmaß 26
Nähnadeln 26
Nähte 220–234
    anstricken an Reihenenden 234
    Blindstich 226
    Fäden vernähen 227
    flache 225
    gehäkelte 231–232
    Maschenstich 228–230
    Matratzenstich 220–224
    Nahtband 226
    Rückstich 225
    überwendlicher Stich 225
    zwei Teile zusammen abketten 233
Noppen 129–135
    andere Farbe 135
    andere Struktur 134
    gehäkelt 133
    große 130
    Kordelnoppe 132
    Popcornmasche 129
    Umschlag 131

P
Pailletten 204
Perlen 198–204, 278
Perlmuster 61, 120, 224, 237
Picots 153
    Anschlag für Picot-Saum 42
    Seitenkante 241
Plattstich 197
Pompons 210–211
Probleme lösen 295–311

Q
Quasten 205

R
Rand kraus rechts abgehoben 241
Rauten 105
rechte Masche
    englische Methode 44
    kontinentale Methode 46
    Linkshänder 48
rechts
    abheben 76, 174
    abketten 50
    verschränkt 77
rechts abgehoben zusammenstricken 94
rechts überzogen zusammenstricken 93
Rechtsreihen
    links hochgezogene Zunahme 84
    links verkreuzen 126
    Masche zu viel 303
    mitstricken der Wicklung 100
    rechts hochgezogene Zunahme 85
    rechts verkreuzen 126
    Umschlag am Anfang 138
    unvollständige Masche 304
    verdrehte Masche 302
    verlorene Maschen 296, 298
    wenden mit Wicklung 98
    Zunahme aus dem Querfaden, Linksneigung 82
    Zunahme aus dem Querfaden, Rechtsneigung 82

zunehmen 80
zwei Maschen
   zunehmen 89
Reihen markieren 73
Reihen zählen 72
Reihenenden, anstricken
   an 234
Reihenzähler 25
Reißverschlüsse 258–259
Rippen und Zöpfe 120, 230
Rippen, Kordelanschlag für 37
Rippenmuster 61, 305
Rückstich 194, 225
rundstricken 107–117
   Absätze in der Abkettkante
      112
   Absätze in der An-
      schlagkante 112
   Absätze in Streifen 113
   Anfang und Ende 111–113
   anschlagen 108–110
   Medaillons 114–117
   mehrfarbig 166
   Nadelspiel 109
   neues Garn ansetzen 111
   Rundstricknadeln 108, 301
   Zauberschlinge 110
Rundenanfang markieren 73
Rüschen 104, 152

S

Säume 242–245, 247
Saumstich, schräger 243
Schal 290
Schere 25
Schlingen 148
Schrägstreifen stricken 105
Schultern mit verkürzten
   Reihen 102
Seide 16
Seitenkanten 240–241
Smokmuster, genähtes 147
Socken 116–117, 291
spannen 218–219
Spannfäden verkreuzen
   185–187
Spannplatte 26, 218
Stecknadeln 26
Stickerei 192–197, 279
Stielstich 197

Stoff
   Biesen 152
   Falten 150–151
   Gewebe 259
   Strick 60–61
   Zopfmuster 120, 305
stopfen 311
Streifen 170–173
Fäden vernähen 227
Strickanleitungen
   mehrfarbige Modelle
      271–272
   Mustersätze 67, 73
   schreiben 284
   verstehen 62–64
   Zählmuster 65–67,
      164–167, 199
Strickliesel 209
Strickmodelle kürzen 307
Strickmuster 72, 276
Strickmusterpapier 282
Stricknadelkappen 25
Stricknadeln 11, 20–22
   Maschen aufnehmen 74
   richtig halten 32–33
   Rundstricknadeln 22,
      108, 301
   Typen 108–109
Strukturmuster 119–155,
   274–247
   andersfarbige Noppen 134
   Schlaufen 148–149
   Streifen 172
   Zählmuster und Strick-
      schriften 66–67
Synthetikfasern 17

T

Taschen (an Kleidung) 235–239
   aufgesetzte 235–236
   Kanten 237
   senkrecht eingesetzt 239
   waagerecht eingesetzt 238
Taschen (als Behälter) 291
tief gestochene Maschen 142

U

überflüssige Maschen 303
überwendlicher Stich 225
Umschläge 136–139

umschlungene Maschen 144
unregelmäßiges Maschen-
   bild 306
unvollständige Maschen 304

V

verdrehen
   links 128
   rechts 128
verdrehte Maschen 302
verkürzte Reihen 98–102
   Variante 101
verlängern, Strick 307
verlorene Maschen 296–268
Verschlüsse 251–259
verschränkt stricken 77
Verzierungen, allgemein
   191–215, 278–279
Verzierungen aus Wolle
   205–212, 279
Vorstich 197

W

waschen 17, 19
Weitenänderung durch
   Nadelstärke 104
wenden mit Wicklung 98–99
Werkzeug 11, 20–27
Wickelnoppen 145
Wohnaccessoires 292–293
Wolle 16

Z

Zacken 105, 173
Zählmuster für farbige Motive
   66, 164–165
Ziehfäden reparieren 310
Zopfmuster
   abketten 121
   anschlagen 37, 88,
      121,302
   Fehler beheben 308
   hinten verkreuzen 122
   links verkreuzen 125
   rechts verkreuzen 124
   vorn verkreuzen 123
Zopfmusterstrick 120, 305
Zopfnadeln 24, 122
zunehmen 80–89
   anschlagen 88

aufschlingen am Reihen-
   ende 88
doppelt hochgezogen 87
doppelte Zunahme,
   Linksreihe 89
doppelte Zunahme,
   Rechtsreihe 89
Kordelanschlag am Reihen-
   ende 88
Kräuselung 104
links hochgezogen 84, 86
Linksreihe 81
Linkszunahme aus dem
   Querfaden 82–83
paarweise 97
rechts hochgezogen 85–86
Rechtsreihe 80
Rechtszunahme aus dem
   Querfaden 82–83
Zunahme mit Umschlag 87
zwei Maschen links
   verschränkt zusammen-
   stricken 92
zwei/drei Maschen links
   zusammenstricken 91
zwei Maschen rechts
   verschränkt zusammen-
   stricken 92
zwei Maschen rechts
   zusammenstricken 90
Zweierrippen 61, 223

DK Penguin Random House

Programmleitung Sarah Lavelle
Projektbetreuung Lisa Pendreigh, Kate Haxell
Redaktionsassistenz Harriet Butt
Creative Director Helen Lewis
Gestaltung und Satz Gemma Wilson
Illustrationen Cathy Brear
Fotos Kim Lightbody
Covergestaltung Sharlyne Slassi
Herstellung Vincent Smith, Tom Moore

Für die deutsche Ausgabe:
Programmleitung Monika Schlitzer
Redaktionsleitung Caren Hummel
Projektbetreuung Katharina May
Herstellungsleitung Dorothee Whittaker
Herstellungskoordination Katharina Schäfer
Herstellung Verena Marquart

Titel der englischen Originalausgabe:
The knitter's knowledge

© Quadrille Publishing Ltd, London, 2015
Alle Rechte vorbehalten
Text © 2015 Debbie Bliss
Fotos © 2015 Kim Lightbody
Gestaltung © 2015 Quadrille Publishing Ltd

© der deutschsprachigen Ausgabe by Dorling Kindersley Verlag GmbH, München, 2016
Ein Unternehmen der Penguin Random House Group
Alle deutschsprachigen Rechte vorbehalten

Jegliche – auch auszugsweise – Verwertung, Wiedergabe, Vervielfältigung oder Speicherung, ob elektronisch, mechanisch, durch Fotokopie oder Aufzeichnung, bedarf der vorherigen schriftlichen Genehmigung durch den Verlag.

Übersetzung Wiebke Krabbe
Lektorat Anna Gülicher-Noll

ISBN 978-3-8310-3114-6

Druck und Bindung DO10 Printing, China

Besuchen Sie uns im Internet
www.dorlingkindersley.de

Hinweis
Die Informationen und Ratschläge in diesem Buch sind von den Autoren und vom Verlag sorgfältig erwogen und geprüft, dennoch kann eine Garantie nicht übernommen werden. Eine Haftung der Autoren bzw. des Verlags und seiner Beauftragten für Personen-, Sach- und Vermögensschäden ist ausgeschlossen.

DANK DER AUTORIN

Ich möchte den folgenden Personen für ihre Mitwirkung danken:

Kate Haxell Es wäre untertrieben zu sagen, dass dieses Buch ohne Kate nicht hätte entstehen können. Sie hat als Projektmanagerin und Lektorin große Kompetenz, viel Begeisterung und grenzenlose Geduld eingebracht.

Lisa Pendreigh, Lektorin bei Quadrille, war die Erste, die mit der Idee für dieses Buch an mich herangetreten ist.

Teresa Conway hat mit großer Sorgfalt das Korrektorat erledigt und zum Überprüfen von Anleitungen immer wieder zum Strickzeug gegriffen.

Rosy Tucker hat als gute Kollegin Texte und Tabellen mit dem Rotstift durchgesehen, wenn mir der Kopf schwirrte.

Kim Lightbody hat mit tollen Fotos und liebevollem Styling dafür gesorgt, dass dieses Buch so schön anzusehen ist.

Cathy Brear hat mit viel Liebe zum Detail die wunderbaren Illustrationen beigesteuert.

Gemma Wilson ist für das zeitgemäße und attraktive Layout verantwortlich.

Danken möchte ich auch all denen, die im Lauf der Jahre ihr Strickwissen mit mir geteilt haben.